최신 심방설교

III

예루살렘

핵심요약 최신심방설교 3

1판 1쇄 발행	2005. 12. 20.
1판 7쇄 발행	2017. 09. 01.

엮은이	편집부
펴낸이	박성숙
펴낸곳	도서출판 예루살렘
주소	(10252) 경기도 고양시 일산동구 고봉로 776-92
전화 | 팩스	031)976-8972, 8973 | 031)976-8974
이메일	jerusalem80@naver.com
출판등록	1980년 5월 24일(제 16-75호)

ISBN 978-89-7210-428-5 03230
책값 뒤표지에 있습니다.

ⓒ 이 출판물은 저작권법에 의해 보호를 받는 저작물이므로
무단 전재와 복제를 할 수 없습니다.

도서출판 예루살렘은 하나님을 사랑하며 하나님 말씀대로 순종하며 살기를 원하는
청소년, 성도, 목회자들을 문서로 섬기며 이를 위하여 기도하며 정성을 다하여
모든 사역과 책을 기획, 편집, 출판하고 있습니다.

오직 성령이 너희에게 임하시면 너희가 권능을 받고
예루살렘과 온 유대와 사마리아와 땅끝까지 이르러 내 증인이 되리라(행 1:8)

머리말

참으로 살같이 빠른 세월이다. 엊그제 '새심방설교' II권을 펴내었는 듯했는데 벌써 햇수로 3년이나 흘렀고, 이제 또 '최신 심방설교' III권을 선보이게 되었다. 지난 이십 수 년 세월을 돌이켜보건대 여러 형편 때문에 거의 무보수로 봉사하면서 틈틈이 써낸 책이 벌써 권수로 스무 몇 권이 되었구나 하면서 손꼽아 보게 된다. 이 책들은 도합 수십 쇄의 재판을 거듭했고 지금도 독자들의 사랑을 받고 있다. 이 모든 것이 건강을 주신 하나님의 은혜요, 그 분께서 명하신 사역의 도구로서 만족하며 낮고 천한 나는 사라지고, 오직 하나님께서만이 큰 영광 받으시기를 바랄 뿐이다.

몇 해 동안 국제적으로는 '9·11' 테러를 당한 미국이 아프가니스탄과 이라크를 침공하여 지금도 많은 참상을 겪고 있고, 인도네시아에 밀어닥친 지진과 쓰나미(해일)는 많은 귀한 생명을 앗아 갔으며, 북한의 핵무기 개발로 인한 6자 회담 등으로 전지구적으로 갈등한 시기를 우리는 살았었다. 여기에 국내적으로는 깊은 불황의 늪에서 허우적거리며 IMF 구제금융 때보다 더 힘들다는 삶을 우리 민초들은 걱정과 염려로 불안한 삶을 연명하다시피 이어왔다.

중국 춘추전국시대의 사상가이며, 성선설을 주장한 맹자(孟子)는 "항산(恒産)이 있어야 항심(恒心)이 있을 수 있다."라고 했다. 여기서 항산이란 인간의 생존에 꼭 필요한 최소한의 물질적 보충을 의미하며, 항심이란 사람들의 본성이 착하다는 것을 깨닫게 하고, 그 깨달음을 기반으로 선을 행하고 인의를 수행하는 국가를 만드는 그런 목표에 대한 믿음, 인간성에 대한 믿음을 일컫는다. 소위 이 땅의 지도자라고 자처하는 사람들은 2,500년 전 맹자가 갈파한 이 주장을 귀를 씻고 경청하여야 한다. 헐벗고 굶주린 삶에 힘겨워하는 백성들에게 도덕과 정의와 이념을 말할 수 없으며, 이는 그들의 정신이 문제가 있는 것이 아니라 그렇게 만든 이따위 무능하고 썩은 정치가 그 책임을 져야 한다고 생각한다.

하고 많은 책들이 산더미처럼 쏟아져 나오는 이 때에 이 한 권의 책은 이 세상에서 무슨 소용이 있겠는가? 값비싼 종이만 낭비하고 존재의 이유도 없이 슬그머니 사라져버리는 휴지조각이나 되지 않을까? 하는 염려 속에서의 간절한 바람은, 이 책을 통해서 주님의 백성들이 세상 속에서 양초처럼 자신을 불태워서 이 어두움의 세상을 밝게 비추고, 비누처럼 자신의 살을 깎아서 이 더러운 세상을 깨끗하게 만들고, 소금처럼 자신을 녹여서 썩어가는 세상을 구원하고 참으로 살맛나는 사회를 만들어 가는 역할을 했으면 한다. 이 책은 집짓기에 견주어본다면 우선 주춧돌을 놓은 것에 불과하다. 그러나 이 주춧돌을 기초로 하여 기둥을 세우고, 창문을 만들고, 지붕을 올리는 것은 오직 주님의 귀하신 종들의 몫이다. 성령님의 역사로 인해 아름답고 튼튼한 집이 세워져서 주님의 백성들이 평안을 누리는 보금자리가 만들어진다면 이 책의 작은 역할과 사명은 다한 것이 된다.

한 해 동안 많은 시련과 고난과 좌절의 시간들이 오히려 더욱 주님께 붙잡힌 계기가 되었음을 깨닫게 하신 주님의 은혜에 더욱 감사드리며, "자기가 시험을 받아 고난을 당하였은즉 시험 받은 자들을 능히 도우시느니라"(히 2:18)는 말씀에 의지하여 힘들고 지난한 시간을 견디게 하신 주님의 사랑에 그저 감읍할 뿐이다. 한 해를 마감하며 개인적인 기도를 몇 자 적어본다.

어려운 환경 속에서도 사랑하는 딸 예솔의 유학길을 열어주신 주님께 감사드리며, 이 딸을 통해 당신께서 큰 영광받으실 것을 기도한다. 사랑하는 송이의 죽음이 나를 힘들게 하였으나 그가 주님 곁으로 갔고 언젠가는 다시 만날 것을 소망해 본다. 타오텔레콤과 박인형 사장이 주님 기뻐하시는 기업이 되어 소외된 사람들에게 힘찬 용기를 줄 것을 믿으며, 미국의 박상동 집사가 과거를 회개하고 주님께 사랑받는 성도가 되기를 빈다. 젊음을 복음을 위해 바치고 먼저 하늘나라에 간 '추평교회' 전생수 목사를 그리워하며 박영자 사모, 한나와 보람 등 남은 유가족을 주님 잊지 마옵소서. 입당 예배를 마친 정성학 목사의 '기적의 교회'가 더욱 부흥, 발전하기를 빌며 정목사님을 능력의 종으로 더욱 크게 쓰실 것을 기도한다. '평화를 만드는 교회'의 김동완 목사님 더욱 건강하시고, 나의 사랑하는 형님 이홍길 집사를 먼저 보내고 각박해진 삶을 이겨내려 애쓰는 이은애 권사님을 주님께서 지켜 주소서. 재익아, 현익아, 민정아, 훌륭하게 되어 어머니께 큰 효도를 부탁한다. 그리고 노부모님 서유순 전도사님과 정해대 집사님 더욱 건강하시고, 미국에서 목회하는 동생 정요찬 목사와 '영성의 샘'의 서예석 집사를 통해 주님 큰 영광받으소서. 또한 투병중인 고모님 정해련 전도사님과, 권경란 권사를 회복시켜 주시옵소서. 캐나다의 이덕우 부부와 미국의 유영상, 양세희 부부를 도와 주시고, 이귀영 회장과 김정현 사장의 사업에 축복하소서. 무엇보다도 장모님 이원임 집사를 기사회생 시켜주신 당신의 사랑에 감사드리며 그 건강을 당신의 주권으로 책임져 주시옵소서.

　오랜 신앙의 동지요, 동서선교의 사명을 감당하려고 젊음을 이 일에 다바친 당신의 종 윤희구 사장의 가정에 더욱 축복하시고, 예루살렘 출판사가 일취월장하여 가히 믿는 자들에게 본이 되는 훌륭한 회사로 키워 주옵소서. 이 책을 편집하느라 애쓴 정혜양과 선경양의 앞길을 축복하시고 그들이 당신께 영광돌리는 삶을 살게 하시며, 특히 늦게 본 아들을 기뻐하는 오승한 형제의 가정에 축복하소서. 그리고 특별히 이 책의 집필과 편집을 위해 노심초사 애쓰신 주님의 사랑하시는 종 권종수 목사님께 함께 하셔서 그의 건강과 가정에 항상 주님께서 함께 하시는 은총을 내려 주시며 그 노고를 치하해 주소서.

　주님! 우리는 이 땅에 잠시 왔다가 바람처럼 가면 다시 오지 못하는 허망한 존재임을 깨달아 오직 생명의 말씀이요, 영생을 주는 이 복음을 위해 살게 하시고, 낮고 천하고 부족한 종을 더욱 채찍질하여 주셔서 이 세상의 육신과 안목의 정욕, 이생의 자랑에 흔들리지 않게 굳게 잡아 주소서.
　사랑하는 주님! 바라옵건대 곧 다가오는 내년에는 사랑하는 아내 조현숙 집사에게 당신이 예비하신 기회를 주셔서 10년여의 유배생활에 종지부를 찍고 작은 일이나마 시작하게 도와주셔서 "네 시작은 미약하였으나 네 나중은 심히 창대하리라"(욥 8:7)는 말씀이 현실이 되게끔 인도하시옵소서.
　끝으로, 이 책을 출간할 수 있도록 귀한 자료들을 제공해 주신 주의 귀하신 종들과 출판사 위에 하나님의 크신 은혜가 임하기를 간절히 기도드린다.

2005년 11월 20일
예루살렘 편집 실에서 쉰 네 해 생일을 맞으며
"낙엽은 가을 바람을 원망하지 않는다."

相道 정 용 한 드림

이 책을 사용하시는 분들께 드리는 말씀

· 이 책은 복잡다단한 현대 사회를 살아가는 성도들을 위해 전하실 말씀을 절기설교 · 헌신설교 · 예식설교 · 심방설교로 세분화 시켜서 엮은 설교자료집으로서, 주의 귀하신 종들께 말없이 곁에서 말씀의 힌트를 제공하는 역할을 할 것입니다.

· 이 책은 핵심요약 '심방설교' I 권과 아울러 '새심방 설교' II권, 그리고 새로운 기획으로 펴낸 '최신 심방설교' III권으로서, 이미 출간된 I, II권과 함께 사용할 수 있도록 시리즈로 편집된 자매편인즉 전혀 새로운 자료로 중복되지 않도록 세심하게 꾸몄습니다.

· 이 책은 책을 펼친 한 면의 좌측에 절기, 헌신, 예식, 심방의 설교가 매 한 편씩 나오고, 책의 우측에는 참고 자료로서 십계명, 예화, 및 해설과 명상이 설교 내용에 부합되도록 세밀히 배치되어 있습니다.

· 이 책은 책의 좌측 면에는 설교하실 제목과 찬송가, 그리고 본문, 서론, 말씀, 결론에 해당하는 기도로 일목요연하게 편집되어 있어서 설교자들에게 간단명료하게 참조하실 수 있도록 배려했으며, 우측 면에는 본문 설교와 연관된 이 책의 특징 자료인 십계명과 예화, 그리고 해설, 명상 자료로 엮어져 있습니다.

· 이 책의 '목차' 에는 절기 예배, 헌신 예배, 예식 예배, 심방 예배에 관해 분류된 200여편의 설교가 나열되어 설교자가 전하실 말씀을 간편하게 찾으실 수 있도록 구분되어 있습니다.

· 이 책의 '십계명 찾아보기' 에는 전하실 말씀에 합당한 '10가지' 자료가 200여 편 압축되어 일목요연하게 잘 정리되어 있습니다.

· 이 책의 '제목' 은 다양한 환경과 형편에 적합한 설교의 핵심 요지를 말한 것입니다.

· 이 책의 '찬송' 은 전하실 말씀에 합당한 찬송가를 매 면마다 네 편씩 뽑은 찬송 관주이므로 어느 것을 사용해도 은혜롭습니다.

- 이 책의 '서론'은 설교의 주제에 합당한 동·서양 위인들과 신학자, 목회자들의 금언과, 세계 각국의 속담을 서두에 인용함으로써 설교를 듣는 이들에게 시공을 초월한 그들의 놀라운 신앙적 체험과 인생의 철리와 진리를 함께 공유하여 마음 속에 인상 깊게 각인되도록 하였습니다.

- 이 책의 '말씀'은 설교를 명료하게 하기 위해서 본문이 의미하는 핵심 어귀로 설교를 3단락 대지화 하였으며, 소지에 해당하는 해설은 말씀 우선의 원칙으로 성경은 성경 스스로가 허설하도록 하여 은혜로운 말씀으로 가득 채웠습니다.

- 이 책의 '기도'는 말씀을 전하신 결론에 허당하는 부분으로서 우리 주님 예수 그리스도의 은혜가 말씀을 전하신 분이나 말씀을 받는 분께 함께 은혜가 되도록 하였습니다.

- 이 책의 '십계명'은 본문의 설교내용과 일치하는 자료를 취사선택하여 모든 설교에 한 편씩 도합 200편, 곧 2,000가지의 핵심 언어가 도입된 것으로, 설교자의 설교 대미를 장식시킬 귀중한 자료가 될 것입니다.

- 이 책의 '예화'는 설교의 내용과 일치하는 은혜로운 간증으로서 설교의 깊이를 더할 것인즉, 이는 말씀을 받는 자들의 심령 속에 역사하여 그 감동을 평생의 신앙생활 속에서 잊지 못할 기억으로 남을 것입니다.

- 이 책의 '해설'은 설교 내용과 관련된 여러 가지의 함축적인 자료이므로 매우 유익하게 사용하기를 바랍니다.

- 이 책의 '명상'은 성경의 본문 설교와 일치하는 은혜로운 금언으로 엮었습니다.

- 이 책의 마지막 부분에는 설교하신 기록을 남기실 수 있도록 심방 일지를 별도로 만들어 놓았습니다.

목 차

- 머리말 / 3
- 이 책을 사용하시는 분들께 드리는 말씀 / 6
- 십계명 찾아보기 / 19
- 심방 일지 / 428

1. 절기 설교

1 신년 주일
- 복 받는 성도 / 시 1:1~6 ··· 28
- 새로운 피조물인 성도 / 고후 5:17~21 ···························· 30

2 3·1절
- 실패한 모세 / 출 2:11~1532 ·· 32
- 사도 바울의 애국심 / 롬 9:1~4 ······································ 34
- 압제하지 말라는 교훈 / 잠 14:31~35 ····························· 36
- 기도와 하나님의 역사 / 출 2:23~25 ······························· 38

3 사순절
- 시험을 이기신 예수 / 눅 4:1~13 ···································· 40
- 선한 목자 예수 / 요 10:1~18 ··· 42

4 고난주간
- 주님의 십자가와 세 기적 / 마 27:45~54 ······················· 44
- 겟세마네 동산의 예수 / 눅 22:39~46 ····························· 46
- 아리마대 사람 요셉 / 요 19:38~42 ································ 48
- 예수의 메시지 / 마 4:17~22 ··· 50

5 학습 및 세례
- 새 옷을 입는 의미 / 갈 3:26~29 ···································· 52
- 세례를 받는 것은 / 롬 6:1~4 ··· 54

6 성만찬
- 나를 기념하라신 뜻 / 눅 22:19~20 ·········· 56
- 성만찬의 떡과 잔 / 마 26:26~29 ·········· 58

7 부활 주일
- 예수의 부활을 증거함 / 눅 24:1~12 ·········· 60
- 성도의 부활에의 소망 / 고전 15:20~28 ·········· 62
- 성도의 부활은 / 고전 15:35~44 ·········· 64
- 사도 바울의 선언 / 고전 15:54~58 ·········· 66
- 성도의 영원한 기업 / 벧전 1:3~4 ·········· 68
- 사도 바울의 증거 / 롬 8:17~20 ·········· 70

8 어린이 주일
- 천국에서 큰 사람은 / 마 18:1~6 ·········· 72
- 자녀 교육은 이렇게 / 엡 6:4 ·········· 74

9 어버이 주일
- 다윗이 흘린 눈물 / 삼하 18:31~33 ·········· 76
- 노아의 가정 / 창 7:1~5 ·········· 78
- 부모의 훈계 / 잠 4:1~9 ·········· 80
- 참된 효도 / 엡 6:1~3 ·········· 82

10 성령강림 주일
- 성령의 역사 / 행 2:1~13 ·········· 84
- 성령이 오시면 / 요 16:7~13 ·········· 86

11 6·25
- 전쟁의 비극 / 삿 20:8~16 ·········· 88
- 아사에게 임한 축복 / 대하 15:8~19 ·········· 90
- 우리의 하나님 / 시 3:1~8 ·········· 92
- 전쟁을 금지하려면 / 사 2:4 ·········· 94

12 맥추절
- 첫 열매를 바치는 의미 / 출 23:16 ·········· 96

- 기뻐하고 감사하라 / 빌 4:1~7 ·· 98
- 맥추절에 임하는 성도는 / 신 16:9~12 ···························· 100

13 광복절
- 죽으면 죽으리이다 / 에 4:16 ·· 102
- 지도자 느헤미야 / 느 1:1~11 ·· 104
- 자유를 지킬 이유 / 갈 5:1~13 ·· 106

14 추수감사절
- 다윗의 감사 / 삼하 22:31~51 ·· 108
- 성도는 추수감사절에 / 눅 12:16-21 ································ 110
- 사도 바울의 감사 / 딤전 1:12-13 ···································· 112
- 다윗의 찬송 / 삼하 22:40-51 ·· 114
- 성도의 감사 정신 / 눅 17:11-19 ······································ 116
- 요셉의 감사 신앙 / 창 39:19-23 ······································ 118
- 성도와 추수감사절 / 신 26:1-11 ······································ 120
- 초막절에 내포된 교훈 / 고후 5:1-7 ································ 122

15 종교개혁 주일
- 종교 개혁에 담긴 의미 / 롬 1:17 ···································· 124
- 루터의 종교 개혁 / 롬 3:27-31 ·· 126
- 오직 믿음으로 / 롬 1:13-17 ·· 128
- 새롭게 된 성도 / 엡 4:22-24 ·· 130

16 성서 주일
- 성도와 계시의 말씀 / 계 1:1-3 ·· 132
- 하나님의 말씀인 성경 / 딤후 3:15-17 ···························· 134
- 말씀 안에 거하라 / 딤후 3:14-17 ···································· 136
- 하나님의 말씀 / 엡 6:17 ·· 138

17 성탄절
- 시므온의 찬양 / 눅 2:28-33 ·· 140
- 동방 박사와 아기 예수 / 마 2:1-12 ································ 142
- 예수를 맞이한 사람들 / 눅 2:8-20 ·································· 144

- 말씀이 육신이 되어 / 요 1:1-14 ········· 146

18 송년 주일
- 역사의 주인이신 예수 / 계 1:8 ········· 148
- 인생이란 / 딤후 4:9-21 ········· 150
- 푯대를 향한 바울 / 빌 3:12-14 ········· 152
- 야곱의 인생 결산 / 창 49:29-33 ········· 154

19 교회 창립 주일
- 참된 교회 / 마 16:13-20 ········· 156
- 안디옥 교회처럼 / 행 13:1-3 ········· 158

20 선교 주일
- 선교하는 자의 자세 / 행 20:17-24 ········· 160
- 복음의 증인이 되라 / 행 16:19-40 ········· 162
- 복음 전도자 바울 / 행 20:23-24 ········· 164
- 요나와 니느웨 선교 / 욘 3:1-10 ········· 166

21 수련회 개강
- 신앙의 레이스 / 고전 9 24-27 ········· 168
- 푯대를 향하는 삶 / 빌 3:7-16 ········· 170

2. 헌신 설교

1 여전도회
- 섬기는 자의 자세 / 갈5 13-26 ········· 172
- 깨어 있는 신부 / 마 25:1-13 ········· 174
- 여집사 뵈뵈의 헌신 / 롬 16:1-2 ········· 176
- 불타는 사명자 바울 / 고전 9:16-19 ········· 178
- 우리에게 위임하신 세 가지 / 마 28:19-20 ········· 180
- 복음 전도자의 자격 / 딤후 4:1-5 ········· 182

2 남전도회
- 소금의 역할 / 마 5:13-16 ········· 184

- 충성된 일꾼이란 / 눅 19:11-26 ·· 186
- 하나님이 기억하시는 자 / 행 10:1-8 ································ 188
- 충성하는 자의 자세 / 마 25:14-30 ··································· 190
- 믿음의 사람 가이오 / 요삼 1:1-8 ······································ 192

③ 성가대

- 성도가 찬송하는 이유 / 엡 1:1-6 ······································ 194
- 하나님을 찬양하라 / 시 147:1 ··· 196
- 영혼의 찬양을 드리자 / 눅 1:46-55 ··································· 198
- 찬송에 내포된 의미 / 시 69:30-36 ····································· 200
- 하나님의 은혜를 찬양하자 / 엡 1:3-14 ······························· 202
- 찬송의 놀라운 역사 / 행 16:25-34 ···································· 204

④ 제직·임원

- 나다나엘과 같은 성도 / 요 1:43-51 ··································· 206
- 므나의 비유가 주는 교훈 / 눅 19:12-27 ···························· 208
- 충성한 일꾼에게는 / 계 2:8-11 ··· 210
- 신앙의 사람 갈렙 / 수 14:6-15 ··· 212
- 예수의 마음 / 빌 2:1-11 ··· 214
- 예수의 군사인 성도 / 딤후 2:1-5 ······································ 216
- 성도와 생명의 면류관 / 계 2:8-11 ···································· 218
- 청지기에게 맡기신 세 가지 / 눅 12:41-48 ························· 220

⑤ 선교부

- 사도 바울이 받은 사명 / 행 20:24-25 ······························· 222
- 선교하는 안디옥 교회 / 행 13:1-3 ···································· 224

⑥ 군 선교

- 기드온과 정병 삼백 명 / 삿 7:1-8 ···································· 226
- 인정받는 군사 / 딤후 2:1-4 ··· 228

⑦ 구역회·속회

- 바른 사명자의 자세 / 골 3:15-17 ····································· 230
- 눈을 들어 밭을 보라 / 요 4:35-37 ···································· 232

8 중·고등부

- 다니엘의 성공 비결 / 단 1:1-9 ·········· 234
- 충성하는 하나님의 일꾼 / 고전 4:1-13 ·········· 236
- 하나님께 쓰임을 받는 자 / 롬 12:1-2 ·········· 238
- 신앙의 승리자 / 빌 3:1-14 ·········· 240
- 뜻을 정한 다니엘과 세 친구 / 단 1:8-16 ·········· 242
- 바울의 권면 / 딤후 3:14-17 ·········· 244

9 청년회

- 하나님의 사람 요셉 / 창 50:15-21 ·········· 246
- 하나님이 찾아 쓰시는 사람 / 딤후 2:20-26 ·········· 248
- 청년아, 조심하라 / 딤후 2:22 ·········· 250

10 대학부

- 지혜로운 자의 삶 / 엡 5:15-21 ·········· 252
- 예수를 바라보자 / 히 12:1-3 ·········· 254

11 교사

- 모범 성도 바나바 / 행 4:36-37 ·········· 256
- 인정받는 교사 / 딤후 2:14-15 ·········· 258
- 교사의 사명을 받은 자 / 딤전 4:11-16 ·········· 260
- 예수의 삼대 사역 / 마 4:23 ·········· 262
- 탁월한 교사 예수 / 요 3:1-8 ·········· 264

3. 예식 설교

1 약혼

- 리브가의 약혼 모습 / 창 24:50-60 ·········· 266
- 혼인은 하나님의 은총 / 잠 18:22 ·········· 268

2 결혼

- 결혼과 경건 생활 / 고전 7:32-35 ·········· 270
- 가나의 혼인 잔치 / 요 2:1-11 ·········· 272

- 부부지간에는 / 엡 5:22-33 ··· 274
- 이상적인 부부 / 시 128:1-6 ·· 276

③ 은혼
- 동반자의 길 / 창 26:12-13 ·· 278

④ 금혼
- 금혼에 이르는 축복 / 롬 12:10-11 ······························· 280
- 갈렙의 하나님께서 / 수 14:6-12 ·································· 282

⑤ 회갑·진갑
- 백발의 영화로움 / 잠 16:31 ······································· 284
- 욥의 신앙생활 / 욥 1:20-22 ······································· 286
- 보장된 성도의 미래 / 시 84:9-12 ································· 288

⑥ 임종
- 선한 목자이신 주 / 시 23:3-6 ····································· 290
- 내게 유익한 죽음 / 빌 1:20-24 ···································· 292

⑦ 입관
- 성도가 살아온 삶 / 롬 14:7-9 ····································· 294
- 주 안의 성도가 받을 복 / 살전 4:13-18 ························ 296

⑧ 발인
- 하늘 가는 길 / 고전 15:50-58 ···································· 298
- 요단 강 건너 저편에 / 신 12:9-10 ································ 300

⑨ 하관
- 축복된 성도의 죽음 / 계 14:13 ··································· 302
- 너희 생명이 무엇이뇨 / 약 4:13-17 ······························ 304

⑩ 임종 (불신자)
- 죽음이 가까이에 / 삼상 20:1-3 ··································· 306

⑪ 입관 (불신자)
- 죽음을 향해 걷는 인생 / 욥 30:23-24 ··························· 308

12 발인 (불신자)
- 인생에 대한 세 가지 평가 / 시 90:9-12 ·············· 310

13 하관 (불신자)
- 사망을 이기는 성도의 승리 / 고전 15:55-58 ·············· 312

14 위로
- 성도를 향한 주님의 위로 / 요 14:18-20 ·············· 314
- 내가 세상을 이겼노라 / 요 16:33 ·············· 316

15 추도
- 성도의 본향 / 히 11:13-16 ·············· 318
- 밤이 없는 영원한 천국 / 계 22:5 ·············· 320

16 임직 (장로)
- 고난의 증인인 장로 / 벧전 5:1-4 ·············· 322
- 주님의 제자는 / 마 16:24-28 ·············· 324

17 임직 (집사)
- 집사의 선택 / 행 6:1-6 ·············· 326
- 모범적인 집사 뵈뵈 / 롬 16:1-2 ·············· 328
- 자주장사 루디아 / 행 16:11-15 ·············· 330

18 임직 (권사)
- 여제자 다비다 / 행 9:36-42 ·············· 332
- 주를 위한 바울의 고난 / 골 1:24-29 ·············· 334

19 성전 건축
- 하나님의 거처인 성전 / 시 127:1 ·············· 336
- 거룩한 여호와의 전 / 욜상 9:1-9 ·············· 338

4. 심방 설교

1 출생
- 부모의 의무 / 신 31:12-13 ·············· 340

- 한나의 간구 / 삼상 1:9-18 ·········· 342
- 바람직한 부모상 / 삼상 1:21-28 ·········· 344
- 요셉의 가정 / 눅 2:22-24 ·········· 346

② 생일
- 믿음의 디모데 / 딤후 1:3-5 ·········· 348
- 주의 뜻대로 하는 양육 / 시 127:1-5 ·········· 350
- 바람직한 자녀 양육 / 눅 2:40, 52 ·········· 352
- 시간 관리와 참된 인생 / 전 12:1-13 ·········· 354

③ 입학
- 바울과 같이 달음질하자 / 고전 9:24-27 ·········· 356

④ 졸업
- 바울처럼 열심히 / 빌 3:12-16 ·········· 358

⑤ 개업
- 성도의 바람직한 기업관 / 고전 10:31-33 ·········· 360
- 성도의 지혜로운 경영 / 잠 3:5-6 ·········· 362

⑥ 확장
- 형통할 때 주의하자 / 신 8:11-18 ·········· 364
- 정상을 향하는 자세 / 잠 29:18 ·········· 366

⑦ 이사
- 벧엘에서 만난 하나님 / 창 28:20-22 ·········· 368
- 말씀에 순종한 아브라함 / 창 12:1-4 ·········· 370

⑧ 입사
- 요셉의 형통함과 같이 / 창 39:1-6 ·········· 372

⑨ 승진
- 칭찬과 상급을 받는 자 / 마 25:21-30 ·········· 374

⑩ 시험든 자
- 시험을 인내할 때 / 약 1:12-15 ·········· 376

- 발람에게 임한 시험 / 민 22:15-20 ·········· 378
- 예수께서 받으신 시험 / 마 4:1-11 ·········· 380
- 아브라함에게 임한 시험 / 창 22:1-19 ·········· 382

11 수감자
- 수감자 요셉 / 창 39:19-23 ·········· 384

12 실패 · 사고
- 아브라함 실패의 교훈 / 창 12:10-20 ·········· 386
- 욥이 가진 큰 믿음 / 욥 1:20-23 ·········· 388

13 병문안
- 질병으로 인해 고통 받을 때 / 욥 7:1-21 ·········· 390
- 치료하시는 주님 / 말 4:1-3 ·········· 392

14 병문안 (불신자)
- 병에서 구원받고자 하는가 / 마 9:12 ·········· 394
- 죽을 병이 든 에바브로디도 / 빌 2:25-27 ·········· 396

15 수술
- 주의 크신 능력의 손길 / 시 31:1-5 ·········· 398
- 사망의 골짜기에서도 / 시 23:4 ·········· 400

16 장기 환자
- 베데스다의 병자 / 요 5:1-9 ·········· 402
- 사도 바울의 권면 / 빌 4 6-7 ·········· 404

17 불치 환자
- 나의 목자이신 하나님 / 시 23:1-6 ·········· 406
- 우리들의 천국은 / 계 21:4 ·········· 408

18 퇴원
- 치료하시는 하나님 / 출 15:22-26 ·········· 410

19 가정 불화
- 믿음의 브리스길라와 아굴라 / 행 18:24-28 ·········· 412

20 가난 · 근심
- 사람을 낚는 어부 / 마 4:18-22 414
- 내일 일은 난 몰라요 / 마 6:27-34 416

21 제대
- 네가 개척하라 / 수 17:14-18 418

22 초신자
- 영접하는 자는 / 요 1:12-13 420
- 주님이 찾으시는 자 / 요 6;26-35 422
- 예수와 함께 참예한 자는 / 히 3:14 424
- 가이오의 삼중 축복 / 요삼 1:2-4 426

십계명 찾아보기

1. 절기 설교

- 새해에 하는 새 결심 10가지 ⋯⋯⋯⋯⋯⋯⋯⋯⋯⋯⋯⋯ 29
- 새해에 하는 성도의 10가지 다짐 ⋯⋯⋯⋯⋯⋯⋯⋯⋯ 31
- 실패자가 되기 위한 10가지 비결 ⋯⋯⋯⋯⋯⋯⋯⋯⋯ 33
- 튼튼한 나라가 되는 10가지 생각 ⋯⋯⋯⋯⋯⋯⋯⋯⋯ 35
- 일제 36년에 있었던 큰 일 10가지 ⋯⋯⋯⋯⋯⋯⋯⋯ 37
- 기도의 10가지 의미 ⋯⋯⋯⋯⋯⋯⋯⋯⋯⋯⋯⋯⋯⋯⋯ 39
- 마귀에게 빼앗기지 말아야 할 10가지 ⋯⋯⋯⋯⋯⋯ 41
- 예수님에 대한 10가지 신앙 ⋯⋯⋯⋯⋯⋯⋯⋯⋯⋯⋯ 43
- 예수 십자가 죽음의 깊은 10가지 의미 ⋯⋯⋯⋯⋯⋯ 45
- 기도에 깊이 빠진 10사람 ⋯⋯⋯⋯⋯⋯⋯⋯⋯⋯⋯⋯ 47
- 고난 주간에 동참하는 성도의 10가지 자세 ⋯⋯⋯ 49
- 예수 십자가의 10가지 진리 ⋯⋯⋯⋯⋯⋯⋯⋯⋯⋯⋯ 51
- 성도의 신앙적 삶 10가지 ⋯⋯⋯⋯⋯⋯⋯⋯⋯⋯⋯⋯ 53
- 옛 사람의 10가지를 벗어버리자 ⋯⋯⋯⋯⋯⋯⋯⋯⋯ 55
- 삼위일체 하나님 신앙의 10가지 ⋯⋯⋯⋯⋯⋯⋯⋯⋯ 57

- 성도가 예수 그리스도의 자랑이 되는 10가지 ⋯⋯ 59
- 예수님의 부활로 새로워진 10가지 ⋯⋯⋯⋯⋯⋯⋯⋯ 61
- 예수 부활의 권능으로 얻은 10가지 ⋯⋯⋯⋯⋯⋯⋯ 63
- 부활 신앙을 가진 성도의 10가지 몸가짐 ⋯⋯⋯⋯ 65
- 하나님이 주신 10가지 특권 ⋯⋯⋯⋯⋯⋯⋯⋯⋯⋯⋯ 67
- 영원한 기업을 위해 찾을 경건 10가지 ⋯⋯⋯⋯⋯ 69
- 부활절에 생각하는 10가지 ⋯⋯⋯⋯⋯⋯⋯⋯⋯⋯⋯ 71
- 어린이 교육의 10가지 계명 ⋯⋯⋯⋯⋯⋯⋯⋯⋯⋯⋯ 73
- 못된 자녀로 키우는 10가지 비결 ⋯⋯⋯⋯⋯⋯⋯⋯ 75
- 부모와 화목하기 위한 10가지 충고 ⋯⋯⋯⋯⋯⋯⋯ 77

- 행복한 가정을 위한 10가지 충고 ……………………… 79
- 자녀가 바라는 부모가 되는 10가지 권고 ……………… 81
- 성령의 불이 붙으면 이룩되는 10가지 ………………… 85
- 보혜사 성령의 10가지 역사 ……………………………… 87
- 6·25의 10가지 교훈 ……………………………………… 89

- 한국병 10가지를 고치자 ………………………………… 91
- 우리 민족의 10가지 장점 ………………………………… 93
- 평화로운 삶을 위한 10가지 법칙 ……………………… 95
- 맥추 감사를 드리는 10가지 자세 ……………………… 97
- 감사하는 삶에 내포된 10가지 이득 …………………… 99
- 심령을 기르는 10가지 비결 …………………………… 101
- 하나님이 들어쓰시는 10사람 …………………………… 103
- 좋은 지도자의 10가지 덕목 …………………………… 105
- 성도의 10가지 권위 ……………………………………… 107
- 걱정하는 습관을 끝내는 10가지 권면 ………………… 109
- 멋 있는 성도가 되는 10가지 충고 …………………… 111
- 감사하는 삶에 임하는 10가지 유익 …………………… 113
- 성도의 가장 좋은 일 10계명 …………………………… 115
- 감사와 십일조 생활의 10가지 상관 관계 …………… 117
- 난관을 헤쳐가는 10가지 비결 ………………………… 119

- 성도가 쌓아야 할 신앙 재산 10가지 ………………… 121
- 성도로서 모든 이에게 권면하는 10가지 ……………… 123
- 참 교회의 표준 10가지 ………………………………… 125
- 종교개혁주일에 생각하는 10가지 오류 ……………… 129
- 오늘의 기독교인이 깨달을 10가지 위기 ……………… 131
- 어떤 교회에서 실망한 10가지 이유 …………………… 131
- 앞 일을 모르는 인생의 10가지 의혹 ………………… 133
- 성경에 대한 10가지 신앙 ……………………………… 135
- 하나님 말씀에 있는 10가지 …………………………… 137

- 하나님 말씀의 유익 10가지 ········· 139
- 예수께서 오심으로써 생긴 10가지 ········· 141
- 구원받은 성도의 일상생활 10가지 ········· 143
- 예수님이 나의 주인이 되시는 10가지 ········· 145
- 교회의 주인 예수를 섬기는 10가지 ········· 147
- 새 해를 맞기 전 점검할 10가지 ········· 149

- 묵은 해를 보내며 하는 10가지 생각 ········· 151
- 한해를 마무리하며 돌아볼 10가지 ········· 153
- 한해를 보내며 생각하는 10가지 ········· 155
- 좋은 교회의 10가지 모습 ········· 157
- 교회 부흥의 10가지 원인 ········· 159
- 선교(=전도) 하는 자의 10가지 계명 ········· 161
- 전도(=선교) 10계명 ········· 163
- 바람직한 성도가 되는 10가지 훈계 ········· 165
- 이런 저런 10가지 종류의 교인 ········· 169
- 달란트에 대한 10가지 교훈 ········· 171
- 서로가 서로를 알아주는 10가지 ········· 173

2. 헌신 설교

- 성도들이 두려워해야 할 10가지 ········· 175
- 성도들의 10가지 신앙 자화상 ········· 177
- 뜻을 이루는 10가지 고훈 ········· 179
- 제자 훈련의 10가지 기본 방침 ········· 181
- 소금의 10가지 역할 ········· 185
- 교회의 기둥인 이런 일꾼 10명 ········· 187
- 주님의 십자가의 10가지 정신으로 살자 ········· 189
- 남성 성도의 10가지 계명 ········· 191
- 그리스도인의 10가지 품성 ········· 193
- 위선적인 교인 10부류 ········· 195

- 우리 하나님의 10가지 은혜 ·········· 197
- 성도를 10가지 재앙에서 건지시는 하나님 ·········· 199
- 찬송하는 성도의 10가지 삶 ·········· 201
- 하나님의 은혜를 이웃에게 찬양하는 10가지 ·········· 203
- 찬송하는 성도가 넓힐 10가지 지경 ·········· 205

- 교회 제직(=임원)의 10가지 자세 ·········· 207
- 교회 임원(=제직)의 이상적인 10가지 할 것 ·········· 209
- 하나님이 주신 직분에 대한 좋은 10가지 자세 ·········· 211
- 교회 임원(=제직)의 10가지 다짐 ·········· 213
- 좋은 목자의 10가지 계명 ·········· 215
- 임원(=제직)된 성도의 10가지 할 일 ·········· 217
- 교회 제직(=임원)으로서 10가지 선서 ·········· 219
- 주님의 올바른 청지기의 10가지 자세 ·········· 221
- 목표를 이루기 위한 10가지 권면 ·········· 223
- 하나님의 사역(=일)의 10가지 기초 ·········· 225
- 믿음이 아닌 것 10가지 ·········· 227
- 믿음의 군사가 보는 10가지 ·········· 229
- 좋은 구역장(=속장)의 10가지 명심 ·········· 231
- 속회(=구역회) 부흥 비결 10가지 ·········· 233
- 친구 사귐을 위한 10가지 권면 ·········· 235

- 활기찬 인생을 위한 10가지 권면 ·········· 237
- 멋진 청소년 시절에 필요한 10가지 권면 ·········· 239
- 뜻을 성취하기 위한 10가지 권면 ·········· 241
- 자신의 일을 이루기 위한 10가지 권면 ·········· 243
- 미국 청소년들이 교회를 떠나는 10가지 이유 ·········· 245
  (잘못된 부모상 10가지)
- 꿈을 이루는 10가지 권면 ·········· 247
- 자신 있는 삶을 위한 10가지 권면 ·········· 249
- 좋은 습관을 기르는 10가지 권면 ·········· 251

- 자기 발전을 위한 10가지 권면 ······ 253
- 의욕적 삶을 위한 10가지 권면 ······ 255
- 좋은 교사의 10가지 흘쓸 것 ······ 257
- 좋은 교사가 해야 할 10가지 ······ 259
- 교회학교 교사의 10가지 자세 ······ 261
- 성공적인 교회학교 교사의 10가지 사명감 ······ 263
- 스승(=예수님)의 은혜를 생각할 10가지 ······ 265

3. 예식 설교

- 성도의 혼사 문제에 대한 10가지 권면 ······ 267
- 열린 가정 만들기의 10가지 충고 ······ 269
- 성도의 가정의 행복을 위한 10가지 ······ 271
- 행복한 결혼생활을 위한 10계명 ······ 273
- 좋은 부부를 위한 10가지 계명 ······ 275
- 행복한 가정을 위한 10가지 권면 ······ 277
- 부모들이 듣고 싶어하는 칭찬 10가지 ······ 279
- 존경받는 부모가 되는 10가지 ······ 281
- 화목한 부부생활을 위한 10가지 권면 ······ 283
- 노년을 위한 10가지 권면 ······ 285
- 위대하신 주님의 사랑 10계명 ······ 291
- 성도의 재산목록 10가지 ······ 293
- 자신을 너무 모르고 산 10가지 ······ 295
- 복 받는 성도의 10가지 명심 ······ 297
- 은혜를 알고, 은혜를 받는 10가지 ······ 299

- 하나님 앞에서 인간의 10가지 인생관 ······ 301
- 하나님을 믿는 성도의 신앙 10가지 ······ 303
- 하나님 앞에서 아름다운 10가지 자세 ······ 305
- 사람이 구원받아야 할 죄인인 10가지 이유 ······ 307
- 착각하지 않고 사는 10가지 경계 ······ 309

- 마지막까지 깨끗해야 할 것 10가지 ·············· 311
- 우리가 능력받으면 되는 10가지 ·············· 313
- 우리가 하나님게 드리면 받는 10가지 ·············· 315
- 하나님의 사랑을 받는 10가지 몸짓 ·············· 317
- 본향을 그리는 성도의 10가지 지혜 ·············· 319
- 빛과 같은 성도의 10가지 역할 ·············· 321
- 좋은 장로를 위한 10가지 계명 ·············· 323
- 교회 재정 위원의 10가지 자세 ·············· 323
- 좋은 장로의 10가지 자세 ·············· 325
- 좋은 집사가 되는 10가지 생활 ·············· 327

- 교회 안내 위원의 10가지 자세 ·············· 327
- 좋은 집사의 10가지 명심 ·············· 329
- 구역회(=속회) 지도자의 10가지 모범 ·············· 329
- 주로부터 임직을 받을 때의 10가지 자세 ·············· 331
- 속장(=구역장)이 속회(=구역회)에서 할 일 10가지 ·············· 331
- 좋은 권사의 10가지 명심할 일 ·············· 333
- 속회(=구역회)를 인도하는 사람의 10가지 지침 ·············· 333
- 좋은 권사의 직임 완수의 10가지 비결 ·············· 335
- 예배가 열납되는 10가지 비결 ·············· 337
- 예배자를 위한 10가지 계명 ·············· 339

4. 심방 설교

- 어려서부터 가르쳐야 할 10가지 ·············· 341
- 자녀를 위한 10가지 기도 ·············· 343
- 자녀를 바르게 키우는 10가지 비결 ·············· 345
- 자녀 양육을 위한 10계명 ·············· 347
- 자녀를 망가뜨리는 10가지 비결 ·············· 349
- 못된 자녀로 키우는 10가지 묘수 ·············· 351
- 부모가 자녀에게 보일 10가지 모본 ·············· 353

- 시간 절약을 위한 10가지 충고 ··············· 355
- 의욕에 찬 삶을 위한 10가지 권면 ··············· 357
- 희망찬 미래를 위한 10가지 권면 ··············· 359
- 크리스찬 직장인을 위한 10가지 권면 ··············· 361
- 이렇게 창업하면 반드시 망하는 10가지 비결 ··············· 363
- 일 중독자를 진단하는 10가지 방법 ··············· 365
- 세계 최고 갑부 '빌 게이츠'의 성공 경영 10계명 ··············· 365
- 종업원 불친절 10가지로 망하는 기업 ··············· 367

- 당신의 변화를 위한 10가지 권면 ··············· 369
- 망설임을 해결하는 10가지 권면 ··············· 371
- 자신감을 갖는 10가지 권면 ··············· 373
- 행복한 직장생활을 위한 10가지 충고 ··············· 373
- 신뢰받는 사람이 되기 위한 10가지 권면 ··············· 375
- 역경을 극복하는 10가지 비법 ··············· 377
- 거절을 위한 10가지 충고 ··············· 379
- 빛나는 생을 위한 10가지 권면 ··············· 381
- 새로운 자신을 위한 10가지 권면 ··············· 383
- 자기 개선을 위한 10가지 권면 ··············· 385
- 실패에서 벗어나는 10가지 충고 ··············· 387
- 슬럼프에서 벗어나는 10가지 권면 ··············· 389
- 기도가 유익한 10가지 이유 ··············· 391
- 건강을 해치는 10가지 마음 ··············· 393
- 주 안에서 오래사는 10가지 비결 ··············· 395

- 삶을 망가뜨리는 10가지 것들 ··············· 397
- 하늘 문이 열리는 10가지 기도 ··············· 399
- 기도 응답의 10가지 비결 ··············· 401
- 슬픔을 극복하는 10가지 권면 ··············· 403
- 위기를 극복하는 10가지 권면 ··············· 405
- 좋은 감정을 갖기 위한 10가지 권면 ··············· 407

- 슬픔을 벗어나는 10가지 충고 ……………………………………… 409
- 건강을 위한 10가지 충고 ………………………………………… 411
- 건강 십칙 …………………………………………………………… 411
- 가정의 위기를 극복하는 10가지 권면 ………………………… 413
- 근심에서 벗어나는 10가지 충고 ………………………………… 415
- 막힌 문제를 해결하는 10가지 권면 …………………………… 417
- 자기 발전을 위한 10가지 권면 ………………………………… 419
- 새 신자 정착 10계명 ……………………………………………… 421
- 새 신자를 위한 10가지 준비 …………………………………… 423
- 좋은 예배를 위한 10가지 자세 ………………………………… 425
- 인생에게 가장 소중한 예배 10계명 …………………………… 427

최신 심방설교 자료집을 출간할 수 있도록
함께 하신 하나님께 감사드리며,
이 책을 하나님 나라의 확장을 위해 노심초사 애쓰시는
이 땅의 주의 귀하신 종들에게 삼가 바칩니다.

절기 · 신년주일

복 받는 성도

■ **찬 송** ■ ♪532, 543, 296, 228

■ **본 문** ■ 복 있는 사람은 악인의 꾀를 좇지 아니하며 죄인의 길에 서지 아니하며… 【시 1:1~6】

■ **서 론** ■ 영국의 극작가 윌리엄 콩그레브는 "축복은 언제나 선행에 뒤따르는 것이다. 비록 늦을지라도 분명한 상급이 뒤를 잇는다."라고 했다. 하나님의 축복을 넘치도록 받는 복 있는 성도는?

■ **말 씀** ■

I. 이는 여호와의 율법을 즐거워하는 자이다

새해가 되면 누구나 복받기를 원한다. 그러나 복을 받는 방법에 대해서는 각인각색이다. 성경은 이에 대하여 뭐라고 하나? '여호와의 율법', 즉 하나님의 말씀을 알고 그 말씀대로 살아야 한다고 말한다. 하나님의 말씀을 무시하거나 멀리하는 사람은 진정한 축복과는 거리가 먼 자이다. 예수님은 "사람이 떡으로만 살 것이 아니요 하나님의 입으로 나오는 모든 말씀으로 살 것"이라 하셨다(마 4:4).

II. 이는 온갖 형통함을 누리게 되는 자이다

진정한 복을 받은 사람은 어떤 복을 누리나? 한마디로 만사형통하게 된다. "그 행사가 다 형통하리로다"(3절하). 왜 그렇게 되는가? "저는 시냇가에 심은 나무가 시절을 좇아 과실을 맺으며 그 잎사귀가 마르지 아니함"같기 때문이다(3절상). 하나님의 말씀을 무시하고 멀리하는 사람은 일시적으로는 잘 되는 것처럼 보여도 결국은 허망한 삶이 되고만다. 그들의 삶은 "바람에 나는 겨"와 같기 때문이다(4절).

III. 이는 여호와의 인정하심을 받는 자이다

사람들은 세상에서 사람들에게 인정받고 존경받기를 원한다. 그러면 인생을 보람있게 산 것으로 여긴다. 하지만 아무리 세상 모든 사람들로부터 인정과 존경을 받는다해도 하나님께 인정하심을 받지 못하면 그의 삶은 실패한 것이다. 왜? 우리는 마지막에 하나님의 심판대 앞에 서야 하기 때문이다(계 20:11-15). 하나님께 인정하심을 받으려면 죄를 회개하고 예수님을 믿지 않으면 안된다(요 1:12). 선행이 아니라 믿음이 필요한 까닭이다.

■ **기 도** ■ 만복의 근원이신 하나님 아버지, 새해에는 진정한 복을 받아 누림으로 더욱 아버지께 영광돌리게 하옵소서. 예수님 이름으로 기도드립니다. 아멘.

■ 십계명 ■   새해에 하는 새 결심 10가지

1. 새해에는 먼저 주 안에서 새 사람이 되자
2. 새해에는 먼저 주 안에서 새 결심을 하자
3. 새해에는 먼저 주 안에서 믿음을 기르자
4. 새해에는 먼저 주 안에서 말씀으로 살자
5. 새해에는 먼저 주 안에서 기도에 열심하자
6. 새해에는 먼저 주 안에서 모이는 일에 힘쓰자
7. 새해에는 먼저 주 안에서 은혜받는 일에 노력하자
8. 새해에는 먼저 주 안에서 사랑으로 역사하자
9. 새해에는 먼저 주 안에서 봉사로 충실하자
10. 새해에는 먼저 주 안에서 전도에 전력하자

■ 해 설 ■   마음을 다스리는 새해의 글

　복(福)은 검소함에서 생기고, 덕(德)은 겸양에서 생기며, 지혜는 고요히 생각하는 데서 생긴다.
　근심은 욕심에서 생기고, 재앙은 물욕에서 생기며, 허물은 경망에서 생기고, 죄는 참지 못하는 데서 생긴다.
　눈을 조심하여 남의 그릇됨을 보지 말고 아름다움을 볼 것이며, 입을 조심하여 실없는 말을 하지 말고 착한 말, 바른 말, 부드럽고 고운 말을 언제나 할 것이며, 몸을 조심하여 나쁜 친구를 사귀지 말고 어질고 착한 이를 가까이 하자.
어른을 공경하고 아랫 사람을 사랑으로 대하며 덕 있는 이를 따르고 모르는 이를 너그럽게 대하라.
　오는 것을 거절 말고 가는 것을 잡지 말며, 내 몫 대우 없음에 바라지 말고 먼저 남을 대우해 주며, 일이 지나갔음에 원망하지 말라.
　남을 해하면 마침내 그것이 자기에게 돌아오고, 돈을 너무 따르면 돈의 노예가 되며, 세력을 의지하면 도리어 재화(災禍)가 따르고, 아껴쓰지 않음으로써 집안을 망치며, 청렴하지 않음으로써 지위를 잃는 것이니라.
　그대에게 평상을 두고 스스로 경계할 것을 권고하나니 가히 놀랍게 여겨 생각할지니라.

절기 · 신년주일

새로운 피조물인 성도

■ **찬 송** ■ ♬ 204, 296, 208, 210

■ **본 문** ■ 그런즉 누구든지 그리스도 안에 있으면 새로운 피조물이라 이전 것은 지나갔으니 보라 새것이 되었도다 … 【고후 5:17~21】

■ **서 론** ■ 영국의 신학자인 프레드릭 윌리엄 로버트슨은 "그리스도인의 삶은 알고 들음에 있을 뿐만 아니라 그리스도의 뜻을 행하는 데 있다."라고 했다. 새로운 피조물이 된 성도는?

■ **말 씀** ■

I 이는 그리스도 안에 있는 자임

새로운 사람이 되어야 새해를 맞는 의미가 있다. 새사람이 되지 않으면 새로운 삶은 불가능하기 때문이다. 새로운 삶이 없는데 어떻게 새로운 복을 받을 수 있겠는가? 그것은 불가능한 일이다. 새사람이 되려면 어떻게 해야 하나? 무엇보다도 먼저 '그리스도 안에' 있지 않으면 안 된다. 그리스도만이 죄로 썩어진 인간을 새로운 피조물로 만드실 수 있기 때문이다. 그리스도를 믿지 않는 한 인간의 그 어떤 노력과 행위도 다 헛될 뿐이다.

II 이는 옛 생활을 버리는 자임

새로운 복을 받으려면 예수님을 믿는 것만으로는 부족하다. 믿음에 따르는 새로운 생활이 필요하다. 새생활을 하려면 잘못된 '이전 것'은 과감하게 청산해야 한다. 옛 것이라 해서 무조건 다 나쁜 것은 아니다. 좋은 것은 살려야 한다. 그리스도를 믿기 전의 잘못된 생활을 바꾸라는 것이다. 묵은 것을 버려야 새 것이 들어온다. 나쁜 것이 나가야 좋은 것이 들어온다. 좋고 나쁜 것의 기준은 어디까지나 하나님의 말씀, 즉 성경이다.

III 이는 주의 뜻을 행하는 자임

새로운 피조물이 된 사람은 우선 하나님과 화목하며(18절상), 남도 하나님과 화목하게 하도록 노력하게 된다(18절하). 사도 바울은 "그리스도를 대신하여 간구하노니 너희는 하나님과 화목하라"고 강조한다(20절하). 하나님과 원수가 되고 등진 상태에서는 새로운 피조물이 되기는커녕 오히려 저주의 대상이 될 뿐이다. 하나님과 화목한 자는 하나님의 뜻을 행하게 되고 자연스레 복을 받게 된다.

■ **기 도** ■ 만복의 근원이신 아버지시여, 우리로 하여금 새로운 피조물이 되게 하사 늘 하나님을 기쁘시게 하게 하옵소서. 예수님 이름으로 기도드립니다. 아멘.

■ 십계명 ■ 새해에 하는 성도의 10가지 다짐

1. 주님! 어떤 일이 있어도 주일을 성수하겠습니다
2. 주님! 모든 예배에 꼭 참석하겠습니다
3. 주님! 은혜받는 일에 정성을 다하겠습니다
4. 주님! 어떤 일에도 기도로 풀겠습니다
5. 주님! 하루에 한번이라도 선한 일을 하겠습니다
6. 주님! 하루에 한 사람씩 전도하겠습니다
7. 주님! 모든 일에 믿음으로 실행하겠습니다
8. 주님! 항상 기쁘고 즐겁게 살겠습니다
9. 주님! 주의 몸된 교회를 위해 힘써 일하겠습니다
10. 주님! 이웃의 모든 사람에게 본이 되겠습니다

■ 예 화 ■ 나는 주님의 것

구세군의 창설자 윌리엄 부드(William Booth) 대장이 죽기 수개월 전 한 사람이 그를 방문하여 이런 질문을 했다.

"그토록 긴 세월 동안 주님의 종으로서 변함없이 일할 수 있었던 비결이 무엇입니까?"

부드는 조용하게 말했다.

"비결 같은 것은 없습니다. 나는 날마다 하나님께 '나의 모든 것은 주님의 것입니다. 마음대로 써주십시오' 라고 기도했습니다."

이것이 바로 헌신이다.

성도는 이제는 지나간 나의 모든 욕망을 버리고 주님께 쓰임 받아 주님께 붙잡힘 받은 삶을 살아야 하는 변화된 자들이다.

나의 시간, 나의 재물, 나의 건강, 나의 재주 등 나의 모든 것을 하나님의 것으로 믿는 것이다.

우리에게도 다윗과 같이 "모든 것이 주께로 말미암았사오니"(대상 29:14) 하는 기본적인 신앙이 있어야 한다.

새로운 한 해를 시작하는 첫 날 이런 결단을 하나님께 드리는 자들이 되자.

절기 · 3 · 1절

실패한 모세

■ 찬 송 ■ ♪509, 513, 275, 496

■ 본 문 ■ 모세가 장성한 후에 한번은 자기 형제들에게 나가서 그 고역함을 보더니 어떤 애굽 사람이 어떤 히브리 사람 곧 자기 형제를 … 【출 2:11~15】

■ 서 론 ■ 영국의 대시인이요 극작가인 셰익스피어는 "용기보다 나은 것은 신중이다."라고 했다. 자신의 힘으로 이스라엘을 구원하려 한 모세의 실패의 원인은?

■ 말 씀 ■

I 모세는 하나님의 예언을 깨닫지 못했음

애굽에서 노예생활을 하던 이스라엘 백성들에게 '해방과 자유'는 너무도 시급하고 절실한 문제였다. 36년간 일제의 탄압에서 해방을 갈구하던 우리 처지를 돌이켜 보면 쉽게 짐작할 수 있다. 그러나 그것은 인간적인 방법으로 해결될 일이 아니었다. 하나님은 아브라함에게 말씀하시기를 4백년동안 노예생활한 후에 해방의 기쁨을 주실 것이라고 하신 바 있다(창 15:13-14). 조급하게 서둔다고 될 일이 아니었다.

II 모세는 기도하지 않았음

모세가 하나님의 말씀을 믿었더라면 그 약속을 이루어주시기를 기도하면서 기다려야 옳을 일이었다. 그는 기도하지 않았다. 우리도 때로는 이런 실수를 한다. 기도하면서 기다리면 될 일을 기도하지 않고 제 힘으로 해결하려다 실패의 쓴 맛을 보는 것이다. 주님의 제자들이 왜 실패했나? "시험에 들지 않게 깨어있어 기도하라"신 주님의 말씀(마 26:41)을 무시했기 때문이었다. 기도는 가장 어리석은 것 같아도 가장 지혜로운 길임을 깊이 기억하자.

III 모세는 자신의 힘을 너무 의지하였음

모세는 애굽인에 대한 적개심을 가지고 있었다. 당연한 일이다. 무고하게 매를 맞는 동족을 볼 때 그의 적개심은 드디어 폭발했고 그 애굽인을 쳐 죽이기에 이른다. 이쯤되면 동족들이 자신을 적극 지지할 뿐 아니라 민족해방운동에 나설 것으로 생각했지만 결과는 정반대로 나타났다. 동족으로부터는 불신을 당하고 애굽인들로부터는 살해위협을 당하게 되었다. 하나님을 믿고 의지하는 대신 자신의 힘과 열의만 의지했던 자신의 어리석음을 깨달아야 했다.

■ 기 도 ■ 사랑하는 주님, 이 땅에는 아직도 죄와 마귀에 매여 종노릇하는 자들이 많습니다. 그들에게 참 자유를 주옵소서. 예수님 이름으로 기도드립니다. 아멘.

■ 십계명 ■ 실패자가 되기 위한 10가지 비결

1. 목표도 없이 막연하게 성공만 바라라
2. 자기 감정이 원하는 대로 끌려가라
   (자고 싶으면 자고 놀고 싶으면 맘껏 놀아라)
3. 힘이 들고 재미가 없는 일은 내일로 미루라
4. 쉽게 포기해 버리고 적당한 변명을 늘어 놓아라
5. 결단을 늦추고 어려움이 있으면 빨리 포기하라
6. 지나치게 늘 조심하라
7. 자기의 적성을 무시하고 그럴듯한 일에만 관심을 가지라
8. 한 가지 일에 집중하지 말고 이 일 저 일에 잡생각을 많이 하라
9. 하고자 하는 일에 될대로 되라는 식으로 방관자의 입장에서 서라
10. 한 번 실패가 마지막을 뜻한다고 믿으라
    그러면 당신은 정말 실패자가 되고 말 것이다

■ 예 화 ■ 실패 앞에서

토마스 에디슨이 평생 모은 재산인 뉴저지 주 웨스트 오렌지에 있던 공장과 연구 시설(당시 평가액 2백만 달러)이 전소되었다(1914년 12월 9일).

24세의 아들 찰스 군이 불탄 자리를 바라보고 있는데 67세의 아버지 에디슨이 곁에 와서 위로의 말을 하였다.

에디슨은 부인까지 불러내어 이렇게 말했다.

"기존 건물과 묵은 시설이 아까워서 뜯어 고치지 못하는 나의 좁은 마음을 책망하시려고 새 것을 창조하시는 하나님이 이런 방법으로 가르쳐 주신 것이다."

에디슨은 두 번 패배하는 사람이 아니었다.

그의 신앙은 첫 번째 패배를 내일의 성공을 위한 하나님의 뜻으로 받아들였던 것이다.

중대한 주사위는 실패와 패배 뒤에 던져지는 것임을 잊어서는 안 된다.

절기 · 3 · 1절

사도 바울의 애국심

■ 찬 송 ■ ♪278, 521, 376, 373

■ 본 문 ■ 나의 형제 곧 골육의 친척을 위하여 내 자신이 저주를 받아 그리스도에게서 끊어질지라도 원하는 바로라 … 【롬 9:1~4】

■ 서 론 ■ 미국의 30대 대통령인 캘빈 쿨리지는 "우리의 평등과 자유와 인간애의 이론은 하나님의 부권(父權)을 통한 인간의 형제애의 믿음에서 온 것이다."라고 했다. 나라와 형제를 위해서 성도는?

■ 말 씀 ■

I 성도는 바울처럼 나라를 위해 염려할 것임

바울은 동족을 매우 사랑하는 사람이었다. 그는 동족을 위해 "큰 근심"을 했고 "마음에 그치지 않는 고통"이 있다고 했다(1절). 성도가 내 나라 내 민족을 염려하는 것은 지극히 당연한 일이다. 우리는 영적으로는 하늘나라의 국민이지만 육신적으로는 지상국가의 국민이 분명하다. 하늘나라 국민이니 땅의 나라 의무를 소홀히 하는 것은 바른 자세가 아니다. 바울은 애국자 중 애국자였다. 그렇다고 그가 자기 민족만 생각한 편협한 사람은 아니었다.

II 성도는 바울처럼 나라를 위해 희생할 것임

바울은 특히 자기 민족의 영적 문제에 깊은 관심을 가졌다. 그들이 그리스도를 거부하고 거역하는 것을 가장 크게 염려했다. 그 결과는 멸망이라는 사실을 그는 잘 알고 있었기 때문이다. 그래서 그는 "내 자신이 저주를 받아 그리스도에게서 끊어질지라도" 자기 동포가 구원받게 된다면 즐겨 그것을 택하겠노라고 고백한다(3절). 이보다 어떻게 더 자기 민족을 사랑할 수 있으랴. 모세 역시 이런 애족심을 가지고 있었다(출 32:30-32).

III 성도는 바울처럼 나라를 위해 기도할 것임

바울은 자기 민족의 구원을 염려할 뿐만 아니라 그들의 회개와 신앙을 위하여 간절히 기도했다. 모든 신자는 나라와 민족의 안녕과 평화를 위하여 기도해야 한다고 바울은 강조했다(딤전 2:1-4). 나라의 안녕과 평화는 인간의 지혜나 노력만으로 가능한 것이 아니다. 하나님이 도와 주지 않으시면 안 된다. 하나님이 도우시려면 성도의 기도와 간구는 필수적이다. 성도들의 간절하고 뜨거운 기도가 오늘의 한국을 이루었음은 의심의 여지가 없다.

■ 기 도 ■ 은혜롭고 자비하신 주님, 이 나라와 이 민족을 불쌍히 여기사 회개하고 주님을 믿어 구원에 이르게 하옵소서. 예수님 이름으로 기도드립니다. 아멘.

■ 십계명 ■　**튼튼한 나라가 되는 10가지 생각**

1. 진정으로 하나님이 보우하시는 나라가 되어야 한다
2. 순국선열들의 애국정신을 이어 받아야 한다
3. 전쟁에서 생명을 바쳐 세운 나라임을 상기해야 한다
4. 나라를 위해 성도들이 하나님께 기도해야 한다
5. 나라를 지키는 군 장병들을 위해 기도해야 한다
6. 온 백성이 단결하고 나라를 위해 헌신해야 한다
7. 나라 안에 부정과 부패가 없도록 힘써야 한다
8. 온 백성이 정신 무장과 영적 무장이 강해야 한다
9. 과거의 쓰라린 역사를 잊지 말아야 한다
10. 나라는 하나님께서 주신 나라인 것을 믿고 통일을 위해 함께 기도하자

■ 예 화 ■　**고당 조만식의 위대한 삶**

　　민족의 빛이었던 고당(古堂) 조만식 선생은 일제와 싸웠던 독립투사요, 조선민주당을 창립한 정치인이요, 오산 학교의 교장을 지내고 YMCA 운동의 선구자가 된 교육가요, 교회의 장로로서 평생을 마친 사람이다.

　　조만식 선생의 생애를 세밀하게 연구한 안병욱 교수는 무엇이 그로 하여금 이토록 위대한 탑을 쌓게 했는지 그 원인을 세 가지로 지적하였다.

　　첫째는 그가 가장 슬픈 시대에 태어났기 때문에 가장 빛나는 탑이 되었다는 것이다.

　　둘째는 도산 안창호라는 가장 좋은 선배를 만났기 때문에 뜻있는 탑을 쌓게 되었다는 것이다.

　　셋째는 가장 고상한 사상인 기독교와 만났기 때문에 고귀한 탑을 쌓을 수가 있었다는 것이다.

　　조만식 선생의 표어는 '하나님을 믿고 실천궁행(實踐窮行) 하는 것'이었다.

절기 · 3 · 1절

압제하지 말라는 교훈

■ 찬 송 ■ ♪186, 202, 515, 338

■ 본 문 ■ 가난한 사람을 학대하는 자는 그를 지으신 이를 멸시하는 자요 … 【잠 14:31~35】

■ 서 론 ■ 이탈리아의 애국지사인 주세페 마찌니는 "하나님이 인간에게 주신 법에 따라 모든 인간은 자유롭고 한 형제이며 평등하다."라고 했다. 성경은 왜 압제하지 말라고 하는가?

■ 말 씀 ■

I 이는 가난한 자를 학대하지 말라는 것임

가난한 자는 힘없는 약자다. 힘이 없으니 강자에게 억울한 일을 당하게 마련이다. 우리나라가 일제에게 36년동안이나 모진 고통을 당한 것도 결국 저들보다 우리가 약했기 때문이다. 개인적으로도 힘 없는 자는 힘있는 자에게 억울한 일을 당하는 경우가 많다. 그러나 한 가지 분명한 것은 국가적이든 개인적이든 강자의 약자에 대한 "학대"는 "그를 지으신 이", 곧 하나님을 "멸시"하는 아주 무서운 죄라는 사실이다(31절).

II 이는 신자가 긍휼을 베풀라는 것임

성도는 세상 불신자와 다르다. 불신자는 힘을 내세우고 자랑하지만 성도는 자기의 약함과 그리스도의 강하심을 자랑해야 한다. 그러므로 성도는 그리스도처럼 약한 자를 긍휼히 여기지 않으면 안 된다. 왜냐하면 "궁핍한 사람을 불쌍히 여기는 자는 주를 존경하는 자"이기 때문이다. 인간에 대한 행위는 인간에 대한 것으로 끝나지 않고 하나님께 대한 행위로 간주된다는 것은 놀라운 사실이 아닐 수 없다. "주께 하듯 하고 사람에게 하듯 하지 말라"(골 3:23).

III 이는 각 사람은 행한 대로 받게 된다는 것임

강자는 약자를 괴롭히면서 그것은 당연하다고 생각할지 모르나 성경은 그렇게 말하지 않는다. 인간을 괴롭히는 것이 곧 하나님을 괴롭히는 일이라 했으니 하나님의 보복을 피할 수 없는 것이다. 간악한 일제의 패망은 필연이었다. 예루살렘을 점령하고 성전을 불태우며 이스라엘 백성을 학살한 바벨론의 멸망 또한 필연이었다. 개인적으로도 힘이 있다고 약자들을 마구 괴롭히는 자들의 비참한 말로를 우리는 너무도 많이 보고 있다.

■ 기 도 ■ 거룩하신 아버지, 우리로 하여금 주님께 대하듯 사람들을 대할 수 있도록 은혜를 베풀어 주옵소서. 예수님 이름으로 기도드립니다. 아멘.

■ 십계명 ■　일제 36년에 있었던 큰 일 10가지

1. 일본 정신 '야마또 다마시(大和魂)'를 주입시켰다
2. 내선일체라 하여 조선과 일본은 하나라고 선전했다
3. 조선의 애국자들을 죄인으로 몰아서 죽였다
4. 태평양 전쟁을 거룩한 전쟁이라고 속였다
5. 조선 사람의 성과 이름을 일본식 성과 이름으로 바꾸었다
6. 조선의 말을 못하게 하고 이를 어기면 혹독한 벌을 당하도록 하였다
7. 조선의 청년들과 처녀들을 강제로 징집하여 각지의 전쟁터로 내몰았다
8. 조선 사람을 천대하고 만주와 시베리아로 쫓아냈다
9. 조선의 모든 좋은 것을 일본으로 빼앗아 갔다
10. 조선 사람 몰살 계획을 세우고 실행했다

■ 해　설 ■　3·1 운동에 나타난 무저항 비폭력 정신

독립선언문에 기독교 사상이 들어간 것뿐 아니라 실제로 만세 운동이 희생자를 많이 내면서도 무저항의 사랑으로 일관한 것은 조선의 지도자들 중 많은 이가 예수의 정신을 가졌기 때문이다.

기미년은 시대적으로 러시아의 톨스토이(1823~1910), 인도의 간디(1869~1948) 등 무저항주의, 국내적으로는 철저한 사랑의 사도 길선주 목사(1869~1935)와 이상재 선생(1850~1827)의 무저항주의가 퍼져 있는 때였다.

길선주 목사는 당시 유명한 부흥사로 가는 곳마다 예수의 사랑을 전했으며, 취조하는 일본 관헌들에게도 털 깎이는 양같이 겸허하게 사랑의 증인이 되었다.

천도교 측에서 강하게 무력저항을 주장했으나 이상재 선생은 끝까지 만세운동을 무저항 운동으로 이끌었다. 이 사실은 역사적으로 무척 중요한 의미를 갖기 때문에 변영로 씨는 양주에 있는 그의 묘비에 이렇게 써 넣었다.

"당시 천도교주 손병희 선생과 함께 모의를 거듭하실새 다수인이 한결같이 살육을 주장했으나 오직 선생(이상재)은 살육하느니보다 우리가 죽음으로 항거하여 대의를 세움과 같이 못하다 제의하시었다."

만일 3·1 운동이 무력 투쟁이 되었다면 전세계에 미치는 호소력이나 후세에 남기는 정신적 영향력은 극히 미약했을 것이다.

절기 · 3 · 1절

기도와 하나님의 역사

■ **찬 송** ■ ♪521, 483, 482, 484

■ **본 문** ■ 여러 해 후에 애굽 왕은 죽었고 이스라엘 자손은 고역으로 인하여 탄식하며 부르짖으니 그 고역으로 인하여 부르짖는 소리가 … 【출 2:23~25】

■ **서 론** ■ 영국의 작가 프란시스 콸스는 "인간의 마음이 벙어리일 때도 하늘은 결코 귀머거리였던 때는 없다."라고 했다. 기도는 성도와 하나님을 연결하는 신비한 능력의 통로이다. 하나님은?

■ **말 씀** ■

I 하나님은 성도에게 기도하게 하신다

하나님은 왜 그 사랑하시는 백성들에게 극심한 고통과 환난을 허용하실까? 여러 가지 이유가 있겠지만 그 중에 하나가 바로 택하신 백성들로 하여금 기도하게 하시려는 것이라고 생각한다. 아무 환난도 없고 평안이 계속된다면 우리는 자칫 하나님을 잊기 쉽게 된다. 이스라엘 백성들이 애굽에서 극심한 고통을 당하게 하심도 그들로 하여금 하나님을 기억하고 부르짖게 하시려는 섭리에서였다. 하나님은 "환난 날에 나를 부르라" 하셨다(시 50:15).

II 하나님은 성도의 기도를 들으신다

기도는 허공에 울려 퍼지는 넋두리에 불과한 것인가? 절대 그렇지 않다. 믿음을 가지고 진정으로 기도한다면 하나님은 들으신다. "그 고역으로 인하여 부르짖는 소리가 하나님께 상달" 했다고 본문은 밝힌다(23절). 하나님이 택하신 백성들에게 기도하라 하신 것은 반드시 들으시기 때문이다. "귀를 지으신 자가 듣지 아니하시랴 눈을 만드신 자가 보지 아니하시랴" (시 94:9). "기도를 들으시는 주여" (시 65:2).

III 하나님은 성도의 기도에 응답하신다

하나님은 이스라엘 백성들의 기도를 들으시고 "아브라함과 이삭과 야곱에게 세운 언약을 기억" 하셨고(24절), "이스라엘 자손을 권념" 하셨다고 한다(25절). 기도가 결코 헛된 일이 아님을 보여 주신다. 이스라엘 백성들이 만일 하나님께 부르짖지 않았으면 하나님은 아무런 조치도 취하지 않으셨을 것이다. 잔악한 일제의 쇠사슬에서 해방되고 6 · 25의 참화를 딛고 오늘의 한국을 이룬 것도 다 성도들의 간절한 기도때문이었음을 잊지 말아야 한다.

■ **기 도** ■ 우리의 기도를 들으시고 이루시는 아버지, 오늘도 애쓰며 간구하는 성도들의 부르짖음을 들으시고 이루어 주옵소서. 아멘.

■ 십계명 ■　기도의 10가지 의미

　　1. 기도는 하나님의 계심을 믿는 것이다
　　2. 기도는 하나님과의 영적인 교제이다
　　3. 기도는 하나님과 자녀의 관계의 확립이다
　　4. 기도는 하나님의 하라시는 명령이다
　　5. 기도는 나의 부족함과 모자람을 아뢰는 것이다
　　6. 기도는 하나님께 큰 소리로 부르짖는 것이다
　　7. 기도는 하나님이 주실 줄로 믿고 구하는 것이다
　　8. 기도는 모든 것을 여는 열쇠이다
　　9. 기도는 하나님께 감사하는 것이다
　　10. 기도는 하나님의 말씀을 붙들고 구하는 것이다

■ 예 화 ■　마이클 페O건의 탄원

　　1982년, 마이클 페이건이란 사람이 감히 버킹엄 궁전에 침입하여 엘리자베스 여왕의 침실에 들어갔다. 여왕이 잠에서 깨었다. 사나이는 떨리는 음성으로 말했다.
　　"여왕 폐하, 놀라게 해드려서 죄송합니다. 이 방법밖에는 없었습니다. 저의 탄원을 들어 주십시오."
　　여왕은 침착하게 일어나 가운을 걸치고 침대에 앉았다. 호위병을 부르지 않고 침범한 사나이의 말을 듣겠다는 자세였다.
　　페이건에게는 네 남매의 어린 자녀들이 있었는데 아내는 가출하고 직업마저 회사의 감원정책 때문에 잃게 되었고, 사회복지 기관에 호소했으나 아무도 들어주지 않고 오히려 자기를 정신병자로만 본다는 내용이었다.
　　페이건의 이야기를 다 들은 후 여왕은 호위병을 불렀으며 페이건의 잘못을 벌하지 않고 직장을 구해 주었다고 한다. 있을 수도 없는 엉뚱한 사건이었다.
　　창조주 하나님은 우리의 탄원과 호소와 간구를 반드시 들어 주신다. 얼마나 감사한 일인가!
　　마이클 페이건은 엄청난 무례를 범한 것으로 발각되면 죽을 수도 있는 모험을 하면서까지 탄원의 길을 추진한 그 간절함에 여왕이 감동하여 그의 탄원을 들어 주었다고 한다. 하나님께서는 우리의 간절한 기도에 반드시 귀를 기울여 주심을 믿자.

절기 · 사순절

시험을 이기신 예수

■ 찬 송 ■ ♪463, 477, 462, 441

■ 본 문 ■ 예수께서 성령의 충만함을 입어 요단강에서 돌아오사 광야에서 사십일 동안 성령에게 이끌리시며 마귀에게 시험을 받으시더라 … 【눅 4:1~13】

■ 서 론 ■ 독일의 학자요 교회사가인 토마스 아 켐피스는 "불은 철을 시험하고, 유혹은 올바른 사람을 시험한다."라고 했다. 광야에서 주님께 임한 시험은?

■ 말 씀 ■

I 예수님은 먹는 것의 시험에서 이기셨다

흔히 쓰는 말에 "사흘 굶어 도둑질 하지 않는 사람은 없다."는 것이 있다. 먹는 문제야말로 인간의 가장 중요한 생존요소 중에 하나다. 그런데 예수님은 사흘이 아니라 40일간이나 굶으셨으니 음식에 대한 욕구와 갈망이 어떠했겠는가? 그러나 예수님은 굶주림을 해결하는 게 먼저가 아니고 하나님의 말씀을 지키는 것이 우선이라고 천명하셨다. 물질의 유혹은 너무도 강렬하여 물리치기 어렵다. 그래도 주님은 그 유혹을 뿌리치고 승리하셨다.

II 예수님은 명예의 시험에서 이기셨다

사람은 누구나 명예를 추구한다. 사람들로부터 인기를 얻고 싶어한다. 예수님도 이런 유혹을 받으셨다. 성전 꼭대기에서 뛰어내리면 천사들이 받들어 주고 그렇게 되면 이를 본 모든 사람들은 주님을 최고의 인물로 숭배할 것이라고 마귀는 속삭였다. 주님은 이 유혹도 물리치셨다. 주님이 이 땅에 오신 것은 인간들로부터 영광을 얻고 인기를 누리기 위해서가 아니고 오히려 저들을 대신하여 십자가에 못박히러 오셨음을 잘 알고 계셨기 때문이다 (마 20:28).

III 예수님은 자기 과시의 시험에서 이기셨다

예수님은 "천하 만국과 그 영광"을 아주 쉽게 얻을 수 있다는 유혹을 받으셨다. 세상의 작은 것을 얻기 위해서도 양심과 지조와 신앙을 팔아먹는 사람들이 많지만 예수님은 이 유혹도 물리치셨다. 마귀에게 절 한번 하는 것은 어려운 일이 아니다. 너무 쉽고 간단한 방법이다. 하지만 그것은 사단에게 굴복하고 예속되는 것을 의미한다. 주님은 그 순간 그리스도의 자격을 상실하게 된다. 사단이 주는 영광보다 십자가의 고난을 택하신 주님을 본받자.

■ 기 도 ■ 권능이 많으신 주님! 우리로 하여금 마귀의 끊임없는 유혹과 시험을 이길 수 있는 능력을 부어 주시옵소서. 예수님 이름으로 기도드립니다. 아멘.

■ 십계명 ■   마귀에게 빼앗기지 말아야 할 10가지

> 1. 마귀는 당신의 명예를 실추시키려 한다
> 2. 마귀는 당신으로 하여금 실수하도록 유도한다
> 3. 마귀는 당신으로 하여금 실패하도록 유인한다
> 4. 마귀는 당신의 건강을 해치려고 기호품을 제공한다
>   (각종 술, 담배, 마약 등등)
> 5. 마귀는 당신의 생명을 빼앗으려고 올무를 놓는다
> 6. 마귀는 당신의 성공을 교만으로 실패하게 한다
> 7. 마귀는 당신의 믿음을 약화시키려고 노력한다
> 8. 마귀는 당신의 재능을 죄짓는데 쓰도록 유인한다
> 9. 마귀는 당신의 노력을 발휘하지 못하도록 애를 쓴다
> 10. 마귀는 당신의 행사를 하나님께 맡기도록 그냥 두지 않는다

■ 예 화 ■   흰 얼굴의 악마

> 마르코 폴로의 '동방견문록'에는 인도 마발 지방의 이야기가 실려 있다. 그 지방에서는 악마의 상(像)을 희게 칠한다고 한다.
> 악마는 흔히 정결과 정직의 탈을 쓰고 인간에게 접근하기 때문이다. 악마는 처음부터 검은 얼굴로 달려들지 않는다. 악마가 가장 애용하는 수법은 '타협'이라는 인간의 약점이다.
> "이 정도야 괜찮겠지." 하는 쉬운 타협이 악마의 올무에 걸려드는 첫걸음이다. 그러므로 자기의 허약한 마음이나 흔들리기 쉬운 양심에 묻는 것보다 먼저 하나님께 묻는 것이 좋다. 모든 타협과 흥정에 앞서 기도하라.
> "악마도 의젓하게 성경을 인용하면서 자기 목적을 성취할 줄 안다."
> (셰익스피어의 '베니스의 상인' 중에서)

■ 명 상 ■   시험이란 그 독교인의 체질에 타고난 것으로 마귀가 당신을 시험치 않으면 당신은 죄의 저항력을 상실하고 간다.

- 윌리엄 A. 선더이 (미국 전도자) -

절기 · 사순절

선한 목자 예수

■ **찬 송** ■ ♬442, 430, 436, 453

■ **본 문** ■ 내가 진실로 진실로 너희에게 이르노니 양의 우리에 문으로 들어가지 아니하고 … 【요 10:1~18】

■ **서 론** ■ 히포의 주교 성 어거스틴은 "너희가 동서남북 어디를 방황하든지 예수 그리스도의 품에 안기우기 전에는 참다운 평안이 없다."라고 했다. 선한 목자이신 주님 예수 그 분은?

■ **말 씀** ■

I 선한 목자는 자기 양의 이름을 안다

목자는 무엇보다도 먼저 자신이 돌보는 양을 잘 알아야 한다. 자기 양의 상태와 형편을 잘 알지 못하면 양을 적절히 돌보고 인도할 수 없다. 주님은 누구보다도 자신의 양을 잘 아신다. "나는 선한 목자라. 내가 내 양을 알고 양도 나를" 안다 하셨다(14절). 주님은 우리의 과거와 현재와 미래를 다 아신다. 지금 우리가 처해있는 상황과 실태를 잘 아신다. 그러기에 주님은 우리에게 필요한 것을 주시며 바른 길로 인도하실 수 있다.

II 선한 목자는 자기 양에게 꼴을 먹인다

좋은 목자는 자기만 먹는 게 아니라 항상 양을 생각하고 먹인다. 주님은 멸망할 인류에게 영생할 수 있는 생명의 꼴을 먹이셨다. "또는 들어가며 나오며 꼴을 얻으리라"(9절). 세상에는 인류의 목자라는 이들이 많지만 영생의 꼴을 줄 수 있는 분은 예수님 한 분뿐이다. 예수님만이 영생하시는 하나님의 아들이시기 때문이다. 우리가 이 꼴을 받아 먹으려면 먼저 주님 앞에 나와서 그가 주시는 영생의 말씀을 받아 먹지 않으면 안 된다.

III 선한 목자는 자기 양을 위해 목숨을 버린다

선한 목자는 필요하다면 양들을 위하여 죽을 수 있는 사람이다. "나는 선한 목자라. 선한 목자는 양들을 위하여 목숨을 버리거니와"(11절). 목자의 생명은 양의 생명과 비교해 볼 때 너무도 귀하여 비교하는 것 자체가 무리다. 주님이 범죄 타락하여 멸망할 인간들을 위하여 죽으신다는 것은 상상도 할 수 없는 일이다. 그럼에도 불구하고 주님은 이런 죄인들을 위하여 실제로 죽기까지 하셨으니 그저 놀라울 뿐이다(요 15:13, 롬 5:6-8).

■ **기 도** ■ 죄인들을 위하여 목숨까지 버리신 주님, 우리로 하여금 그 은혜를 늘 기억하고 감사하며 찬양하게 하옵소서. 예수님 이름으로 기도드립니다. 아멘.

■ 십계명 ■   예수님에 대한 10가지 신앙

1. 예수님은 하나님이 인간으로 오신 분이다
2. 예수님은 삼위일체 하나님의 성자이시다
3. 예수님은 모든 인생의 구세주이시다
4. 예수님은 기름 부으심을 받으신 왕, 제사장, 선지자이시다
5. 예수님은 자기 백성을 죄 가운데서 구원하시는 분이시다
6. 예수님은 모든 인생의 생명의 주가 되신다
7. 예수님은 죄인을 찾아 구원하려 오셨다
8. 예수님은 모든 인생을 섬기려고 오셨다
9. 예수님은 완전하시고 인생의 구원을 완성하신 분이시다
10. 예수님은 성도를 저 천국에서 영생의 삶을 살게 하시는 분이시다

■ 예 화 ■   아버지 다리

최근 프랑스 파리에서 있었던 일이다.
아파트에 불이 났다. 4층에 아버지와 아홉 살 미만인 4남매가 잠들어 있었다. 그들은 아래층에서 불길이 올라와 피할 길이 없었다.
그곳은 건물들이 촘촘히 붙어 있는 서민 아파트 단지였다.
이웃 건물과의 사이는 불과 1.7m로 어른 키 정도였다. 아버지는 자기 집 창문으로부터 이웃 건물의 창문 사이에 매달려 다리가 되었다.
아버지는 무서워하는 아이들을 격려하면서 세 살 난 막내까지 건너가게 하고는 자신은 지쳐서 추락하여 죽게 되었다.
이 뉴스를 읽을 때 머릿속에 떠오르는 말씀은 "하나님이 세상을 이처럼 사랑하사 독생자를 주셨으니"(요 3:16)라는 성구였다.
자녀의 생명을 구원하기 위하여 희생의 다리가 되었던 아버지의 거룩한 모습에서 십자가에 달린 예수를 보는 느낌이었다.

■ 명 상 ■   그리스도에게 나아가는 발걸음은 의심을 없애는 것이요, 그 분에 대한 생각이나 구원할 말이나 행동이 절망 속에 있는 당신을 구원할 것이다.

— 데오도 R 카일러 (미국 성직자) —

절기 · 고난주간

주님의 십자가와 세 기적

■ **찬 송** ■ ♪135, 143, 186, 188

■ **본 문** ■ 제 육시로부터 온 땅에 어두움이 임하여 제 구시까지 계속하더니 … 【마 27:45~54】

■ **서 론** ■ 히포의 감독 성 어거스틴은 "아! 희생의 사랑없이 어찌 십자가의 섭리가 이루어질 수 있을까."라고 했다. 하나님의 아들 예수 그리스도의 십자가 죽음 이후 이 땅에 일어난 세 기적은?

■ **말 씀** ■

I 온 땅에 어두움이 임함

주님이 십자가에 못 박히신 다음 제 6시 즉 오늘의 낮 12시에 "온 땅에 어두움이 임"했다고 한다(45절). 하나님의 아들을 죽이는 악한 인간들에 대한 하나님의 진노의 표시다. 아무 죄도 없이 왕의 아들을 죽인다면 왕의 진노가 어떻겠는가? 하물며 하나님의 아들을 죽이다니… 이 어두움은 또한 세상의 절망을 의미한다. 하나님의 아들이 죽으셨으니 무슨 희망이 있단 말인가? 주님이 부활하셨으니 그렇지 부활이 없었다면 인간은 절망일 수 밖에 없다.

II 성소의 휘장이 둘로 찢어짐

주님의 영혼이 떠나시자 "성소 휘장이 위로부터 아래까지 찢어져 둘이" 되었다(51절). 성소는 인간과 하나님을 가로막는 장벽이었다. 대제사장만이 1년에 한 번 들어갈 수 있을 뿐이었다. 그것이 찢어졌다는 것은 하나님과 인간 사이의 왕래가 자유롭게 되었음을 의미한다. 주님의 죽으심이 가져다 준 최고의 선물이다. 아담의 범죄로 하나님 앞에서 쫓겨났던 인간이 주님의 죽으심으로 이제 다시 하나님 앞에 떳떳이 설 수 있게 되었다. 할렐루야!

III 무덤이 열리고 자던 성도들이 일어남

주님이 죽으시자 "무덤들이 열리며 자던 성도의 몸이 많이" 일어났다(52절). 죽은 사람이 부활할 수 있는 가능성을 하나님이 보여 주셨다. 예수님이 부활하신다해도 이상할게 없고 의심할 일도 아니라는 의미다. 인간은 얼마나 악한지 이런 기사이적을 보고도 주님의 부활을 의심했고 부활은 허위라고 악선전까지 했다(마 28:11-15). 하기야 그들은 나사로의 다시 살아나는 것을 목격하고도 믿지 않은 자들이니 할 말이 없다(요 11:45-53).

■ **기 도** ■ 자비하신 주여, 인간의 죄를 대속하러 오신 주님을 아직도 불신하고 거역하는 무리를 불쌍히 여기사 구원하소서. 예수님 이름으로 기도드립니다. 아멘.

■ 십계명 ■   예수 십자가 죽음의 깊은 10가지 의미

　1. 속죄-죄를 덮는 것을 의미한다
　2. 화목제물-주님의 사랑을 의미한다
　3. 대속-죄가 없는 이가 죄인을 대신하는 것을 의미한다
　4. 구속-죄인을 하나님께서 대가를 지불하고 사시는 것을 의미한다
　5. 화목-하나님과 인간 사이의 장벽을 허물고 하나 되는 것을 의미한다
　6. 대속물-죄인을 풀어주기 위해 지불한 대가를 의미한다
　7. 사죄-죄인을 용서해 주시고 정죄하지 않는 것을 의미한다
　8. 속량-죄인을 대가를 지불하고 죄에서 건져 깨끗하게 하심을 의미한다
　9. 보혈-주님이 십자가에서 흘리신 피를 의미한다
　10. 어린양-주님이 내가 죽어야 할 것을 양처럼 제물이 되어 내 대신 죽으심을 의미한다

■ 예 화 ■   고통에 대한 도전

　　하와이에 사는 스미스(Will Smith) 씨는 1971년 70세 때 뇌졸중으로 쓰러졌는데 그후 보행이 어려워 늘 부축을 받아서야 겨우 걷게 되었다. 그가 방에 누워 있으면 집 뒤의 아름다운 하와이 카이 산이 보였었다. 그 산은 225피트의 낮은 산으로 가파른 언덕과 같았다.

　　그는 그 봉우리에 십자가를 세우면 산기슭을 통과하는 하이웨이의 많은 차에서 그것을 볼 수 있어 그리스도를 증거할 수 있겠다고 생각하여 죽기 전 마지막 봉사를 해볼 결심을 하고서는 누구의 도움도 받지 않고 우선 가파른 언덕을 깎아 계단을 만들기 시작했다.

　　그리하여 날마다 조금씩 쉬지 않고 작업을 계속하였다. 깎은 계단으로 무거운 십자가를 운반하여 3년 만인 1974년 8월 1일 산봉우리에 십자가를 세웠다.

　　그런데 기적 같은 일이 생겼으니 그가 건강을 회복하여 혼자서도 걸을 수 있게 되었으며 15년이 훨씬 넘게 살았다는 것이다. 스미스 노인은 이렇게 말했다.

　　"저 산에 세운 십자가는 불행에 대한 나의 도전의 상징입니다. 신앙이란 고통에 대한 도전이 아니겠습니까? 예수의 십자가도 그런 것이었지요!"

절기 · 고난주간

겟세마네 동산의 예수

■ 찬 송 ■ ♪143, 148, 141, 147

■ 본 문 ■ 예수께서 나가사 습관을 좇아 감람산에 가시매 제자들도 좇았더니 … 【눅 22:39~46】

■ 서 론 ■ 독일의 종교개혁자 마틴 루터는 "십자가가 없이는 면류관도 없다."라고 했다. 십자가의 고난을 앞두고 주님 예수께서는 겟세마네에서 기도하셨다. '기름을 짜는 틀'이라는 뜻을 가진 이 동산에서 주님은?

■ 말 씀 ■

I 예수께서는 간절히 기도하셨음

기도에도 여러 가지 방식이 있다. 의식적이고 형식적인 기도가 있는가 하면 간절하고 열성적인 기도도 있다. 주님은 이렇게 기도하셨다. "예수께서 힘쓰고 애써 기도하시니 땀이 땅에 떨어지는 핏방울같이 되더라"(44절). 주님은 힘쓰고 애를 쓰시며 기도하시되 피같은 땀을 흘리며 기도하셨다. 요즘 우리의 기도 자세는 어떤가? 부끄럽지 않은 사람이 많지 않을 줄 안다. 이제부터라도 주님의 그림자라도 닮기 위하여 좀더 열심히 기도해야겠다.

II 예수께서는 홀로 지속적으로 기도하셨음

주님은 겟세마네 동산에 특히 신임하던 베드로 등 세 제자만 데리고 가셨다(39절). 주님은 저들과도 "돌 던질만큼 가서" 홀로 기도하셨다(41절). 주님은 피와 같은 땀을 흘리며 기도하시는데 세 제자는 잠을 자고 있었다(45절). 그렇게 많이 따라다니던 사람들은 다 어디로 갔나? 결국 인류의 구원은 주님 홀로 내리신 결단에 의하여 이루어진 것임을 알 수 있다. 주님은 세 번이나 같은 내용의 기도를 드리셨다. 우리도 계속적으로 기도하자.

III 예수께서는 아버지의 뜻에 순종하는 기도를 하셨음

주님은 십자가를 되도록이면 피하기를 원하셨고 이를 위해 기도하셨다. 그러나 주님은 기도를 이렇게 마무리 하셨다. "내 원대로 마옵시고 아버지의 원대로 되기를 원하나이다"(42절). 기도는 열심히, 끈질기게 드려 내 뜻을 관철하는 것도 중요하지만 우리 모든 기도의 끝은 주님이 드린 기도처럼 마무리해야 한다는 것을 잊지 말자. 하나님의 뜻대로 이루어지는 기도야말로 가장 잘 드린 기도이다. 하나님의 뜻대로 이루어지는 게 최선이기 때문이다.

■ 기 도 ■ 자비로우신 주님, 우리로 하여금 주님처럼 아버지 하나님의 뜻에 온전히 맡기는 기도를 드릴 수 있게 하옵소서. 예수님 이름으로 기도드립니다. 아멘.

■ 십계명 ■ 기도에 깊이 빠진 10 사람

　　1. 자살 직전 심정으로 기도하라-에스더
　　2. 순교 직전 심정으로 기도하라-다니엘
　　3. 사형 언도 직전 심정으로 기도하라-베드로
　　4. 사형 집행 직전 심정으로 기도하라-히스기야
　　5. 억울한 누명 속에서도 기도하라-요셉
　　6. 생사의 기로 직전 심정으로 기도하라-요나
　　7. 체면 따위 내던지고 기도하라-바디매오
　　8. 생사 결단의 심정으로 기도하라-야곱
　　9. 기도하다가 죽을 각오로 기도하라-삼손
　10. 쉬지 말고 기도하라-바울

■ 예 화 ■ 기도의 힘

　　빅터 프랭클이라고 하면 아는 사람이 많은데, 이 사람은 2차 세계대전 중에 나치 독일에 끌려가 아우슈비츠 수용소에서 고생하다가 살아남아 후에 세계적인 심리학자가 되었다.
　　그는 유대인들이 끌려가 가스실에 들어가는 시간을 기다리고 있거나 병들어 죽어가는 많은 사람들이 죽음의 시간을 기다리고 있는 비참한 그곳에 있었다.
　　그는 그가 체포될 때 갈라진 아내를 생각했다.
　　자기가 지금 괴로운 것은 잊어버리고 이같은 고통을 내 아내가 어디선가 받고 있을 텐데 그녀가 얼마나 어려울까 생각하며 그 아내를 위하여 기도하기 시작했다.
　　"사랑하는 아내에게 위로를 주십시오. 오늘도 힘을 주십시오. 용기를 주십시오."
　　사랑하는 아내를 위해 뜨겁게 기도하는 사이에 그는 점점 더 용기가 나서 그 많은 고통을 견디며 이길 수 있었다고 한다.
　　기도는 하나님과 성도 사이에 놓인 신비한 통로이다.
　　성도는 기도를 통해서만 하나님께 자신의 간구를 드릴 수 있는 것이다.

절기 · 고난주간

아리마대 사람 요셉

■ 찬 송 ■ ♪135, 143, 186, 144

■ 본 문 ■ 아리마대 사람 요셉이 예수의 제자나 유대인을 두려워하여 은휘하더니 이 일 후에 빌라도더러 예수의 시체를 가져가기를 구하매 … 【요 19:38~42】

■ 서 론 ■ 영국의 시인이요 작가인 존 드라이든은 "경건과 용기가 함께 이룩된 진지한 노력은 은총을 받기 마련이다."라고 했다. 예수의 숨은 제자로서 산헤드린 의원이었던 아리마대 요셉 그는?

■ 말 씀 ■

I 용기있는 사람 아리마대 요셉

주님은 십자가 위에서 죽으셨다. 이제 남은 문제는 주님을 장례지내는 일이었다. 그러나 이것은 간단한 문제가 아니다. 왜냐하면 당시 로마 세력과 유대의 권력자들로부터 미움을 받아 사형당한 처지였기 때문이다. 혹시 주님의 장례를 모실 의향이 있더라도 선뜻 나서기가 어려웠다. 이 때 아리마대 사람 요셉이 나섰다. 그는 누구도 두려워하지 않고 자신에게 미칠 어떤 불이익도 겁내지 않았다. 그는 자신을 생각하지 않는 진정으로 용기있는 사람이었다.

II 주의 장례를 치른 아리마대 요셉

아리마대 요셉은 주님의 장례를 치르기로 생각하고 말만한게 아니고 실제로 빌라도 총독의 허락을 받아 실천했다. 생각만 하고 끝나는 사람이 있다. 말만 하고 흐지부지하는 사람도 부지기수다. 베드로는 주님과 죽겠다고 큰소리쳤지만 그 결과는 너무도 초라하고 비참했다. 이제는 말보다 실천을 앞세울 때이다. 말만 많고 실천이 없는 사람은 마치 "열매없는 가을 나무"와 같다(유 12절). "행함이 없는 믿음은 죽은 것이니라"(약 2:26).

III 겸손한 사람 아리마대 요셉

그는 어렵고 힘든 일을 했다. 위대한 일을 했다. 그가 나서지 않았으면 주님의 시신이 어떻게 됐을까 생각해보게 된다. 그는 꼭 필요할 때 나타나 꼭 해야할 일을 한 사람이다. 자신의 묘실에 주님을 장례지낸 다음 그가 어떻게 됐는지 우리는 알지 못한다. 그는 결코 자신이 한 일을 자랑하지 않았고 이를 빌미로 어떤 특별한 대접도 요구한 바 없다. 그야말로 그는 겸손한 사람이었다. 지극히 작은 일을 하고서 큰 대접을 요구하는 사람과 달랐다.

■ 기 도 ■ 주님, 우리로 하여금 용기 있는 사람, 말보다 실천하는 사람, 그리고 말없는 겸손한 사람이 되게 하소서. 예수님 이름으로 기도드립니다. 아멘.

■ 십계명 ■　고난 주간에 동참하는 성도의 10가지 자세

　　1. 주님을 생각하며 말을 삼가고 조심하자
　　2. 주님의 고난을 체험하자
　　3. 주님의 고난의 의미를 깊이 생각하자
　　4. 주님을 생각하며 행동을 함부로 하지 말자
　　5. 주님과 같이 기도하자
　　6. 주님과 같이 남을 불쌍히 여기자
　　7. 주님과 같이 용서하자
　　8. 주님을 생각하며 한 끼씩 금식하자
　　9. 주님을 그리며 육신의 일을 삼가자
　　10. 주님과 같이 나 자신을 죽이자

■ 예 화 ■　숨은 크리스천

　아리마대 요셉은 산헤드린(공회)의 의원이었다. 71명으로 구성되어 사법, 종교, 정치의 3권을 장악하고 있는 이 공회의 권한은 대단했고 그 의원이 된다는 것은 문자 그대로 하늘의 별따기였다.

　그런 위치에 있던 아리마대 요셉이 로마 총독 빌라도 앞에 공공연히 나가서 예수의 시체를 내줄 것을 요구한 것은 보통 용기가 아니었다. 그것은 물론 자기의 의원직이 날아갈지도 모르고 생명조차 위험한 모험이다.

　산헤드린의 의장은 대제사장 가야바였다. 예수를 제거하려고 결국 십자가 사형까지 몰고 간 가야바의 뜻을 거역한다는 것은 자신의 종말을 자초하는 일이었다.

　그러나 아리마대 요셉은 역시 산헤드린의 노장 의원인 니고데모와 함께 가야바를 찾아갔던 것이다. 이 두 사람은 '숨은 크리스천'이라고 말할 수 있다.

　이들은 예수의 제자도 아니고 따라다니던 소위 교인도 아니다. 환경과 자기의 처소 때문에 숨어서 예수를 동경하고 존경과 사랑을 바치고 있었던 숨은 크리스천이다. 어떻게 보면 비겁한 크리스천이라고 비난을 받을 수도 있는 사람이다.

　그러나 참 용기는 그리고 참 사랑은 어려움에 직면했을 때에 드러난다.

절기 · 고난주간

예수의 메시지

■ **찬 송** ■ ♪ 135, 186, 193, 144

■ **본 문** ■ 이때부터 예수께서 비로소 전파하여 가라사대 회개하라 천국이 가까왔느니라 하시더라 … 【마 4:17~22】

■ **서 론** ■ 프랑스의 황제 나폴레옹은 "나는 예수 그리스도와 유사한 사람을 찾으려고 역사를 온통 뒤졌으나 허사였고, 그리스도의 복음에 가까이 접근이나 할 수 있는 것이 있는가 찾았으나 그것 역시 허사였다."라고 고백했다. 주님의 메시지는?

■ **말 씀** ■

I 인간의 실상을 고발하신 예수

주님이 인류를 향하여 첫번째로 외치신 메시지는 "회개하라"였다(17절). 회개는 죄를 전제로 하는 것이다. 죄가 없다면 회개할 필요가 없다. 주님 당시는 의롭다고 믿는 사람들이 많은 때였다. 하지만 주님이 보실 때 그들은 의인이 아니고 회개해야 할 죄인들일 뿐이었다. 지금도 세상에는 자신을 선하고 의로운 자로 착각하며 사는 자들이 많다. 인간은 모두 마땅히 회개해야 할 죄인들임을 깨달아야 한다. 이것이 바로 구원의 출발점이다.

II 하나님의 인애를 증거하신 예수

주님은 무조건 회개만 요구하신게 아니고 그 결과도 가르치셨다. 그것은 바로 "천국"이었다. 천국은 인간이 영원히 거처할 곳이다. 그곳에 가느냐 못 가느냐는 영원한 인간의 운명과 직결된 가장 중요한 문제이다. 그곳에 가려면 먼저 회개해야 한다. 다시 말하면 죄를 청산해야한다. 죄를 그대로 가지고 어떻게 거룩한 천국에 갈 수 있나? 불가능한 일이다. 멸망받아 마땅한 인간들에게 천국에 갈 수 있는 가능성을 열어두신 것은 하나님의 자비이다.

III 구원의 통로를 제시하신 예수

그러면 죄를 회개하면 죄가 어떻게 청산되느냐 하는 문제가 대두된다. 회개를 촉구하고 천국을 자신있게 약속하신 이는 누구인가? 바로 예수 그리스도시다. 그 분은 인간의 모든 죄문제를 해결하기 위해 이 땅에 오셨고 이를 성취하려고 십자가의 죽으심까지 감수하신 것이다. 그러므로 주님의 속죄를 믿지 않는 회개란 이 세상에서는 유효할지 모르나 천국에 들어가는 일과는 아무 상관도 없게 된다. 주님은 "내가 곧 길이요 진리요 생명"이라 하셨다(요 14:6).

■ **기 도** ■ 인간 구원의 유일한 통로이신 주님, 아직도 이를 알지 못하는 무지몽매한 인간들을 불쌍히 여기사 건져주소서. 예수님 이름으로 기도드립니다. 아멘.

■ 십계명 ■ 예수 십자가의 10가지 진리

   1. 예수의 십자가는 사형수의 십자가이다
   2. 예수의 십자가는 부끄러운 십자가이다
   3. 예수의 십자가는 고난의 십자가이다
   4. 예수의 십자가는 고통의 십자가이다
   5. 예수의 십자가는 용서의 십자가이다
   6. 예수의 십자가는 속죄의 십자가이다
   7. 예수의 십자가는 화목의 십자가이다
   8. 예수의 십자가는 희생의 십자가이다
   9. 예수의 십자가는 심판의 십자가이다
   10. 예수의 십자가는 영광의 십자가이다

■ 예 화 ■ 어떤 고독한 생애

　세상에 알려지지 않은 한 작은 마을에서 유대인 부모 사이에 한 남자 아이가 태어났다. 어머니는 농사꾼이었다.
　이 사람은 나이 30이 될 때까지 작은 목공소에서 일했다. 그리고 그 후 3년간 선교 여행을 다녔다.
　한 권의 저서도 없었고 일정한 직업도 없었으며, 자신의 집도 없었다. 대학에 다녀보지도 못했고 큰 도시에 나가본 일도 없으며 알몸 하나뿐인 고독한 층각이었다.
　사람들은 이 사나이를 적대시하기 시작했고 친구들은 도망쳤으며 그 중 한 친구는 그를 배신했다.
　이 남자는 억울한 재판의 희생물이 되어 십자가 위의 이슬로 사라졌다. 죽은 뒤에도 무덤이 없어 친구 한 사람이 무료 대여한 무덤에 겨우 장사되었다.
　그 후 21세기가 흘러 오늘이 되었다. 뜻밖에도 이 고독한 사나이는 인류의 중심이 되어 있었다.
　역사상에 찬란했던 모든 군대, 모든 장군들, 모든 영웅, 모든 통치자, 모든 임금들을 합쳐도 인류에게 이토록 커다란 영향을 미친 사람은 없을 것이다.
　그의 고독한 생애가 맑은 별빛과 함께 베들레헴에서 시작된 날이 크리스마스이다.

절기 · 학습 및 세례

새 옷을 입는 의미

■ 찬 송 ■ ♪ 182, 189, 190, 194

■ 본 문 ■ 너희가 다 믿음으로 말미암아 그리스도 예수 안에서 하나님의 아들이 되었으니 누구든지 그리스도와 합하여 세례를 받은 자는 … 【갈 3:26~29】

■ 서 론 ■ 영국의 과학자 토마스 H. 헉슬리는 "한 인간이 그리스도인이 되는 데는 많은 것을 필요로 하지 않는다. 그러나 그에게 있는 모든 것을 요구한다."라고 했다. 성도로서 새 옷을 입는 의미는?

■ 말 씀 ■

I 이는 죄의 옷을 벗어버림을 의미함

바울은 갈라디아 교인들에게 "누구든지 그리스도와 합하여 세례를 받은 자는 그리스도로 옷 입었느니라" 했다(27절). 이는 전혀 새로운 옷이다. 인간들은 자기 의의 옷을 입고 의롭고 거룩한체 했다. 그러나 그것은 이사야의 지적처럼 "더러운 옷"과 같아서 하나님 앞에 설 수 없다(사 64:6). 이제는 그 더러운 옷을 벗고 예수 그리스도라는 새로운 의의 옷을 입지 않으면 안 된다. 아무리 자신은 의롭다고 생각해도 하나님이 보실 때는 심판받을 죄인에 불과하다.

II 이는 신분이 새롭게 됨을 의미함

'그리스도로 옷 입는다' 는 것은 그리스도께 속한 사람으로 신분이 변화되었음을 뜻한다. 사람은 신분이 바뀜에 따라 옷도 다르게 입는 법이다. 야곱은 형에서의 의복을 입고 아버지 이삭으로부터 축복을 받았다. 우리는 그리스도의 옷을 입음으로써 하나님의 자녀가 된다. 그리스도를 통하지 않고는 어떤 신분의 변화도 기대할 수 없다. 인간은 원하든 원치않든 아담의 옷을 입어야 한다. 즉 죄인의 옷이다. 그리스도를 믿음으로 인간은 그 분의 옷을 입게 된다.

III 이는 새 생활을 힘써야 함을 의미함

그리스도의 옷만 입었다고 저절로 모든 일이 이루어지는 것은 아니다. 그분의 옷을 입었으면 이제 그분처럼 살려고 노력해야 한다. 주님은 "내가 너희에게 행한 것같이 너희도 행하게 하려 하여 본을 보였노라" 하셨다(요 13:15). 겉은 그리스도의 옷을 입었으나 행동이 그리스도 같지 않다면 이는 자신을 속이고 주님을 속이는 일에 다름 아니다. 우리가 주님처럼 살 수는 없겠지만 그분처럼 살려는 노력은 있어야 할 것이다.

■ 기 도 ■ 은혜로우신 주님, 죄많은 저희들을 부르사 깨끗하게 하시고 주님의 의의 옷을 입혀주시니 감사를 드립니다. 예수님 이름으로 기도드립니다. 아멘.

■ 십계명 ■   성도의 신앙적 삶 10가지

　　　　1. 옛 사람으로 살지 말고 새 사람으로 살자
　　　　2. 저주받으며 살지 말고 축복받으며 살자
　　　　3. 가난하게 살지 말고 부요하게 살자
　　　　4. 병들어 살지 말고 병을 이기며 살자
　　　　5. 한숨쉬며 살지 말고 감사하며 살자
　　　　6. 원망하며 살지 말고 용서하며 살자
　　　　7. 원수처럼 살지 말고 사랑하며 살자
　　　　8. 불신앙으로 살지 말고 믿음으로 살자
　　　　9. 짐승으로 살지 말고 사람답게 살자
　　　　10. 썩은 육체로 살지 말고 영생으로 살자

■ 예 화 ■   '나 같은 죄인 살리신'

　　존 뉴턴(John Newton)은 2백 여명 정도의 부하를 거느린 자였는데 알콜 중독자였다. 그는 노예 장사를 해서 많은 돈을 모았다. 그런 그가 한번은 런던에 정박 중 시내 한 작은 감리교회에서 경영하는 전도회에 들어가게 되었다.
　　예배를 드리기 위함보다 한참 취한 김에 사람들이 모여 있기에 장난삼아 들어가 본 것이었다. 한 구석에 앉아 있던 뉴턴은 젊은 설교자가 열심히 설교하는 것을 듣게 되었다.
　　차차 그의 얼굴은 변하였고 눈물이 흐르기 시작했다. 도도하던 그의 고개가 숙여졌다. 드디어 그토록 억세고 돈만 알며 거만했던 뉴턴이 땅바닥에 무릎을 꿇고 기도를 시작하였다.
　　그 날 그가 들은 설교는 단순히 아버지의 품으로 돌아오는 탕자의 이야기였을 뿐이다. 그는 하나님의 은혜를 깨닫고 자기의 과거를 철저히 회개하며 하나님의 사랑 속에 살기를 결심하는 거듭남의 경험을 하였다.
　　그는 후에 찬송가 작사가가 되었다. 그리고 이 날의 체험을 기억하여 찬송가 405장 "나 같은 죄인 살리신 그 은혜 놀라워 잃었던 생명 찾았고 광명을 얻었네"라는 불후의 찬송시를 지었다.

절기 · 학습 및 세례

세례를 받는 것은

■ **찬 송** ■ ♪281, 283, 199, 285

■ **본 문** ■ 그런즉 우리가 무슨 말 하리요 은혜를 더하게 하려고 죄에 거하겠느뇨 … 【롬 6:1~4】

■ **서 론** ■ 미국의 복음전도자 무디는 "그리스도의 영접은 늦기전에 바로 , 지금, 이 시간에 결단을 내려야 한다."라고 했다. 세례는 죄의 종, 사단의 종에서 의의 종, 하나님의 아들이 되는 거룩한 의식이다. 세례 의식에 내포된 참된 뜻은?

■ **말 씀** ■

I 세례는 예수와 하나가 되는 의식임

예수님은 유일한 참 생명이시다. 인간은 나면서부터 "허물과 죄로" 죽은 상태이다(엡 2:1). 참 생명이신 그리스도께 연결되지 않으면 인간은 영원히 죽은 상태에 머물러 있을 수밖에 없다. 주님의 영원한 생명을 죽은 인간에 연결시키는 방법은 예수님을 믿는 것이다. 세례란 바로 그리스도를 생명의 주로 고백하고 그 생명을 받아들임을 상징하는 것이다. 세례는 죄를 씻는다는 뜻이니 그것은 인간 스스로의 힘으로가 아니라 그리스도의 능력으로 가능한 것이다.

II 세례는 죄에 대하여 죽는 의식임

예수님이 이 땅에 오신 것은 죄인들을 대신하여 죽으시는 속죄제물이 되시기 위함이었다(마 20:28). 주님은 그 목적대로 십자가에 못 박혀 죽으셨다. 이로써 인간의 죄는 소멸되고 사함받을 수 있게 되었다. 세례는 그리스도와 함께 죽었음을 상징한다. "그러므로 우리가 그의 죽으심과 합하여 세례를 받음으로 그와 함께 장사되었나니"(4절). 세례는 곧 그리스도의 죽으심은 곧 나의 죽음이고, 그의 부활은 곧 나의 부활을 의미한다(5절).

III 세례는 새 생명을 얻는 의식임

인간이 지금 가지고 있는 생명은 참 생명이 아니다. 때가 되면 죽어야 하기 때문이다. 얼마나 오래 사느냐 하는 것은 아무 의미도 없다. 이제 영원한 생명을 얻으려면 영원한 생명에 연결되지 않으면 안 된다. 영원한 생명, 참 생명은 예수님 한 분뿐이다(요 14:16). 세례는 이제 순간적인 생명에 영원한 생명이 덧입혀지는 의식이다. 세례는 성찬과 함께 주님이 직접 세우시고 준행하도록 명령하신 두 가지 거룩한 의식인 것이다.

■ **기 도** ■ 우리를 대속하기 위하여 죽기까지 하신 주님, 우리로 하여금 주님이 입혀 주신 참 생명을 귀하게 여겨 감사하게 하소서. 예수님 이름으로 기도드립니다. 아멘.

■ 십계명 ■   옛 사람의 10가지를 벗어버리자

　　　　1. 예수 안에서 옛 사람의 근성을 벗어버리자
　　　　2. 예수 안에서 거짓된 위선의 옷을 벗어버리자
　　　　3. 예수 안에서 오만하고 교만한 옷을 벗어버리자
　　　　4. 예수 안에서 원망과 불평의 옷을 벗어버리자
　　　　5. 예수 안에서 낙심과 좌절의 옷을 벗어버리자
　　　　6. 예수 안에서 부정과 불의의 옷을 벗어버리자
　　　　7. 예수 안에서 비난과 비평의 옷을 벗어버리자
　　　　8. 예수 안에서 욕심과 탐욕의 옷을 벗어버리자
　　　　9. 예수 안에서 불신앙과 의심의 옷을 벗어버리자
　　　10. 예수 안에서 미움과 시기와 질투의 옷을 벗어버리자

■ 예 화 ■   내가 세례받았다! 내가 세례받았다!

　　마틴 루터의 유명한 일화가 있다.
　　청년 루터는 '꼭 기독교인이 되어야 하나?', '이 생활이 얼마나 가치가 있나?' 하는 등의 인생의 근본적인 문제를 놓고 고민하고 있었다.
　　그러다가 그는 갑자기 큰 소리로 "내가 세례받았다! 내가 세례받았다!"라고 외쳤다.
　　도대체 이 외침에는 무슨 뜻이 있을까?
　　루터는 어머니의 품에 안겨 성전에서 세례받는 갓난 아기의 모습을 연상했던 것이다.
　　이 때 루터가 깨달은 것은, 판단도 못하고 결정도 못하고 행동도 못하는 갓난 아기 때부터 하나님은 이미 어머니와 아버지를 통해 자기에게 관심을 가지셨고 자기를 먼저 사랑해 주셨다는 사실이었다.
　　그래서 루터는 "내가 세례받았다! 내가 세례받았다!"라고 외친 것이다.

■ 명 상 ■   그리스도인은 인간의 가장 고상한 모형이다.

　　　　　　　　　　　　　　　　　　　　　　－ 에드워드 영 (영국 시인) －

절기 · 성만찬

나를 기념하라신 뜻

■ 찬 송 ■ ♪ 93, 283, 363, 283

■ 본 문 ■ 또 떡을 가져 사례하시고 떼어 저희에게 주시며 가라사대 이것은 너희를 위하여 주는 내 몸이라 너희가 이를 행하여 나를 기념하라 하시고 …【눅 22:19~20】

■ 서 론 ■ 미국의 성직자 요한 슈트트는 "당신은 떡을 떼시고 포도주를 드시어 우리의 마음을 새로이 빚었나이다. 이날에 당신의 성령이 오사 우리를 구원하시고 풍성한 은총을 나눠주셨나이다."라고 했다. 나를 기념하라시는 뜻은?

■ 말 씀 ■

Ⅰ 이는 하나님의 사랑을 기념하라심이다

주님은 죽으시기 전날 밤 제자들에게 떡과 포도주를 주시면서 "너희가 이를 행하여 나를 기념하라" 하셨다(19절). 이른바 성찬 예식을 제정하시고 이를 실천하도록 명령하신 것이다. 주님이 성찬식을 세우신 것은 신자들로 하여금 하나님의 사랑을 기억하고 기념하라는 말씀이라고 생각한다. 하나님은 독생자 예수님을 죄많은 인간들을 구원하기 위하여 이 땅에 보내주셨고 아드님의 죽으심까지도 허용하셨다. 이보다 더 큰 사랑은 있을 수 없다(요 3:16).

Ⅱ 이는 예수님의 은혜를 기념하라심이다

예수님은 인간을 구원하시려는 하나님의 뜻을 이루기 위하여 십자가에 못박혀 죽으시는 일까지 기쁘게 감수하셨다. 주님의 그 은혜때문에 영원히 멸망받아 마땅한 죄많은 우리들이 구원받게 되었으니 이보다 더 큰 은혜는 있을 수 없다(롬 5:5-8). 성찬식을 거행할 때마다 우리는 그리스도의 은혜를 기억하고 감사하게 된다. 우리가 혹 인간의 은혜는 잊는다해도 그리스도의 대속하신 은혜를 잊어서는 안 된다. 그것은 용서받지 못할 죄악이다.

Ⅲ 이는 성령님의 역사를 기념하라심이다

성찬예식은 또한 성령님의 역사를 기억하고 기념하는 뜻이 있다. 예수님이 인류의 구원을 완성하셨다해도 실제로 인간이 그 은혜를 받아 누리기 위해서는 중간에서 이 일이 가능하도록 역사하는 '보혜사'가 필요하다. 그 역할을 기꺼이 감당하시는 분이 바로 성령님이시다. 인간이 구원받기 위해서는 예수님을 구주로 믿어야 하는데 성령님이 역사하지 않으시면 아무라도 '주'라고 하지 못한다(고전 12:3). 거듭나게 하는 역사도 성령님의 몫이다(요 3:1-5).

■ 기 도 ■ 최초로 성찬예식을 제정하신 주님, 성찬식에 참여할 때마다 하나님의 사랑과 그리스도의 은혜를 기억하게 하소서. 예수님 이름으로 기도드립니다. 아멘.

■ 십계명 ■　삼위일체 하나님 신앙의 10가지

　　　　　1. 하나님 아버지는 창조주 주권자이신 하나님이시다
　　　　　2. 예수 그리스도는 하나님의 아들이신 구세주이시다
　　　　　3. 하나님의 성령은 보혜사이신 하나님의 영이시다
　　　　　4. 하나님 아버지는 만물을 창조하시고 지금도 운행하신다
　　　　　5. 예수님은 십자가의 보혈로 인생들의 죄와 죽음의 문제를 감당하셨다
　　　　　6. 성령께서 오늘 우리에게 임하셔서 역사하신다
　　　　　7. 삼위일체 신앙은 유대교와 구별된다
　　　　　8. 삼위일체 신앙은 기독교의 이단들과 구별된다
　　　　　9. 삼위일체 신앙은 기독교 신과 다른 종교와 구별된다
　　　　10. 삼위일체 신앙은 유일신교와 다신교와 구별된다

■ 예 화 ■　속죄를 위해 자기의 몸과 피 주심을 기념하자

　　　　루터는 그의 '탁상담화'에서 이렇게 말하셨다.
　　　　성만찬의 요인은 하나님의 말씀이나 혹은 그리스도에 의한 제정이다. 형체적인 것은 떡과 포도주이지만 실재적인 것으로는 그리스도의 몸과 피이다.
　　　　목적은 우리로 하여금 우리의 신앙을 보존하게 하며 그리스도께서 그 자신을 주신 것을 참으로 의심하지 않게 하려는 것이다.
　　　　그리스도는 그 가운데서 우리의 죄를 사해 주셨다. 그리고 우리는 이 가운데서 그리스도가 우리의 구세주이시고 심판자가 아니시며, 우리의 속죄주이시고 고발자가 아니시며, 해방자이시고 속박하는 자가 아니신 것을 알게 된다.
　　　　그리고 죽음과 멸망을 받아야 마땅한 우리가 그리스도의 피를 통하여 의롭게 되며 구원을 받는 것이다(고전 11:25~26).

■ 명 상 ■　은총이란 영광의 출발점이고, 영광이란 완성된 은총이다.
　　　　　　　　　　　　　　　　　　　　　　- 죠나단 에드워즈 (미국 신학자) -

절기 · 성만찬

성만찬의 떡과 잔

■ 찬 송 ■ ♪ 281, 363, 283, 331

■ 본 문 ■ 저희가 먹을 때에 예수께서 떡을 가지사 축복하시고 떼어 제자들을 주시며 … 【마 26:26~29】

■ 서 론 ■ 프랑스의 수학자요 물리학자인 파스칼은 "인간마다 가슴속에 공백이 있는데 이 공백은 다른 무엇으로 채울 수 없고 오직 예수 그리스도에 의해 채워진다."라고 했다. 주님이 주신 성만찬의 떡과 잔은?

■ 말 씀 ■

I 이는 주님께서 축복하신 것임

주님은 체포되시기 전날 밤 제자들과 유월절 만찬을 함께 하셨다. 주님은 식사를 시작하기 전에 "떡을 가지사 축복"하셨다(26절). 성찬식은 축복받은 의식이다. 성찬식처럼 복된 의식이 어디 있으랴. 주님이 이 땅에 오시지 않았더라면, 오셨더라도 피흘리며 죽지 않으셨다면 온 인류는 그대로 멸망했을 터이다. 그것을 상징하는 의식이니 어찌 복되지 않을 수 있을까! 이런 복된 의식을 우습게 여긴다면 이는 저주받을 일이다.

II 이는 주님께서 고난을 받으신 상징임

주님은 분명히 말씀하셨다. 떡은 "내 몸"이요(26절) 포도주는 "나의 피"라고(28절). 인간의 몸은 귀하고 피도 귀하다. 하물며 하나님의 아들의 몸과 피가 얼마나 귀한지는 설명이 필요치 않다. 아담 이후 온 인류의 모든 몸과 피를 다 합친다해도 그리스도의 것만 못하다. 그런 귀한 몸을 죄인들을 위하여 상하게 하시고 피를 쏟아주셨으니 이보다 더 감사할 일이 어디 있을까? 떡과 포도주는 그리스도의 고난과 죽으심, 그리고 사랑을 상징한다.

III 이는 주님께서 세우신 영원한 언약임

주님은 포도주 잔을 제자들에게 주시면서 "이것은 죄사함을 얻게 하려고 많은 사람을 위하여 흘리는 바 나의 피 곧 언약의 피니라"하셨다(28절). 하나님은 범죄하고 타락한 아담과 하와에게 "가죽옷을 지어" 입혀 주셨다(창 3:21). 무화과 잎으로 엮은 옷을 대신하신 것이다. 여기 인간의 수치를 가리우기 위한 무고한 짐승의 피흘림이 그림처럼 나타난다. 주님이 바로 그 역할을 하셨다. 주님이 흘리신 피는 인간의 모든 죄를 씻고 덮기에 충분한 능력이 있다.

■ 기 도 ■ 인간들의 죄를 씻기 위하여 피흘려 죽기를 사양치 않으신 주님, 우리로 하여금 그 은혜와 사랑을 잊지 않게 하소서. 예수님 이름으로 기도드립니다. 아멘.

■ 십계명 ■   성도가 예수 그리스도의 자랑이 되는 10가지

　　　　1. 예수 안에서 믿음의 성공자가 됩시다
　　　　2. 예수 안에서 사업의 성공자가 됩시다
　　　　3. 예수 안에서 삶과 생활의 성공자가 됩시다
　　　　4. 예수 안에서 인격과 성품의 성공자가 됩시다
　　　　5. 예수 안에서 복음 증거의 성공자가 됩시다
　　　　6. 예수 안에서 섬김과 봉사의 성공자가 됩시다
　　　　7. 예수 안에서 그리스도인으로서 성공자가 됩시다
　　　　8. 예수 안에서 인간 관계의 성공자가 됩시다
　　　　9. 예수 안에서 영생 구원의 성공자가 됩시다
　　　10. 예수 안에서 인생의 성공자가 됩시다

■ 예 화 ■   부족한 사람일수록 더욱 참여할 성찬

　　　　프랑스의 군인 마르소(Marceou, F.S) 사령관처럼 그 성격이 급하고 과격한 사람도 드물 것이다.
　　　　그는 하찮은 일에도 곧잘 노하고 욕질을 하는 등 쉽게 자신을 자제할 수 없는 사람이었다.
　　　　그래서 마르소는 생각하기를 자신의 성격을 교정해보는 의미로 매일 성찬에 참여할 결심을 세웠다.
　　　　그러나 그래도 뜻대로 되지를 않았다.
　　　　어느 날, 수병들은 매일 성찬을 받으면서 어째서 아직도 노하는 성질이 남아있는가 하고 의심스럽게 말하였다.
　　　　마르소는 이때 "내가 이처럼 자주 성찬에 참여하지 않았더라면 벌써 너희들은 바다에서 물고기 밥이 되었을 것이다."라고 외쳤다고 한다.

■ 명 상 ■   성만찬은 그리스도에게 몸을 바치고자 하는 자들을 위하여 영원한 은혜의 방편으로 삼았다. 분명히 성만찬의 자리에 참여하는 것은 영적 부활을 경험하게 되는 것이다.

　　　　　　　　　　　　　　　　　　　　　　　　　　　　　- 작자 미상 -

절기 · 부활주일

예수의 부활을 증거함

■ 찬 송 ■ ♪152, 151, 150, 159

■ 본 문 ■ 안식후 첫날 새벽에 이 여자들이 그 예비한 향품을 가지고 …【눅 24:1~12】

■ 서 론 ■ 영국의 신학자 죤 S. 웨일은 "기독교는 종교가 끝나는데서 부활과 함께 시작한다. 부활 신앙은 기독교 신앙의 부록이 아니다. 그것이 바로 기독교 사상이다." 라고 했다. 주님의 부활을 증거한 세 가지 사실은?

■ 말씀 ■

I 주님의 부활을 빈 무덤이 증거함

죽은 사람의 무덤이 비었다면 스스로 살아났거나 남이 시신을 옮겼을 경우뿐이다. 주님의 시신을 누가 옮길 수 없는 까닭은 로마 군병들이 무덤을 지키고 있었기 때문이다. 그렇다면 남은 방법은 주님 스스로가 부활하셨다는 결론을 내릴 수밖에 없다. 아무리 예수님의 부활을 부인하고 제자들이 주님의 시신을 도적질해 갔다고 해도(마 28:11-15) 로마 군사들이 무덤을 굳게 지켰기 때문에 설득력이 없는 것이다(마 27:62-66).

II 주님의 부활을 천사들이 증거함

일단의 여자들이 "안식 후 첫날 새벽에" 주님의 무덤을 찾았을 때(1절) 빈 무덤과 함께 "찬란한 옷을 입은 두 사람" 즉 천사들을 목격했고(2-4절), 여인들은 천사들로부터 "여기 계시지 않고 살아나셨느니라"는 기쁜 소식을 전해 들었다(6절). 어떤 인간의 증거도 믿을만 하거든 하물며 두 천사의 증언이랴. 천사들의 증언도 믿지 못하겠다면 믿게 할 도리가 없다. 그들은 거짓으로 가득한 인간이 아니고 진실만을 말하는 하나님의 사자들이기 때문이다.

III 주님의 부활을 예수 자신이 증거함

주님은 부활하신 다음 맨먼저 막달라 마리아에게 보이셨고(막 16:9), 엠마오로 내려가던 두 제자들에게 나타나셨으며(눅 24:13-35), 한 곳에 모여있던 제자들에게 나타나셔서 부활하신 모습을 친히 보여주셨다(눅 24:36-43). 이래도 믿지 못하겠다면 이는 빈 무덤이라는 객관적인 증거와 천사들의 증언은 물론 주님의 직접적인 증거까지도 믿지 못하겠다는 뜻이니 달리 좋은 처방이 없을듯 하다. 기독교는 믿음의 종교지 실증적 과학과 이성의 종교가 아니다.

■ 기 도 ■ 죽음의 권세를 이기고 부활하신 주님, 아직도 주님의 부활을 불신하는 인생들의 거역을 용서하시고 건져주옵소서. 예수님 이름으로 기도드립니다. 아멘.

■ 십계명 ■   예수님의 부활로 새로워진 10가지

　1. 예수님의 부활로 율법의 안식일이 복음의 주의 날로 새로워졌다
　2. 예수님의 부활로 율법의 죽음이 복음의 부활로 새로워졌다
　3. 예수님의 부활로 예수님의 탄생과 부활이 세계적인 명절이 되었다
　4. 예수님의 부활로 죄와 사망의 권세가 깨뜨려졌다
　5. 예수님의 부활로 기독교가 전세계적인 생명의 종교가 되었다
　6. 예수님의 부활로 예수님의 이름으로 예배드려지게 되었다
　7. 예수님의 부활로 세계 어디에 가나 예수님의 몸된 교회가 세워졌다
　8. 예수님의 부활로 개인이, 가정이, 사회가, 나라가 살게 되었다
　9. 예수님의 부활로 부활신앙을 믿는 성도들에 의해서 세상에 정의와 진리가 살아나게 되었다
　10. 예수님의 부활로 역사가 바르게 흐르게 되었다

■ 예 화 ■   빈 계란

　조지 보건 독사는 슬프고도 감격스러운 한 소년의 이야기를 전해 준다.

　그가 매사추세츠 주에서 목회할 때 교회학교에 나오는 8살짜리 톰이 있었다. 그는 병약하여 휠체어에 실려 교회에 나왔다.

　한 교사가 부활 주일을 앞두고 아이들에게 플라스틱 계란을 주며 그 속에 무엇이든 생명을 가리키는 것을 넣어 오라고 했다.

　아이들은 꽃이나 나뭇잎, 곤충 등 생명을 증거하는 여러 가지를 그 속에 넣어 가지고 왔고, 차례로 계란을 열어 보였고 톰의 차례가 되었다.

　그런데 톰의 계란은 비어 있었다. 웃는 아이들도 있었으나 교사는 톰을 동정하여 "준비를 못했어도 괜찮아."라고 위로하였다.

　그러나 톰은 심각한 낯으로 "선생님, 저는 준비한 것입니다. 이것은 예수님의 무덤입니다. 예수님은 다시 살아 나셨기에 그 무덤이 비어 있지 않습니까?' 하고 말했다.

　이 소년은 10개월 뒤에 죽었다.

　그의 관에는 꽃 대신 빈 플라스틱 계란이 놓여졌다. 예수가 부활하신 이야기를 믿던 톰이 영원한 생명을 소유했다고 생각하였기 때문이었다.

절기 · 부활주일

성도의 부활에의 소망

■ 찬 송 ■ ♪151, 152, 153, 154

■ 본 문 ■ 그러나 이제 그리스도께서 죽은 자 가운데서 다시 살아 잠자는 자들의 첫 열매가 되셨도다 사망이 사람으로 말미암았으니 … 【고전 15:20~28】

■ 서 론 ■ 영국의 신학자 파운스는 "우리가 그리스도를 우리의 주로 믿는 것은 오직 그의 부활의 완성된 사실에 의해서만 정당화 된다."라고 했다. 주님의 부활이 없으면 우리 신앙도 헛된 것인즉 이 부활은?

■ 말 씀 ■

I 아담 안에서 모든 사람이 죽었음

아담은 인류의 조상이다. 그는 하나님의 지엄하신 말씀을 불신하고 범죄함으로써 영과 함께 육신이 죽게 되었다. 따라서 그의 자손인 인류도 태어나면서 육적, 영적 죽음을 피할 수 없게 됐다. "아담 안에서 모든 사람이" 죽은 것이다(22절). 인간에게는 어떤 삶의 희망도 있을 수 없게 되었다. 다만 영적, 육적 죽음에 처해질 뿐이었다. 그런데도 인간 스스로 생명을 마련하겠다고? 죄문제를 해결해 보겠다고? 하나님의 공의를 변경시켜 보겠다고? 턱도 없는 소리다.

II 예수 그리스도는 부활의 첫 열매가 되심

아담 이후 모든 인간은 죽었고 지금 살아있는 인간도 조만간 죽음을 맞게 될 것이다. 여기에는 한사람의 예외도 없다. 그런데 예외자가 한분 있으니 바로 예수 그리스도다. 그분은 죽은 지 사흘만에 죽음의 권세를 깨뜨리고 부활하셨다. 그리스도의 다시 사심은 부활의 "첫열매" 이시다(23절). 인간의 부활과 영생은 하나님의 자비와 권능으로 되는 것이지 어떤 종교적 수양이나 과학의 힘으로 되는 것이 아니다. 인간의 어리석음을 버리라.

III 이로써 성도들의 부활의 보증이 되심

주님의 부활이 인류에게 절대 유일의 희망이 되는 까닭은 영원히 죽어 마땅한 인간일지라도 하나님이 정하신 순리에 따르면 영생하는 부활에 동참할 수 있기 때문이다. "아담안에서 모든 사람이 죽은 것같이 그리스도 안에서 모든 사람이 삶을 얻으리라"(22절). 그러면 어떻게 해야 그 영광을 누리나? 예수 그리스도께 붙어있어야 한다. "다음에는 그리스도 강림하실 때에 그에게 붙은 자요"(23절). 그리스도와 상관없이 산 사람들은 당연히 제외된다.

■ 기 도 ■ 죽음과 멸망에 빠진 인류에게 희망의 빛이 되신 주님, 아직도 주님을 거역하는 무리들을 불쌍히 여기사 건져주소서. 예수님 이름으로 기도드립니다. 아멘.

■ 십계명 ■　예수 부활의 권능으로 얻은 10가지

　　1. 예수의 부활로 죄의 문제가 해결되었다
　　2. 예수의 부활로 질병의 문제가 해결되었다
　　3. 예수의 부활로 심판의 문제가 해결되었다
　　4. 예수의 부활로 죽음의 문제가 해결되었다
　　5. 예수의 부활로 사단의 문제가 해결되었다
　　6. 예수의 부활로 불의와 악의 세력을 이겼다
　　7. 예수의 부활로 삶의 길이 완전해졌다
　　8. 예수의 부활로 천국의 기업을 얻게 되었다
　　9. 예수의 부활로 구원의 영광을 얻게 되었다
　10. 예수의 부활로 영원한 영생을 얻게 되었다

■ 예 화 ■　발레리나 없는 발레 공연

　세계 역사상 처음으로 발레리나(무용가) 없는 발레가 공연된 일이 한번 있었다.
　19세기 초, 인간이 아니라 천사라는 칭호를 받던 세계 최고의 발레리나, 소련이 낳은 안나 파블로바(Anna Pavlova)가 영국에 초청되어 아폴로 극장에서 공연을 갖게 되었다. 공연 제목은 '백조의 죽음'이었다.
　그런데 그녀는 급성 폐렴으로 공연 이틀 전 사망하였다. 주최측은 파블로바 없이 공연을 진행하였다. 표를 산 사람들이 모두 극장에 모였다. 오케스트라의 음악이 시작되고 막이 올랐다.
　조명은 음악에 따라 춤을 추었다. 관중들은 숨을 죽이고 그 음악의 선율과 조명 속에서 안나 파블로바의 율동을 연상하였고 공연이 끝나자 우뢰와 같은 기립박수가 터져 나왔다.
　파블로바는 팬들의 가슴속에 살아 있어 여전히 그 가슴을 설레이게 하고 감동을 주었던 것이다.
　예수 그리스도는 생각뿐으로만 아니라 정말 부활하였다. 그래서 절망과 좌절 속에 신음하는 자에게 소망의 빛이 되셨다. 근심과 불안 속에 침몰한 자에게 재기와 새 출발의 에너지가 되셨다.
　주님은 다시 사셨다. 그것은 흑암의 세력, 악의 권세에 대한 하나님의 승리였다. 하나님의 목적은 이루어지고 하나님의 계획은 반드시 성취된다는 보증이었다.

절기 · 부활주일

성도의 부활은

■ 찬 송 ■ ♪152, 154, 159, 161

■ 본 문 ■ 누가 묻기를 죽은 자들이 어떻게 다시 살며 어떠한 몸으로 오느냐 하리니 … 【고전 15:35~44】

■ 서 론 ■ 영국의 신학자 존 S. 웨일은 "복음서가 부활을 설명하는 것이 아니라 부활이 복음서를 설명한다."라고 했다. 부활이 없는 기독교는 단팥없는 찐빵과 진배없다. 성도의 '부활체'의 모습은?

■ 말 씀 ■

I 이는 썩지 않을 것으로 다시 사는 것임

인간은 누구나 죽어야 하고 죽으면 썩게 된다. 이 원칙에서 빗겨갈 사람은 하나도 없다. 그러나 부활의 몸은 다르다. 바울은 "썩지 아니할 것으로" 다시 산다고 했다(42절). 현재 우리가 지니고 있는 육체와는 완전히 다른 모습임을 보여준다. 썩지 않는 몸이란 다시 말하면 죽지 않을 몸이 됨을 알 수 있다. 한 번만 죽으면 다시는 죽음을 당하지 않게 되니 얼마나 감사한 일인가? 그리스도의 죽으심이 이런 복된 일을 가능케 했다.

II 이는 강한 것으로 다시 사는 것임

인간의 육체는 약하기 짝이 없다. 강한 것 같지만 한없이 약한게 바로 인간의 몸이다. 늙고 병들어 쇠해지다 결국 죽고 만다. 독약 몇 방울, 총알 하나, 간단한 도구로도 생명을 잃을 수 있다. 하지만 부활한 몸은 다시는 이렇게 허약하지 않을 것이다. "약한 것으로 심고 강한 것으로" 다시 산다 했다(43절). 늙지 않고 병들지 않고 쇠하지 않는 강한 몸을 받게 된다. 생각만 해도 기쁘고 감사한 일이 아닌가.

III 이는 신령한 몸으로 다시 사는 것임

지금 우리가 입고 있는 몸은 "육의 몸"이지만 앞으로 "신령한 몸"으로 부활할 것이라고 한다(44절). 현재의 육체와는 본질적으로 다른 몸임을 보여 주신다. 우리는 부활하신 주님이 지상에 어떤 모습으로 나타나셨는지를 살펴보면 신령한 몸의 의미를 이해할 수 있을 것이다. 주님은 시공(詩空)을 초월하셨다. 그러면서 음식도 잡수셨고 "영은 살과 뼈가 없으되 너희 보는 바와 같이 나는 있느니라" 하셨다(눅 24:39).

■ 기 도 ■ 부활의 신령한 몸을 약속하신 주님, 그 몸을 입기 전 살아있는 동안 몸을 아끼지 않고 충성하게 하옵소서. 예수님 이름으로 기도드립니다. 아멘.

■ 십계명 ■ 부활 신앙을 가진 성도의 10가지 몸가짐

1. 머리는 주님 기뻐하시는 생각으로 충만하게
2. 가슴에는 뜨거운 심령으로 믿음 갖게 역사하고
3. 배에는 하나님 말씀으로 새김질하여 되새기고
4. 손에는 모든 사람에게 진리로 인도하는 손길이 되고
5. 발에는 주님 기뻐하시는 곳을 찾아가는 걸음이 되고
6. 눈은 미래와 내세를 바라보는 영안으로 뜨이고
7. 귀로는 말씀과 진리를 듣는 일에 기울이고
8. 코로는 믿음의 향기가 있는 곳을 더듬어 맡고
9. 입으로는 생명의 소식을 전파하는 소리를 내고
10. 온몸으로 하나님을 찬양하고 헌신하여 충성한다

■ 예 화 ■ 오늘 천국에 도착하면

폴 투르니에(Paul Tournier)라는 기독교인 의사가 자신의 간증을 '듣는 귀(Listening ear)' 라는 책으로 냈다.

투르니에 부부는 금실 좋기로 소문난 부부였다. 함께 그리스 여행 중 아내 넬리가 심장마비를 일으켰고 의사들이 최선을 다했으나 보람도 없이 별세하였다.

넬리는 죽기 전 "오늘 천국에 도착하면 먼저 가 계신 당신 부모님을 만나 정말 즐거울거예요"라고 말했다.

그것은 정말 즈금도 의심이 없이 하는 말투였다고 한다. 투르니에는 모태신앙으로 70년 동안 기독교인이었으나 아내의 최후의 말을 듣고 비로소 신앙을 갖게 되었다는 간증을 하였다.

그는 아내처럼 부활을 믿고 영생을 믿을 때 지금까지 따라다니던 모든 근심과 걱정으로부터 해방되는 놀라운 자유의 체험을 하였다고 한다.

투르니에는 "나는 넬리와 육체로만 결혼하고 부부가 되어 있던 것이 아니라 그녀의 소망과 믿음 속에 한몸이 되어 있었다."라고 고백했다.

예수는 장례식 설교를 한 번도 한 일이 없다. 예수가 나타나는 곳에서는 죽은 자가 일어나고 생명이 고동쳤다. 예수는 "나는 부활이요 생명이니"라고 선언하였다(요 11:25). 예수를 믿는다는 것은 생명을 믿는 것이고 다시 살고 다시 일어남을 믿는 것이다.

절기 · 부활주일

사도 바울의 선언

■ 찬 송 ■ ♪149, 152, 156, 161

■ 본 문 ■ 이 썩을 것이 썩지 아니함을 입고 이 죽을 것이 죽지 아니함을 입을 때에는 … 【고전 15:54~58】

■ 서 론 ■ 독일의 종교개혁자 루터는 "주님의 왕관에서 빛나는 금강석은 숨길 수 없는 아름다움으로 빛나고 마침내 천국의 불멸하는 존재들에게 내린 은총으로 부활한 모든 인간의 영혼에까지 다다른다."라고 했다. 바울의 선언에 담긴 증거는?

■ 말 씀 ■

I 바울은 부활의 신비에 관해 증거했음

인간들이 가장 무서워하는 것은 무엇일까? 이것 저것 많겠지만 한 가지만 대라면 바로 죽음이라 할 것이다. 암을 왜 무서워하고 에이즈를 왜 두려워하는가? 조만간 죽게 되기 때문이다. 하지만 우리는 죽음을 두려워하지 않는다. 왜냐하면 죽은 다음에 때가 되면 '신령한 몸'으로 다시 살 것을 믿기 때문이다. 부활의 몸은 인간의 노력이나 과학의 힘으로 되는 것이 아니고 "불가불 썩지 아니할 것을" 입게 된다고 한다(53절). 즉 하나님의 권능으로 된다.

II 바울은 성도의 승리에 관해 증거했음

하늘에 있는 천사들과 같은 몸으로 부활할 것을 약속받은 우리는(눅 20:36) 이미 죽음을 이긴 것과 같다. 부활은 사망의 패배를 의미하며 동시에 성도의 승리를 뜻하는 것이다(54절). 우리가 어떤 복을 받게 되었나? 그것은 전적으로 그리스도께서 우리를 위하여 죽으시고 부활하셨기 때문에 가능케 되었음을 잊어서는 안 된다. "우리 주 예수 그리스도 말미암아 우리에게 이김을 주시는 하나님께 감사하노니"(57절).

III 바울은 성도의 생활에 관해 교훈했음

그러면 이런 영광스럽고 복된 부활을 약속받은 우리는 어떻게 살아야 할까? 굳건하게 신앙을 견지하면서 주님이 맡겨주신 사명을 더욱 열심히 감당해야 할 것이다. "그러므로 내 사랑하는 형제들아, 견고하며 흔들리지 말며 항상 주의 일에 더욱 힘쓰는 자들이 되라"(58절상). 왜 그래야 하나? "이는 너희 수고가 주 안에서 헛되지 않은 줄을 앎이니라"(58절). 막연히 부활을 기다리지 말고 땀흘려 열심히 봉사하고 사명을 감당해야 마땅하다.

■ 기 도 ■ 죽음의 권세를 이기고 영광스러운 부활의 몸을 입혀주실 주님, 더욱 충성하고 봉사하는 저희가 되게 하옵소서. 예수님 이름으로 기도드립니다. 아멘.

■ 십계명 ■ 하나님이 주신 10가지 특권

　　1. 예수를 영접함으로 하나님의 자녀가 되었다
　　2. 우리를 하나님의 형상으로 만드셨다
　　3. 우리는 하나님과 영원히 산다
　　4. 예수님의 부활처럼 우리도 부활한다
　　5. 예수님의 보혈로써 죄의 문제가 해결되었다
　　6. 하나님의 모든 것을 우리에게 주셨다
　　7. 이 시대에 보혜사 성령님을 보내주셨다
　　8. 우리가 기도하면 들어주신다고 하셨다
　　9. 우리에게 하나님의 말씀을 주셨다
　　10. 우리가 예수를 믿음으로 의롭게 하셨다

■ 예 화 ■ 사랑의 지속성

　　1975년 1월 14일, 배우 험프리 보가트(Humphrey Bogart)가 죽었을 때 그의 아내 로렌은 호각 하나를 관에 넣었다.
　　이를 이상하게 생각한 목격자가 이유를 물었더니 그녀는 "도움이 필요할 때 호각을 불면 내가, 내가 달려가려고요!" 하고 대답했다.
　　사실 이 말은 그들 부부가 주연한 첫 작품 "갖는 것과 갖지 않는 것"(To have and to have not)에 나오는 대사였으나 로렌은 그만큼 남편을 사랑하고 죽은 뒤에도 가까이에 있는 기분을 지녔던 것이다.
　　사랑이 죽은 후에도 지속된다는 것은 정말 기쁜 일이 아닐 수 없다. 이 사랑의 지속성이 부활의 신앙 속에 있는 것이다.
　　지금 그대가 사랑하는 사람이 있는가? 그 사랑은 죽은 후에까지도 지속된다.
　　그대가 그리스도의 몸인 교회를 자신의 몸처럼 사랑하는가? 그 가치 있는 사랑은 내가 죽은 후에도 이 교회와 천국에서 계속되는 것이다.

■ 명 상 ■ 우리 주님은 부활의 약속을 책들 속에만 쓰신 것이 아니라 봄날의 잎사귀들마다에도 쓰셨다.

　　　　　　　　　　　　　　　　　　　　　　　　　- 작자 미상 -

절기 · 부활주일

성도의 영원한 기업

■ **찬 송** ■ ♪150, 153, 154, 157

■ **본 문** ■ 찬송하리로다 우리 주 예수 그리스도의 아버지 하나님이 그 많으신 긍휼대로 … 【벧전 1:3~4】

■ **서 론** ■ 독일의 시인인 실러는 "천국에서 살았던 일순간은 죽음으로써 보상해도 비싼 것이 아니다."라고 했다. 성도들이 바라는 영원한 본향인 천국은 하나님께서 예비하신 우리의 기업이다. 이것은?

■ **말 씀** ■

I 이는 예수의 부활로 확증되었음

이 세상의 기업은 일시적이요 유한하다. 하지만 우리가 장차 하나님께 받을 기업은 영원한 것이고 복된 것이다. 그것을 우리는 어떻게 믿을 수 있나? 주님이 부활하심으로써 그 기업에 보증이 되셨다. "예수 그리스도의 죽은 자 가운데서 부활하심으로 말미암아 우리를 거듭나게 하사 산 소망이 있게" 되었다(3절). 우리도 주님처럼 부활하여 천국에서 영원한 복락을 누릴 것이니 이보다 더 복되고 영광스러운 기업이 있겠는가?

II 이는 영원히 쇠함이 없는 기업임

이 땅의 기업은 영원하지 못하다. 그렇게 튼튼해 보이던 대기업들이 하루 아침에 무너지는 것을 우리는 목격한다. 오늘은 대재벌이란 자리에 앉아 있지만 언제 초라한 실패자로 전락할지 모른다. 이 땅에는 영원한 기업은 물론 재벌도 없다. 하지만 주님께서 우리에게 주시기로 약속하신 천국의 기업은 "썩지 않고 더럽지 않고 쇠하지 아니" 한다(4절상). 이보다 더 영광스럽고 복된 기업이 있을까? 이를 위하여 죽음까지도 자청하신 주님께 감사드릴 것뿐이다.

III 이는 성도를 위해 하늘에 간직됨

그러면 우리가 받아 누릴 이 기업은 어디에 있나? 하늘에 간직되어 있다고 한다. "곧 너희를 위하여 하늘에 간직하신 것이라"(4절하). 이 땅에서 찾으면 안 된다. 왜냐하면 이 땅에서 영생할 인간은 하나도 없기 때문이다. 영광스럽고 복된 기업은 인간의 노력이나 과학의 힘으로 가능한 것이 아니다. 오로지 하나님만이 마련하실 수 있고 주실 수 있다. 이를 가능케 하기 위하여 주님이 이 땅에 오셨고 십자가에 죽기까지 하신 것이다.

■ **기 도** ■ 우리에게 영원하고 복된 기업을 약속하신 주님, 우리로 하여금 허송세월 하지 말게 하시고 열심히 충성하게 하소서. 예수님 이름으로 기도드립니다. 아멘.

■ 십계명 ■   영원한 기업을 위해 쌓을 경건 10가지

    1. 주일성수는 경건을 쌓는 것이다.
    2. 예배를 정성으로 드리는 것은 경건을 쌓는 것이다
    3. 간절한 기도를 드리는 것은 경건을 쌓는 것이다
    4. 뜨겁게 찬송하는 것은 경건을 쌓는 것이다
    5. 감사의 생활은 경건을 쌓는 것이다
    6. 말씀을 사모하여 읽고 듣는 것은 경건을 쌓는 것이다
    7. 주님의 교회를 사랑하며 섬기는 것은 경건을 쌓는 것이다
    8. 예수 그리스도를 증거하는 것은 경건을 쌓는 것이다
    9. 주의 이름으로 선을 쌓는 것은 경건을 쌓는 것이다
    10. 주의 제단에 예물을 드리는 것은 경건을 쌓는 것이다

■ 예 화 ■   위대한 유산

    아우렐리우스(Marcus Aurelias)가 A.D. 125년에 친구에게 쓴 편지가 발견되었는데, 그는 그 당시 기독교도들에 대하여 이렇게 썼다.
    "기독교도들은 정말 이해하기 힘든 새 종교 집단이다. 사람이 죽어도 슬퍼하지 않고 기뻐하며 그들의 신에게 감사의 예식을 드린다. 그들은 장례를 위해 묘지로 줄지어 갈 때도 마치 즐거운 소풍이나 가듯 노래를 부르며 '감사합니다, 감사합니다' 라고 말하며 행진한다."
    이는 초대교회 신자들의 신앙생활을 전해주는 산 증거이다. 초대교회 교인들은 부활의 신앙, 영생의 확신을 가지고 살았던 것이다.
    이런 말이 있다. "소크라테스는 철학을 남기고, 아리스토텔레스는 과학을 남겼으며, 예수는 영원한 생명을 남겼다."
    인류에게 주어진 가장 위대한 유산은 하나님의 아들 예수 그리스도가 남기신 부활의 믿음, 영원한 생명인 것이다.

■ 명 상 ■   종교 없이는 인간성은 무의미하고, 그리스도 없는 종교도 무의미하다.
                                                             - 스트라우스 (독일 신학자) -

절기 · 부활주일

사도 바울의 증거

■ 찬 송 ■ ♪150, 149, 151, 153

■ 본 문 ■ 자녀이면 또한 후사 곧 하나님의 후사요 그리스도와 함께한 후사니 우리가 그와 함께 영광을 받기 위하여 고난도 함께 … 【롬 8:17~20】

■ 서 론 ■ 독일의 고고학자 호프너는 "믿음은 그리스도인을 만들고, 삶은 그리스도인임을 입증하며, 시련은 그리스도인임을 확증시키고, 죽음은 그에게 면류관을 씌운다."라고 했다. 바울은?

■ 말 씀 ■

I 바울은 성도의 지위에 관해 증거했다

예수님을 믿으면 어떤 신분을 얻게 되나? 하나님의 "자녀"가 된다고 했다. 이 이상의 영광스러운 축복은 있을 수 없다. 죄 많은 인간, 하나님의 저주를 받아 마땅한 인간이 하나님의 자녀가 된다니 어찌 이보다 더 큰 축복이 있으랴. 어떻게 우리가 이 신분을 얻게 되었나? 예수께서 우리를 위하여 속죄 제물이 되심으로 가능하게 되었음을 잊지 말아야 한다. 결코 우리의 선행이나 수련이나 공적에 의한 것이 아니다.

II 바울은 성도의 기업에 관해 증거했다

하나님의 자녀가 되었다면 그에 상응하는 기업이 주어진다. 재벌의 자녀는 재물을 상속받는 것처럼 우리는 하나님으로부터 기업을 받는 "후사"가 되었다. 왕의 자녀나 재벌의 자녀가 막대한 권력과 부를 부친으로부터 물려받듯이 우리는 하나님으로부터 상상할 수조차 어려운 축복을 받게 된다. 그것 역시 "그리스도와 함께"이지 우리 단독의 선행이나 공로에 의해서가 아니다. 그리스도를 떠나서는 아무것도 할 수 없고, 될 수도 없다(요 15:5).

III 바울은 성도의 고난에 관해 증거했다

그리스도께서 영광을 얻기 위하여 십자가를 지신 것처럼 우리도 하나님의 자녀로서 기업을 얻고 영광을 누리기 위해서는 고난 받을 각오를 해야 한다. "그와 함께 영광을 받기 위하여 고난도 함께 받아야 될 것이니라"(17절하). 사도 바울도 고난을 받았고 다른 사도들과 성도들도 마찬가지다. 영광을 누릴 생각만 하고 고난 받을 생각은 하지 않는다면 이는 하나님의 자녀라 할 수 없다. 부활의 영광은 십자가의 죽음 후에 왔다는 것을 잊지 말자.

■ 기 도 ■ 우리에게 하나님의 자녀와 후사가 되게 하기 위하여 죽기까지 하신 주님, 우리도 고난 받을 각오를 갖게 하옵소서. 예수님 이름으로 기도드립니다. 아멘.

■ 십계명 ■　부활절에 생각하는 10가지

1. 나는 얼마나 복음에 합당하게 살고 있는가
2. 나는 얼마나 가정을 사랑하며 살고 있는가
3. 나는 얼마나 교회를 사랑하며 살고 있는가
4. 나는 얼마나 나라를 위해 기도하고 있는가
5. 나는 얼마나 천국에 보배를 쌓고 있는가
6. 나는 얼마나 신앙의 열매를 맺고 있는가
7. 나는 얼마나 이웃을 사랑하고 있는가
8. 나는 얼마나 내 직장을 사랑하고 있는가
9. 나는 얼마나 주님의 일을 감당하고 있는가
10. 나는 얼마나 어떻게 돈과 시간을 쓰고 있는가

■ 예 화 ■　부활의 믿음

1973년 부활 주일이었다. 그 당시 아프리카의 우간다 국민들은 이디 아민(Idi Amin)이라는 독재자 밑에서 고난을 당하며 숨죽이고 살고 있었다.

우간다 최대의 교회 목회자인 케파 셈판기(Kefa Sempangi) 목사는 7천명 앞에서 주일 설교를 하고 목사 사무실로 돌아갔다. 그러자 5명의 괴한이 뒤따라와 권총을 뽑았다.

그들은 비밀경찰로 반정부 인사들을 암살하는 자들이었다.

셈판키 목사는 조용히 말했다.

"오늘은 예수께서 다시 사신 날이요. 나는 죽음이 두렵지 않소. 단지 죽기 전 당신들을 위해서 기도하고 싶은데 2분만 시간을 주겠소?"

암살자의 지휘자가 동의했다. 목사는 예수님처럼 "저 사람들은 자기가 저지르고 있는 죄를 알지 못하고 있으니 저들을 용서해 주소서." 하는 사죄의 기도를 드리고 눈을 떴다.

그랬더니 암살 지휘자가 놀랍게도 "목사님, 기도해 주셔서 감사합니다. 우리들의 무례를 용서해 주십시오." 하는 말을 남기고 그 자리를 떠나갔다.

셈판키 목사는 간증을 통하여 "부활의 믿음은 두려움을 몰아낸다. 영생을 믿을 때 총도 무섭지 않다. 누가 이 소망에서 우리를 끊을 수 있으랴?" 라고 말하였다.

절기 · 어린이주일

천국에서 큰 사람은

■ 찬 송 ■ ♪ 212, 490, 300, 508

■ 본 문 ■ 그 때에 제자들이 예수께 나아와 가로되 천국에서는 누가 크니이까 … 【마 18:1~6】

■ 서 론 ■ 미국의 신학자 데오도 파커는 "하늘의 기쁨은 우리가 하늘의 성품에 도달하여 그의 의무를 행하면 곧 시작되는 것이다. 한번 시도해 보고 그의 진리를 입증해 보라. 많은 양선과 경건이 많은 천국을 이룸과 같으리라." 고했다. 천국에서 큰 사람은?

■ 말 씀 ■

I 이는 어린이 같은 사람

제자들의 관심은 '큰 사람'에 있었다. 12제자 중에서는 물론이고 세상에서도 큰 사람이 되기를 원했다. 제자들은 한 걸음 더 나아가 천국에서까지 큰 사람이 되기를 원했다. 그래서 "천국에서는 누가 크니이까"라고 주님께 여쭙게 됐다(1절). 이때 주님은 "한 어린이를 불러" 그와 같이 되기를 주문하셨다(2-3절). 어린이는 이 세상에서 가장 낮은 자리에 있다. 높은 자리는 다 어른들의 차지다. 천국에서 큰 자는 바로 어린이 같은 사람이다.

II 이는 자기를 낮추는 사람

주님은 직설적으로 가르치셨다. "누구든지 이 어린이와 같이 자기를 낮추는 그이가 천국에서 큰 자니라"(4절). 사람은 자신을 어떻게든 높이려는 경향이 있다. 이것은 교만을 의미한다. 사단이 교만하여 하나님의 자리를 넘보다 타락했는데 사단은 이 교만병을 아담에게 전염시켰다. 감히 아담은 하나님처럼 되려 했다(창 3:1-5). 천국에서 큰 자가 되려면 먼저 하나님 앞에서 자신이 어떤 위치에 있는지 깨닫고 자신을 겸손의 자리에 두어야 한다.

III 이는 영접하는 사람

천국에서 큰 사람이 되려면 어린 아이처럼 스스로를 낮추고 겸손할 뿐 아니라 적극적으로 그들을 주님의 이름으로 "영접" 해야 한다(5절). 이는 봉사의 삶, 남을 섬기는 삶을 의미한다. 주님은 일찍이 제자들의 발을 씻어주심으로써 남을 섬기는 삶의 본을 보여주신 바 있다(요 13:23-15). 주님은 "누구든지 크고자 하는 자는 저희를 섬기는 자가" 되어야 한다고 가르치셨다(마 20:26). 남을 종으로 여기고 자기를 주인으로 여기는 한 큰 사람과는 거리가 멀다.

■ 기 도 ■ 스스로 낮아짐으로써 높아지시고 스스로 섬김으로써 만왕의 왕이 되신 주님, 저희도 주님을 본받아 살게 하옵소서. 예수님 이름으로 기도드립니다. 아멘.

■ 십계명 ■   어린이 교육의 10가지 계명

   1. 어려서부터 믿음으로 가르친다
   2. 어려서부터 하나님의 말씀을 읽게 한다
   3. 어려서부터 그를 위해 기도해 준다
   4. 어려서부터 예수 그리스도를 가르친다
   5. 어려서부터 곱고 선한 말을 가르친다
   6. 어려서부터 지혜롭고 총명하게 가르친다
   7. 어려서부터 하나님께 예배를 드리도록 가르친다
   8. 어려서부터 교회에 나가고 사랑하도록 가르친다
   9. 어려서부터 부모님께 효도하는 법을 가르친다
   10. 어려서부터 겸손과 정직을 가르친다

■ 예 화 ■   어린 아이 하나를 영접하는 것

미국에서 남북전쟁이 터지기 몇 해 전이었다. 오하이오 주의 대농(大農)인 테일러(Worthy Taylor)씨 농장에 한 거지 소년이 찾아 들었다.

17세의 짐이었다. 일손이 얼마든지 필요한 집이기에 그를 하인으로 고용하였다.

그러나 3년 뒤 주인인 테일러 씨는 짐이 자기의 외동딸과 사랑하는 사이임을 알게 된다. 테일러 씨는 몹시 노하여 짐을 때려서 빈손으로 내쫓았다.

그후 35년이 지난 어느 날 테일러는 낡은 창고를 헐다가 짐의 보따리를 발견하고 한 권의 책 속에 기록된 서명을 보고 짐의 본명을 알게 되었다.

제임스 에이 가필드(James A. Garfield), 현직 대통령의 이름이었다. 짐은 히람대학을 수석으로 졸업했고, 육군 소장을 거쳐 하원의원에 여덟 번 피선된 후 백악관에 들어갔던 것이다.

사람을 외모로 취해서는 안 된다. 특히 아이들과 소년 소녀를 보는 눈은 더 깊은 곳에 두어야 한다.

그들의 엄청난 가능성을 볼 수 있을 때 "어린 아이 하나를 영접하는 것이 곧 나를 영접하는 것이다."(눅 9:48)라고 말씀하신 예수의 심정을 비로소 이해할 수 있게 될 것이다.

절기 · 어린이주일

자녀 교육은 이렇게

- **찬 송** ♪ 198, 300, 182, 298
- **본 문** … 너희 자녀를 노엽게 하지 말고 오직 주의 교양과 훈계로 양육하라 【엡 6:4】
- **서 론** 프랑스의 철학자 몽테스키외는 "네가 성스러워지고자 한다면 네 자식을 가르치라. 그들이 하는 모든 선한 행동은 너의 업적으로 돌려질 것이다."라고 고대 페르시아의 경전을 인용해 말했다. 성경에 나타난 자녀교육은?

- **말 씀**

Ⅰ 자녀를 노엽게 양육 말 것
자식은 부모가 마음대로 할 수 있는 소유물이 아니다. 어디까지나 인격을 가진 한 인간이요, 하나님의 소유이다. 그러므로 부자간에도 지켜야 할 도리와 윤리가 있게 마련이다. 그런데 이것을 일방적으로 무시하고 파괴할 때 자녀들은 반감을 품게 되고 더 나아가 반항하기까지 하게 된다. 그러므로 비록 자식이라해도 하나님 앞에서는 똑같은 인격체임을 인식하고 바른 도리로 자녀들을 키우고 가르쳐야 할 것이다.

Ⅱ 자녀를 교양으로 양육할 것
어린이들은 아직 약하고 모든 면에서 미숙하기 그지없다. 그들은 백지상태나 마찬가지다. 거기에 어떤 그림을 그릴지는 부모의 책임이 절대적이다. 주님은 자녀를 키우되 "주의 교양"으로 키우라고 명령하신다. 인간의 '교양'도 필요하겠지만 주님의 교양은 필수적이요, 절대적이다. 세상의 모든 교양을 다 갖췄더라도 주님의 교양을 갖추지 못했다면 그의 삶은 헛될 수밖에 없다. 예수님을 잘 믿고 섬기는 자녀로 키우는 것이 부모의 의무요, 책임이다.

Ⅲ 자녀를 훈계로 양육할 것
아무리 아이가 유능하고 뛰어나다 해도 아직은 어리기 때문에 미숙한 점이 많을 수밖에 없다. 실수를 범하고 때로는 죄를 지을 수도 있으며 탈선할 가능성도 있다. 아이가 잘못했을 때는 "훈계"가 필요하다. 아이에 대하여 무관심한 채 방치해 두는 것은 자식을 망치는 첩경이다. 칭찬만 하고 훈계를 게을리 한다면 아이는 죄를 죄로 여기지 않게 되고, 그래도 이를 바로 잡아 주지 아니하면 자식의 일생은 파멸에 직면하고 말 것이다.

- **기 도** 저희에게 자녀를 맡겨주신 하나님 아버지, 이 자녀들을 하나님 보시기에 합당한 방법으로 키우게 하옵소서. 예수님 이름으로 기도드립니다. 아멘.

■ 십계명 ■   못된 자녀로 키우는 10가지 비결

1. 어렸을 때부터 갖고 싶어하는 것을 무엇이든 다 주라
    (자신이 최고인줄 알 것이다)
2. 나쁜 말을 해도 웃으라
    (더욱 악한 말과 생각을 하게 될 것이다)
3. 교육과 훈련을 시키지 말고 알아서 하도록 내버려 두라
4. 잘못된 품행을 책망하지 말라
5. 아이가 치우지 않은 침대, 옷, 신발 등을 모두 정리해 주라
    (자기 책임을 미루는 사람이 될 것이다)
6. TV나 책을 마음대로 보고 읽게 놔두라
7. 아이 앞에서 부부 싸움을 매일 자주하라
8. 달라고 하는 대로 용돈을 듬뿍 주라
9. 먹고 마시고 싶은 것 좋다는 것을 다 해주라
    (한번이라도 거절당하면 낭패한 사람이 될 것이다)
10. 아이가 이웃과 선생님과 대립할 때 언제나 아이 편이 되어라
    (사회는 아이의 적이 될 것이다)

■ 해 설 ■   생활 속의 아이들

꾸지람 속에 자란 아이 비난하는 것 배우며
미움 받으며 자란 아이 싸움질만 하게 되고
놀림 당하며 자란 아이 수줍음만 타게 된다.
격려 받으며 자란 아이 자신감을 갖게 되며
칭찬 받으며 자란 아이 감사할 줄 알게 되고
공정한 대접 속에 자란 아이 올바름을 배우게 된다.
안정 속에 자란 아이 자신에 긍지를 느끼고
인정과 우정 속에 자란 아이 온 세상에 사랑이
충만함을 알게 된다.

■ 명 상 ■   자녀를 가르치는 가장 좋은 방법은 스스로 본을 보이는 일이다.

− 탈무드 −

절기 · 어버이주일

다윗이 흘린 눈물

■ **찬 송** ■ ♪ 195, 333, 197, 233

■ **본 문** ■ 구스 사람이 이르러 고하되 내 주 왕께 보할 소식이 있나이다 여호와께서 오늘날 왕을 대적하던 모든 원수를 갚으셨나이다 … 【삼하 18:31~33】

■ **서 론** ■ 미국 작가 사무엘 굿리치는 "얼마나 많은 희망과 두려움, 얼마나 많은 열렬한 바램과 불안한 근심이 부모와 자식을 연결하는 실타래 속에 함께 얽혀 있는가?"라고 했다. 다윗의 눈물은?

■ **말 씀** ■

I 슬픔의 눈물을 흘린 다윗

압살롬은 다윗이 가장 아끼고 사랑하던 아들이었다. 그에게는 야망이 있었다. 아버지를 밀어내고 왕의 보좌에 앉는 것이었다. 그는 측근들과 음모를 꾸며 끝내 반란을 일으켜 그 아버지를 축출하는데 성공한다. 하지만 다윗의 군대에 패하여 압살롬은 비참한 죽음을 당한다. 이 소식을 들은 다윗은 피눈물을 쏟았다. 비록 부모를 죽이려한 자식이지만 그의 죽음은 부모의 아픔과 슬픔이 되었다. 자식들은 이런 부모의 마음을 헤아릴 줄 알아야 한다.

II 회개의 눈물을 흘린 다윗

다윗은 자식을 미워하고 저주하기에 앞서 왜 자신에게 이런 불행과 비극이 닥쳤는지를 생각했다. 그것은 밧세바와 불륜을 범한데다 이를 은폐하기 위해 그녀의 남편 우리아를 억울하게 죽인 죄때문임을 잘 알고 있었다. 그러므로 다윗이 흘린 피눈물은 곧 회개의 눈물임을 알 수 있다. 우리도 어떤 불행과 비극이 닥칠 때 혹시 나의 어떤 치명적인 죄때문이 아닌지 살펴보고 만일 죄때문이라면 통곡하고 자복하며 회개해야 할 것이다.

III 사랑의 눈물을 흘린 다윗

인간적, 세상적으로 보면 압살롬은 죽어 마땅한 천하에 몹쓸 죄인이요, 악인이다. 어떻게 자기 아버지에게 반기를 들어 반역을 도모하고 보좌에서 밀어내고 그 자리에 앉을 수 있단 말인가? 보통의 부모라면 눈물을 흘리기는커녕 기뻐할 일이 아닌가. 그러나 다윗은 피눈물을 흘렸다. 이게 부모의 마음이다. 아무리 자식이 못된 짓을 했어도 그래도 용서하고 사랑하는 것이 부모이다. 다윗은 자식을 저주하는 대신 사랑했음을 우리는 꼭 기억하자.

■ **기 도** ■ 우리에게 사랑하는 자녀들을 맡겨주신 아버지 하나님, 저희로 하여금 진정으로 자식들을 사랑하게 하옵소서. 예수님 이름으로 기도드립니다. 아멘.

■ 십계명 ■   부모와 화목하기 위한 10가지 충고

1. 부모를 우리와 같은 감정을 가진 한 인간으로 이해하려고 하라
2. 자녀는 부모를 판단하는 위치에 있지 않음을 알라
3. 순간 순간 부모의 입장에 서 보라
4. 부모를 지금 모습 그대로 용납하라 (내가 변화시킬 수는 없다)
5. 부모에 대한 편견을 버리라
6. 부모가 강요하기 이전에 부모의 의견을 먼저 물어보라
7. 부모는 우리의 적이 아님을 알라 (보호자요 사랑 자체이다)
8. 부모와 같이 자신도 곧 부모가 됨을 알라
9. 부모의 관심에 자녀도 관심을 가지라
10. 부모에 대해 생각하고 또 생각하고 또 생각해보라

■ 예 화 ■   아버지

아버지의 마음은 착잡하다. 그 이유는 '아들딸이 나를 닮아 주었으면' 하고 생각하면서도 '나를 닮지 말아 주었으면' 하는 생각을 동시에 갖기 때문이다.

아버지에 대한 인상(image)은 나이에 따라 달라진다. 그러므로 우리는 우리가 지금 몇 살이든 아버지에 대한 현재의 생각이 최종적인 인상이라고 생각하지 말아야 한다.

참고로 나이에 따라 변하는 아버지의 인상을 소개해 놓겠다. 4세 때, "아빠는 무엇이나 할 수 있다." 7세 때, "물론 아버지는 이것도 모를거야." 14세 때, "내 아버지요? 가망 없을 만큼 케케묵었어요." 21세 때, "그분의 때는 지났습니다. 구세대라구요." 25세 때, "조금은 알아요. 많이는 모르는 분입니다." 30세 때, "이 일을 아버지는 어떻게 생각하는지 알아보고 싶어요." 35세 때, "여보, 우리 내외가 이 일을 결정짓기 전에 아버지의 의견을 한번 들어봅시다." 50세 때, "아버님께서는 제 연령 때 이런 일을 어떻게 처리하셨습니까?" 60세 때, "내 아버지가 살아 계셨다면 이 일만은 꼭 의논하고 싶군."

아버지란 돌아가신 뒤에도 두고두고 그 말씀이 생각나는 사람이다.

아버지를 존중할 수 없는 사람이 다른 사람을 존경하게 되기는 매우 어렵다. 그 관련은 신에 대한 경외에도 연결된다. 아버지는 자식에게 정말 무관심한 것이 아니다. 아버지의 채찍은 사랑이다. 아버지의 눈물 한 방울에는 길고 깊은 사연이 압축되어 있다.

아들딸들은 아버지가 언제나 자기들을 위하여 대기 상태에 있는 것을 당연하게 생각한다. 그러나 아버지는 그런 아들딸들을 탓하지 않는다. 아버지는 표현하지 않고 희생을 감수하고 있다. 아버지는 가시고기처럼 자식을 위해 자신을 기꺼이 버린다.

절기 · 어버이주일

노아의 가정

■ 찬 송 ■ ♪ 139, 356, 305, 278

■ 본 문 ■ 여호와께서 노아에게 이르시되 너와 네 온 집은 방주로 들어가라 … 【창 7:1~5】

■ 서 론 ■ 영국의 찬송작가 윌리엄 카우퍼는 "우리의 인생의 긴 경주를 시작하게 된 가정에 대한 애착은 언제나 강렬하게 불타며 그것은 만년에도 깨지지 않는다."라고 했다. 신인류의 조상 노아의 가정은?

■ 말 씀 ■

I 이는 하나님의 인도를 받는 가정

하나님은 장차 닥쳐 올 전무후무한 대홍수 심판에 대하여 미리 알려주셨다. 이로 볼때 노아의 가정은 하나님의 특별한 사랑을 받고 인도하시는 은혜를 입었음이 분명하다. 하나님이 함께 하시지 않는 가정은 아무리 부귀영화와 권세를 누린다해도 복된 가정이라 할 수 없다. 비록 가난하고 힘이 없는 가정이라도 하나님이 사랑하시고 인도하시는 가정이라면 복되다 하겠다. 우리는 이런 하나님의 사랑과 인도하심을 받도록 더욱 기도에 힘써야 할 것이다.

II 이는 믿음이 충만한 가정

하나님의 말씀을 들었다 해도 이를 믿지 않으면 아무 소용도 없다. 예수께서도 "믿음이 없고 패역한 세대여"라고 책망하셨다(마 17:17). 하나님의 말씀을 그대로 믿기는 쉽지 않은 일이다. 마귀가 믿지 못하게 방해하기 때문이다(마 13:19). 우리가 말씀을 그대로 믿는 것은 복 중의 복이다(시 1:1-2). 불신과 죄악으로 가득찬 세상에서 하나님의 말씀을 그대로 믿고 장차 닥쳐올 심판에 대비한 노아의 가정처럼 우리도 더욱 성경을 하나님의 말씀으로 믿어야 한다.

III 이는 말씀에 순종한 가정

노아의 가정은 하나님의 말씀을 믿는 것으로 끝나지 않고 그대로 실천하고 순종했음을 알 수 있다. 하나님은 노아에게 큰 방주를 만들라고 하셨는데 이에 순종하려면 많은 노력과 시간과 물질을 소비하지 않으면 안되는 매우 힘들고 고된 일이었다. 눈물과 땀과 희생없이는 순종할 수 없었다. 그런데도 노아와 그의 가족들은 그대로 순종했으니 그저 놀라울 따름이다. 우리는 너무나 쉽고 편하게만 신앙생활을 하려는 것은 아닌지 반성해 보게 된다.

■ 기 도 ■ 지금도 우리를 사랑하시는 주님, 저희들도 노아의 가족들처럼 하나님의 말씀을 그대로 믿고 순종하게 하옵소서. 예수님 이름으로 기도드립니다. 아멘.

■ 십계명 ■　행복한 가정을 위한 10가지 충고

1. 서로의 이야기를 들어주라
2. 문제의 해결점을 찾을 때까지 함께 머리를 쓰라
3. 서로 조건없이 사랑을 주라
4. 자녀에게는 그들이 스스로 문제를 해결할 수 있도록 가르치라
5. 자녀 스스로 발견한 문제의 해답을 믿어주라
6. 서로 함께 보내는 시간을 만들라
7. 서로가 사랑한다는 것을 자주 확인시켜 주라
   (편지나 전화, 메모 등을 이용하라)
8. 항상 옳은 길로 가게 하라
9. 언제나 진실을 말하라
10. 자신을 사랑하는 것이 우리가 서로를 사랑할 수 있는 힘이 된다는 것을 가르치라

■ 예 화 ■　개척자의 어머니

보스턴을 구경하는 사람은 누구나 조각가 달린(Cyrus Dallin)의 "개척자의 어머니(pioneer mother)"를 보게 된다.

이것은 한 어머니가 한 손에 성경을 끼고 다른 한 손으로는 어린 아들의 손을 힘차게 잡고 앞으로 개척해 나갈 새 땅의 하늘을 희망의 눈동자로 바라보며 걷는 모습이다.

이 조각의 제막식 때 작가 달린 씨는 자기 어머니를 초청했으며 이렇게 말했다.

"이 작품은 제가 어렸을 때 품었던 어머님의 모습을 생각하며 제작한 것입니다."

어머니는 만족한 기소를 띠며 조각가 아들에게 말했다.

"이 조각에는 내 평생 동안 가지고 온 정신과 아들에 대한 나의 기도가 충분히 드러나 있구나."

위대한 아들과 딸은 어머니의 위대한 꿈의 소산이다.

어머니의 희망과 기도는 그 자녀를 훌륭한 인간으로 살아가게 만든다.

절기 · 어버이주일

부모의 훈계

■ 찬 송 ■ ♬ 34, 304, 278, 525

■ 본 문 ■ 아들들아 아비의 훈계를 들으며 명철을 얻기에 주의하라 내가 선한 도리를 너희에게 전하노니 내 법을 떠나지 말라 … 【잠 4:1~9】

■ 서 론 ■ 그리스의 비극시인 유리피데스는 "부모를 공경하지 않는 아들은 축복받지 못하나, 부모에 순종하고 공경하는 자는 자신의 자식에게도 똑같은 대접을 받을 것이다."라고 했다. 올바른 훈계는?

■ 말 씀 ■

I 말씀 안에 거하게 할 것

잠언을 쓴 솔로몬은(1:10) 아버지 다윗으로부터 이런 교훈을 받았다. "내 말을 네 마음에 두라. 내 명령을 지키라. 그리하면 살리라"(4절). 이것은 다윗의 말이 아니라 그에게 전해진 하나님의 말씀을 의미한다. 솔로몬은 어려서부터 하나님의 말씀을 잘 듣고 순종해야 한다는 교훈을 그의 아버지 다윗으로부터 받고 자랐음을 알 수 있다. 하나님의 말씀대로 살면서 그 말씀을 자식들에게 부지런히 가르치는 부모는 복되며 순종하는 자녀 또한 복되다.

II 지혜를 얻게 할 것

다윗은 솔로몬에게 "지혜를 얻으며, 명철을 얻으라"고 가르쳤다(5절). 사람은 누구나 지혜를 원하고 이를 얻으려 하지만 참 지혜가 무엇이냐고 물으면 바르게 대답하는 사람은 많지 않다. 성경은 "주를 경외함이 곧 지혜"라고 한다(욥 28:28). 하나님을 모르고 두려워 하지 않는 사람은 미련한 자요 어리석은 자다. 하나님을 '경외' 하도록 자식들을 가르치는 부모가 지혜로운 부모다. 하나님을 모르고 두려워하지 않는 부모와 자녀는 불행할 뿐이다.

III 하나님을 높이게 할 것

다윗은 솔로몬에게 "그를 높이라. 그리하면 그가 너를 높이 들리라"고 교훈했다(8절). 하나님을 경외하는 것으로 끝나서는 안되고 그분을 공경하고 높이도록 자식들을 가르치지 않으면 안 된다. 그러나 실제로 이렇게 하기는 결코 쉬운 일이 아니다. 자식들에게 그런 교훈을 하려면 부모 자신이 그런 삶을 살아야 하기 때문이다. 그래서 쉽지 않다는 것이다. 어미 게가 새끼 게에게 똑바로 걸으라고 교훈하니 새끼 게가 비웃었다는 우화를 우리는 깊이 생각해야 한다.

■ 기 도 ■ 우리에게 귀한 자녀들을 맡겨주신 하나님 아버지, 그들에게 우리가 모범을 보이며 따르기를 교훈할 수 있게 하소서. 예수님 이름으로 기도드립니다. 아멘.

■ 십계명 ■   자녀가 바라는 부모가 되는 10가지 권고

　　1. 자녀를 특별한 사람으로 대해 주세요
　　2. 따뜻하고 친절한 부모가 되세요
　　3. 자녀에게 칭찬의 말을 먼저 해 주세요
　　4. 다른 사람은 자녀를 이해 못해도 부모님만은 자녀를 이해해 주세요
　　5. 자녀의 생각을 표현하게 하고 인정해 주세요
　　6. 자녀가 좋아하는 친구와 사귀는 것을 무조건 막지 마세요
　　7. 자녀에게 한 번 더 관심을 갖되 한 가지 정도는 욕심을 버리세요
　　8. 먼저 부모님이 행복해지세요
　　9. 자녀의 감정을 그대로 인정해 주고 좀 더 잘 알려고 하세요
　　10. 부모님께서 먼저 평화로운 분위기를 만드세요

■ 예 화 ■   청소년 범죄 연구

　　미국 내 청소년 범죄 연구의 권위자 중의 한 사람인 알바니 주립대학의 테렌스 손베리(Terence Thornberry) 교수는 "십대 범죄는 부모와의 밀착도와 정비례한다."고 단언하고 있다.

　　아이들이 부모와 정신적으로나 육체적으로 밀접하게 연결될수록 범죄도가 낮고, 부모와의 밀착도가 멀면 멀수록 범죄자가 많이 나왔다는 조사 보고이다.

　　그러고 보면 범죄를 비난하기 전에 우리는 범죄의 간접적인 책임이 성인에게 있음을 자각해야 한다.

　　손베리 교수는 십대 후반(16~19세)의 학생들을 선도하는 것은 이미 늦은 것이라고 한다. 십대 전반(11~15세)에 굳어진 행동패턴이 십대 후반에 가서 좀처럼 바꾸어지지 않기 때문이다.

　　따라서 범죄예방은 십대 전반에 승부가 난다고 한다.

　　손베리 교수는 범죄 예방 3대 지침을 부모들에게 말한다. 첫째로 부모의 밀착(attachment to parents), 둘째로 학교에의 충실(commitment to school), 셋째로 전통적 가치에의 신념(belief in conventional values)이다.

절기 · 어버이주일

참된 효도

■ **찬 송** ■ ♪369, 512, 304, 381

■ **본 문** ■ 자녀들아 너희 부모를 주 안에서 순종하라 이것이 옳으니라 …【엡 6:1~3】

■ **서 론** ■ 중국의 정치가 강태공은 "어버이께 효도하면 자식이 또한 효도하느니라. 이 몸이 이미 효도하지 못하였으면 자식이 어찌 효도하리요."라고 했다. 성경이 말하는 참된 효도의 자세는?

■ **말 씀** ■

I 부모님께 순종함

성경은 "너희 부모를 주 안에서 순종하라" 하신다(1절). 부모의 말씀이라 해서 다 옳고 바르다고는 할 수 없다. 그래도 자녀들은 순종하는 자세를 가져야 한다. 여기에는 물론 예외가 있다. 부도덕하거나 비신앙적인 말씀이라면 그리스도인으로서 순종하기 어려운 것이다. 주님은 이 점에서도 모범을 보여 주셨다. "예수께서 한가지로 내려가사 나사렛에 이르러 순종하여 받드시더라"(눅 2:51). 우리도 주님을 본받아 부모에게 순종하는 자세를 가져야겠다.

II 부모님을 공경함

성경은 "네 아버지와 어머니를 공경하라" 하신다(2절). 우선 부모를 무시하거나 멸시하지 말고 존경하는 마음을 가져야 한다. 자신을 낳고 키우고 가르쳐 사람을 만드는 부모처럼 위대한 존재는 없다고 생각한다. 세상에는 위대하다는 인물들이 많지만 부모만큼 위대하지는 않다. 자기를 버린 부모를 찾아 모국을 찾는 해외입양자들을 볼 때 감동을 받지 않을 수 없다. 자기를 버린 부모도 이렇게 귀하게 여기거든 하물며 자기를 낳고 키운 부모에 불효하는 자식은 배은망덕의 극치라 할 것이다.

III 부모님을 봉양함

부모님을 공경하는 자녀라면 당연히 부모에게 효도를 다하려 할 것이다. 부모에게 받은 은혜는 일일이 다 열거하기 어렵다. 십계명에서 인간에 관한 첫 계명으로 부모를 공경하라 하신 것만 봐도 하나님이 효도를 얼마나 중시하시는지 알 수 있다. 그러므로 자녀들은 부모에게 가능한 방법을 다 동원하여 봉양하고 효도하는 것이 마땅하다. 우리는 역사적으로나 현실적으로 불효자가 잘 되는 것을 보지 못한다. 반대로 효자가 복받는 것을 본다.

■ **기 도** ■ 부모에게 효도하라고 명령하신 주님, 우리로 하여금 주님의 말씀에 따라 부모에게 효도하는 자녀들이 되게 하옵소서. 예수님 이름으로 기도드립니다. 아멘.

■ 해 설 ■ 며느리의 사랑장 (고린도전서 13장)

　내가 애교있는 말로 시어머니에게 가끔 전화를 할지라도 사랑이 없으면 소리나는 구리와 울리는 꽹과리가 되고, 내가 시어머니 다루는 비결과 심리학의 많은 지식을 알고 믿음이 있어 교회에서 집사가 되었을지라도 사랑이 없으면 내가 아무것도 아니요, 내가 시어머니를 위하여 크리스마스 카드라도 보내 드리고 생신에 다소의 돈을 보낸다 할지라도 사랑이 없으면 내게 아무 유익이 없느니라.

　사랑은 시어머니가 무리한 요구를 하고 아들 생각만 할지라도 오래 참고, 사랑은 시어머니가 심한 말을 하고 눈을 흘길지라도 온유하게 대하며, 남편이 시어머니의 다리를 주물러 드릴지라도 투기하는 자가 되지 아니하며, 사랑은 자기의 젊음을 시어머니에게 자랑하지 아니하며, 많이 배웠다고 교만하지 아니하며, 현대 여성이라는 점을 내세워 시어머니에게 무례히 행치 아니하며, 내가 번 돈이라고 자기의 유익만 구치 아니하며, 신경을 건드려도 성내지 아니하며, '이젠 저 세상으로 가실 때도 되었는데' 하는 따위의 악한 생각을 아니하며, 맹목적인 사랑으로 아이들의 버릇을 나쁘게 하는 따위의 일이 있을 때 어물어물 넘어가지 않고 원칙(진리) 위에 서며, 화가 콧구멍까지 치밀어 올라와도 모든 것을 참으며, 개운치 않은 일이 있을지라도 모든 것을 믿으며, 시중하기 힘겨울지라도 모든 것을 견디느니라.

　세상의 학설이나 평가 기준은 폐하기도 하고 변하기도 하지만, 시어머니에게 준 사랑은 언제까지든지 떨어지지 아니하고 여러 사람의 가슴 속에 오래오래 남으리라.

　사랑이 부족할 때는 시어머니에 대하여 부분적으로만 알지만, 온전한 사랑을 가지면 부분적으로 알고 이해하던 것이 폐하여지고 온전히 알게 되리라. 내 사랑이 부족했을 때는 어렸을 때와 같아서 말하는 것도 유치하고 깨닫는 것도 미숙하고 생각하는 것도 어리석지만, 장성한 사랑을 가질 때 어린아이의 상태에서 벗어나느니라.

　내 사랑이 모자랄 때는 시어머니가 거울로 보는 것같이 희미하게 보이지만, 온전한 사랑을 품으면 얼굴과 얼굴을 대하여 마주보듯이 완전하게 볼 것이며, 그때에는 주께서 나를 잘 아시는 것같이 내가 시어머니를 잘 알게 될 것이니라. 그런즉 믿음, 소망, 사랑 이 세 가지는 항상 있을 것인데, 그 중에 제일은 사랑이라.

절기 · 성령강림

성령의 역사

■ **찬 송** ■ ♪173, 172, 176, 175

■ **본 문** ■ 오순절날이 이미 이르매 저희가 다 같이 한곳에 모였더니 … 【행 2:1~13】

■ **서 론** ■ 영국의 성서학자 켐벨 몰간은 "만약 우리가 런던을 복음으로 채우기를 원하다면 우리는 기필코 성경과 동업하지 않으면 안 된다."라고 했다. 오순절 마가 다락방에 모인 성도들은?

■ **말 씀** ■

I 그들은 한 마음으로 기도했음

초대교회 성도들은 "오순절 날이 이르매 저희가 한 곳에" 모였다(1절). '모임'은 매우 중요하다. 그들은 마음이 하나가 되어 있었다. 혼자서 기도하는 것도 귀하지만 여럿이 모여서 기도하는 것은 더욱 귀하다. 예수께서도 말씀하시기를 "두 세사람이 내 이름으로 모인 곳에는 나도 그들 중에 있느니라" 하셨다(마 18:20). 여러 성도가 함께 모여 한 마음으로 열심히 기도할 때 성령이 강림하셨다는 사실을 깊이 기억하자.

II 그들에게 불같이 강하게 임하셨음

성령은 어떻게 임하셨나? "불의 혀같이 갈라지는 것이 저희에게" 보였다고 한다(3절). 세례 요한은 말하기를 자기는 물로 세례를 주지만 예수님은 "성령과 불로 너희에게 세례를 주실 것"이라고 예언했는데(마 3:11) 그대로 이루어졌다. 아무리 세계적으로 추앙받는 위인이라해도 인간에게 성령의 세례를 줄 수는 없다. 그 위대하다는 인물도 주님으로부터 불같은 성령의 세례를 받아야 할 대상 중 하나에 지나지 않을 뿐이다.

III 그들은 각각 방언으로 말하였음

성령을 받은 성도들에게 나타난 첫번째 현상은 "다른 방언으로 말하기를 시작"했다는 것이다(4절). 이 방언은 다음에 밝혀지는 것처럼 당시 통용되던 여러나라의 외국어였음을 알 수 있다(7-11절). 그러나 사도 바울은 인간은 알아들을 수 없고 하나님만 들으실 수 있는 또 다른 방언이 있음을 밝히고 있다(고전 14:2). 바울은 통역의 은사를 받아야만 알아 들을 수 있다고도 했다(고전 14:26-28). 우리는 이 점을 명심하고 방언에 관해 오해가 있어서는 안되겠다.

■ **기 도** ■ 오순절 날 성령을 보내주신 주님, 저희로 하여금 성령님의 인도하심을 거역하지 않고 순종하게 하옵소서. 예수님 이름으로 기도드립니다. 아멘.

■ 십계명 ■ 성령의 불이 붙으면 이룩되는 10가지

1. 성령의 불이 붙으면 마음이 뜨거워진다
2. 성령의 불이 붙으면 믿음이 하나가 된다
3. 성령의 불이 붙으면 사랑의 역사가 나타난다
4. 성령의 불이 붙으면 소망의 인내가 이루어진다
5. 성령의 불이 붙으면 하나님의 나라가 가까워진다
6. 성령의 불이 붙으면 모든 죄악을 녹인다
7. 성령의 불이 붙으면 모든 것이 깨어지고 금간 것을 하나로 만든다
8. 성령의 불이 붙으면 생활이 뜨거워지고 열심이 생긴다
9. 성령의 불이 붙으면 모든 어두운 것을 몰아낸다
10. 성령의 불이 붙으면 큰 권능을 행하게 된다

■ 해 설 ■ 보혜사의 어원

'보혜사'라고 번역된 헬라어는 '파라클레토스($παράκλητος$)'로서 옛날 그리스 법정의 변호인을 가리킨다.

요즘 변호사처럼 돈 받고 일하는 전문직이 아니라 파라클레토스는 대부분 피고의 친구였다. 죄인을 변호하면 함께 죄인으로 몰릴 수도 있다.

따라서 파라클레토스는 희생을 각오하고 친구의 무죄를 위하여 계속 곁에 앉아서 힘이 되어 주고 위로가 되고 격려해 주는 친구 중의 친구였다.

예수께서 부활 승천하시어 어느 시대, 누구에게든지 간구하는 자에게 친구를 붙여 주겠다고 약속하신 그 파라클레토스가 성령이다.

오순절 다락방에서 바람 같고 불의 혀 같은 성령을 체험한 제자들이 어째서 그토록 용감해지고 자신이 생기며 싱싱해지고 의욕이 생겼는가?

파라클레토스, 곧 위로하고 힘을 주는 친구를 얻었기 때문이었다.

■ 명 상 ■ 우리가 이웃을 사랑할 때 그 시간부터 우리 생활의 본원이 되시는 성령이 우리에게 나타나리라.

— 레오 N. 톨스토이 (러시아 작가) —

절기 · 성령강림

성령이 오시면

■ 찬 송 ■ ♪ 181, 174, 177, 180

■ 본 문 ■ 그러하나 내가 너희에게 실상을 말하노니 내가 떠나가는 것이 너희에게 유익이라 …
【요 16:7~13】

■ 서 론 ■ 히포의 주교 성 어거스틴은 "사마리아 성도들이 사도로부터 안수받고 성령 세례를 받으며 방언을 말하였는데 우리들도 그것을 기대한다."라고 했다. 성령은 우리 심령에 거하는 동반자이다. 성령이 오시면?

■ 말 씀 ■

I 성도를 능력으로 담대하게 하심

성령을 받으면 어떻게 되나? 능력으로 담대해진다. 주님은 승천하시기 직전 "오직 성령이 너희에게 임하시면 너희가 권능을" 받는다고 하셨다(행 1:8). '권능'(權能)이란 곧 능력을 말하는 것이다. 성령을 받으면 무력하던 사람이 힘을 얻고 약하던 사람이 강해진다. 성령받기 전의 제자들은 고난과 죽음이 두려워 모두 주님을 버리고 도망쳤으나 성령받은 후의 제자들은 어떤 고난과 죽음도 두려워하지 않고 담대히 주님의 복음을 증거했다(행 4:17-20).

II 성도를 사명으로 충만하게 하심

성령을 받기 전의 제자들은 부활하신 주님을 여러 차례 뵙고서도 무엇을 해야 할지 알지 못했다. 하지만 성령을 받은 다음에는 자기들이 무엇을 해야 할지 분명히 깨닫게 되었다. 즉 그들은 어떤 환란과 핍박이 닥친다해도 주님께 대한 믿음을 지키며 그리스도의 복음을 전해야 한다는 것을 깨달았다. 이것은 그들의 지식이나 이성에 의해서가 아니라 성령의 능력때문이었다. 성령을 받으면 주님의 '증인'이 된다고 주님은 가르치셨다(행 1:8).

III 성도에게 최후의 승리를 얻게 하심

끝까지 믿음을 지키며 사명을 감당하기는 결코 쉬운 일이 아니다. 인력(人力)으로는 할 수 없는 일이다. 성령께서 도와주셔야만 가능하다. 성령께서는 우리를 도우실 충분한 능력이 있으시며 기꺼이 우리를 도와 주시려 하신다. "그러하나 진리의 성령이 오시면 그가 너희를 모든 진리 가운데로 인도하시리니"(13절). 이 얼마나 감사한 일이냐. 그러므로 우리는 성령님이 항상 우리와 함께 계시고 도우시며 인도하시도록 기도하지 않으면 안 된다.

■ 기 도 ■ 연약하고 부족한 우리를 사랑하시는 주님, 우리로 하여금 성령에 충만하여 맡겨주신 사명을 잘 감당하게 하옵소서. 예수님 이름으로 기도드립니다. 아멘.

■ 십계명 ■   보혜사 성령의 10가지 역사

   1. 성도에게 인생의 삶의 길을 가르쳐 주신다
   2. 성도에게 은혜와 사랑을 깨닫게 해 주신다
   3. 성도에게 성령의 능력을 주신다
   4. 성도에게 믿도록 믿음을 주신다
   5. 성도를 돌보시고 지켜 주신다
   6. 성도의 기도를 도와주시고 들어주신다
   7. 성도에게 회개할 기회를 깨우쳐 주신다
   8. 성도에게 각양 좋은 은사를 주신다
   9. 성도에게 신앙의 결단력을 주신다
   10. 성도와 함께 항상 동행해 주신다

■ 예 화 ■   최고의 신사가 한 약속

데이비드 리빙스턴이 처음으로 아프리카를 향해 출발할 때 선창에 친구와 친지들이 많이 나왔다. 미지의 검은 대륙으로 떠나는 것이 죽으러 가는 것처럼 보였기 때문에 전송객들은 장례식에 참가한 조객처럼 슬픔에 차 있었다.

리빙스턴은 성경을 펴고 마태복음의 마지막 절을 읽었다. "볼지어다. 내가 세상 끝날까지 너희와 항상 함께 있으리라"(마 28:20). 그리고 리빙스턴은 이렇게 힘차게 말했다. "이 달쏨은 최고의 신사가 하신 약속입니다. 내가 가는 곳에 주님이 먼저 가 계시니 염려 없습니다." 그는 살아계신 하나님을 믿고 있었고, 어디 가나 살아 계신 주님 곧 성령과 함께 산다는 믿음을 가졌던 것이다.

불 같은 성령

스테인드글라스(彩色窓)의 거장인 찰스 코닉(Charles Connick)은 어느 날 젊은 미술 학도의 방문을 받았다. "선생님의 화구를 며칠만 빌려주십시오. 제가 찰스 코닉이 된 기분으로 스테인드글라스 하나를 그려볼까 합니다." 며칠 후 코닉은 학생을 방문했다. 학생의 말이 코닉의 화구를 써도 역시 작품은 잘 안 된다는 것이었다. 그 때 코닉은 이렇게 말했다. "스승의 도구가 자네를 변화시킬 수 없네. 스승의 불을 받아가야 하네."

불 같은 성령은 설명으로 이해되지 않는다. 내 몸을 불사를 때 비로소 깨닫게 되는 것이다.

절기 · 6 · 25

전쟁의 비극

■ **찬 송** ■ ♬ 269, 255, 262, 273

■ **본 문** ■ 모든 백성이 일제히 일어나며 가로되 우리가 하나라도 자기 장막으로 돌아가지 아니하며 하나라도 자기 집으로 … 【삿 20:8~16】

■ **서 론** ■ 영국의 궁내관이며 항해사인 월터 라라이는 "전쟁 행위는 하나님의 눈에 어찌나 증오스럽게 보이는지 하나님의 무한한 자비가 아니라면 그 중의 어느 것도 살아남을 소망이 없다."라고 했다. 전쟁은?

■ **말 씀** ■

I 화해와 신뢰의 결핍에서 비롯된 전쟁

베냐민 지파와 나머지 이스라엘 지파들과의 전쟁은 동족상잔의 비극적 사건이었다. 왜 이런 전쟁이 일어났나? 레위인의 첩을 성폭행하여 죽음에까지 이르게 한 범인들을 처벌하게 해 달라는 이스라엘 지파들의 요구를 거부했기 때문이었다(12-16절). 어떻게 보면 사소한 사건이 동족간의 전쟁으로 비화된 것이다. 악을 두둔하고 상대방을 무시할 때 싸움은 일어날 수밖에 없다. 이에 대한 처방은 상대를 존중하고 신뢰하는 길밖에 없다.

II 서로 물고 물어 피차 망하는 전쟁

동족끼리 사소한 일로 전쟁까지 벌이는 것은 서로에게 아무 이득도 되지 않을 뿐아니라 피차 막대한 피해를 보고 상처만 남길뿐이다. "만일 서로 물고 먹으면 피차 멸망할까 조심하라"(갈 5:15). 6 · 25사변은 북한이 도발한 것이 분명하다. 이는 베냐민지파가 먼저 도발한 것과 유사하다. 6 · 25의 상흔은 지금까지도 우리 민족을 괴롭히고 있다. 어떤 일이 있어도 제2의 6 · 25전쟁 같은 동족상잔만은 꼭 막아야 할 것이다.

III 명분을 내세운 이권 쟁탈전인 전쟁

전쟁을 일으키는 쪽은 전쟁의 승리를 통하여 갖가지 이권을 챙기고 이익을 얻으려 한다. 내세우는 명분이야 그럴듯하지만 속내는 다르다. 이 땅에 전쟁이 그칠 수 없는 분명한 이유는 인간이 근본적으로 악할 뿐아니라 탐욕의 존재이기 때문이다. 지금도 세계 도처에서는 크고 작은 분쟁과 전쟁이 끊이지 않고 있다. 이를 해결하는 유일한 방법은 인간이 예수님을 믿음으로 거듭나 근본적으로 심령이 변화되는 길외에는 없다.

■ **기 도** ■ 평화의 왕이신 주님이시여, 세상의 모든 사람들로 하여금 심령이 거듭나게 하사 이 땅에 평화가 깃들게 하옵소서. 예수님 이름으로 기도드립니다. 아멘.

■ 십계명 ■   6·25의 10가지 교훈

1. 국력이 약하면 언제나 침략을 당한다
2. 국민이 분열하면 언제나 침략을 당한다
3. 정치가 불안하면 언제나 침략을 당한다
4. 경제가 가난하면 언제나 침략을 당한다
5. 백성이 방탕하고 음란한 죄를 지으면 언제나 침략을 당한다
6. 우상숭배가 심하면 언제나 침략을 당한다
7. 공산주의가 얼마나 허무적인 이념인 것을 깨닫자
8. 공산주의가 얼마나 악하고 무서운 것인가를 깨닫자
9. 전쟁의 승패는 역사를 섭리하시는 하나님께 있음을 깨닫자
10. 백성(성도)들의 기도를 들으시고 전쟁을 이기게 하시는 분은 하나님이심을 깨닫자

■ 예 화 ■   전쟁은 죄악

미국은 월남 전쟁을 치르고 지옥 같은 전쟁의 후유증을 잘 알게 되었다. 지금까지도 8십만 명이 '후유증 스트레스(delayed stress)'로 고생한다고 한다.

아직도 수만 명이 악몽에 시달리며, 십만 명이 자살했다. 이 수는 월남에서 전사한 사람의 두 배에 해당한다.

월남 군인은 어떤가? 25만 명이 아직 감옥에 있거나 집행유예로 자유가 없이 살아가고 있다. 월남전 참전자의 이혼율이 90%를 넘는 것만을 보아도 전쟁이 정신 건강에 미친 악영향이 얼마나 큰 것인지를 잘 알 수 있다.

월남전에 직접 관여한 자는 3백 5십만 명이지만 그 가족들과 연관된 자를 합해 미국인 4천만 명이 지금까지 월남전 비극의 깊은 상처를 지닌 채 살고 있는 것이다.

요즘 미국 청소년들은 월남전을 척 노리스나 람보(Rambo) 영화 정도로 생각한다. 전쟁에서는 악인만이 죽는다고 생각한다. 그러나 전쟁은 죄악이다.

평화 건설을 전쟁으로 이룩한다는 낡은 생각은 망상에 지나지 않는다. 최근의 이라크 전쟁이 이를 잘 말해 주고 있지 않은가!

절기 · 6 · 25

아사에게 임한 축복

■ 찬 송 ■ ♪71, 346, 354, 380

■ 본 문 ■ 아사가 이 말 곧 선지자 오뎃의 예언을 듣고 마음을 강하게 하여 … 【대하 15:8~19】

■ 서 론 ■ 히포의 감독 성 어거스틴은 "축복은 우리의 욕구를 성취하는 데에 있지 않고 우리가 정상적인 욕구를 가지는 데에 있다."라고 했다. 성도가 하나님으로부터 임하는 축복을 받는 데는 이유가 있다. 아사에게 임한 축복은?

■ 말 씀 ■

I 이는 우상을 멸절해 버렸기 때문에 임했다

아사 왕은 구스 사람 세라가 이끄는 백만대군을 격파했다(14:9-15). 왕의 35년까지 평화를 유지했다(19절). 어떻게 이것이 가능했나? 아사는 우상을 제거하고(8절) 오직 여호와 하나님만 섬겼다. 심지어 왕의 모친 마아가가 아세라의 목상을 만들었다는 이유로 태후의 위를 폐하기까지 할 정도였다(16절). 이러니 백성 중 누가 감히 우상을 섬길 수 있겠는가. 아사는 이토록 우상을 미워했다. 우리도 이런 저런 우상을 멀리하고 주님만 섬겨야 한다.

II 이는 예물을 하나님께 드렸기 때문에 임했다

아사는 우상을 제거하는데 그치지 않고 하나님께 제물을 드렸다. 아사는 재위 15년 3월에 소 7백마리와 양 7천마리를 하나님께 드리기도 했다(10-11절). 하나님은 말씀하신다. "감사로 제사를 드리는 자가 나를 영화롭게 하나니"(시 50:23). "하나님은 즐겨 내는 자를 사랑하시느니라"(고후 9:7). 우리가 말과 생각으로만 하나님을 사랑할 것이 아니라 물질로 감사의 제사를 드릴 줄 알아야 한다. 진정한 신앙에는 감사가 따르기 마련이다.

III 이는 하나님의 명령에 따라 통치했기 때문에 임했다

아사는 하나님의 사람 오뎃의 아들 아사랴의 권고를 받아들여(1-7절) 우상을 제거하고 하나님만 섬겼다. 아사랴는 하나님의 말씀을 대언했고 아사는 그 말씀을 순종했던 것이다. 개인의 행복도 사회의 평안도 국가의 부강도 그 비결은 바로 아사처럼 하나님을 잘 섬기는 것이다. 하나님은 성경을 통하여 인간이 해야 할 일과 하지 말아야 할 일을 상세히 가르쳐 주셨다. 우리는 그 말씀을 실천함으로써 아사처럼 만사형통하는 자가 되자.

■ 기 도 ■ 아사와 함께 하시고 복을 주신 하나님 아버지, 우리도 아사처럼 하나님을 잘 섬기고 그 말씀을 순종하게 하옵소서. 예수님 이름으로 기도드립니다. 아멘.

■ 십계명 ■   한국병 10가지를 고치자

  1. 조급한 성격 빨리빨리를 고치자
  2. 남을 음해하는 못된 성격을 고치자
  3. 남을 시기, 질투하는 악한 마음을 고치자
  4. 조금 여유가 있다고 무절제하는 생활을 고치자
  5. 사실상 나태한 게으른 병을 고치자
  6. 좀 잘났다고 우쭐대는 교만의 병을 고치자
  7. 모든 잘못된 것을 남의 탓으로 돌리는 습관을 고치자
  8. 기회만 있으면 방탕하고자 하는 타락성을 고치자
  9. 남을 흔들어 깎아내리는 못된 버릇을 고치자
  10. 매사에 원망, 불평하는 잘못된 마음을 고치자

■ 예 화 ■   모세 다이안

중동 6일 전쟁의 영웅으로, 애꾸눈의 이스라엘의 모세 다이안 장군이 66세의 파란많은 생애를 마쳤다.

그는 훌륭한 인물이 반드시 큰 나라에서만 나오는 것만은 아니라는 것을 증명한 사람이었다.

다이안은 직업 군인 출신이면서도 진심으로 평화를 사랑한 사람이며, 수천 년 동안 원수가 되어온 아랍 민족과 손을 잡고 살아야 한다는 확신을 가졌던 유일한 이스라엘의 지도자였다.

다이안의 취미는 고고학(考古學)이다. 그는 옛것을 발굴하는 작업이라면 침식을 잃을 정도로 열성을 보였다. 그는 자기의 철학을 대변하는 말을 고적(古蹟) 발굴 작업에 비유하여 이렇게 말했다.

"3, 4야드를 파내려가면 3, 4천 년 전의 세계를 발견할 수도 있습니다. 그 옛날 이 지역에는 유태인만 산 것이 아닙니다. 가나안 족속이나 그밖의 여러 민족이 살았습니다. 내가 옛것을 찾으려는 것은 꼭 유태인의 뿌리를 찾으려는 것만이 아닙니다. 땅 속에 묻힌 옛 가옥을 발굴하고 그 집 문을 열 때 거기에 블레셋인이 살았든, 가나안인이 살았든, 유태인이 살았든 그 고적에 대한 나의 사랑에는 아무런 차이가 없습니다."

절기 · 6 · 25

우리의 하나님

■ 찬 송 ■ ♪ 21, 19, 478, 13

■ 본 문 ■ … 구원은 여호와께 있사오니 주의 복을 주의 백성에게 내리소서(셀라) 【시 3:1~8】

■ 서 론 ■ 미국의 최고재판소 수석판사 존 게이는 "하나님은 세상을 다스리시고 우리는 우리의 임무만을 수행하여 그 결과를 그에게 의지하기만 하면 된다."라고 했다. 성도를 불꽃같은 눈으로 지키시는 우리의 하나님은?

■ 말 씀 ■

I 성도의 방패가 되시는 하나님이심

다윗은 말한다. "여호와여, 주는 나의 방패시요 나의 영광이시요 나의 머리를 드시는 자니이다"(3절). 우리가 지금까지 건강하게 살아 있는 것은 하나님이 우리를 보호하셨기 때문이다. 다시 말하면 하나님이 방패가 되어주셨기 때문이다. 인간은 약하고 세상은 위험한고로 언제 어디서 무슨 일을 당할지 모른다. 또 어떤 치명적인 질병에 걸릴 가능성도 많다. 하나님은 우리를 그런데서 지켜주셨다. 마귀의 어떤 공격도 막아주신다.

II 성도에게 응답하시고 붙드시는 하나님이심

다윗은 또 말한다. "내가 누워자고 깨었으니 여호와께서 나를 붙드심이로다"(5절). 다윗은 지금 수많은 '대적'의 위협에 시달리고 있었다(1절). 그럼에도 그가 편히 잠을 잔 것은 하나님이 보호하시고 붙들어 주실 것을 믿었기 때문이다. 우리가 믿음을 가지고 기도하면 하나님은 이 나라를 지켜주실 것이다. 6·25의 참화를 겪었음에도 오늘의 번영을 이룬 것은 전적으로 하나님의 은혜이다. 우리는 나라를 위해 기도하지 않으면 안 된다.

III 성도를 구원하시는 하나님이심

다윗은 이렇게 결론을 내린다. "구원은 여호와께 있사오니 주의 복을 주의 백성에게 내리소서"(8절). 인간은 어느 정도 자신을 보호할 수 있는 능력이 있다. 그러나 그것은 한계가 분명한 바이다. 자신을 완전히 보호할 수 있다면 이 세상에 죽을 사람은 하나도 없을 것이다. 궁극적인 구원은 하나님의 손에 있다. 국가의 안전도 마찬가지다. 하나님이 버리시면 개인든 국가든 멸망할 수밖에 없다. 이래도 하나님을 멀리할 것인가?

■ 기 도 ■ 구원의 하나님 아버지, 우리들을 늘 보호하시고 건져주실뿐 아니라 이 나라와 이 민족을 굳게 지켜주옵소서. 예수님 이름으로 기도드립니다. 아멘.

■ 십계명 ■   우리 민족의 10가지 장점

   1. 세계에서 가장 독특한 단일 민족이다
   2. 세계에서 가장 통일된 언어 민족이다
   3. 세계에서 가장 아름다운 강산에 산다
   4. 세계에서 가장 좋은 기후 풍토에서 산다
   5. 세계에서 가장 깨끗한 공기와 물을 가지고 있다
   6. 세계에서 가장 교육열이 높고 머리가 명석하고 지혜로운 민족이다
   7. 세계에서 가장 어려운 고난의 역사 속에서 연단된 민족이다
   8. 세계에서 가장 종교성과 신앙심이 많은 민족이다
   9. 세계에서 가장 인정과 사랑이 많은 민족이다
   10. 세계에서 가장 생활력이 강한 민족이다

■ 예 화 ■   어느 고학생의 오해

　루터는 어느 날 재미있는 장면을 목격하였다.
　한 고학생이 어느 집 문턱에 서서 행인들에게 구걸하고 있었다. 그 때 갑자기 그 집에서 체격이 우람한 사나이가 큼직한 물건을 들고 나왔다.
　고학생은 자기를 쫓아내기 위하여 몽둥이를 들고 나온 것으로 알고 도망쳤다. 그 사나이는 물건을 흔들며 학생의 뒤를 계속 쫓았다. 그럴수록 학생은 더 빨리 도망치는 것이었다.
　행인들은 이 장면을 보고 웃을 수밖에 없었다. 사나이가 들고 있는 것은 큰 치즈 덩어리였던 것이다. 그는 고학생이 불쌍해서 치즈를 주려고 나왔는데, 겁에 질린 학생은 자기를 때리려고 따라오는 줄로 오해했던 것이다.
　루터는 이 사건을 그의 명저 「탁상어록」에서 하나님과 인간의 관계에 대한 예로 들었다. 학생은 도망치기 전에 그 사나이가 체격이 우람하기는 하지만, 이마에 주름이 깊게 잡힌 인자한 얼굴을 하고 손에 치즈 덩어리를 들고 있다는 것을 먼저 보았어야 했다.
　하나님이 우리를 따라오시는 것은 사실이다. 그러나 그것은 무서운 존재나 거북한 존재로서가 아니다. 우리에게 은혜를 주시려고, 우리를 구원하셔서 축복하시려고 따라오시는 것이다.

절기 · 6 · 25

전쟁을 금지하려면

■ 찬 송 ■ ♪ 278, 525, 377, 376

■ 본 문 ■ 그가 열방 사이에 판단하시며 많은 백성을 판결하시리니 무리가 그 칼을 쳐서 보습을 만들고 … 【사 2:4】

■ 서 론 ■ 영국의 정치가 에드워드 클라렌던은 "우리에게 지옥을 좀더 생생하게 제시하고 지옥의 상징을 보여줄 수 있는 것 중 전쟁중인 나라보다 더 정확하게 묘사한 것이 무엇인가?"라고 했다. 참혹한 전쟁을 막으려면?

■ 말 씀 ■

I 인간의 죄성을 몰아낼 것

전쟁의 비극은 더 설명할 필요가 없다. 우리는 너무도 그 비극적인 참상을 목격하고 있기 때문이다. 전쟁을 멈추려면 "칼을 쳐서 보습을" 만드는 수밖에 없다. 그리고 다시는 '칼'을 만들지 않는 것이다. 그렇게 하려면 무엇보다 먼저 인간의 죄성(罪性)을 추방하지 않으면 안 된다. 인간의 죄성은 가인이 동생 아벨을 쳐죽인데서 적나라하게 드러난다. 이 죄성이 바뀌려면 예수님을 믿음으로 물과 성령으로 거듭나 하나님의 자녀가 되는 수밖에 없다.

II 주 안에서 서로 사랑할 것

온 인류가 서로 사랑하는 마음을 가지고 살면 싸울 일이 없을 것이니 자연스럽게 전쟁도 자취를 감추게 되리라. 그러면 어떻게 인류가 서로 사랑으로 대할 수 있을까? 그것은 주 안에서, 다시 말하면 그리스도의 사랑을 믿고 실천하는 데서 가능해진다. 하나님은 인류를 위하여 독생자를 내주셨고 독생자는 목숨까지 버리셨다. 그러므로 우리가 주님을 사랑함과 동시에 인류를 사랑함이 당연하다(요일 4:7-11). 진정한 평화는 이때 이루어진다.

III 하나님을 믿고 의지할 것

전쟁이 없고 평화를 이룬다는 것은 매우 바람직한 일이고 인류가 꼭 성취해야 할 일이지만 인력만으로는 불가능함을 알아야 한다. 인간의 힘으로 그것이 가능했다면 이 땅은 벌써 평화로운 세상으로 바뀌었어야 할 것이다. 현실이 어떤지는 새삼스레 설명할 필요가 없다. 모든 일이 다 그렇지만, 전쟁의 폐기와 평화의 실현은 하나님의 도우심없이는 불가능함을 알아야 한다. 하지만 사사건건 하나님을 불신하고 거역하니 어떻게 하나님이 도우실 수 있겠나?

■ 기 도 ■ 진정한 평화를 주시기 원하시는 아버지 하나님, 인간의 악한 본성을 고치시고 새 심령을 주사 평화가 넘치게 하옵소서. 예수님 이름으로 기도드립니다. 아멘.

■ 십계명 ■   평화로운 삶을 위한 10가지 법칙

1. 주 안에서 서로 넓은 마음을 가지자
2. 주 안에서 서로 긍정적인 삶을 살자
3. 주 안에서 서로를 위해 편견된 마음을 갖지 말자
4. 주 안에서 서로를 위해 열등의식을 버리자
5. 주 안에서 서로 서로의 인격을 존중히 여기자
6. 주 안에서 자기를 너무 비하하거나 자포자기 하지 말자
7. 주 안에서 남의 장점, 좋은 점만 배우자
8. 주 안에서 자기를 너무 높여 교만하지 말자
9. 주 안에서 서로 서로 격려하고 위로하며 살자
10. 주 안에서 서로 성실한 신용관계를 가지자

■ 예 화 ■   화해의 노력

　　에밀 브루너(Emil Brunner) 박사가 자기 친구와의 이야기를 소개하였다.
　　두 사람은 몹시 사이가 나빠져서 1년 동안이나 상종을 하지 않았다. 그러다가 그 중 한 사람이 설교를 듣는 중 깊이 뉘우친 바가 있어 화해의 노력을 시작했다. 그러나 화해 편지를 다섯 통이나 보냈으나 회답이 없었다.
　　어느 추운 날 이 친구는 그 사람을 방문하여 눈보라 속에 서서 문을 두드렸다. 그 때 얼음장 같았던 친구의 가슴이 녹아지는 데 10분도 걸리지 않았다고 한다.
　　하나님은 이 친구와 같지 않으신가! 여러 번 편지를 보내셨으나(구약의 예언자들을 통해) 인간은 답장조차 없었다. 그리하여 하나님이 초라한 모습으로 직접 우리들 인간 곁에 오셔서 서 계시게 되었던 것이다.
　　이렇게 위대한 화목, 즉 구원의 은혜를 받은 우리에게 하나님은 이번에는 "밭에 가서 일하라."라고 명령하신다.

절기 · 맥추절

첫 열매를 바치는 의미

■ **찬 송** ■ ♪ 159, 309, 271, 371

■ **본 문** ■ 맥추절을 지키라 이는 네가 수고하여 밭에 뿌린 것의 첫 열매를 거둠이니라 …
【출 23:16】

■ **서 론** ■ 스코틀랜드의 선교사 리빙스턴은 "나의 예수, 나의 왕, 나의 생명, 나의 전체이시여! 나는 다시 한번 내 전생애를 당신께 드리나이다."라고 했다. 맥추절기 첫 열매를 바치는 성도의 손길의 의미는?

■ **말 씀** ■

I 첫 열매는 하나님께 믿음으로 바치는 것임

보리나 밀을 수확할 때 첫 곡식을 하나님께 드리는 것은 얼마나 아름답고 복된 일인가. 하나님이 도와주셔서 농사가 잘 되었음을 인정하고 감사하는 것이기 때문이다. 아무리 인간의 노력과 수고가 들었다해도 하나님이 도와주시지 않으면 풍년을 기대하기는 어렵다. 풍성한 수확을 눈 앞에 두고 한해의 농사를 망치는 일을 우리는 너무도 흔히 본다. 우리가 건강한 중에 생업에 종사하며 수입이 늘어난다면 하나님의 도우심 때문임을 알고 감사드리자.

II 첫 열매는 가장 소중한 것을 바치는 것임

자식도 첫 자식이 귀하듯이 곡식도 마찬가지다. 잘 익은 곡식에 낫을 대 수확하는 것은 농사짓는 사람들의 큰 기쁨이다. 그 기쁨은 자신의 노력과 수고만이 아니라 하나님의 도우심 때문임을 알고 감사드리는 것이 맥추절의 참뜻이다. 우리도 세상을 살다보면 땀흘려 일한 보수와 대가를 받게 되는데 그 기쁨은 말로 다하기 어려울 터이다. 그때 우리는 그것을 당연한 일로 여기지 말고 하나님이 도우셨기 때문임을 잊지 말아야 한다(신 8:17-18).

III 첫 열매는 다음 열매를 기대할 수 있는 것임

첫 열매를 거두면 다음에도 이와 같은 것을 거둘 수 있다는 희망과 기대를 갖게 된다. 그것을 자연의 순환원리로만 이해하면 안 된다. 하나님이 도와 주시지 않으면 다음 해에도 이같은 풍성한 수확을 거둔다는 보장은 없다. 그러므로 매일 매일 하나님께 감사드리면서 살지 않으면 안 된다. 모든 것을 자연스럽게 여기거나 당연하게 여길 때 하나님께 감사하는 마음은 생기지 않는다. 크든 작든 모든 좋은 일이 하나님의 은혜임을 알고 감사하자(약 1:16-17).

■ **기 도** ■ 수확의 기쁨을 주시는 주님, 우리에게 돈이 생기고 재산이 늘어날 때 주님의 은혜임을 잊지 않고 감사하게 하소서. 예수님 이름으로 기도드립니다. 아멘.

■ 십계명 ■　맥추 감사를 드리는 10가지 자세

1. 살아 계신 하나님께 믿고 드리자
2. 살아 계신 하나님께 감사하며 드리자
3. 살아 계신 하나님께 정성으로 드리자
4. 살아 계신 하나님께 찬양으로 드리자
5. 살아 계신 하나님께 진심으로 드리자
6. 살아 계신 하나님께 마음과 뜻과 힘을 다해 드리자
7. 살아 계신 하나님께 기쁨과 즐거움으로 드리자
8. 살아 계신 하나님께 은혜를 사모하며 드리자
9. 살아 계신 하나님께 소원을 아뢰며 드리자
10. 살아 계신 하나님께 최고의 영광으로 드리자

■ 예 화 ■　리빙스턴

영국의 한 시골 교회에서 아프리카의 의료 사업을 위하여 헌금을 거두게 되었다. 한 소년이 자기 앞에 헌금 쟁반이 돌아왔을 때 그 위에 성큼 올라 앉았다. 사람들은 이 엉뚱한 행동을 보고 격분하여 일어섰다. 그러나 소년은 눈을 반짝이며 말했다.

"저는 바칠 돈이 없습니다. 그렇지만 나 자신을 아프리카를 위하여 몽땅 바치겠습니다."

이 소년이 바로 의사로서 아프리카의 처음 선교사가 된 리빙스턴이었다.

나이팅게일

나이팅게일(Florence Nightingale)은 30세 되던 날 일기에 이렇게 썼다. "오늘 내 나이 서른이 되었다. 예수가 그의 선교를 시작한 나이다. 주님, 오늘부터 당신의 부르심을 따라 살겠습니다. 유치했던 생각은 이제 버리고 나를 세상에 태어나게 하신 주님의 목적과 명령에 순종하겠습니다."

그 후 나이팅게일은 헌신적 간호사로서 세상에 널리 알려졌다. "성공적인 생활의 비결이 무엇입니까?" 하고 묻는 기자의 질문에 그녀는 조용히 대답했다.

"비결은 하나뿐입니다. 주님께서 나를 불러 주신 그 곳에 나를 맡기고 사는 일입니다."

절기 · 맥추절

기뻐하고 감사하라

■ **찬 송** ■ ♪ 23, 263, 371, 311

■ **본 문** ■ … 그리하면 모든 지각에 뛰어난 하나님의 평강이 그리스도 예수 안에서 너희 마음과 생각을 지키시리라 【빌 4:1~7】

■ **서 론** ■ 영국의 작가 아이잭 월튼은 "하나님이 거하시는 곳은 두 곳이다. 그 하나는 천국이요, 다른 하나는 겸손하고 감사하는 심령이다."라고 했다. 성도가 기뻐하고 감사할 때는?

■ **말 씀** ■

I 주 안에 있을 때 기뻐하고 감사하라

바울은 빌립보 교인들에게 "주 안에서 항상 기뻐하라. 내가 다시 말하노니 기뻐하라." 했다(4절). 세상의 불신자들도 기뻐하고 즐거워할 수 있다. 그러나 그것은 주 안에서, 주님으로 말미암아 기뻐하는 것은 아니다. 주님이 계시냐 안 계시냐에 따라 기쁨의 성격은 천지차이가 난다. 주님 없는 기쁨은 일시적인 것에 지나지 않는다. 우리는 주 안에 거하고 있으니 얼마나 기쁘고 감사한 일인가. 주님은 세상 끝날까지 우리와 함께 하신다(마 28:20).

II 성령의 인도를 받을 때 기뻐하고 감사하라

주님은 이렇게 약속하셨다. "내가 아버지께 구하겠으니 그가 또 다른 보혜사를 너희에게 주사 영원토록 너희와 함께 있게 하시리니"(요 14:16) 인간은 죄가 많고 어리석고 연약하다. 인간 자체로는 비참하게 살다가 죽을 수밖에 없다. 이런 인간들을 위하여 주님은 보혜사 성령을 보내사 영원히 우리와 함께 있게 하셨으니 얼마나 감사한 일인가? 성령을 받은 우리는 더 이상 죄인이 아니며 어리석지도 않고 연약하지도 않다. 할렐루야.

III 그 나라와 의를 붙들고 있을 때 기뻐하고 감사하라

주님은 우리에게 "너희는 먼저 그의 나라와 그의 의를 구하라." 하셨다(마 6:33). 우리가 왜 예수님을 믿는가? 지옥 백성이 변하여 천국 백성이 되고 죄인이 변하여 의인이 되기 때문이다. 십자가에 함께 못 박혔다 구원받은 강도를 생각해 보라. 이것이 바로 주님의 은혜요, 복음의 진수이다. 주님을 믿으면 어떤 죄인도 의인이 되며 어떤 악인도 하나님의 자녀가 된다. 이보다 더 기쁘고 감사한 일이 어디 있으랴. 하나님께 늘 감사하자(엡 5:20).

■ **기 도** ■ 우리에게 거저 천국과 의를 주신 아버지 하나님, 저희로 하여금 항상 범사에 감사하며 살게 하여 주시옵소서. 예수님 이름으로 기도드립니다. 아멘.

■ 십계명 ■　감사하는 삶에 내포된 10가지 이득

　　1. 감사의 삶은 하나님께 영광을 돌린다
　　2. 감사의 삶은 하나님을 기쁘시게 한다
　　3. 감사의 삶은 하늘 문을 여는 열쇠이다
　　4. 감사의 삶은 축복을 받는 통로이다
　　5. 감사의 삶은 내 마음을 흐뭇하게 한다
　　6. 감사의 삶은 나의 삶을 풍족하게 한다
　　7. 감사의 삶은 나의 삶을 윤택하게 한다
　　8. 감사의 삶은 모든 근심, 걱정, 염려를 이기게 한다
　　9. 감사의 삶은 모든 불평, 원망, 낙심을 몰아낸다
　　10. 감사의 삶은 모든 이웃에게 훈훈하게 한다

■ 예 화 ■　투병 중의 또 하루

「제2차 세계 대 전」, 「너무나 먼 다리」, 「가장 길었던 날」 등 대작을 쓴 문학가 코넬리어스 라이언(Cornelius Ryan)은 5년간 암으로 투병생활을 하다가 죽었다.

그 투병 기록을 부인이 책으로 엮은 것이 「가장 긴 밤(The Longest Night)」인데 그녀는 생전의 남편의 모습을 이렇게 기록하였다.

"남편은 아침마다 일어나면 똑같은 기도를 소리내어 반복하였다. '하나님, 또 하루 좋은 날을 주심을 감사합니다.' 하는 짧은 기도였다. 어느 날 나는 남편에게 무엇이 그토록 좋은 날이냐고 물었다. 남편이 자기가 암이라는 것을 처음부터 알고 있었기 때문에 남은 날이 많지 않음을 자각하고 있었을 터인데 그런 기도를 드릴 수 있는 것이 믿어지지 않았기 때문이다.

그 때 남편은 평소에 생각해 두었던 것처럼 새 날을 맞이하는 기쁨을 다섯 가지로 거침없이 말하는 것이었다. 그는 '새로운 하루가 좋은 이유는 첫째, 아내를 또 볼 수 있기 때문이고, 둘째, 가족들을 다시 볼 수 있기 때문이며, 셋째, 병들어 눕기 전에 마지막 작품인 「가장 길었던 날」을 탈고할 수 있었기 때문이며, 넷째, 병과 싸울 의지의 힘을 하나님께서 공급해 주시기 때문이며, 다섯째, 주님이 언제나 저기에(가까운 바로 앞) 계신 것을 알기 때문이다.' 라고 대답했다."

절기 · 맥추절

맥추절에 임하는 성도는

■ **찬송** ■ ♪ 71, 307, 432, 453

■ **본문** ■ … 너는 애굽에서 종 되었던 것을 기억하고 이 규례를 지켜 행할지니라【신 16:9~12】

■ **서론** ■ "신앙은 곧 헌신이요, 헌신은 내가 하는 일의 모든 것을 하나님 위주로 행하는 것이며, 하나님의 뜻이 내 일생의 중심선이 되게 하는 것이다."라고 어느 목회자는 말했다. 맥추절에 임하는 성도의 자세는?

■ **말씀** ■

I 성도는 첫 열매를 드리는 자세를 가질 것

맥추절이란 유월절 다음날부터 계산하여 50일 되는 날 밀이나 보리를 수확하면서 감사드리는 것이다. 단지 곡식을 거둠에 대한 감사뿐 아니라 "애굽에서 종되었던 것을 기억하고" 감사드리라고 한다(12절). 성도의 감사생활은 현실적, 물질적 축복뿐 아니라 그리스도께서 우리를 위하여 어린 양이 되어 죽으심으로 우리가 죄에서 해방된 것을 감사해야 한다는 뜻이 있다. 그러므로 우리는 그 대속하신 은혜를 영원히 감사하지 않으면 안 된다.

II 성도는 자원함으로 드리는 자세를 가질 것

감사는 마음에는 없지만 율법에 매여서나 체면 등에 얽매여 억지로 할 수도 있다. 하나님이 이를 기뻐하실리가 없다. "네게 복을 주신대로 네 힘을 헤아려 자원하는 예물을" 드리라고 하신다(10절). 하나님은 사람의 중심을 보신다(삼상 16:7). 그러므로 감사는 마음에서 우러나는 것이어야 한다. "각각 마음에 정한대로 할 것이요 인색함으로나 억지로 하지 말지니 하나님은 즐겨 내는 자를 사랑하시느니라"(고후 9:7).

III 성도는 구제하면서 드리는 자세를 가질 것

하나님께만 감사의 예물을 드리는 것으로 만족해서는 안되고 불우한 이웃을 도우라고 하나님은 말씀하신다. 노비, 기업이 없는 레위인, 객, 고아, 과부 등 불우한 이웃들과 함께하여 기쁨과 감사를 나누라는 말씀이다(11절). 우리는 나만 축복받아서 잘 살고 하나님께 감사하면 할 일을 다 했다고 생각하기 쉽다. 하지만 하나님은 추수의 기쁨을 누리지 못하는 불우한 이웃이 있음을 기억하고 그들을 도우라고 하신다. 우리가 이를 소홀히 하지 말아야겠다.

■ **기도** ■ 우리에게 참 자유를 주시고 수확의 기쁨을 주시는 아버지 하나님, 저희로 하여금 아버지께 감사하며 불우 이웃을 돕게 하옵소서. 예수님 이름으로 기도드립니다. 아멘.

■ 십계명 ■　　심령을 기르는 10가지 비결

　　　　1. 하나님의 말씀의 양식을 듣고 읽고 지킨다
　　　　2. 하나님의 말씀을 붙들고 기도한다
　　　　3. 하나님의 말씀에 절대 순종한다
　　　　4. 하나님의 영광을 날마다 찬송한다
　　　　5. 하나님의 살아 계심을 믿고 모든 일을 한다
　　　　6. 하나님의 축복의 약속을 믿고 지킨다
　　　　7. 하나님의 나라를 위해 일을 한다
　　　　8. 하나님의 축복을 사모하고 간구한다
　　　　9. 하나님의 계심을 다른 이에게 증거한다
　　　　10. 하나님의 몸된 교회를 사랑하고 봉사한다

■ 예 화 ■　　슈리버 할머니

　　　감리교 기관지에 감격스러운 토막 기사가 실렸다.
　　　1984년 겨울은 몹시 추웠다. 그 해 미네소타 주는 화씨 영하 20도(섭씨 영하 34도)까지 내려갔다.
　　　어느 주일이었다. 브루클린 파크 감리교회에는 평소의 절반 정도가 출석하였다. 이 날 88세의 골디 슈리버 할머니는 직접 운전하여 1백세의 애나 해밀턴 노인의 집에 들러 그를 차에 태우고, 다시 94세의 걷지 못하는 남자 친구 파크스 할아버지의 집에 가서 그를 태우고 교회에 나와 예배를 드렸다고 한다.
　　　염려하는 담임 목사에게 슈리버 할머니는 "작은 십자가지요. 아직도 목숨을 바친 충성은 못됩니다." 하고 말했다.

■ 명 상 ■　　모든 건강하고 선하고 다듬어진 사람들에게 가장 두드러지고 가장 바람직한 것은 명예 있는 평화로운 생활이다.

　　　　　　　　　　　　　　　- 마르쿠스 툴리우스 키케로 (로마의 철학자) -

절기 · 광복절

죽으면 죽으리이다

■ **찬 송** ■ ♪ 381, 521, 355, 519

■ **본 문** ■ … 나도 나의 시녀로 더불어 이렇게 금식한 후에 규례를 어기고 왕에게 나아가리니 죽으면 죽으리이다 【에 4:16】

■ **서 론** ■ 미국의 작가 캐더린 밀러는 "하나님도 자기의 자존심을 버리고 도움을 청하는 사람들을 사랑하신다."라고 했다. 죽음을 각오하고 주께 매달리면 주를 만나게 되고 주를 만나면 모든 것이 해결을 받는 것이다. 죽기를 각오한 이 에스더는?

■ **말 씀** ■

I 민족의 상황에 관심을 가진 에스더

에스더는 생각지도 못한 벼락출세를 한 여성이다. 유대인 여성이 파사제국의 왕비가 되었기 때문이다. 하지만 그녀는 그것으로 만족하고 기뻐하지 않았다. 압제와 고통에 신음하는 동족들을 잊지 않았고 깊은 관심을 기울였다. 내 민족만 관심을 갖는 민족주의는 위험하지만 민족을 생각하지 않고 인류에만 관심 갖는 것은 더 위험하다. 모세 역시 개인적으로는 왕궁에서 부족함이 없었지만 자신의 동족에 관심을 갖고 어떻게든 도우려했다.

II 민족을 위해 희생하려는 에스더

유대민족의 대적 하만의 책동으로 유대인은 꼼짝없이 전멸을 당할 위기에 처하게 되었다. 이 문제를 해결할 수 있는 가능성을 가진 사람은 왕후가 된 에스더 한 사람뿐이었다. 그러나 그가 나서려면 자신의 목숨을 담보로 내놓지 않으면 안 되었다. 결코 쉬운 일이 아니다. 하지만 에스더는 "죽으면 죽으리이다"라는 결심을 하고 왕에게 나아간다. 우리는 주님을 위하여 목숨을 걸어야 할 때도 있음을 알아야 한다. 그 때 우리는 비겁하지 않아야 한다.

III 민족을 구해낸 에스더

결국 에스더는 왕 앞에 죽음을 각오하고 나아가 민족적인 전멸의 위기를 극복하고 오히려 대적 하만과 그 동조 세력을 전멸시키는 기적을 일궈낸다. 참으로 대단한 일이다. 여기에는 에스더의 목숨을 건 결단이 있었는데 그것은 거저 쉽게 된 것이 아니다. 3일간의 금식과 기도, 민족적인 금식과 기도가 있었다. 하나님은 저들의 믿음과 겸손과 갈망을 보시사 불쌍히 여기셨고 기적을 행하신 것이다. 결국 하나님의 긍휼과 능력때문에 가능한 일이었다.

■ **기 도** ■ 한 연약한 여성을 통하여 큰 역사를 이루신 하나님, 저희도 연약하지만 하나님이 들어 쓰시는 자들이 되게 하옵소서. 예수님 이름으로 기도드립니다. 아멘.

■ 십계명 ■   하나님이 들어 쓰시는 10사람

1. 하나님은 믿음이 있는 사람을 들어 쓰신다
2. 하나님은 열심있고 적극적인 사람을 들어 쓰신다
3. 하나님은 정직하고 진실한 사람을 들어 쓰신다
4. 하나님은 겸손하고 온유한 사람을 들어 쓰신다
5. 하나님은 용감하고 결단력 있는 사람을 들어 쓰신다
6. 하나님은 진취적이고 긍정적인 사람을 들어 쓰신다
7. 하나님은 순종하고 복종하는 사람을 들어 쓰신다
8. 하나님은 살아 계신 당신을 믿고 기도하는 사람을 들어 쓰신다
9. 하나님은 당신의 영광을 위해 살기 힘쓰는 사람을 들어 쓰신다
10. 하나님은 매사에 근신하고 절제하고 규모 있는 사람을 들어 쓰신다

■ 예 화 ■   하늘에 속한 이름

7월 4일은 미국의 독립 기념일이다. 독립선언서에 56명이 서명한 것은 사실 7월 4일이 아니라 8월 2일이었다. 그 당시 영국에 대항하여 독립을 선언하는 문서에 서명하는 것은 사실상 목숨을 거는 위험한 일이었다.

그 중 3분의 1의 서명자는 영국군에게 주택을 파괴당하는 봉변을 당했고, 그들과 그들의 가족은 피신해야 하는 위험을 주었다. 서명자는 26세의 청년 Edward Rutledge로부터 70세의 노인 Benjamin Franklin까지 있었는데 의사, 변호사, 네 명의 목사를 포함하여 모두가 재주 있고 능력 있는 인물들이었다.

편안하게 살 수 있었음에도 불구하고 그들이 이런 모험과 위험 속에 자기의 이름을 적어 놓은 것은 야곱처럼 땅에 속한 이름으로 생애를 끝내지 않고 그 이름을 하늘에 적어 놓기 위해서였다.

나의 이름을 땅에 속하게 할 것이냐, 하늘에 적어 놓겠느냐 하는 결단은 한 인간의 생애를 크게 다르게 만든다.

독립선언서 서명 중 제일 눈에 띄는 것은 'John Hancock(President of Congress)'의 서명이다. 다른 이들은 모두 여섯 줄로 나란히 서명을 했는데 이 사람은 제일 윗부분 가운데다가 대문짝만한 글씨로 서명했다. 그 이유를 물었더니 그는 "눈이 나쁜 영국 국왕 조지(King George)로 하여금 내 이름을 똑똑히 보게 하기 위해서다."라고 대답했다. 정말 용감하고 분명한 인물이었다.

절기 · 광복절

지도자 느헤미야

■ **찬 송** ■ ♬ 381, 521, 263, 303

■ **본 문** ■ 하가랴의 아들 느헤미야의 말이라 아닥사스다왕 제 이십년 기슬르월에 내가 수산궁에 있더니 나의 한 형제 중 하나니가 … 【느 1:1~11】

■ **서 론** ■ 영국의 정치가 에드먼드 버크는 "진정한 지도자는 현재의 상황을 이끌어 가는 것이 아니라 미래의 상황을 이끌어 가는 자이다."라고 했다. 지도자 느헤미야는?

■ **말 씀** ■

I 느헤미야는 국가를 위해 기도했음

느헤미야는 유대인이었지만 크게 출세하여 왕의 측근에서 일하는 신하가 되었다. 개인적으로는 더 바랄 것이 없을만큼 크게 출세를 한 셈이다. 하지만 그는 거기에 만족하고 안주하지 않았다. 고통받는 동족의 실상에 관심을 가졌고 이 문제를 해결하기 위하여 끊임없이 기도했다. 나만 잘 산다고 만족하면서 불행한 이웃을 돌아보지 않는다면 이는 참 하나님의 백성이라 할 수 없다. 우리가 진정한 그리스도인이라면 나라와 민족을 위해 기도해야 할 것이다.

II 느헤미야는 국가를 위해 기회를 찾았음

느헤미야는 기도만 할 뿐 아니라 동족을 위해 일할 기회를 끊임없이 찾았다. 그는 자신의 안락하고 유족한 삶을 포기하고 기꺼이 동족과 함께 고통에 동참하려 했다. 쉽지 않은 신앙이요, 결단이다. 마침내 왕으로부터 "네가 무엇을 원하느냐"는 기다리던 말을 듣게 된다(2:4). 하나님은 구하는 자에게 주시고 찾는 자에게 찾게 해주시며 두드리는 자에게 열어주신다(마 7:7-8). 우리도 민족의 영적인 구원을 위해 일할 수 있는 기회를 찾으며 기도하자.

III 느헤미야는 국가를 위해 충성했음

느헤미야는 왕의 말을 듣자 "하늘의 하나님께 묵도"한 다음(2:4하) 유대의 참상을 고하고 이의 재건을 위해 그곳 총독으로 임명해 줄 것을 간청하고 왕의 허락을 받는다. 그는 유대 총독으로 임명받아 예루살렘에 부임하여 무너진 성을 재건하고 생활을 안정시키며 제사제도를 정상화하는 위대한 족적을 남긴다. 그는 생각이나 말로 그치지 않고 몸을 던져 실천하는 사람이었다. 우리도 주님을 위하여 몸으로 실천하는 자가 되기를 바란다.

■ **기 도** ■ 느헤미야의 기도와 실천을 귀하게 보시고 크게 쓰신 하나님, 저희도 그런 귀한 인물이 되게 하옵소서. 예수님 이름으로 기도드립니다. 아멘.

■ 십계명 ■   좋은 지도자의 10가지 덕목

1. 나라의 주권과 영토를 잘 지키는 지도자
2. 나라의 백성을 편안하게 잘 살 수 있도록 다스리는 지도자
3. 나라 안에 억울한 백성이 없도록 하는 지도자
4. 나라의 백성들을 공의와 평등으로 다스리는 지도자
5. 나라의 힘을 길러 부강하게 하는 지도자
6. 나라의 경계를 잘 다스리는 지도자
7. 국교를 잘 더서 이웃 나라와 더불어 번영케 하는 지도자
8. 국토를 잘 관리하여 아름다운 나라를 만드는 지도자
9. 자유, 민주, 번영의 나라를 만드는 지도자
10. 하나님을 잘 섬기는 신앙이 있는 지도자

■ 예 화 ■   남강 이승훈

　　예수와 같이 어린양의 생애를 보낸 한국의 위대한 크리스천 남강 이승훈 선생이 있다. 평안북도 정주 오산학교 서쪽 야산에 비석 하나가 세워져 있는데 거기에는 이런 글이 새겨져 있다. "일생을 남을 위해 살았고 자기를 위해서는 아무것도 한 것이 없는 사람" 이 비석의 주인공이 이승훈 선생이다.

　　남강은 모진 고생을 하며 오산 학교를 건설하였다. 한 번은 교사를 건축하던 일꾼이 기와가 모자란다고 하자 그는 "내 집 기와를 쓰라."라고 말하였다. 그는 오산 학교를 위하여 가산을 다 팔았고 나중에는 부엌 세간까지 팔았다. 남강은 1907년, 평양에서 도산 안창호 선생을 만난 후 희생을 솔선수범하는 생활을 철저히 했다.

　　그는 '105인 사건'으로 체포되어 5년간 감옥에 있으면서 성경을 세 번 통독하고 오랜 기도생활을 하며 특히 마태복음에 나오는 산상수훈을 암송하고 거기에 나오는 철저한 희생과 사랑의 정신을 몸소 실천하였다. 오산 학교에서도 그는 추운 겨울, 변소에 얼어붙은 으물을 교장인 자기가 먼저 도끼로 깨고 청소하는 솔선수범을 보임으로써, 학생들과 교직원에게 청결관념을 철저히 가르쳤다. 남강은 늘 "겨레를 위하여 걸레질하는 마음을 잃지 말자."라고 말하였다.

　　3·1운동의 주동자가 누구냐에 대하여 역사가들은 의견이 분분하지만, 아마 남강이라고 말하는 것이 옳을 것 같다. 특히 남강은 길선주 목사, 신흥식 목사를 설득하여 기독교 세력을 기미년 만세 사건에 가담시키는 데 결정적 역할을 하였다. 33인이 모여 독립선언서에 '누구의 이름을 먼저 쓰느냐'에 대해 옥신각신할 때 남강이 "이건 죽는 순서야. 아무면 어때! 손병희를 먼저 써."하고 호령한 것은 유명한 일화이다. 남강의 생활모토는 "그는 흥하여야 하겠고, 나는 쇠하여야 하겠다."는 세례 요한의 말이었다.

절기·광복절

자유를 지킬 이유

■ **찬 송** ■ ♪315, 265, 515, 256

■ **본 문** ■ … 그 자유로 육체의 기회를 삼지 말고 오직 사랑으로 서로 종노릇하라 【갈 5:1~13】

■ **서 론** ■ 노르웨이의 극작가 입센은 "사람이 자유와 진리를 위해 싸우러 갈 때에는 자신의 가장 좋은 바지를 입어서는 안 된다."라고 했다. 하나님의 은혜로 임한 자유를 성도들이 지켜야 할 이유는?

■ **말 씀** ■

I 이는 주께서 은혜로 주신 자유이므로

바울은 "그리스도께서 우리로 자유케 하려고 자유를 주셨으니"라고 말한다(1절). 우리는 우선 영적인 자유를 누린다. 죄와 사단에게서 해방되어 의를 얻고 하나님의 자녀가 되었으니 이보다 더 귀한 자유가 어디 있나? 우리는 또한 정치적 자유도 얻었다. 36년 일제의 사슬에 매여 노예살이를 하다 해방을 맞았는데 하나님의 은혜가 아니면 어찌 이런 자유를 얻을 수 있었을까? 그리스도께서 주신 이런 귀한 자유를 잘 지켜야 한다.

II 이는 믿음으로 수호할 자유이므로

자유가 주어졌다 해서 방심해서는 안 된다. 이 자유를 빼앗아가려는 악한 존재, 즉 사단이 있기 때문이다. 사단은 인간을 어떻게든 자신의 지배 아래 두려고 한다. 우리에게 주신 자유를 굳게 지키지 않으면 안 될 이유이다. 우리가 자유에 대하여 방심하는 순간 사단은 즉시 자유를 빼앗아 간다. 인간은 다시 사단의 노예로 전락할 수밖에 없다. 그러므로 성경은 "굳세게 서서 다시는 종의 멍에를 메지 말라"고 한다(1절하).

III 이는 사랑으로 수호할 자유이므로

하나님이 그리스도를 통하여 우리에게 자유를 주신 것은 우리를 사랑하시기 때문이다. 하나님이 마음에도 없는 것을 마지못해 주신 것이 아니다. 하나님은 인간에게 진정한 자유를 주시기 위하여 독생자를 보내주셨고, 독생자는 십자가에 못박혀 죽으시기까지 하셨다. 우리가 영적인 자유를 얻은 것은 결코 쉽게 얻어진 것이 아니다. 하나님의 독생자의 죽으심이라는 값비싼 대가를 치르고서 얻은 것임을 잊어서는 안 된다. 하나님을 사랑하고 이웃을 사랑하자.

■ **기 도** ■ 인간에게 참 자유와 해방을 주신 하나님, 저희로 하여금 이 자유를 잘 지키게 하사 다시는 사단의 노예가 되지 않게 하옵소서. 예수님 이름으로 기도드립니다. 아멘.

■ 십계명 ■   성도의 10가지 권위

    1. 성도에게는 믿음의 권위가 있다-확신
    2. 성도에게는 예배의 권위가 있다-특권
    3. 성도에게는 기도의 권위가 있다-응답
    4. 성도에게는 말씀의 권위가 있다-성취
    5. 성도에게는 생활의 권위가 있다-모범
    6. 성도에게는 행동의 권위가 있다-바른 행동
    7. 성도에게는 영적인 권위가 있다-성령 충만
    8. 성도에게는 말의 권위가 있다-옳은 말씀
    9. 성도에게는 사랑의 권위가 있다-베푼 사랑
  10. 성도에게는 성도의 권위가 있다-하나님의 자녀

■ 예 화 ■   자유의 여신상에 바쳐

러시아에 사는 유태인들은 지금도 환영을 받지 못하지만 19세기 말에는 짐승보다도 더 심한 천대를 받았다.

코사크(Cossack) 기병대는 유태인 마을을 모조리 습격하여 살육하고 불을 질렀다. 이리저리 쫓겨다니는 유태인 속에 엠마 나자루스(Emma Lazarus)라는 소녀가 있었다. 그녀는 구사일생으로 탈출하여 미국행 배에 탈 수 있었다. 문학적 소질이 뛰어났던 엠마는 뉴욕에서 신문기자가 되고, 시인이 되었다.

1886년 10월 프랑스에서 기증한 '자유의 여신상'이 뉴욕 항구에 세워지게 되었다. 그것은 자유 국가가 자기를 '환영'하는 상징이었다. 총칼에 쫓기고 불길 속을 헤맨 경험이 있는 엠마에게 환영을 받을 수 있다는 감격은 누구보다도 컸다. 그러나 엠마는 자유의 여신상 제막식을 구경할 수 없었다. 그녀는 병이 들어 죽을 날을 기다리고 있었던 것이다. 엠마는 병석에 누워 자유의 여신상에 바치는 시를 썼다.

피곤한 자도 가난한 자도 / 어중이떠중이도 내게로 오라 / 동경하던 자유를
호흡하라 / 누더기가 된 난민도 / 집 없는 사람도 / 폭풍에 시달린 사람도 /
너에게, 이 북치는 해변에 오라 / 황금 문가에서 내 등불을 높이 들리니

엠마는 수개월 뒤에 죽었으나 이 '환영의 시'는 지금까지 자유의 여신상에 새겨져 있다. 이 시를 읽으면 예수의 환영의 말씀이 생각난다. 예수님께서는 "수고하고 무거운 짐진 자들아 다 내게로 오라."라는 초청장을 우리에게 보내 주셨다. 이사야도 하나님의 환영을 읊었다. "목마른 자들아 물로 나아오라 돈 없는 자도 오라 너희는 와서 사 먹되 돈 없이 값없이 와서 포도주와 젖을 사라"(사 55:1)

하나님께서 독생자를 보내심은 값없이 초청하는 환영의 초대장이었다.

절기 · 추수감사절

다윗의 감사

■ **찬 송** ■ ♪359, 306, 371, 311

■ **본 문** ■ 하나님의 도는 완전하고 여호와의 말씀은 정미하니 저는 자기에게 피하는 모든 자에게 방패시로다 … 【삼하 22:31~51】

■ **서 론** ■ 그리스의 전기작가 플루타크는 "하나님께서 가장 기쁘게 받으시는 예배는 감사하는 마음과 기뻐하는 심령으로 드리는 것이다."라고 했다. 다윗의 감사는?

■ **말 씀** ■
I 구원에 대한 감사를 한 다윗
다윗은 "주께서 또 주의 구원의 방패를 내게 주시며 주의 온유함이 나를 크게 하셨나이다."라고 했다(36절). 다윗은 아무 잘못도 없이 사울로부터 살해위협을 당해야 했다. 사울은 여러번 다윗을 직접 살해하려 했고 군대를 동원하여 추격하기도 했다. 그래도 다윗은 안전하게 살아남았고 후에 이스라엘의 왕이 되기도 했다. 다윗은 자신이 잘 해서가 아니라 하나님이 방패가 되어주셨기 때문임을 믿고 이를 감사드렸다. 오늘의 우리가 있음은 전적으로 주님의 은혜다.

II 승리에 대한 감사를 한 다윗
다윗은 수를 헤아리기 어려울만큼 전투와 전쟁을 치러야 했다. 그의 주변에는 정복해야 할 적들이 그만큼 많았다. 다윗은 그 전쟁을 모두 승리했다. 이것 역시 자기가 잘나서가 아니라 하나님의 은혜임을 알고 감사했다. "이는 주께서 나로 전쟁케 하려고 능력으로 내게 띠 띠우사 일어나 나를 치는 자로 내게 굴복케 하셨사오며"(40절). 인간은 모든 좋은 일은 다 자신이 잘해서라 생각하고 좋지 않은 일은 하나님 탓으로 돌리는 경향이 있다.

III 마음과 물질로 감사를 한 다윗
다윗은 말로만 하나님께 감사한 사람이 아니다. 그는 누구보다도 많은 물질을 하나님께 바친 사람이다. "이러므로 여호와여, 내가 열방 중에서 주께 감사하며 주의 이름을 찬양하리이다"(50절). 그는 성전 건축을 위하여 "오빌의 금 삼천 달란트와 천은 칠천 달란트"를 바쳤다고 했다(대상 29:4). 우리로서는 그 규모에 놀라지 않을 수 없다. 그야말로 그는 아끼지 않고 하나님께 물질을 드려 감사한 사람이었다. 신앙인은 곧 감사하는 사람이다.

■ **기 도** ■ 다윗에게 큰 복을 주신 하나님, 저희들도 다윗처럼 하나님의 크신 은혜를 알고 물질로 감사하는 자가 되게 하옵소서. 예수님 이름으로 기도드립니다. 아멘.

■ 십계명 ■　걱정하는 습관을 쫓아내는 10가지 권면

1. 걱정은 하나의 습관임을 알라
2. 걱정이 주는 해로움을 충분히 깨닫도록 하라
3. 당신의 걱정을 분석하여 보라 (걱정의 92%는 공연한 것이다)
4. 과거의 잘못이나 실수에 대해 더 이상 뒤를 돌아다보지 말라
   ('뒤에 있는 것은 잊어버리고 앞에 있는 것을 향하여 돌진하라'고 10번 이상 외치라)
5. 안개 (걱정) 너머에는 맑은 날씨가 계속됨을 상상하라
6. 자신에게 '침착하라'고 계속 지시하라
7. 어느 시간까지만 생각하고 그 후로는 멈추는 훈련을 해보라
8. 마음을 텅 비게 하는 법을 익히라
   ('나는 지금 내 마음에서 온갖 고민거리, 두려움, 불안감을 싹 쓸어내고 있다'라고 말하면서 상상력을 동원하여 마음속에 손을 집어넣어 걱정거리를 끄집어 던지는 자신을 상상하라)
9. 이제는 텅 빈 마음을 채우는 연습을 하라
   ('지금 하나님께서는 내 마음을 평화와 용기로 가득 채우고 계신다'라고 확신하라)
10. 하나님의 현존하심을 믿으라
    (하나님은 나와 함께 하시며 나의 동반자이시고, 나를 저버리지 않으시며, 나의 방패자이심을 감사하라. 하나님은 이 시간은 당신을 사랑하신다)

■ 예 화 ■　백만 번의 감사

　　미국에서는 모든 책의 판권을 국회 도서관에서 발부한다. 텍사스에 사는 한 실업인이 판권 신청을 했는데 책 이름이 「백만 번의 감사」였다. 그 책의 내용은 다른 말은 전혀 없고 "하나님 감사합니다"만 백만 번 되풀이해서 적은 것이었다.
　　국회 도서관은 이 책에 대하여 "책으로서 읽을 가치가 없다."는 이유로 판권 발부를 거절했다고 한다. 이 실업인은 하나님의 은혜가 너무 감사하여 백만 번 "감사합니다."를 적었으며 그것을 인쇄하여 친구들과 여러 실업인에게 나누어 줄 생각이었다고 한다.
　　하나님의 사랑과 은혜를 생각하면 백만 번 감사해도 부족하다.

절기 · 추수감사절

성도는 추수감사절에

■ 찬 송 ■ ♪ 306, 307, 453, 422

■ 본 문 ■ 자기를 위하여 재물을 쌓아 두고 하나님께 대하여 부요치 못한 자가 이와 같으니라 …
【눅 12:16~21】

■ 서 론 ■ 영국의 극작가 셰익스피어는 "불테면 불어라 겨울 바람아, 눈보라와 섞어치니 사정도 없다만은 인생의 감사치 않는 마음보다 모질지는 않구나."라고 했다. 성도를 축복하신 하나님을 위해서 받은 바 이 은혜를 어떻게 할까?

■ 말 씀 ■

I 성도는 더 큰 부를 쌓는 자가 되자

본문에 나오는 어리석은 부자는 많은 재물을 가진 자였다. 그가 정당한 방법으로 부자가 되었다면 정죄받거나 비난받을 일은 아니다. 그 물질을 어떻게 쓰느냐에 따라 그에 대한 평가는 달라지게 된다. 부(富)는 타락의 기회도 되지만 선행의 기회도 된다. 성도가 많은 재물을 정당한 방법으로 모았다면 감사할 일이다. 왜냐하면 그는 하나님을 위한 선행과 봉사의 기회를 많이 가질 수 있기 때문이다. 물질은 하나님이 주신 선물임을 잊지 말자(신 8:17-18).

II 성도는 더 크게 즐거워하는 자가 되자

진정한 부자는 자신을 위한 소비에서가 아니라 남을 위한 봉사에 더 기쁨과 행복을 누리는 자라 하겠다. 그러나 본문의 부자는 자신만을 위하여 소비하는 즐거움에 빠져있었으니(19절) 실로 불행한 일이 아닐 수 없다. 부는 곧 책임을 의미한다. 그러므로 부자가 되었다해서 무조건 기뻐하기만 할 일이 아니다. 모든 물질을 하나님께서 주신 것으로 믿는다면 그 물질을 어떻게 쓰느냐 하는 일에도 하나님이 관심을 가지실 것은 분명한 사실이다.

III 성도는 더 많이 예비하는 자가 되자

본문의 어리석은 부자는 "영혼아 여러 해 쓸 물건을 많이 쌓아두었으니"라고 했다(19절상). 그러나 불행하게도 자기 자신을 위하여 재물을 쌓았을 뿐 하나님을 위한 것은 아니었다. 말하자면 그는 자신에 대하여는 부자였으나 하나님께 대하여는 가난한 자였을 뿐이다(21절). 성도는 이래서는 안 된다. 더 큰 축복을 받으려는 것이 하나님께 바치려는 의도가 아니고 단지 자기만을 위한 것이라면 이는 실로 불행한 일이다.

■ 기 도 ■ 인간에게 영적인 복뿐 아니라 물질의 복도 주시는 주님, 우리가 받은 복은 주님의 것인줄 알고 바르게 쓰며 감사하게 하옵소서. 예수님 이름으로 기도드립니다. 아멘.

■ 십계명 ■   멋있는 성도가 되는 10가지 충고

1. '할 수 있습니다' 라는 긍정적인 성도
2. '제가 하겠습니다' 라는 능동적인 성도
3. '무엇이든 도와드리겠습니다' 라는 적극적인 태도
4. '기꺼이 해 드리겠습니다' 라는 헌신적인 성도
5. '잘못된 것을 즉시 고치겠습니다' 라는 겸허한 성도
6. '참 좋은 말씀입니다' 라는 수용적인 성도
7. '이렇게 하면 어떨까요' 하는 협조적인 성도
8. '대단히 고맙습니다' 하는 감사할 줄 아는 성도
9. '도울 일 없습니까' 하고 묻는 여유 있는 성도
10. '이 순간 할 일이 무엇일까' 라고 일을 찾아 하는 성도

■ 예 화 ■   감사절 정신

플리머스에 청교도들이 도착한 후 3년을 지내고 매사추세츠 주지사 윌리엄 브래드퍼드(William Bradford)씨는 감사절을 지킬 것을 선포하였다.

"높으신 아버지 하나님께서 금년에 풍부한 수확을 주셨다. 인디언의 도움을 받아 옥수수와 밀, 콩과 호박, 여러 가지 채소를 심게 해주셨고 자라나게 하셨다. 숲에서는 사냥을 할 수 있도록, 바다에서는 생선과 조개들을 넉넉히 거둘 수 있도록 축복해 주셨다. 야만인의 습격에서 보호해 주시며, 여러 질병으로부터 우리를 지켜 주셨다. 그 무엇보다도 우리는 우리의 양심을 따라 자유롭게 하나님께 예배할 수 있게 되었다. 나는 모든 '순례자(Pilgrims)' 들에게 선포한다. 주후 1623년 11월 29일 목요일 오전 9시부터 12시까지 어른과 아이들이 모두 모여 목사님의 말씀을 듣고 이 모든 축복을 주신 전능하신 하나님께 감사의 예배를 드리라.'

미국의 개척은 감사로부터 시작되었다. 이들 '건국의 조상들(Founding Fathers)' 이 감사의 예배를 드릴 때 그들은 아직 황무지 벌판에 서 있었다. 풍부해서 드린 감사가 아니라 황무지에 씨를 심었을 때 열매를 주신 하나님, 겨울에 심한 추위와 싸웠으나 오막살이집을 주신 하나님, 크롭히는 원주민(인디언)도 닮았으나 낯선 외국인들에게 농사법을 가르쳐 주는 착한 인디언을 만나게 해주신 하나님께 감사드렸던 것이다.

일반적으로는 불평할 수밖에 없는 험한 환경에서 감사를 발견한 것이 처음 감사절의 정신이었다.

절기 · 추수감사절

사도 바울의 감사

■ 찬 송 ■ ♪307, 308, 271, 350

■ 본 문 ■ 나를 능하게 하신 그리스도 예수 우리 주께 내가 감사함은 … 【딤전 1:12~13】

■ 서 론 ■ 영국의 성직자요 설교의 대가인 찰스 H. 스펄전은 "촛불을 보고 감사하면 전등불을 주시고, 전등불을 보고 감사하면 달빛을 주시고, 달빛을 보고 감사하면 햇빛을 주시고, 햇빛을 감사하면 천국을 주신다."라고 했다. 바울의 감사는?

■ 말 씀 ■

I 능하게 하신 주께 감사한 바울

바울의 능력은 우리의 상상을 초월한다. 그는 어떤 환란과 핍박도 견뎠고, 병을 고치는 등 기사이적을 행하였으며 어떤 원수라도 너그러이 용서하는 사람이었다. 어디 그 뿐이랴. 그는 감옥에서도 편지를 보내고 전도하기를 쉬지 않았으며 물질적으로도 봉사했다. 그가 남긴 글은 성경이 되어 우리들 신앙의 근간과 초석이 되었다. 이렇게 많은 일을 한 것은 자신이 잘나서가 아니라 주님이 "나를 능하게" 하셨기 때문이라고 한다(12절상). 우리도 이렇게 겸손하자.

II 직분을 주신 주께 감사한 바울

바울은 '사도'라는 직분을 받았다(갈 1:11-24). 이것은 그의 권위가 주님의 12제자와 동등함을 의미한다. 그 직분은 어느 인간이나 조직이 준 것이 아니고 주님께서 주셨다고 바울은 말한다. "나를 충성되이 여겨 내게 직분을 맡기심이니"(12절). 교회에는 여러 가지 직분이 있다. 어떤 직분이든지 받았다면 주님께서 나를 인정하신 것이니 감사하지 않으면 안 된다. 우리가 부족하기 그지없음에도 불구하고 우리에게 귀한 직분을 맡기셨기 때문이다.

III 긍휼을 베푸신 주께 감사한 바울

바울은 자기의 과거가 어땠는지 잘 알았다. 그의 과거는 "훼방자요 핍박자요 포행자"였다고 한다(13절). 이런 사람이 어떻게 사도가 되었나? 그것은 전적으로 주님의 '긍휼' 때문이라고 한다(13절). 결코 바울이 선하고 의롭고 뛰어났기 때문이 아니었다. 그럼에도 그가 사도가 되고 주님을 위하여 크게 역사한 것은 전적으로 주님의 은혜와 긍휼때문이었다. "내가 아니요 오직 나와 함께 하신 하나님의 은혜로라"(고전 15:10).

■ 기 도 ■ 못나고 죄많은 사람이라도 택하여 귀히 쓰시는 주님, 저희도 부족하나마 주님의 일꾼이 된 것은 주님의 은혜인 줄로 알고 감사하게 하옵소서. 예수님 이름으로 기도드립니다. 아멘.

■ 십계명 ■   감사하는 삶에 임하는 10가지 유익

　　1. 감사하는 삶에 삶의 기쁨이 있다
　　2. 감사하는 삶에 삶의 소망이 있다
　　3. 감사하는 삶에 삶의 은혜가 있다
　　4. 감사하는 삶에 삶의 감사가 있다
　　5. 감사하는 삶에 삶의 평강이 있다
　　6. 감사하는 삶에 삶의 축복이 있다
　　7. 감사하는 삶에 삶의 충만이 있다
　　8. 감사하는 삶에 삶의 찬송이 있다
　　9. 감사하는 삶에 삶의 보람이 있다
　　10. 감사하는 삶에 삶의 구원이 있다

■ 예 화 ■   아버지의 눈물

　미국의 부통령을 지낸 바클리(Alben Barkley) 씨는 자신의 아홉 살 때의 기억을 회상록에 남겼다.

　그의 아버지는 강인한 농부였다. 그는 혼자의 힘으로 많은 농토를 개간한 것을 늘 자랑하였다. 그런데 어느 날 집에 불이 났다. 아버지와 남자들이 모두 농토에 나가 있었던 사이에 큰 집이 전소되었다. 강인하게만 보였던 아버지가 뒤뜰에 있는 큰 나무에 기대어 "이젠 끝났다. 이젠 끝났다."고 중얼거리며 울고 있는 것을 보며 그는 자기도 따라 울었다고 한다.

　그런데 그 이튿날 놀라운 일이 생겼다. 가깝고 멀리 사는 농부들이 모두 모여와 집을 지어 주기 시작하고 가구와 식량을 가져왔던 것이다. 이 날 저녁 어린 바클리는 또 한번 아버지가 우는 것을 목격했다. 전날은 큰 나무에 기대어 불탄 집을 바라보고 울었으나 그 날은 하늘을 우러러보며 "하나님, 감사합니다. 하나님, 감사합니다" 하며 울더라는 것이다.

　바클리 부통령은 "아버지는 두 번 울었다. 그 두 번째 눈물은 나의 가정과 바클리 집안의 모든 후손을 축복하는 눈물이 되었다."라고 회상하였다.

　아버지가 큰 집을 짓게 된 것이나 많은 농토를 가지게 된 것이 축복이 아니라 아버지가 하나님께 감사할 수 있게 된 순간부터 자기 집안에 진짜 축복이 시작된 것이라는 것이다.

절기 · 추수감사절

다윗의 찬송

■ **찬 송** ■ ♪ 359, 370, 350, 260

■ **본 문** ■ 이는 주께서 나로 전쟁케 하려고 능력으로 내게 띠 띠우사 … 【삼하 22:40~51】

■ **서 론** ■ 영국의 시인이요 극작가인 셰익스피어는 "감사할 줄 모르는 자식을 갖는다는 것은 뱀의 이에 물리는 것보다 더 따가운 일이다."라고 했다. 하나님을 사랑하여 감사의 찬송으로 마음을 나타낸 다윗의 찬송에는?

■ **말 씀** ■

I 다윗의 감사 찬송 내용 / 구원의 하나님

다윗은 하나님을 찬송하며 그분께 감사를 드리고 있다(47, 50절). 왜? 구원의 하나님이시기 때문이다. 하나님은 외부의 대적들에게서 다윗을 구원하실뿐 아니라(40-43절) 내부적으로는 "내 백성의 다툼에서" 건져주셨다고 한다(44절). 다윗의 외치와 내치 모두 성공적이었으므로 다윗은 하나님께 감사하고 찬양하는 것이다. 왕으로서 성공적으로 막중한 책무를 잘 감당한 것은 자신이 잘나서가 아니라 하나님의 은혜 때문임을 잘 알았다.

II 다윗의 감사 찬송 이유 / 인도의 하나님

다윗은 오늘의 자신이 있음을 항상 하나님께 감사했다. 그는 베들레헴 산촌에서 양을 돌보는 일개 목동에 불과했으나 하나님은 그를 들어올리사 "열방의 으뜸"으로 삼으셨다(44절). 하나님의 은혜가 아니고는 불가능한 일이다. 오늘의 우리가 있음은 내 자신의 노력 때문이 아니라 하나님의 은혜임을 인정하고 감사할 줄 알아야 한다. 다윗은 하나님을 목자로, 자신을 양으로 비유했다(시 23:1). "나의 평생에" 함께 하시고 인도하시는 목자라고 했다(시23:6).

III 다윗의 감사 찬송 결과 / 축복의 하나님

다윗은 자신이 어떤 처지에 있든지 하나님은 자기와 함께 하시며 복을 주신다는 사실을 믿고 추호도 의심치 않았다. "여호와께서 그 왕에게 큰 구원을 주시며 기름부음 받은 자에게 인자를 베푸심이여, 영원토록 다윗과 그 후손에게로다"(51절). 다윗은 현세적인 축복뿐 아니라 영원한 복을 주시는 하나님이심을 믿고 감사드린다. 자기 자신만 아니라 후손들에게도 그 복을 주시는 하나님께 찬송과 감사와 영광을 돌린다. 우리도 다윗을 본받아야겠다.

■ **기 도** ■ 다윗을 구원하시고 인도하시고 그에게 영원한 복을 주신 하나님, 오늘의 저희가 있음은 바로 하나님의 은혜인 줄 알고 감사하게 하옵소서. 예수님 이름으로 기도드립니다. 아멘.

■ 십계명 ■   성도의 가장 좋은 일 10계명

　　　1. 하나님께 영광을 돌리는 일
　　　2. 하나님의 뜻을 이루는 일
　　　3. 하나님의 보내신 자 예수를 믿는 일
　　　4. 하나님의 보내신 성령 충만의 일
　　　5. 하나님 앞에 믿고 기도하는 일
　　　6. 하나님의 이름을 찬양하는 일
　　　7. 하나님 앞에 죽기까지 충성하는 일
　　　8. 하나님 나라를 세상에 증거하는 일
　　　9. 하나님 앞에 많은 사람을 인도하는 일
　　　10. 하나님 일에 먼저 앞장서서 선을 행하는 일

■ 해　설 ■   어느 병실에 걸린 기도문

"주님 뜻대로 병들게 하심을 감사합니다. 이는 인간의 연약함을 깨닫게 하시기 때문입니다.

가끔 고독의 수렁에 내던져 주심을 감사합니다. 그것은 주님과 가까워지는 기회이기 때문입니다.

가끔 일이 계획대로 안 되게 틀어주심을 감사합니다. 그래서 나의 교만이 겸손케 됨입니다.

아들과 딸이 걱정거리가 되게 하시고 부모와 동기간이 짐으로 느껴질 때도 있게 하심을 감사합니다. 그래서 인간된 보람을 느끼기 때문입니다.

먹고 사는 데 힘겨웁게 하심을 감사합니다. 눈물로써 빵을 먹는 심정을 이해할 수 있기 때문입니다.

불의와 허위가 득세하는 세상에 태어나게 하심을 감사합니다. 그래서 하나님의 의가 분명히 드러나기 때문입니다.

무엇보다도 주님, 감사할 수 있는 마음과 믿음 주심을 감사드립니다."

절기 · 추수감사절

성도의 감사 정신

■ **찬 송** ■ ♪ 468, 310, 307, 346

■ **본 문** ■ … 그에게 이르시되 일어나 가라 네 믿음이 너를 구원하였느니라 하시더라【눅 17:11~19】

■ **서 론** ■ 영국의 작가 월터 랜더는 "정의는 종종 창백하고 우울하다. 그러나 그의 딸인 감사는 항상 활기의 홍수와 사랑스러움의 꽃 속에 있다."라고 했다. 믿음은 신앙의 뿌리요, 감사는 그 열매이다. 성도의 감사 정신은?

■ **말 씀** ■

I 성도는 지나친 욕심을 버려야 함

열 명의 나병환자가 주님의 은혜로 똑같이 고침을 받았으나 그 중에 한 사람만이 주님께 돌아와 감사했다는 이야기를 우리는 잘 알고 있다. 큰 축복을 받고도 왜 주님께 감사할 줄 모를까? 그것은 욕심때문이라고 본다. 큰 축복을 받았지만 그것이 주님의 은혜인줄 모르고 당연히 받을 것으로 생각하거나 남과 비교하여 자신은 지극히 작은 복을 받았다고 생각하기 때문이다. 크든 작든 모든 복된 일은 다 주님의 선물임을 알고 감사드리자(약 1:17).

II 성도는 육적 삶에서 영적 삶으로 방향을 바꿔야 함

고침받은 나병 환자 아홉 명은 왜 감사하지 않았을까? 그들은 육적단계에 머물러 있었을 뿐 영적단계로 성숙하지 못했기 때문이다. 그들은 자신들이 그 지긋지긋한 나병에서 해방된 것을 주님의 은혜가 아니라 때가 되어서 나았다고 생각했는지도 모른다. 우리도 이런 배은망덕을 경계해야 한다. 주님이 도와주셔서 우리가 복을 받았다고 생각지 않고 복받을 때가 되어서 받은 것이라 생각한다면 배은망덕한 아홉 명의 나환자와 다를 바 없으리라.

III 성도는 조건부 감사를 하지 말아야 함

성도들의 삶에서 왜 감사가 없을까? 조건을 내걸기 대문이다. 지금 받은 복도 감사하기는 하지만 더 큰 복을 주시면 그 때 본격적으로 감사하겠다는 생각을 하는 것이다. 스스로 만족할만큼의 축복은 어느 정도를 말하는 것일까? 솔로몬이 그렇게 큰 축복을 받았지만 만족하고 감사했던가? 그는 오히려 그 축복 때문에 타락하고 말았다. 그는 말했다. "눈은 보아도 족함이 없고, 귀는 들어도 차지 아니하는도다"(전 1:8). 지금 감사하지 않으면 배은망덕자가 된다.

■ **기 도** ■ 똑같은 복을 주시지만 누구는 감사하고 누구는 배은망덕합니다. 주님, 우리로 하여금 지금 이 자리에서 감사하는 자가 되게 하옵소서. 예수님 이름으로 기도드립니다. 아멘.

■ 십계명 ■   감사와 십일조 생활의 10가지 상관관계

   1. 감사는 하나님께서 명하셨고 인정하셨다
   2. 감사는 인생 삶의 좋은 출발점이 된다
   3. 감사는 신앙생활의 원동력이 된다
   4. 감사는 이기적인 것을 없애는 힘이 된다
   5. 감사는 하나님께서 가장 기뻐하시는 것이다
   6. 감사는 주님의 몸된 교회에 기름이 흐르게 한다
   7. 감사는 교회의 어려운 문제를 해결하는 열쇠가 된다
   8. 감사는 교회의 부흥과 성장의 기초가 된다
   9. 감사는 하나님의 뜻을 이루는 씨앗이 된다
   10. 감사는 성도의 신앙 수준을 높여 주는 계기가 된다

■ 예 화 ■   짧은 감사

청교도들이 신대륙에 도착했지만 그들은 병들고 쇠약하여 상륙할 기력조차 없었다. 이들을 발견한 왐파노그(Wampanoag) 인디언들은 작은 배로 메이플라워 호까지 가서 낯선 백인들을 상륙시켰으며 플리머스 마을을 건설하는 데 큰 도움을 주었다.

백인의 출현을 싫어한 인디언 부족도 있었는데 왐파노그들은 그들의 공격에서 청교도들을 지켜주었고 옥수수 농사도 가르쳐 주었다. 그래서 처음 수확을 거둔 후 청교도들이 왐파노그 인디언들을 초청하여 만찬을 베푼 것이 오늘날 추수감사절 식탁의 유래가 되었다.

그러나 백인들의 감사는 너무 짧았다. 백인들은 토지를 확장해 나갔고 부유한 나라를 만드는데 박차를 가했다. 이는 생명의 은인이며 정착을 도와준 왐파노그 부족을 완전히 도외시한 처사다. 미국 정부의 인디언 관리국은 "왐파노그는 없어진 부족이다. 그들의 땅은 없으며 그들의 언어나 문화도 찾을 길이 없다."라고 염치없는 발표를 하고 있다.

그런데 지난 수년 동안 추수감사절이 되면 왐파노그를 자칭하는 인디언 엘스워드 오클리(Ellsworth Oakley) 씨가 인솔하는 수십 명이 플리머스에 모여 조상들을 애도하는 추도회를 갖고 있다. 그들은 미국인이 즐겁게 먹고 노는 이 날을 '통곡의 날(The Day of Mourning)'로 선포하고 울기로 결심한 것이다.

이들이 순종 왐파노그냐 아니냐를 따지기 전에 그들의 통곡이 뜻하는 교훈을 미국인들은 겸손히 받아들여야 할 것이다. 보다 잘 살기 위하여 그리고 정치와 신앙의 자유를 위하여 새 세계를 찾아왔다면 자기들을 구해준 인디언들을 하나님이 주신 사랑의 손길로 여기고 백 배 감사했어야만 했다.

절기 · 추수감사절

요셉의 감사 신앙

■ 찬 송 ■ ♪510, 522, 139, 85

■ 본 문 ■ … 이는 여호와께서 요셉과 함께하심이라 여호와께서 그의 범사에 형통케 하셨더라
【창 39:19~23】

■ 서 론 ■ 로마의 철학자요 정치가인 키케로는 "감사하는 마음은 가장 위대한 미덕일 뿐만 아니라 다른 모든 덕의 어버이다."라고 했다. 감사는 기적을 창조한다. 요셉의 감사에 담긴 그의 신앙은?

■ 말 씀 ■
I 한 마디 불평이 없는 요셉
요셉은 너무도 억울한 일을 당했다. 애굽의 주인 내외로부터 절대적인 신임을 받던 그가 하루 아침에 주인의 아내를 성폭행하려 한 파렴치범으로 누명을 쓰고 감옥에 갇히는 신세가 된 것이다. 억울한 일이 많지만 요셉으로서는 참기 어려웠을 터이다. 하지만 요셉은 불평하거나 원망하지 않고 잘 참았다. 그는 오히려 하나님께 감사했으리라 믿는다. 이 일 때문에 죽을 수도 있었으나 감옥에 갇혀 있으니 그것을 하나님께 감사했을 터이다.

II 하나님과 동행한 요셉
우리는 어떻게 그것을 알 수 있나? 하나님이 요셉과 함께 하신 것을 볼 때 알 수 있다. "여호와께서 요셉과 함께 하시고 그에게 인자를 더하사 전옥에게 은혜를 받게 하시매"(21절). 만일 요셉이 하나님을 원망하고 불평이나 했으면 과연 하나님이 그와 함께 하셨을까? 그것은 어려운 일이다. 하나님은 비록 억울한 일을 당해도 범사에 감사하며 참는 자와 함께 하시고 복을 주시기 때문이다. 이건 다윗도 마찬가지였다. 그가 사울로부터 당한 억울함은 말로 다 할 수 없었지만 그는 묵묵히 참으며 감사했다.

III 최후의 승리자가 된 요셉
억울한 일을 당해도 묵묵히 참으며 감사드린 요셉은 결국 어떻게 되었나? 그가 이 일로 인하여 애굽이 총리가 된 것을 우리는 너무도 잘 알고 있다. 우리가 지금 비록 불우하고 억울한 처지에 있더라도 묵묵히 참고 감사하는 삶을 산다면 살아계신 하나님이 놀라운 축복으로 갚아주실 것을 믿는다. 감사와 찬송 대신 불평이나 원망을 늘어 놓는 자는 희망이 없다고 보는 게 정확하다. 하나님은 감사하는 자와 함께 하시며 반드시 복을 주신다.

■ 기 도 ■ 우리도 요셉처럼 범사에 참으며 감사하게 하옵소서. 예수님 이름으로 기도드립니다. 아멘.

■ 십계명 ■   난관을 헤쳐나가는 10가지 비결

1. 겁먹지 말라. 침착해지라
2. 머리로 생각하라
3. 문제를 확대시키지 말라
4. 그것이 무엇인지 열거해 보라
5. 지나간 것을 덮어두라. 현재 겪고 있는 문제만 보라
6. 해답을 찾으라
7. 귀담아 들으라. 통찰력이 생길 것이다
8. 올바른 길이 무엇인가 생각하라
9. 계속 생각하고 계속 하나님을 믿고 기도하고 일하라
10. 적극적인 마음을 지속시켜라

■ 예 화 ■   기왕이면

어떤 목사의 글에 멕시코 관광 여행 체험감이 있었다.
멕시코 어느 관광지에는 한 샘에서 뜨거운 물이 나오고 바로 곁에 있는 다른 샘에서는 찬물이 나오는 희귀한 온천지가 있었다.
이 곳은 동네 아낙네들이 나와 빨래를 하는 데 참 편리했다. 더운물로 빨고 돌아서서 찬물에 헹구면 된다. 목사는 이 좋은 기회에 전도를 한 마디 하려고 안내인을 통하여 아낙네들에게 말을 던졌다.
"여러분, 이렇게 편리한 샘들을 주신 하나님께 감사하시겠지요?"
그러자 그 중의 한 여자가 큰 소리로 대답했다.
"기왕이면 이 샘에서 비누까지 나오게 만들어 주셨으면 더 좋을 뻔했어요."
우리는 좋은 것을 좋다고 느끼지 못하고 아름다운 것을 보는 눈도 멀었으며, 하나님께 대한 감사의 마음 역시 마비되어 있는 것은 아닌지 생각해 보아야 한다.

■ 명 상 ■   교만은 감사하는 마음을 죽인다. 그러나 겸손한 마음은 감사가 자연히 자라게 하는 토양이다. 자긍하는 자는 좀처럼 감사할 줄 모른다. 그는 결코 자기가 받을 만큼 받고 있지 못하다고 생각하고 있기 때문이다.

- 헨리 위드 비쳐 (미국 목사) -

절기 · 추수감사절

성도와 추수감사절

■ 찬 송 ■ ♪ 306, 309, 371, 311

■ 본 문 ■ 네 하나님 여호와께서 네게 기업으로 주사 얻게 하시는 땅에 네가 들어가서 … 【신 26:1~11】

■ 서 론 ■ 미국의 농학자요 저술가인 데이빗 토마스는 "항상 네 감사하는 일을 처음에는 하늘에 하고 그 다음에는 땅에 하라."고 했다. 이스라엘 민족에게 추수감사절은 어떤 의미가 있는가를 살펴서 오늘 성도가 받을 은혜는?

■ 말 씀 ■

I 이는 하나님의 은혜를 기억하는 절기임

농사는 힘든 일이다. 그러나 수확할 때의 기쁨은 농사를 해 본 사람만 안다. 성경은 인간의 노력만으로 풍성한 수확을 거두지는 못한다고 한다. 반드시 하나님의 도우심이 있어야 한다고 말한다. 아무리 농사가 잘 되었다해도 태풍이나 홍수 또는 병충해 때문에 망치는 경우를 본다. 추수의 기쁨은 하나님이 주실 때 누릴 수 있음을 기억하자. 다른 사업이나 직장도 마찬가지다. 모든 일이 잘되고 있다면 하나님의 도움 때문인 줄 알고 감사드리자.

II 이는 하나님의 구원에 감사하는 절기임

이스라엘 백성들은 가나안 땅을 돈 주고 산 것이 아니다. 하나님이 주시는 것을 거저 받았을 뿐이다. 그렇다면 땅의 주인은 하나님이심을 알 수 있다. 추수감사는 땅 주인이신 하나님께 당연히 감사드리는 절기다. 그들이 가나안 땅에 들어오기 위해서는 먼저 애굽에서 해방되어야 했다(5-9절). 이스라엘 백성들의 힘으로 해방된 것이 아니고 하나님의 기적적인 권능에 의하여 해방되었다. 우리도 죄에서 해방된 것은 그리스도의 죽으심 때문임을 잊지 말자.

III 이는 압제받던 시절을 회상하는 절기임

애굽사람들은 이스라엘 백성을 노예로 여겼다. "애굽사람이 우리를 학대하며 우리를 괴롭게하며 우리에게 중역을" 시켰다고 했다(6절). 그때의 고통을 잊어서는 안 된다. 그런 노예상태에서 해방해 주신 하나님의 은혜를 잊어서도 안 된다. 추수감사는 그 은혜를 기억하고 감사하는 절기다. 오늘의 우리가 있음은 전적으로 하나님의 은혜이다. 우리 힘으로는 죄와 사단의 권세에서 해방된다는 것은 상상할 수도 없는 일이다. 그 은혜를 기억하고 감사하자.

■ 기 도 ■ 수확의 기쁨과 자유를 누림은 온전히 하나님의 은혜때문임을 잊지 말게 하시고 늘 감사하며 살게 하옵소서. 예수님 이름으로 기도드립니다. 아멘.

■ 십계명 ■　성도가 쌓아야 할 신앙 재산 10가지

　　1. 성도의 신앙 증식은 하나님을 절대로 신뢰하는 것이다
　　2. 성도의 신앙 증식은 하나님의 말씀을 순종하는 것이다
　　3. 성도의 신앙 증식은 하나님께 항상 기도하는 것이다
　　4. 성도의 신앙 증식은 하나님께 날마다 찬송하는 것이다
　　5. 성도의 신앙 증식은 하나님의 교회를 사랑하는 것이다
　　6. 성도의 신앙 증식은 하나님의 날을 성수주일하는 것이다
　　7. 성도의 신앙 증식은 하나님의 십일조를 드리는 것이다
　　8. 성도의 신앙 증식은 하나님의 것, 첫 것을 드리는 것이다
　　9. 성도의 신앙 증식은 하나님의 일에 믿음으로 동참하는 것이다
　　10. 성도의 신앙 증식은 하나님의 나라에 보물을 쌓는 것이다

■ 예 화 ■　**감사 기도의 기적**

　미국 역사에 기적 이야기가 많이 있는데 미네소타주의 이야기이다.
　1874년부터 1877년까지 3년에 걸친 심한 가뭄과 엄청난 수의 메뚜기 떼의 습격으로 농작물은 전멸하고 대경제 공황에 빠졌다. 1877년 4월 27일, 주지사 필스버리(Pillsbury) 씨는 모든 주민에게 '감사 기도의 날'을 선포하였다. 농작물이 전멸하였으나 몸이 살아 있고 앞으로도 기회를 주실 하나님께 먼저 감사하자는 것이었다. 미네소타 주민 전체의 감사 기도는 하늘을 덮었다.
　정말 믿기 어려운 사실은 들판을 덮었던 메뚜기 떼가 며칠 사이에 전부 죽은 것이다. 과학자들은 여러 가지로 설명을 시도하나 기적이라고밖에 설명할 길이 없다.

　감사하는 마을

　노르웨이의 한 전설이 있다. 옛날에 사단이 지구에 내려와 하필 노르웨이에다가 창고를 지었다고 한다. 사단의 창고에는 각종 씨앗들 즉 미움, 슬픔, 눈물 등의 씨앗들이 저장되어 있었다. 이 씨앗들은 어느 누구의 마음손에서도 싹이 잘 나는데 한 동네에서만은 효력이 없었다고 한다. 이 동네의 이름은 '기쁨'이었는데 어떤 슬픈 상황과 절망적인 처지에서도 그들은 언제나 감사했기 때문이었다.
　이 이야기에서 "감사하는 마음에는 사단이 씨앗을 뿌릴 수 없다."라는 노르웨이 속담이 나왔다.

절기 · 추수감사절

초막절에 내포된 교훈

■ 찬 송 ■ ♬308, 260, 271, 350

■ 본 문 ■ … 이는 우리가 믿음으로 행하고 보는 것으로 하지 아니함이로라【고후 5:1~7】

■ 서 론 ■ 독일계 영국의 동양학자 프리드리히 막스 뮐러는 "인간의 모든 직업과, 계획과, 일이 진정으로 성공적이라고 한다면 그리스도의 인도하에, 그의 뜻을 따라, 그에 대한 사랑에서 그의 능력에 의존하여 이뤄졌음이 분명하다."라고 했다. 초막절 교훈은?

■ 말 씀 ■

I 성도는 인생이 초막과 같음을 기억하자

초막절은 이스라엘의 3대 절기 중 하나로 티쉬리월(9-10월) 15일부터 1주간 지키는 절기다(레 23:34-44). 광야에서 한 주간 초막을 짓고 살아야 했다. 이는 추수감사와 함께 광야생활 40년의 고통과 베푸신 하나님의 은혜를 잊지않고 감사드리는 것이다. 초막은 영구한 거처가 아니고 일시적인 것이다. 우리 인생은 마치 초막생활과 같고 육체 또한 초막과 같다(1절). 영원히 이 땅에 살 것처럼 착각해서는 안 된다. 우리는 잠시 머물다 떠나야 한다.

II 성도는 매사 성령을 좇아서 행하도록 힘쓰자

이스라엘 백성들이 어떻게 장막생활에서 벗어나 영구한 집을 짓고 살 수 있게 되었나? 하나님이 여호수아를 통하여 주시는 명령을 충실히 따랐기 때문이었다. 그들이 잘난체 하면서 하나님의 인도하심을 거역했다면 가나안 땅에 들어갈 수가 없었다. 우리도 마찬가지다. 예수님을 믿음으로 구원받았다 해도 성령의 인도하심을 따르지 않고 육체의 욕망을 따라 산다면 어떻게 하나님의 자녀라 할 수 있으랴(5절).

III 성도는 하나님 나라를 위해 준비하자

이스라엘 백성들은 초막절을 준비하기 위해 수고와 노력을 필요로 했다. 초막을 지음과 함께 하나님께 드릴 감사의 예물을 준비해야 했다. 천국은 믿음으로 들어가지만 거기서 주님으로부터 상급을 받기 위해서는 이 땅에서 준비하지 않으면 안 된다. 왜냐하면 주님은 우리가 "일한대로 갚아" 주시기 때문이다(계 22:12). 우리에게 주어진 기회는 이 땅에 살아 있는 동안 뿐이다. 하루 하루를 소중히 여기며 주님을 만날 준비를 착실히 해야 할 것이다.

■ 기 도 ■ 우리의 육체도, 우리의 삶도 초막같음을 기억하고 하나님을 섬기되 열심과 성심을 다하게 하옵소서. 예수님 이름으로 기도드립니다. 아멘.

■ 십계명 ■   성도로서 모든 이에게 권면하는 10가지

1. 성도로서 모든 이에게 인생의 의미를 깨닫게 하자
2. 성도로서 모든 이에게 창조주 하나님의 존재를 깨우치자
3. 성도로서 모든 이에게 구원받아야 할 존재임을 깨우치자
4. 성도로서 모든 이에게 오직 예수 그리스도를 믿음으로써 구원됨을 권하자
5. 성도로서 모든 이에게 인간은 누구나 죽는다는 것을 깨우치자
6. 성도로서 모든 이에게 죽은 후에 심판과 천국과 지옥이 있음을 깨우치자
7. 성도로서 모든 이에게 이 세상에서 할 일이 있음을 깨우치자
8. 성도로서 모든 이에게 우상 숭배는 죄가 됨을 깨우치자
9. 성도로서 모든 이에게 이왕이면 예수를 믿어야 할 이유를 알리고 깨우치게 돕자
10. 성도로서 모든 이에게 하나님의 영광을 위해 살아야 할 것을 증거하자

■ 예 화 ■   흔들리지 않는 소망

미국에 '예언자'라는 칭호를 받았던 목사가 있었다. 바로 일리노이 주 에반스튼 감리교회를 목회하던 어니스트 티틀(Ernest Tittle)박사이다.

그는 미국 사회의 죄악상을 신랄하게 비판하고 회개를 촉구했던, 마치 아모스 선지자와 같은 설교자였다.

그는 1953년 8월 어느 주일, 설교까지 잘 마치고 이튿날 새벽 조용히 눈을 감았다. 그의 최후의 설교는 이렇게 끝을 맺고 있다.

"죄를 회개하고 하나님의 용서를 구하는 사람에게는 축복이 있습니다. 그는 높은 소망을 가졌기 때문입니다. 하나님께 자기의 인생을 바치고 하나님의 목적을 생각하는 사람에게는 축복이 임합니다. 그는 하나님께 소망을 두었기 때문입니다. 하나님을 의지하고 모든 개인적인 일을 하나님의 일로 믿는 사람에게 축복이 있습니다. 그는 하나님 나라에 소망을 두었기 때문입니다. 삶의 어두운 시간에도 하나님을 믿는 사람은 축복을 받습니다. 그는 흔들리지 않는 소망을 가졌기 때문입니다."

절기 · 종교개혁

종교 개혁에 담긴 의미

■ 찬 송 ■ ♪383, 384, 390, 400

■ 본 문 ■ … 오직 의인은 믿음으로 말미암아 살리라 함과 같으니라 【롬 1:17】

■ 서 론 ■ 미국의 법률가 존 포스터는 "죄악의 고통은 때때로 교정과 개혁에의 자극제로서 매우 귀중하다고 할 수 있다."라고 했다. 중세 암흑시대에 부패하고 타락한 종교를 개혁하려는 열망에 담긴 의미는?

■ 말 씀 ■

I 종교 개혁은 믿음의 승리임

가톨릭의 신부였던 마르틴 루터가 1517년 10월 31일 독일 비텐베르크교회의 정문에 유명한 95개 조항의 반박문을 게시한 것이 계기가 되어 개신교가 탄생했다. 그는 출교는 물론 생명의 위협까지 받았지만 그의 주장을 끝까지 철회하지 않았다. 이는 그의 믿음의 승리였다. 그는 자기의 주장이 성경에 근거한 것이니 옳다고 확신했다. 그러므로 하나님이 자기 편임을 확신했다. 이처럼 성경말씀에 기초한 믿음은 사단의 위협을 극복하고 승리를 얻게 한다.

II 종교 개혁은 진리의 승리임

루터는 어떻게 그런 확신을 가질 수 있었나? 가톨릭이라는 초거대 집단과 일개인이 싸운다는 것은 위험하고도 어리석은 일이었다. 하지만 끝내 승리했고 가톨릭은 무릎을 꿇었다. 이것은 루터가 진리 즉 성경위에 확고하게 서 있었기에 가능한 일이었다. 바울은 말하기를 믿음은 그리스도의 말씀을 들으므로 생긴다고 했다(롬 10:17). 우리의 신앙도 감성이나 체험이 아닌 성경 위에 세워져야 비로소 흔들리지 않고 확고한 것이 된다.

III 종교 개혁은 주님의 승리임

루터 개인이 남다른 신앙과 열정을 가졌기에 감히 가톨릭 세력에 맞설 수 있었지만 그것만으로는 설명이 안 된다. 주님이 루터를 붙드시고 인도하시며 함께 하셨기 때문에 그가 승리했음을 잊어서는 안 된다. 주님이 함께 하지 않으시면 인간은 포도나무에서 끊어진 가지와 같아서 아무 것도 할 수 없다(요 15:5). 바울은 자기가 다른 사도들보다 일을 더 많이 한 것은 자기가 잘나서가 아니라 "나와 함께하신 하나님의 은혜" 때문이라 했다(고전 15:10).

■ 기 도 ■ 루터와 함께 하시어서 승리케 하신 주님, 저희와도 함께 하셔서 승리하게 하시고 더욱 영광돌리게 하옵소서. 예수님 이름으로 기도드립니다. 아멘.

■ 십계명 ■   참 교회의 표준 10가지

    1. 참 교회는 신관이 확실해야 한다
    2. 참 교회는 인생관이 옳아야 한다
    3. 참 교회는 기독론이 뚜렷해야 한다
    4. 참 교회는 구원관이 철저해야 한다
    5. 참 교회는 내세관이 명확해야 한다
    6. 참 교회는 계시성이 특수해야 한다
    7. 참 교회는 윤리 도덕성 이상이어야 한다
    8. 참 교회는 보편성이 차별이 없어야 한다
    9. 참 교회는 성서관이 분명해야 한다
  10. 참 교회는 영원성이 보장되어야 한다

■ 예 화 ■   틴데일의 순교

    금년은 틴데일(William Tyndale)의 순교 470주년이다.
    1535년, 그는 영국 법정에 의해 사형 언도를 받고 화형에 처해졌다. 그의 죄목은 성경을 영어로 번역했다는 것이었다. 그의 높은 학문을 아까워하는 영국 법정은 고위 관리를 보내 회유했다. "지금이라도 성경 번역을 중단하라. 지난 행위가 잘못이었다고 한 마디만 해 달라. 그럼 사형은 취소될 것이다."
    틴데일은 이렇게 대답했다. "지금 내가 살고 죽는 것은 문제가 되지 않습니다. 오늘 저 밭에서 소를 몰고 있는 소년이 당신보다 성경 말씀을 더 많이 아는 날이 올 것입니다. 그것이 하나님의 뜻이라고 나는 믿습니다." 신부나 학자만 성경을 읽는 것이 하나님의 뜻이 아니라 영어를 아는 모든 국민이 성경을 직접 읽는 것이 하나님의 뜻이라는 대답이었다.
    틴데일은 신학고 철학과 언어학에 통달한 학자로서 좀더 쉽게 예수님을 믿었다면 돈도 벌고 명예도 얻고 불 속에서 타죽지도 않았을 것이다. 그러나 그는 가룟 유다처럼 현실주의, 현금주의자가 아니었다. 오늘보다 내일을 바라보았고, 자기의 이익보다 많은 사람의 유익을 생각했으며, 인간 편에 선 것이 아니라 하나님 편에 서서 생각하고 판단하고 행동했던 것이다. 그것이 그리스도를 따라가는 헌신의 길이다.
    틴데일이 죽을 때 마지막으로 외친 말은 "하늘나라에 이르는 길은 이 길밖에 없다.(There is no other way into the Kingdom.)"라는 말이었다.

절기 · 종교개혁

루터의 종교 개혁

■ 찬 송 ■ ♪384, 383, 390, 397

■ 본 문 ■ 그런즉 자랑할 데가 어디뇨 있을 수가 없느니라 무슨 법으로냐 행위로냐 아니라 오직 믿음의 법으로니라 … 【롬 3:27~31】

■ 서 론 ■ 신대륙 발견자인 콜럼부스는 "남이 하는 것을보고 모방하는 것은 누구나 할 수 있지만 다른 사람이 하기 전에 먼저 개혁하는 일은 아무나 할 수 있는 일이 아니다."라고 했다. 루터의 종교개혁의 핵심은?

■ 말 씀 ■

I 오직 성경 중심 / Sola Scriptura

루터가 종교개혁에 성공할 수 있었던 첫째 요인은 그가 철두철미하게 말씀 즉 성경 위에 굳게 서 있었기 때문이다. 그는 당시 가톨릭의 관행적인 신앙을 거부하고 성경에 입각한 새로운 신앙을 주장했다. 그가 가톨릭 세력의 파문과 출교는 물론 생명에 대한 위협까지도 무서워하지 않고 끝까지 버틸 수 있었던 것은 그가 철저하게 성경말씀 위에 서 있었기 때문이다. 성경에 바로서야 진실하고 확실한 신앙을 가질 수 있다.

II 오직 믿음 중심 / Sola Fide

루터는 어떤 종교적 의식이나 형식이 아닌 성경에 대한 확신 위에 서 있었다. 이것이 바로 그가 승리한 두번째 요인이다. 승리하는 믿음은 어디서 오나? 성경이 하나님의 말씀이며 유일한 진리임을 확신할 때 생긴다. 루터는 그 많은 성구 가운데서도 "오직 의인은 믿음으로 살리라"는 말씀을 확신했다(롬 1:17, 합 2:4). 루터는 어떤 종교적 의식이나 형식이 인간을 의롭게 하지 못하고 오직 진실한 믿음만이 의롭게 한다고 확신했다.

III 오직 은혜 중심 / Sola Gratia

죄많은 인간이 어떻게 죄사함을 받고 의인이 될 수 있나? 당시 가톨릭은 행위를 강조했다. 그러나 루터는 행위로서는 의롭다하심을 받을 수 없음을 알았다. 하나님의 은혜가 없이는 어느 누구도 구원받을 수 없고 의롭게 될 수 없음을 확신했다. 그러니 의식과 행위를 강조하는 당시 가톨릭 세력과 충돌하지 않을 수 없었다. 인간의 힘으로 이루려는 의는 마치 "더러운 옷"과 같아서(사 64:6) 인간을 절대로 하나님 앞에 세울 수 없다.

■ 기 도 ■ 루터와 함께 하셔서 승리케 하신 주님, 저희로 하여금 말씀과 은혜위에 굳게 서계하여 주옵소서. 예수님 이름으로 기도드립니다. 아멘.

■ 해 설 ■ 오직 믿음으로

　　1505년, 마틴 루터는 독일 에르프르트(Erfurt)에 여행중이었다. 청년 루터는 숲길을 걸으며 몹시 고민하고 있었다. "내가 하나님의 심판대 앞에 설 때 과연 나는 하나님의 인정을 받을 만한가?" 하는 신앙생활의 고민이었다. 이 때 갑자기 천둥과 벼락이 치기 시작했다. 벼락 맞은 나무가 곁에서 쓰러지며 불이 붙었다. 너무 두려운 나머지 루터는 비명을 지르며 하나님께 서약해 버렸다. "살려 주소서! 이 벼락의 늪에서 살려 주시면 내 평생을 성직자로서 살겠나이다!"

　　급하면 이런 약속쯤 하는 사람이 많으나, 루터는 너무나 진실한 청년이었기에 법률 공부를 중단하고 성직자의 길을 택하였다. 루터는 수도원에서도 매우 철저한 수도사였다. 그는 다른 수도사들보다도 더 열심히 금식하고, 더 열심히 기도하고, 더 열심히 성경을 읽었다. 또한 더 열심히 금욕생활을 실천하였으나 철저하면 철저할수록 죄책감은 더 심해지고 하나님 앞에서 두려운 생각만 더해 갔다.

　　이런 수도원 생활을 7년 동안 하였을 때 그에게 로마에 갈 기회가 주어졌다. 공식적 출장 여행이므로 교황을 직접 만나볼 수 있는 영광의 기회였다. 그는 가톨릭교회의 성지인 로마에 가서 많은 성직자와 교황을 만나고 대성당들을 순례하면, 큰 은혜를 받고 자신의 고민이 해결될 것으로 믿으며 설레이는 가슴으로 로마를 향했다.

　　그러나 결과는 정반대였다. 교황청의 부패와 교회의 물질적 부패상을 목격한 그는 더 심한 혼란과 고뇌에 빠져 '거룩한 계단(Scala Sancta)'을 오르기 시작했다. 계단마다 그 돌에 입을 맞추고 죄를 회개하며 실망과 허무와 고민을 부르짖으면서 무릎으로 계단을 오르고 있을 때 갑자기 머릿속에 성경 말씀 한 구절이 떠올랐다.

　　"오직 의인은 믿음으로 말미암아 살리라"(롬. 1:17).

　　그는 이 말씀과 이와 유사한 말씀을 수없이 읽었으나 이토록 놀라운 깨달음은 처음이었다. "무엇 때문에 내가 이 돌계단을 올라야 하나? 내가 왜 고행하고 고민해야 하나? 하나님 앞에 의롭다 칭함을 받는 것은 오직 믿음으로 된다는 이 말씀을 나는 왜 지금까지 깨닫지 못했을까?"

　　이 순간부터 루터의 종교 개혁이 시작된 셈이다. 루터는 이렇게 고백한다. "그 순간은 하늘이 열려 낙원에 들어가는 심정이었다."

　　루터의 역사적 공헌은 많다. 루터의 성경전서 독일어 번역은 독일 문학사의 찬란한 금자탑이며, 그는 작은 팜플렛부터 큰 책까지 4백 권의 저서를 남겼고, 예배 시간에 다 함께 노래하는 회중 찬송을 작시하였다. 찬송시도 125편을 썼는데 우리 찬송가에도 "내 주는 강한 성이요"(384장)가 들어 있다.

절기 · 종교개혁

오직 믿음으로

■ **찬 송** ■ ♪340, 384, 539, 456

■ **본 문** ■ 형제들아 내가 여러 번 너희에게 가고자 한것을 너희가 모르기를 … 【롬 1:13~17】

■ **서 론** ■ 영국의 역사가 제임스 A. 프로드는 "우리는 설마속에 살 수 없다. 우리가 용감하게 살 수 있고 평안히 죽을 수 있는 믿음은 확실한 믿음이다."라고 했다. 오직 믿음으로써 성도는 구원을 얻었으매 이것은?

■ **말 씀** ■
I 이는 율법의 한계성을 교훈함
바울은 선언한다. "오직 의인은 믿음으로 말미암아 살리라"고(17절). 당시 사람들은 율법을 행함으로 의롭게 된다고 믿고 있었다. 이에 대하여 의심을 품는 사람은 없었다. 그러나 바울은 주님의 죽으심과 부활하심의 참뜻을 깨달은 다음부터는 율법은 인간을 의롭게 할 수 없고 오직 주님을 믿음으로 의롭게 되는 진리를 깨닫게 되었다. 율법은 인간을 구원하는 데 무력하다. 왜냐하면 인간은 아무도 그것을 완벽하게 지킬 수 없기 때문이다.

II 이는 구원의 은혜성을 교훈함
그러면 더러운 죄인이 어떻게 의롭게 될 수 있나? 그것은 하나님의 은혜가 아니고는 안 된다. 하나님은 인간을 구원하기 위하여 독생자를 보내주셨고 독생자는 인류를 위한 속죄제물로 죽으셨다. 이제 인간은 자신의 노력으로서가 아니라 하나님이 은혜로 예비하신 구원을 받아들이면 된다. 하나님의 은혜가 아니면 어느 누구도 구원받을 수 없다. 그럼에도 불구하고 인간들은 하나님이 예비하신 구원을 받아들이기 보다 자신의 노력으로 의를 이루려 한다.

III 이는 믿음의 유일성을 교훈함
결국 인간이 죄에서 벗어나 의롭다 하심을 받으려면 예수님을 믿는 수밖에 없다. 주님은 인류를 구원하려고 죄인이 되시어 십자가에 못박혀 죽기까지 하셨다. 의는 예수께서 이루셨으니 우리는 이 사실을 단순히 믿음으로 받아들이면 된다. 그런데도 어리석은 인간들은 자신의 힘으로 의를 이루어야 한다고 생각한다. 또 자기의 힘으로 그것을 이룰 수 있다고 확신한다. 이것은 표범이 스스로 반점을 변하게 할 수 있다고 자신하는 것처럼 어리석은 일이다(렘13:23).

■ **기 도** ■ 더러운 죄인이 의롭게 될 수 있는 길을 열어주신 하나님 아버지, 우리로 하여금 그 의를 기쁨으로 받아들이게 하옵소서. 예수님 이름으로 기도드립니다. 아멘.

■ 십계명 ■　종교개혁 주일에 생각하는 10가지 오류

1. 예수님보다 마리아가 더 숭배의 대상이 되었다
2. 주님의 복음보다 모세의 율법에 치우쳤다
3. 믿음으로 구원보다 인간의 선행공로가 더 강조되었다
4. 하나님이 엄히 금하신 조각화상이나 제사상을 만들어 숭배했다
5. 인간 죄인 교황은 오류가 없고 무오하다고 주장했다
6. 면죄부를 매매했는데 이것을 사면 죽은 자가 연옥에서 구원받는다고 했다
7. 당시의 교황이나 사제나 신부들의 타락상이 만연했다
8. 교황이 정치 위에서 왕을 임명, 폐위시키는 권세를 남용했다
9. 하나님의 말씀보다 인간의 법이 우선되었다
10. 영적인 깨우침보다 물질만능주의가 팽배했다

■ 예 화 ■　종교 개혁의 노래

　　종교 개혁자 마틴 루터의 일화다.
　　루터는 종교 개혁의 성패를 최종적으로 결정하게 될 그 유명한 최후의 논쟁을 위하여 버므스의 거리를 행진하고 있었다. 사실 무너질래야 무너질 수 없는 거대한 가톨릭 교회를 생각할 때 루터의 마음은 불안에 싸일 수밖에 없었다.
　　거리의 군중들은 침묵하며 루터의 걷는 모습을 지켜보고 있었다. 무거운 고요 속에 보도를 걷는 루터의 발자국 소리만이 적막하게 메아리치고 있었다.
　　이 때 갑자기 어느 집 창문에서 또렷또렷한 여자의 음성이 울려나왔다.
　　"루터 씨, 남자답게 행동하세요. 죽을 것을 염려하지 마세요. 몸은 죽어도 영원한 생명이 있습니다."
　　이 순간 루터의 얼굴은 태양처럼 밝아졌다. 루터는 자신에 넘치는 걸음걸이로 토론장을 향하여 전진했다.
　　루터는 사람의 일을 생각하는 것보다 죽음이 기다려도 하나님의 일을 택하였던 것이다. 그 결정이 종교개혁이란 대업을 이루게 했다.

절기·종교개혁

새롭게 된 성도

■ 찬 송 ■ ♬ 342, 340, 463, 300

■ 본 문 ■ 너희는 유혹의 욕심을 따라 썩어져 가는 구습을 좇는 옛 사람을 벗어 버리고 … 【엡 4:22~24】

■ 서 론 ■ 미국의 목사 헨리 W. 비쳐는 "그리스도인은 좀 더 훌륭하게 되려는 정직한 목적을 위하여 그리스도에게 보내어 공부하도록 자신을 맡겨놓은 죄 많은 사람에 불과하다."라고 했다. 새로운 피조물인 성도는?

■ 말 씀 ■

I 이는 옛 사람의 부패성을 증거함

인간이 거듭나기 전의 상태는 어떤가? "유혹의 욕심을 따라 썩어져 가는" 존재라고 바울은 진단한다(22절). 이 진단 앞에 나는 아니다 라며 나설 자가 있을까? 만일 있다면 이보다 어리석고 미련한 자는 없을 터이다. 아담이 선악과를 따먹는 순간 인간은 돌이킬 수 없는 절망의 나락에 떨어졌다. 완전히 썩은 생선처럼 부패한 자가 되었다. 여기서 무엇을 시도하고 무엇을 기대할 수 있으랴. 중생하지 못한 자는 지금도 여전히 그런 상태에 있다.

II 이는 거듭남의 중요성을 강조함

인간은 스스로의 노력으로 점진적인 개선을 통하여 온전한 인간이 될 수 있다고 큰소리친다. 하지만 이 얼마나 오만하고 어리석은 일인가? 이미 부패한 시신이 어떻게 스스로의 힘으로 살아날 수가 있다는 것인지 도무지 이해가 되지 않는다. 이미 죽어 부패한 나사로가 '일어나라' 는 주님의 말씀으로 살아난 것처럼 죄로 부패된 인간은 주님의 능력으로 다시 태어나지 않으면 안 된다. 인간이 왜 거듭나야 하는지를 알 수 있다.

III 이는 성도의 새 생활을 교훈함

성도는 주님을 믿음으로 거듭난 것을 믿는 자들이다. 아직도 거듭나지 못했다면 성도라고 할 수 없다. 거듭난다는 것은 "심령으로 새롭게" 된 것이고(23절) "새 사람"을 입는 것이다(24절). 그렇다면 새 생활이 이루어지지 않으면 안 된다. 새 생활이 이루어지지 않는다면 그의 믿음과 중생은 의심을 받을 수밖에 없다. 포도나무에 붙어있는 가지라면 포도를 맺는 게 당연하다(요 15:1-5). 거듭난 사람에게서 희미하게나마 주님의 모습을 볼 수 있어야 한다.

■ 기 도 ■ 썩을대로 썩은 인간을 거듭나게 하시는 주님, 이제 거듭난 저희로 하여금 그에 합당한 열매를 맺게 하옵소서. 예수님 이름으로 기도드립니다. 아멘.

■ 십계명 ■   오늘의 기독교인이 깨달을 10가지 위기

1. 나의 불신앙적 행위 때문에 하나님의 도움을 받을 수 없다
2. 하나님 중심으로 살아야 할 사람이 자기 중심으로 살 때 온다
3. 자기가 변화되어야 하는데 도리어 하나님을 변화시키려고 한다
4. 자기를 그대로 두고 남의 죄를 찾으려 할 때 생긴다
5. 타성에 젖어 굳어진 습관적인 신앙생활을 할 때 생긴다
6. 항상 나는 옳고 괜찮다고 여길 때 위기가 온다
7. 하나님의 말씀에서 벗어나 이탈할 때 생긴다
8. 사단으로부터 오는 시험인 것을 깨닫지 못할 때 생긴다
9. 기도해서 별것이 없더라고 체념할 때 생긴다
10. 감사를 잃어버리고 불평 불만할 때 생긴다

어떤 교회에서 실망한 10가지 이유

1. **신용이 없다**
    (돈을 빌려 쓰고는 잘 갚지 않는다)
2. **세상 법에 어긋난 일을 한다**
    (뇌물을 좋아한다. 질서를 지키지 않는다)
3. 교회 안에서 자기 사업을 위해 교인을 이용한다
4. 믿음과 행동이 다르다
5. 개인적인 비밀을 누설한다
6. 잘 알지도 못하면서 함부로 비방한다
7. 인색하고 욕심이 많고 매우 이기적이다
8. 직분을 가진 이들이 대접받기를 좋아한다
9. 하나님께 드린 헌금을 바르게 사용하지 않는다
10. 성도가 직장에서 각종 문제를 일으킨다

■ 명 상 ■   나는 나 자신을 위해서가 아니라 남을 위해 살아야 한다고 생각하고 있다. 그것이 중류층의 도덕이다.

- 죠지 버나드 쇼 (영국 극작가) -

절기 · 성서주일

성도와 계시의 말씀

■ 찬 송 ■ ♪235, 238, 313, 241

■ 본 문 ■ 예수 그리스도의 계시라 이는 하나님이 그에게 주사 반드시 속히 될 일을 그 종들에게 보이시려고 그 천사를 … 【계 1:1~3】

■ 서 론 ■ 미국의 16대 대통령 아브라함 링컨은 "성경을 늘 펴고 있으라. 그대의 천국 가는 길은 늘 펼쳐 있을 것이다."라고 했다. 성도는 하나님의 계시의 말씀에서 무엇을 찾아야 하나?

■ 말 씀 ■

I 말씀에서 하나님의 뜻을 찾자

성경은 살아계신 하나님의 말씀이다. 이를 조금이라도 의심한다면 하나님의 자녀가 아니다. 우리는 성경에서 하나님이 기뻐하시는 일과 싫어하시는 일이 무엇인지 알 수 있다. 다시 말하면 우리는 성경에서 하나님의 뜻을 알 수가 있다. 이 얼마나 놀라운 일인가? 성경 밖에서도 하나님의 뜻을 알 수 있다고 한다면 이는 사이비나 이단임에 틀림없다. 오직 성경만이 그 말씀을 통하여 하나님의 마음과 뜻을 계시한다. 이래서 성경은 가장 귀하다.

II 말씀을 믿고 행하자

우리가 성경을 하나님의 말씀으로 인정하는 것에 머물러서는 안되고 추호도 의심없이 믿어야 한다. 만일 성경을 하나님의 말씀으로 믿지 않으면 우리는 성경에서 아무 유익도 얻지 못할 것이다. 하나님의 말씀을 믿지 않는 것은 하나님을 믿지 못하는 것과 같다. 이 얼마나 무서운 죄인가? 성경을 온전한 하나님의 말씀으로 믿지 않는 자들은 그 죄를 통절히 회개해야 한다. 인간의 말을 불신해도 기분이 나쁜데 하물며 성경을 불신한다면 어떻게 되겠나?

III 말씀에 나타난 하나님의 뜻을 굳게 지키자

성경을 하나님의 말씀으로 믿는 것만 해도 복된 일이지만 실천하지 않으면 아무 소용없다. "이 예언의 말씀을 읽는 자와 듣는 자들과 그 가운데 기록한 것을 지키는 자들이 복이 있나니"(3절). 하나님의 말씀을 듣고 지키지 않으면 모래 위에 집을 짓는 어리석은 자와 같다 하셨다(마 7:24). 문제는 실천이다. 실천이 없는 믿음은 영혼없는 몸처럼 죽은 것이라고 한다(약 2:26). 이제 말은 그만하고 몸으로 실천하자.

■ 기 도 ■ 인간에게 성경을 주신 주님, 우리로 하여금 그 말씀을 잘 듣고 믿으며 실천하고 순종하게 하옵소서. 예수님 이름으로 기도드립니다. 아멘.

■ 십계명 ■   앞 일을 모르는 인생의 10가지 의혹

　　1. 인생은 자기의 앞 일을 모른다
　　2. 인생은 자기의 장래를 모른다
　　3. 인생은 자기의 죽음을 모른다
　　4. 인생은 자기가 얼마를 살지를 모른다
　　5. 인생은 자기가 어디서 죽을 것을 모른다
　　6. 인생은 자기가 언제 죽을 것을 모른다
　　7. 인생은 자기가 어떻게 죽는 것을 모른다
　　8. 인생은 자기가 어디서 온 것을 모른다
　　9. 인생은 자기가 어디로 갈 것을 모른다
　　10. 인생은 자기를 모르기 때문에 하나님과 말씀을 의지해야만 산다

■ 예 화 ■   나를 구한 것은 성경

　　미국 역사상 감사장을 제일 많이 받은 사람은 데일 로저스(Dale Evans Rogers) 여사로 알려졌다.
　　그녀는 녹음 예술(recording art)과 TV, 영화에서 상당한 성공을 거두어 편하고 재미있게 살 수 있었지만 고아와 버림받은 아이들, 정신지체아 등 불행한 어린이들을 돕기 위한 자선 모금 행사를 무려 5천 번 이상이나 개최, 주관하였던 것이다.
　　그녀는 「어려운 때의 하나님(God in Hard Times)」이란 저서에서 이렇게 말하였다.
　　"나는 마약에도 빠졌었고 인생의 밑바닥까지 떨어져 쓰레기같이 되었었다. 나를 구한 것은 성경이었다. 성경 속의 인물들은 모두가 어려움을 신앙으로 극복한 사람들의 이야기다. 나는 그들에게서 격려를 받았다. 어려운 때를 이길 수 있는 해독제는 예수 그리스도이다(An antidote of the hard times is Jesus Christ.)."
　　로저스 여사는 자기만을 위한 독립선언서를 찢어버리고 하나님의 종으로서 자기를 종속시킨 것이다.

절기 · 성서주일

하나님의 말씀인 성경

■ 찬 송 ■ ♪234, 235, 241, 238

■ 본 문 ■ 또 네가 어려서부터 성경을 알았나니 성경은 능히 너로 하여금 … 【딤후 3:15~17】

■ 서 론 ■ 영국의 시인 존 밀턴은 "시온의 노래에 견줄 노래가 없고, 선지자들에게 견줄 웅변이 없으며, 성서가 가르치는 정치학에 견줄 것이 무엇이랴."고 했다. 하나님의 말씀이신 성경, 이것은?

■ 말 씀 ■

I 우리를 구원으로 인도하는 성경

성경은 어떤 책인가? 바울은 인간을 구원으로 인도하는 책이라고 한다. "그리스도 예수 안에 있는 믿음으로 말미암아 구원에 이르는 지혜가 있게 하느니라"(15절). 인간이 구원받으려면 그리스도를 알아야 하고 믿어야 한다. 성경은 그리스도가 누구이며 무슨 일을 했는지 밝히며 왜 그 분을 믿어야 하는지 또 어떻게 믿어야 하는지를 알려주는 유일한 책이다. 이것이 바로 성경이 다른 종교의 경전과 두드러지게 다른 특징이기도 하다.

II 우리의 인생에 유익한 말씀인 성경

인생은 짧을 뿐 아니라 대단히 연약하다. 오늘 무슨 일이 일어날지 전혀 모르는 채 하루 하루 살아간다. 그러므로 인생을 어떻게 살아야 하는지를 아는 지혜가 필요하다. 성경은 바로 그 요긴한 지혜를 준다고 바울은 말한다. "교훈과 책망과 바르게 함과 의로 교육하기에 유익하니"(16절). 성경은 인간이 죽은 다음 천국에 가는 방법만 알려주는 게 아니고 현실의 삶을 어떻게 살아야 하는지를 가르쳐 주는 인생의 필수적인 지침서이기도 하다.

III 우리가 선한 일을 행하도록 무장시키는 성경

성경은 인간으로 하여금 "선한 일을 행하기에 온전케"하는 책이다(17절). 인간은 예수님을 믿음으로 구원받으면 그것으로 다 되는 게 아니다. 구원받은 다음에는 선한 일을 행해야 하는데 진정으로 선한 일은 무엇이며 그것을 어떻게 행해야 하는지까지도 가르쳐 주는 게 바로 성경이다. 성경은 인간이 선행으로 구원받을 수는 없지만 구원받은 그리스도인이라면 선행은 반드시 필요하다고 강조한다. 이는 사후에 받을 상급과 관련된다(고후 5:8-10).

■ 기 도 ■ 우리 인류를 사랑하사 성경을 선물로 주신 아버지 하나님, 저희로 하여금 그 귀한 성경을 애독하고 실천하게 하옵소서. 예수님 이름으로 기도드립니다. 아멘.

■ 십계명 ■   성경에 대한 10가지 신앙

1. 성경은 절대적으로 하나님의 말씀이다
2. 성경은 성령으로 감동되어 기록된 하나님의 말씀이다
3. 성경은 오직 예수 그리스도를 증거한 말씀이다
4. 성경은 예수를 통한 구원과 영생의 말씀이다
5. 성경은 인생의 삶을 가르친 삶의 교과서이다
6. 성경은 인생을 천국으로 인도하는 안내서이다
7. 성경은 모든 인생에서 영생을 주는 생명의 양식이다
8. 성경은 모든 원수와 대적을 이기는 성령의 검이다
9. 성경은 모든 믿는 자에게 위로와 평강과 소망을 주는 말씀이다
10. 성경은 세세무궁토록 영원히 있는 하나님의 말씀이다

■ 예 화 ■   4백 년 간 베스트셀러

동경에서 구두를 닦는 50대 아주머니가 성경을 읽고 있는 것을 보았다. 기독교 신자냐고 물었더니 아주머니는 아니라고 대답하였다. "그러나 세계 인류의 약 절반이 이 책의 영향으로 문화와 가치관을 세웠다고 하니 한번쯤은 읽어봐야겠다."라고 말했다.

사실 그렇다. 서양의 도덕, 철학, 예술, 가치관 등이 이 한 권의 책에서 나와 아시아, 아프리카와 전세계로 퍼져 가고 있으니 비신자라도 한 번쯤은 읽을 가치가 있다.

성경은 지난 4백 년 간 베스트셀러였다. 1,200 종류의 번역판이 나왔다. 미국의 경우에는 28개의 언어로 날마다 10톤의 성경이 인쇄되고 있다.

1980년대를 '성경의 10년' (Bible Decades)이라고 부른다. 전세계적으로 '70년대에 비해 3배나 되는 성경이 판매되었다.

공산권만 하더라도 러시아에서 1천만 권, 중국에서 4백만 권이 보급된 10년이었다. 미국의 경우 작년 1년 동안 2억 달러 어치의 성경이 팔렸다고 한다.

우리는 세계 역사상 가장 많이 성경을 읽는 시대에 살고 있다. 이런 시대를 살았던 기념으로라도 한 번쯤은 신구약 통독을 해야 하지 않겠는가!

절기·성서주일

말씀 안에 거하라

■ 찬 송 ■ ♪374, 234, 235, 238

■ 본 문 ■ … 이는 하나님의 사람으로 온전케 하며 모든 선한 일을 행하기에 온전케 하려 함이니라【딤후 3:14~17】

■ 서 론 ■ 미국의 목사인 존 드와이트는 "성경은 희망의 창문이다. 그 창문을 통하여 우리는 영원한 세계를 바라본다."라고 했다. 죽는 순간까지 성도가 의지할 책은 성경밖에 없다. 성도가 말씀안에 거하는 이유는?

■ 말 씀 ■

I 성경은 하나님의 감동으로 된 것임

성경은 어떤 경전인가? 다른 종교의 경전과 다른 점은 무엇인가? 그 차이점은 하나님의 영감(靈感)이 있는지의 여부이다. 바울은 성경이 "하나님의 감동으로" 기록된 책이라고 한다(16절상). 그럼 다른 종교의 경전들은? 물론 그것은 인간들의 기록일뿐 하나님의 감동과는 아무 상관도 없다. 성경과 타종교의 경전들은 이렇게 근본적, 본질적 차이가 있다. 이 차이점은 어떤 인위적인 노력으로도 무너뜨릴 수 없다. 성경은 그래서 하나님의 말씀이다.

II 성경은 구원에 이르게 하는 지혜가 있음

성경이 다른 종교의 경전들과 다른 점은 "구원에 이르는 지혜"가 담겨 있다는 것이다(15절하). 인간은 구원받아야 할 존재다. 그 까닭은? 인류의 시조인 아담과 하와의 범죄와 타락으로 인하여 모든 인간은 한 사람의 예외도 없이 모두 죄인이 되었기 때문이다(롬 3:9-12). 죄의 삯은 사망이다(롬 6:23). 여기서 구원받지 못하면 하나님의 심판을 피할 수 없다. 그런데 성경이 구원받는데 필요한 지혜를 제공한다니 이 얼마나 감사한 일인가.

III 성경은 하나님의 사람으로 온전케 함

성경이 다른 종교의 경전들과 다른 점이 또 있다. 그것은 "하나님의 사람으로 온전케"한다(17절상). 타종교의 경전들도 인간을 온전하게 만드는 능력이 있다고 주장하지만 그것들은 인간의 죄문제를 해결하지 못한다. 그러나 성경은 인간의 죄문제를 완전히 해결하되 하나님 앞에 의로운 자로 설 수 있도록 방법을 제시한다. 그것은 그리스도를 믿음으로써만 가능한 일이다(15절중). 성경을 타종교의 경전과 동일시하는 것은 용서받지 못할 죄악이다.

■ 기 도 ■ 우리에게 성경을 선물로 주신 하나님 아버지, 우리에게 그 귀한 성경을 깨달을 수 있는 지혜와 실천할 수 있는 능력을 주시옵소서. 예수님 이름으로 기도드립니다. 아멘.

■ 십계명 ■   하나님 말씀에 있는 10가지

　　　　1. 하나님의 말씀에는 매력이 있다
　　　　2. 하나님의 말씀에는 인격이 있다
　　　　3. 하나님의 말씀에는 역사가 있다
　　　　4. 하나님의 말씀에는 생명이 있다
　　　　5. 하나님의 말씀에는 은혜가 있다
　　　　6. 하나님의 말씀에는 축복이 있다
　　　　7. 하나님의 말씀에는 능력이 있다
　　　　8. 하나님의 말씀에는 운동력이 있다
　　　　9. 하나님의 말씀에는 감동력이 있다
　　　　10. 하나님의 말씀에는 창조가 있다

■ 예 화 ■   조지 뮬러의 힘

　　조지 뮬러 목사(1805~1898)는 영국에서 3천 명 이상의 고아를 돌본 사람으로 '사랑의 아버지'란 칭호를 받은 분이다.
　　"어떻게 그런 엄청난 일을 할 수가 있었습니까?" 하는 질문에 그는 이렇게 대답했다.
　　"나는 평생에 성서를 백 회 통독했습니다. 그러나 한 번도 싫증이 난 일은 없습니다. 읽을 때마다 새로웠고 읽을 때마다 힘을 얻고 희망을 얻었습니다. 이것은 나의 54년 간의 경험으로 말하는 것입니다.
　　나는 예수를 믿고 처음 3년 간 성경을 안 읽었습니다. 그 때 나는 신자로서의 기쁨도 사명도 느끼지 못한 죽은 크리스천이었습니다. 나는 그 2~3년간을 '잃어버린 시간'이라고 생각합니다. 영적 생활의 활력은 날마다 성경을 읽느냐 안 읽느냐 하는 문제와 정비례합니다. 성경 읽기를 일과로 할 수 있다면 그 이상의 은혜는 없을 것입니다."

■ 명 상 ■   대학 교육 없이 성경을 아는 지식이, 성경 없이 대학 교육을 받는 것보다 훨씬 더 가치가 있는 것으로 확신한다.
　　　　　　　　　　　　　　　　　　　　- 윌리엄 L.펠프스 (미국 예일대학 교수) -

절기 · 성서주일

하나님의 말씀

■ **찬 송** ■ ♪ 238, 235, 234, 241

■ **본 문** ■ 성령의 검 곧 하나님의 말씀을 가지라【엡 6:17】

■ **서 론** ■ 미국의 28대 대통령인 월슨은 "성경을 읽으면 우리는 그것이 하나님의 말씀임을 우리는 알게 될 것이다. 그것이 우리의 심령과 우리의 행복과 우리 자신의 의무에 대한 열쇠임을 발견하게 될 것이기 때문이다."라고 했다. 하나님의 말씀, 이는?

■ **말 씀** ■

I 하나님의 말씀은 검이다

성경은 무엇과 같은가? 검과 같다고 한다. 사람을 살해하는 검이 아니라 성령께서 선하게 쓰시는 검이다. 우선 이 검은 사단을 무찌르는 능력이 있다. 예수께서 사단의 시험을 받으실 때 일일이 "기록하였으되"하시면서 구약성경 말씀을 인용하시어 승리하셨다(마 4:1-11). 또 이 검은 인간의 "혼과 영과 및 관절과 골수를 찔러" 쪼개는 능력이 있다(히 4:12). 인간의 진정한 회개는 하나님의 말씀의 검에 찔릴 때 비로소 가능해 진다(행 2:37-39).

II 하나님의 말씀은 양식이다

성경 말씀은 꿀보다 더 단 양식이요(시 119:103), 필수영양소가 모두 들어 있는 젖이다.(벧전 2:2) 육체가 살기 위해서는 음식을 먹어야 하듯 인간의 영혼이 살려면 하나님의 말씀을 섭취하지 않으면 안 된다. 성경의 핵심은 예수 그리스도시다(요 5:39). 주님은 말씀하시기를 "내 살을 먹고 내 피를 마시는 자는 영생을" 갖는다고 하셨다(요 6:54). 성경은 예수님을 증거하고 예수님은 인간이 영생할 수 있는 양식이라고 증언한다. 성경은 영생의 책이다.

III 하나님의 말씀은 등불이다

시편 기자는 말하기를 "주의 말씀은 내 발의 등이요 내 길에 빛이니이다"라고 했다(시 119:105). 이 세상은 어둡다고 흔히 말한다. 또 인생을 어떻게 살아야 할지, 무슨 종교를 믿어야 할지 잘 모르겠다고 한다. 그러나 이제부터는 걱정할 필요가 없다. 왜? 빛이신 하나님의 말씀 즉 성경이 우리에게 있기 때문이다. 진정으로 성경이 하나님의 말씀이라고 믿는 자라면 성경이 가르치는대로 살려 할 것이니 그는 영생을 얻을 뿐아니라 밝은 대로를 걷게 된다.

■ **기 도** ■ 인간의 영혼이 구원받는 데 필요한 성경을 주신 주님, 저희로 하여금 그 말씀을 바로 깨닫고 믿으며 순종하게 하소서. 예수님 이름으로 기도드립니다. 아멘.

■ 십계명 ■   하나님의 말씀의 유익 10가지

1. 하나님의 말씀은 우리의 영혼을 깨끗하게 한다
2. 하나님의 말씀은 우리의 믿음이 생겨나도록 한다
3. 하나님의 말씀은 우리의 영혼을 소생케 하고 새롭게 한다
4. 하나님의 말씀은 우리의 영혼을 든든히 세워준다
5. 하나님의 말씀은 우리의 갈 길을 인도해 주신다
6. 하나님의 말씀은 우리에게 죄와 유혹을 이길 수 있는 힘을 주신다
7. 하나님의 말씀은 우리에게 지혜와 명철을 주신다
8. 하나님의 말씀은 우리의 모든 삶을 형통케 하신다
9. 하나님의 말씀은 우리를 가르쳐 온전케 하신다
10. 하나님의 말씀은 우리의 인생길의 삶의 원리가 되어 주신다

■ 예 화 ■   섬 전체를 살린 성경

200년 전 이야기이다. 영국에서 몹시 자유를 갈망하는 사람들이 플래처 크리스천(Fletcher Christian)이라는 지도자를 단장으로 하여 'Bounty' 란 단체를 만들었다. 그들과 그들의 가족은 남태평양 피트컨(Pitcairn) 섬에 가서 상당한 수의 인디언들을 설득하여 작은 공동 사회를 만들었다.

모든 구속에서 벗어나 자유롭게 살자는 취지였다. 그러나 불과 9년 뒤 집단 사회는 실패하였다. 보통 사회에서 일어나는 모든 일들이 이 작은 사회에서도 발생하였던 것이다. 열두 건의 살인, 폭력, 성도덕의 문란, 알콜 중독자 등의 문제가 있었다. 그 중 한 건의 자살 사건이 있었는데 그 장본인은 지도자인 플래처 크리스천이었다.

Bounty 집단 사회의 지도자 중 하나인 존 아담스(John Adams) 씨는 어느 날 창고를 정리하며 영국으로 돌아갈 준비를 하고 있다가 성경 한 권을 발견하였다. 9년 동안 아무도 읽지 않은 책이었다. 아담스 씨는 배가 오기를 기다리는 두 달 동안 성경을 읽었다. 그는 자기의 죄를 뉘우치고 구세주 예수를 다시 찾게 되었다. 그리하여 존 아담스는 배에 타지 않고 한 권의 성경을 들고 피트컨 섬의 전도자가 되었다.

니콜슨(R.B. Nicholson)이 쓴 존 아담스의 실화 전기 「피트컨 사람들(The Pitcairners)」에 이런 글이 나온다.

"피트컨 섬 사람들은 문명한 영국인들의 영향으로 불과 9년 사이에 술주정꾼들이 되고, 폭행자와 성적인 문란자들이 되었었다. 그러나 존 아담스가 발견한 책 한권은 아담스 자신뿐만 아니라 섬 전체가 소생하는 새 계기가 되었다."

절기 · 성탄절

시므온의 찬양

■ 찬 송 ■ ♪95, 27, 115, 123

■ 본 문 ■ 시므온이 아기를 안고 하나님을 찬송하여 가로되 주재여 이제는 말씀하신대로 … 【눅 2:28~33】

■ 서 론 ■ 영국의 시인 에드워드 영은 "찬양은 기도보다 더 거룩하다. 기도는 우리의 길을 하늘로 향하게 하지만 찬양은 이미 그곳에 있다."라고 했다. 아기 예수를 안고서 하나님의 섭리를 찬양한 시므온! 그의 찬양은?

■ 말 씀 ■

I 주의 구원을 보았다는 찬양

시므온은 아기 예수님을 팔에 안고 "내 눈이 주의 구원을 보았사오니"라고 했다(30절). 주님이 왜 이 세상에 오셔야 했나? 인간에게 구원이 필요했기 때문이다. 만일 인간에게 구원이 필요 없었다면 당연히 예수님은 오지 않으셨을 터이다. 주님이 왜 십자가에 못박혀 죽으셔야 했나? 인간의 구원을 이루시기 위해서였다. 주님이 왜 부활 승천하시고 이 땅에 다시 오시는가? 인간의 구원을 완성하시기 위해서다. 주님은 인간의 유일무이한 구원이시다.

II 예비된 비추는 빛을 받았다는 찬양

시므온은 예수님을 "만민 앞에 예비하신 것"이요(31절), "이방에 비추는 빛"이라고 했다(32절상). 이 세상은 너무 어두워 빛이 필요하다고 이구동성으로 말한다. 그러나 이제는 그런 걱정할 필요가 없다. 왜? 인생의 빛이신 주님이 계시기 때문이다. 주님은 빛들 중에 한분이 아니라 빛 그 자체이신 유일한 분이시다. 주님을 거부하고 불신하는 것은 빛을 거부하고 어두움을 선택하는 어리석은 짓이다. 빛을 옆에 두고도 어둡다고 하면 이 얼마나 어리석은 일인가.

III 주의 백성 이스라엘의 영광 앞에 섰다는 찬양

시므온은 계속해서 "주의 백성 이스라엘의 영광"이라고 예수님을 증거한다(32절하). 아담과 하와의 범죄와 타락은 하나님이 인간에게 주신 영광을 한꺼번에 잃게 했다. 그러면 남은 것은 무엇인가? 수치와 정죄, 심판과 멸망뿐이었다. 예수님은 아담이 잃은 것을 완전하게 회복시키러 오셨다. 이를 위해 그분은 죽음까지도 사양치 않으셨다. 그 결과 인간은 하나님의 자녀로 거듭날 수 있는 기회를 갖게 되었다. 주님을 믿으면 그 영광에 동참하게 된다.

■ 기 도 ■ 구원과 빛과 영광을 인간들에게 주기 위하여 오신 주님, 우리로 하여금 더욱 주님을 기쁘시게 하는 자들이 되게 하옵소서. 예수님 이름으로 기도드립니다. 아멘.

■ 십계명 ■　예수께서 오심으로써 생긴 10가지

1. 예수께서 오심으로 역사의 기원이 달라졌다
   (B.C.와 A.D 로, History-'그의 역사' 라는 뜻)
2. 예수께서 오심으로 역사의 주인공이 달라졌다
3. 예수께서 오심으로 인간의 죄씻음을 받았다
4. 예수께서 오심으로 인간의 죄가 용서함을 받았다
5. 예수께서 오심으로 인간의 구원의 길이 열렸다
6. 예수께서 오심으로 믿는 나라마다 선진국이 되었다
7. 예수께서 오심으로 이 땅에 주님의 몸된 교회가 세워졌다
8. 예수께서 오심으로 믿는 자마다 하나님의 자녀가 되었다
9. 예수께서 오심으로 우리들의 가정이 새로워졌다
10. 예수께서 오심으로 주님의 뜻이 교회를 통해 이루어졌다

■ 예 화 ■　사랑으로 오신 주님

예수님은 외양간 짐승의 밥통에서부터 그 생애를 시작하셨습니다. 나도 낮은 데로 내려가게 하소서.
예수님은 욕도 조롱도 참으셨습니다. 아픔도 배반도 끝까지 견디셨습니다. 나도 최후까지 참는 사랑을 주시옵소서.
가나에서 기쁨의 포도주를 만들어 주시고, 베다니에서 동정의 눈물을 쏟아 주신 주님. 나도 기쁨과 슬픔을 마음껏 나눌 수 있는 밝고 멋진 인간이 되게 해주소서.
맹인에게 빛을 주시고 누웠던 자를 일으키시며, 귀신들린 자들을 해방시키신 주님. 나도 돌보는 사랑, 고치는 사랑, 싸매는 사랑, 함께 걱정해 주는 사랑을 갖게 하옵소서.
하늘에는 평화 땅에는 기쁨! 예수 탄생의 그 노래가 내 노래가 되어 나도 평화롭고 너그럽게 살게 하소서.
십자가를 지시기까지 용서하신 주님. 나에게도 용서하는 사랑을 주시옵소서. 땀과 눈물과 마지막 방울의 피까지
나에게 아낌없이 주신 예수님, 나도 주는 사랑, 희생하는 사랑을 갖게 하소서. 사랑으로 오신 주님. 나를 사랑으로 만들어 주소서.
　　　　　　　　　　　　　　　　　　　　　　　- 아멘 -

절기·성탄절

동방 박사와 아기 예수

■ 찬 송 ■ ♬111, 115, 109, 120

■ 본 문 ■ 헤롯왕 때에 예수께서 유대 베들레헴에서 나시매 동방으로부터 박사들이 예루살렘에 이르러 말하되 … 【마 2:1~12】

■ 서 론 ■ 밀라노의 주교 성 암브로스는 "밀랍에 압인한 흔적이 그 압인의 형상을 그대로 표현한 것처럼 그리스도의 형상은 하나님의 형상을 그대로 표현한 완전한 모습이다."라고 했다. 말구유에 누인 이 아기 예수는?

■ 말 씀 ■

I 왕으로 오신 아기 예수

동방박사들이 예루살렘에 와서 "유대인의 왕으로 나신 이가 어디 계시뇨"라고 물었다(2절). 그들은 아기 예수님을 '왕' 이라 불렀다. 그들은 예수님을 바로 봤다. 예수님은 왕이시다. 그는 온 우주 만물을 다스리신다. 그는 현재뿐 아니라 영원히 다스리신다. 사단과 죽음도 다스리신다. 그는 죽으신지 사흘만에 다시 사셨다. 그는 이 세상에 다시 오셔서 전인류를 심판하신다. 과연 이런 왕이 예수님 말고 누가 있는가? 있을 수 없다.

II 예언으로 약속된 아기 예수

헤롯 왕은 또 다른 왕이 출현했다는 소식에 기분이 나빠 그를 제거하기로 결심한다. 성경에 밝은 대제사장과 서기관들에게 그가 어디서 출생할지를 물었다. 그들의 대답은 베들레헴이라며 구약 미가서 5장 2절을 즉각 인용한다(4-5절). 아기 예수님은 우연히 태어난 분이 아니다. 또 우리와 같은 순수한 인간인데 어느 날 갑자기 하나님의 아들이라고 주장한 분도 아니다. 그는 이미 탄생하시기 수백년 전에 출생지까지 예언된 구세주시요 하나님의 아들이시었다.

III 자기 백성을 죄에서 구원할 아기 예수

선지자 미가는 예수님을 "이스라엘의 목자"라고 칭했다(6절). 양에게는 목자가 필요하다. 인류는 길을 잃은 양이요 맹수에게 곧 먹힐 가련한 신세였다. 이런 형편에 처한 양이 목자가 될 수는 없다. 인간이 아무리 뛰어나도 인류의 목자, 인류의 구세주가 될 수 없는 이유를 알아야 한다. 죄없고 능력 많으신 하나님의 아들만이 인류의 진정한 목자가 될 수 있다. 주님은 "선한 목자"로 양들을 위하여 죽으심으로(요 10:11) 그들을 구원하셨다.

■ 기 도 ■ 정죄받고 멸망할 수 밖에 없는 인간들을 구원하기 위하여 오신 예수님, 아직도 불신하는 영혼들을 불쌍히 여기사 믿음을 주옵소서. 예수님 이름으로 기도드립니다. 아멘.

■ 십계명 ■ 구원받은 성도의 일상생활 10가지

1. 성도는 무슨 일, 어떤 상황에서도 예수를 믿는 믿음으로 살자
2. 성도는 범사에 감사하는 생활을 하자
3. 성도는 언행심사에 깊이 생각하고 생활하자
4. 성도는 모든 일에 부지런하고 규칙적으로 살자
5. 성도는 모든 씀씀이에 근검 절약 절제 생활을 하자
6. 성도는 항상 주 안에서 인생을 기쁘게 살자
7. 성도는 이웃 관계에서 친절과 사랑으로 더하자
8. 성도는 사람과의 관계에서 물질 문제에 신용이 있자
9. 성도는 윤리 도덕생활에서 이웃에게 본이 되게 하자
10. 성도는 가장 어려운 십자가는 내가 진다는 각오로 살자

■ 해 설 ■ 동방 박사

예수님의 탄생을 축하하러 동방에서 왔던 사람들을 성경에서는 '마고이'라는 희랍어로 부르고 있다(마 2:1~2). 이 마고이라는 말은 본디 '마구스'라는 바벨론어로부터 온 것으로 보인다.

마그이는 다양한 계층의 사람들을 가리키는데 여기서는 점쟁이, 예언가, 마술사, 그리고 점성술사들이 모두 포함되었다.

전설에 따르면 유향, 황금, 몰약을 가져온 이 동방 박사들의 이름이 '가스파르', '멜치오르', '발타샤르'라고 하지만 어디서 그 이름이 유래했는지는 아무도 모른다.

그리고 기본적으로 동방 박사가 세 사람이라는 것 역시 성경에는 언급되어 있지 않다. 다만 예물이 세 가지인 탓에 복수로 표시된 그들을 세 명으로 추정하고 있을 따름이다.

■ 명 상 ■ 나사렛 예수는 가장 훌륭한 목수지요. 인간의 삐걱거리는 영혼을 고쳐주는 목수이니까요.

- 어떤 목수 -

그리스도는 남겨두고 그리스도교는 가지고 가라.

- 간디 (인도 민족 지도자) -

절기 · 성탄절

예수를 맞이한 사람들

■ **찬 송** ■ ♪ 122, 115, 116, 117

■ **본 문** ■ 그 지경에 목자들이 밖에서 밤에 자기 양떼를 지키더니 … 【눅 2:8~20】

■ **서 론** ■ 독일의 종교개혁자 루터는 "나의 마음에 거하는 것은 루터가 아니라 오직 예수 그리스도 한 분뿐이시다."라고 했다. 메시야를 대망한 사람들은 한 가지 공통점이 있었으니 그것은 그 분을 맞이할 준비를 하고 있었다는 사실이다. 주님을 맞이하는 자는?

■ **말 씀** ■

I 하나님 말씀을 믿는 자가 예수를 맞이함

한밤 중 베들레헴 인근에서 양을 지키던 목자들에게 천사가 나타나 "오늘날 다윗의 동네에 너희를 위하여 구주가" 나셨다는 소식을 전했다(8-11절). 그들은 천사가 전한 말씀을 믿고 아기 예수님을 찾아가 경배했다. 구주가 태어나셨다는 소식은 그야말로 더할 수 없는 기쁜 소식이다. 예수님의 탄생을 알고 경배한 이들은 아주 극소수였다. 주님이 인류를 죄악에서 구원하셨건만 이 기쁜 소식을 아직도 불신하는 자들이 많다. 그들의 구원을 위해 기도하자.

II 자기 책무에 충실한 자가 예수를 맞이함

목자들은 한밤 중에 자기 양떼를 충실히 지켰다. 이때 그들은 메시야 탄생의 기쁜 소식을 들었다. 갈릴리 바다에서 부지런히 일하던 어부들이 제자로 뽑혔다. 세관에서 부지런히 일하던 세리가 주님의 제자가 됐다. 다윗 또한 자기 양떼를 성실히 돌보고 지키다가 이스라엘의 목자 즉 왕으로 선택되었다. 하나님 앞에서 일하기 싫어하고 꾀나 부리는 자는 설 자리가 없다. 우직하게 보여도 자기 직무에 충실한 자가 주님의 일에도 충실할 수 있다.

III 위로를 기다리는 자가 예수를 맞이함

목자들의 삶은 빈곤하고 고달팠다. 그들에게는 위로가 필요했다. 당시 인류의 형편이 꼭 목자들과 같았다. 이 세상에서 잘 살아보겠다고 발버둥치지만 결국은 죽어야 하고 한 줌의 흙으로 돌아가야 한다. 그 후에는? 하나님의 무서운 심판이 기다린다(히 9:27). 이런 인생들을 위로하고 구원하기 위하여 하나님은 독생자를 보내주셨다. 그분은 이 구원을 이루기 위하여 죽기까지 하셨다. 그런데도 아직까지 이를 믿지 않는 가련한 인생들이 많다.

■ **기 도** ■ 영원히 멸망할 인류를 구원하기 위하여 오신 주님, 주님을 거부하고 거역하는 저 영혼들을 불쌍히 여겨 주시옵소서. 예수님 이름으로 기도드립니다. 아멘.

■ 십계명 ■   예수님이 나의 주인이 되시는 10가지

1. 예수님은 내 인생의 영원한 주인이시다
2. 예수님은 내 인생의 생명의 주인이시다
3. 예수님은 내 인생의 영혼의 주인이시다
4. 예수님은 내 인생의 육신의 주인이시다
5. 예수님은 내 인생의 재산의 주인이시다
6. 예수님은 내 인생의 명예의 주인이시다
7. 예수님은 내 인생의 재능의 주인이시다
8. 예수님은 내 인생의 지혜의 주인이시다
9. 예수님은 내 인생의 지식의 주인이시다
10. 예수님은 내 인생의 삶의 주인이시다

■ 예 화 ■   평화의 아기

미국 선교사 리처드슨(Don Richardson) 내외가 인도네시아에 갔다. 그 때는 아직 자바(Java) 섬에 식인종이 있을 때였다.

그 곳에는 부족간의 싸움이 심했다. 그리고 서로 싸우다가 화해를 청할 때는 자기 마을의 갓난아기 하나를 상대편에 주는 관습이 있었다. 그들은 이 아기를 '평화의 아기'라고 불렀다.

리처드슨 선교사가 이 섬에 도착한 지 2년째 되던 해, 큰 부족간의 싸움이 시작되었고 오랫동안 화해의 기운이 없었다.

그러던 어느 날, 한 백인 부부가 아기를 안고 언덕에 나타났다. 대치하고 진을 치고 있던 양편 부족이 놀라움으로 이 광경을 지켜보았다. 리처드슨 선교사였다. 그들은 한 살 난 자신의 아들을 '평화의 아기'로 내놓은 것이다.

말없이 바라보던 양쪽 진영에서 함성이 터졌다. 증오의 소리가 아니라 평화를 기약하는 기쁨의 함성이었다.

그들은 아들을 바치는 백인 부부의 사랑을 깨달은 것이다. 이 사건은 전도의 문이 무겁게 잠겨 있던 인도네시아 자바 족에게 복음이 들어가게 되는 큰 동기가 되었다.

절기 · 성탄절

말씀이 육신이 되어

■ 찬 송 ■ ♪119, 120, 115, 121

■ 본 문 ■ … 말씀이 육신이 되어 우리 가운데 거하시매 우리가 그 영광을 보니 아버지의 독생자의 영광이요 은혜와 진리가 충만하더라 【요 1:1~14】

■ 서 론 ■ 미국의 성직자 카일러는 "그리스도에게 나아가는 발걸음은 의심을 없애는 것이요, 그분에 대한 생각이나 구원할 말이나 행동이 절망 속에 있는 당신을 구원할 것이다."라고 했다. 성육신에 내포된 의미는?

■ 말 씀 ■

I 이는 측량할 수 없는 하나님의 사랑을 보여줌

하나님의 아들이 육신을 입고 인간으로 태어나신다는 것은 상상할 수도 없는 일이다. 그럼에도 불구하고 이런 엄청난 일이 실현되었으니 이를 어떻게 해석해야 할까? 하나님의 사랑이 아니고는 이를 설명할 길이 없다. 하나님은 범죄와 타락으로 멸망할 인생들을 그처럼 불쌍히 여기셨고 사랑하셨다(요일 4:10). 아드님은 친히 죄인들을 위하여 죽기까지 하셨으니 어찌 이에서 더 큰 사랑을 바랄 수 있으랴. 하나님은 주실 수 있는 사랑을 인간들에게 모두 부어주셨다.

II 이는 계산 할 수 없는 하나님의 신비를 보여줌

하나님의 아들이 인간으로 태어나신다는 것은 신비중에 신비이다. 하나님의 능력이 아니고는 불가능한 일이다. 그러기에 많은 사람들은 이를 사실로 믿지 못하고 하나의 신화로 여긴다. 이것은 인간이 지혜로운 것 같아도 하나님의 말씀과 사랑을 불신하는 큰 죄를 추가하는 어리석은 행위일 뿐이다. 하나님의 독생자가 우리와 똑같은 인간이 되셨다는 것을 불가능하다고 단정하지 말고 하나님이 하시는 일이기에 가능하다고 믿자. 이것이 행복의 시작이다.

III 이는 예수 안에 열린 천국의 통로를 보여줌

예수님이 육신을 입고 이 땅에 오심으로써 천국의 통로가 열려졌음을 알 수 있다. 예수님은 그동안 감춰져 있던 하늘나라의 비밀들을 공개하셨다. 하나님을 아버지라 하셨고 인류를 형제라 부르셨다. 실제로 예수님이 별세하시자마자 성소와 지성소 사이를 가로막고 있던 휘장이 위로부터 아래로 찢어지는 역사가 일어났다(마 27:50-15). 하나님과 인간사이에 막혔던 담이 허물어지고 차단됐던 통로가 개방되었음을 상징한다. 이보다 더 큰 축복이 있으랴.

■ 기 도 ■ 더럽고 악한 인생들을 구원하기 위하여 친히 인간이 되신 주님, 아직도 이를 믿지 못하고 거역하는 영혼들을 불쌍히 여기시옵소서. 예수님 이름으로 기도드립니다. 아멘.

■ 십계명 ■ 교회의 주인 예수를 섬기는 10가지

1. 성도는 주님을 섬기는 마음으로 작은 일에도 섬깁시다
2. 성도는 주님을 섬기는 마음으로 변함없이 섬깁시다
3. 성도는 주님을 섬기는 마음으로 사랑으로 섬깁시다
4. 성도는 주님을 섬기는 마음으로 믿음으로 섬깁시다
5. 성도는 주님을 섬기는 마음으로 지성으로 섬깁시다
6. 성도는 주님을 섬기는 마음으로 감사함으로 섬깁시다
7. 성도는 주님을 섬기는 마음으로 찬양하며 섬깁시다
8. 성도는 주님을 섬기는 마음으로 기쁨으로 섬깁시다
9. 성도는 주님을 섬기는 마음으로 조용히 섬깁시다
10. 성도는 주님을 섬기는 마음으로 맡은 일에 충성으로 섬깁시다

■ 예 화 ■ 하나님의 계획

1809년 리버풀에서는 윌리엄 글래드스턴(William Gladstone-영국 재상, 비밀투표 등 민주정치 제창)이 태어났고, 시인 테니슨이 섬머스비 목사관에서 태어났으며, 미국 법조계의 거성 올리버 홈스(Oliver Wendell Holmes)가 매사추세츠에서 태어났고, 다윈(Charles Darwin)이 슈루즈베리에서 태어났으며, 링컨이 켄터키에서 태어났고, 악성 멘델스존은 함부르크에서 태어났다.

역사적으로 1809년을 평가할 때 나폴레옹이 승리를 거두었던 그 전쟁들과 그 해에 태어난 아름다운 아기들 중 어느 편이 더 귀중한가?

하나님의 계획은 인간들의 뉴스와 관심과는 별도로 움직인다. 한 쪽에서 전쟁의 피해가 생길 때, 다른 한 쪽에서는 인류의 희망이 되는 아름다운 아기들이 탄생되는 것이다.

아기 예수의 탄생도 그러하였다.

로마 제국이 세계를 노예화하는 대행군을 계속하고 있을 때, 허수아비 헤롯이 로마 군정에 아부하고 있을 때, 이스라엘 백성이 종교적 타락과 정치 경제의 파탄 속을 헤매고 있을 때, 아무도 관심이 없는 작은 마을 베들레헴에서 하늘나라의 씨가 탄생하여 구유에 뉘어졌던 것이다.

하나님의 계획은 오늘도 계속되고 있다. (51p 참조)

절기 · 송년주일

역사의 주인이신 예수

■ **찬 송** ■ ♪ 10, 93, 495, 424

■ **본 문** ■ 주 하나님이 가라사대 나는 알파와 오메가라 이제도 있고 … 【계 1:8】

■ **서 론** ■ 미국의 시인이자 수필가인 에머슨은 "인류 역사의 기원은 예수 그리스도의 생애를 기점으로 하며, 그의 엄청난 영향은 좋은 면으로 아무런 해가 되지 않는 미신과 오해가 생겨났다."고 했다. 역사의 주인이신 예수는?

■ **말 씀** ■

I 전에도 계셨던 예수

전에도 계셨다는 뜻은 무엇인가? 예수님은 영원 전부터 계셨다는 뜻이다. 미가서 5장 2절에 "그의 근본은 상고에 태초에니라"고 했다. 또 요한복음 5장 2절에 "그가 태초에 하나님과 함께" 계셨다고 한다. 그래도 믿지 못하겠는가? 예수님은 영원전부터 하나님과 함께 계신 독생자시다. 주님이 비록 인간의 몸을 입고 이 세상에 오셨지만 그분은 단순한 인간이 아니고 하나님의 아들이심을 알아야 한다. 구원받으려면 이 사실부터 인정하지 않으면 안 된다.

II 지금도 계신 예수

예수님은 과거에만 존재하신 분이 아니고 지금도 살아계시며 존재하심을 믿어야 한다. 비록 그 분이 십자가에 못박혀 죽으셨지만 3일만에 부활하셨고 승천하셔서 지금은 하나님 보좌 우편에 앉아 계신다(롬 8:34). 예수님은 죽으심으로 그의 존재는 끝나고 그분이 가르치신 말씀과 그가 보여주신 정신과 행동만이 남아있다고 생각해서는 안 된다. 그것은 다른 종교의 교조들에게나 해당되는 얘기지 주 예수님께 적용할 일은 아니다. 그분은 지금 이 시간에도 살아계신다.

III 장차 오실 예수

예수님은 부활 승천하심으로 그의 하실 모든 일이 끝났다고 생각해서는 안 된다. 인간의 영혼만이 그분에게로 가서 영생하는 것이 아니다. 주님은 이 땅에 다시 오실 분이시다. 아담 이후 죽은 모든 인간들을 부활시켜 심판하시기 위해서다. 그분은 알곡과 가라지를 구별하신다. 알곡 같이 구원받은 인간은 영원한 천국으로, 가라지같이 구원받지 못한 인간은 영원한 지옥으로 보내신다. 이로써 인류의 역사는 끝나고 주님의 영원한 세계가 펼쳐지게 된다.

■ **기 도** ■ 세계 인류역사의 시작과 끝이 되시는 주님, 인간들로 하여금 헛된 망상에서 벗어나 주님을 바로 알고 믿어 구원에 이르게 하소서. 예수님 이름으로 기도드립니다. 아멘.

■ 십계명 ■   새해를 맞기 전 점검할 10가지

1. 올해 예배생활에 성공자가 되었나?
2. 올해 기도생활에 모범자가 되었나?
3. 올해 찬송생활에 감동자가 되었나?
4. 올해 헌금생활에 시범자가 되었나?
5. 올해 전도생활에 앞선 자가 되었나?
6. 올해 가정생활에 복된 자가 되었나?
7. 올해 봉사생활에 열성자가 되었나?
8. 올해 은혜생활에 사모자가 되었나?
9. 올해 말씀생활에 뜨거운 자가 되었나?
10. 올해 일상생활에 덕된 자가 되었나?

■ 예 화 ■   미리 천국의 맛을 보는 사람들

1930년대 초기, 미국의 대경제 공황 때 시카고 어느 흑인 교회에 초청 설교자로 갔던 클레어린스 목사는 교인들의 예배를 통하여 오히려 큰 격려를 받고 돌아왔다고 한다.

그 교회는 공장 지대에 있었으므로 공장들이 조업을 못하게 되자 많은 실직자와 극빈자들이 모였다. 전교인의 60%가 실직자라는 것이었다. 그러나 그들이 부르는 찬송은 활기차고 기쁨에 넘쳐 있었다. 클레어린스 목사는 감격하여 설교를 중단하고 물었다.

"지금은 경제 대공황인데 여러분은 무엇이 그렇게 기쁩니까?"

그 때 한 부인이 일어서서 큰 소리로 말했다.

"우리는 예수님을 노래하고 있습니다. 예수님께서 우리를 하나로 묶어 주십니다. 예수님께서 우리를 사랑하게 하십니다. 예수님께서 우리 곁에 계십니다. 무엇을 걱정할 필요가 있습니까!"

이 교회는 가난하지만 예수께서 함께 하시는 살아 있는 교회였다. 그래서 그들은 한 마음으로 즐겁게 교회생활을 하고 있었던 것이다.

클레어린스 목사는 그의 저서에서 "예수님께서 정말 우리 사이에 계시면 그곳이 곧 천국이다."라고 말하였다.

절기 · 송년주일

인생이란

■ 찬 송 ■ ♪ 421, 93, 86, 429

■ 본 문 ■ 너는 어서 속히 내게로 오라 데마는 이 세상을 사랑하여 나를 버리고 데살로니가로 갔고 … 【딤후 4:9~21】

■ 서 론 ■ 중국 채근담의 저자 홍자성은 "나무는 가을이 되어 잎이 떨어진 뒤에야 꽃피던 가지와 무성하던 잎이 다 헛된 영화였음을 알게 되고, 사람은 죽어서 관뚜껑을 닫을 때에야 비로소 자손과 재화가 쓸데 없음을 안다."라고 했다. 인생이란?

■ 말 씀 ■

I 인생이란 가는 것임

바울은 자기의 삶이 얼마 남지 않은 것을 알고 있었다. "관제와 같이 벌써 내가 부음이 되고 나의 떠날 기약이 가까왔도다"(딤후 3:6). 선한 사람이든 악한 사람이든, 구원받은 사람이든 받지 못한 사람이든 사람은 누구나 한번은 죽어야 한다(히 9:27). 여기서 예외되는 사람은 아무도 없다. 이 땅에서 살 것처럼 착각하며 산다. 죽음은 남의 얘기로 생각한다. 그러나 인간은 하나님이 부르시면 즉시 떠나야 한다(눅 12:19-20).

II 인생이란 오는 것임

한편에서는 사람이 죽지만 한편에서는 출생이 이루어진다. 그러기에 인류 역사가 지금까지 존속되는 것이다. 가는 사람이 있는가 하면 오는 사람이 있다. 내가 없으면 마치 세상이 끝날 것처럼 생각하는 이들이 있지만 이는 자기 과신과 착각에 지나지 않는다. 인류의 운명은 어떤 인간이 결정할 수 있는 일이 아니고 하나님이 결정하신다. 하나님이 태어나게 하시니 태어나고 오늘이라도 하나님이 부르시면 떠나야 하는게 인생이다. 그 이상도, 그 이하도 아니다.

III 인생이란 결산하는 것임

인생은 출생해서 죽을 때까지 어떻게 살았느냐 하는 흔적을 남기게 된다. 그 흔적은 검증을 받아야 한다. 누구에게? 하나님으로부터다. 그러므로 인간적인 평가는 아무 소용도 없다. 하나님이 우리의 삶을 어떻게 평가하시느냐가 가장 중요한 문제다. 데마(10절)와 구리장색 알렉산더(14절)는 처음에는 바울의 신실한 동역자였으나 후에 그들은 바울을 배신했다. 처음에는 잘했으나 나중에 실패한 자들이다. 우리도 늘 우리 자신을 돌아보며 끝까지 믿음을 지키자.

■ 기 도 ■ 저희로 하여금 이 땅에 태어나게 하시고 지금까지 함께 하신 주님, 끝까지 믿음을 지켜 충성하게 하옵소서. 예수님 이름으로 기도드립니다. 아멘.

■ 십계명 ■   묵은 해를 보내며 하는 10가지 생각

　　1. 내 믿음은 이대로 좋은가?
　　2. 내 마음은 이대로 좋은가?
　　3. 내 생각은 이대로 좋은가?
　　4. 내 계획은 이대로 좋은가?
　　5. 내 삶은 이대로 좋은가?
　　6. 내 말하는 것은 이대로 좋은가?
　　7. 내 모습은 이대로 좋은가?
　　8. 내 행동은 이대로 좋은가?
　　9. 내 씀씀이는 이대로 좋은가?
　　10. 내 시간 쓰는 것은 이대로 좋은가?

■ 예 화 ■   스핑크스의 전설

　　이집트의 스핑크스의 전설은 참으로 의미심장(意味深長)하다.
　　사람의 얼굴과 사자의 몸을 가진 스핑크스는 지나가는 사람에게 수수께끼를 내고 대답하지 못하면 모두 죽였다고 한다.
　　"아침에는 네 다리로 걷고, 점심 때는 두 다리로 걷고, 저녁 때는 세 다리로 걷는 것이 무엇이냐?"
　　그 해답은 인간이다.
　　아기 때는 기어다니고 그 후에 서서 다니고 늙으면 지팡이를 짚으니 세 다리가 된다.
　　아침 해가 떠올라 서산(西山)에 지는 것처럼 짧은 인생의 현실을 의식하지 못하는 인간은 살아 보아야 신통치 않으니 죽여 버렸다는 이야기다.
　　이러한 엄숙한 사실을 60대에 가서는 누구나 긍정하지만, 슬기로운 사람은 젊어서 이미 느끼고 한 번밖에 없는 짧은 인생에서 무엇인가 의미를 찾으려고 노력한다.
　　이 제한된 시간 속에서 나는 어떤 의미를 가지고 있을까? 이렇게 자기를 돌아보고 고민을 하지 않는다면 만물의 영장(靈長)이라고 하는 인간의 가치는 이미 상실된 것이다.

절기 · 송년주일

푯대를 향한 바울

■ 찬 송 ■ ♪367, 102, 519, 377

■ 본 문 ■ … 푯대를 향하여 그리스도 예수 안에서 하나님이 위에서 부르신 부름의 상을 위하여 좇아가노라【빌 3:12~14】

■ 서 론 ■ 영국의 비평가요 수필가인 존 러스킨은 "한 사람의 역사에 있어서 가장 중요한 것은 그 사람이 무엇을 목적으로 하고 살았는가 하는 것이다."라고 했다. 푯대를 향하여 좇아간 바울! 그는?

■ 말 씀 ■

I 바울은 자족하지 않았음

바울은 "내가 이미 이루었다 함도 아니요 온전히 이루었다 함도 아니라"했다(12절). 그가 이룬 엄청난 일들을 생각하면 어울리지 않는 말 같다. 우리는 주님을 위하여 별로 한 일도 없으면서 무슨 큰 업적이라도 남긴 양 나태하고 오만하기 쉽다. 바울의 겸손을 배워야 한다. 바울이 이룬 업적도 자기가 이룬게 아니고 하나님이 이루신 것이라고 했다(고전 15:10). 성도는 목표를 향해 끊임없이 나아갈 뿐 작은 성공에 만족하고 자축하는 자는 아니다.

II 바울은 뒤에 있는 것은 잊어버렸음

바울이 위대한 점은 "뒤에 있는 것"을 잊어버린데 있다(13절). 과거에 쌓은 업적에 만족하다 나태해지는 사람도 있고 반대로 과거의 실패에 발목이 잡혀 낙오자가 되는 사람도 있다. 바울은 잊어야 할 것은 깨끗이 잊는 지혜가 있었다. 신앙에 유익이 되지 않고 주님의 일에 도움이 되지 않는 일이라면 그것이 좋은 일이든, 나쁜 일이든 모두 잊었다. 잘 잊을 줄 아는 것도 성공적인 신앙생활에 필요함을 알 수 있다.

III 바울은 푯대를 향해 좇아 갔음

바울은 과거를 잊는 지혜만 가진게 아니라 정해진 푯대를 향여 줄기차게 달음질하는 지혜도 있었다. "앞에 있는 것을 잡으려고 푯대를 향하여 … 좇아가노라"(13-14절). 현실에 만족하지 않고 과거를 잊는 것만으로는 부족하다. 앞을 바라보고 정해진 목표를 이루기 위하여 힘쓰고 애쓰고 노력하는 자세가 필요하다. 바울이 바로 그런 사람이었다. 바울의 목표는 무엇이었나? "하나님이 위에서 부르신 부름의 상"을 받는 것이었다(14절하).

■ 기 도 ■ 저희로 하여금 현실에 만족하지 말고 주님이 약속하신 상을 받기 위하여 끊임없이 달려가게 하옵소서. 예수님 이름으로 기도드립니다. 아멘.

■ 십계명 ■　　한해를 마무리하며 돌아볼 10가지

　　　　1. 나는 하나님 앞에서 믿음으로 충성했는가?
　　　　2. 나는 가족들 앞에서 생활에 충실했는가?
　　　　3. 나는 주님의 몸된 교회 일에 열심했는가?
　　　　4. 나는 사람들 앞에서 부끄러움 없이 살아왔는가?
　　　　5. 나는 정초에 하나님 앞에서 서원한 것을 지켰는가?
　　　　6. 나는 이웃과의 관계에서 성도답게 살아 왔는가?
　　　　7. 나는 나라를 위해서 참으로 기도했는가?
　　　　8. 나는 하나님과 사람들에게 약속한 것을 지켰는가?
　　　　9. 나는 진심으로 남의 구원을 위해 기도했는가?
　　　　10. 나는 매사를 주님께 영광을 돌리는 신앙으로 살았는가?

■ 예 화 ■　　목적 없는 인생

　　알렉산더 대왕의 소년 시절 그의 가정교사는 철학자 아리스토텔레스였다. 선생은 소년에게 물었다.
　　"왕자께서는 임금이 되면 무슨 일을 하시겠습니까?"
　　"희랍을 통일하겠습니다."
　　"그 후에는 두슨 일을?"
　　"소아시아를 정복하겠습니다."
　　"그 뒤에는?"
　　"팔레스타인과 이집트를 점령할 겁니다."
　　"그 뒤에는?"
　　"페르시아와 인도까지 손에 넣겠습니다."
　　"인도 점령이 끝나면 무슨 일을 하시겠습니까?"
　　"그 때쯤 저도 죽겠죠."
　　아리스토텔레스는 왕자의 눈을 똑바로 들여다보며 신중하게 말했다.
　　"그렇다면 그렇게 멀리 돌아다니다 죽으나, 지금 죽어버리나 별로 큰 차이가 없겠습니다."
　　알렉산더 대왕은 여러 나라를 정복하고 다니며 어려서 들었던 선생님의 교훈을 얼마나 기억했는지는 모르나 이는 우리 인간 전체에게 주는 구중한 교훈이다.

절기 · 송년주일

야곱의 인생 결산

■ 찬 송 ■ ♪270, 257, 265, 273

■ 본 문 ■ … 야곱이 아들에게 명하기를 마치고 그 발을 침상에 거두고 기운이 진하여 그 열조에게로 돌아갔더라 【창 49:29~33】

■ 서 론 ■ 영국 빅토리아 여왕의 남편인 앨버트 공은 "나는 재산도 지위도 권력도 가졌다. 그러나 이것이 내가 가진 전부라면 나는 얼마나 비참한가!"라고 했다. 야곱의 인생길은?

■ 말 씀 ■

I 야곱은 나그네 인생을 살았다

야곱은 애굽에서 세상을 떠났다. 그는 "나를 헷 사람 에브론의 밭에 있는 굴에 우리 부여조와 함께 장사하라"고 유언했다(29절). 그의 삶은 나그네와 같았다. 애굽에서 요셉의 효도를 받으며 편안하게 살았지만 그가 묻힐 곳은 가나안 땅이었다. 우리는 나그네다. 우리가 돌아갈 고향은 영원한 하늘나라다. 그러므로 이 땅에 너무 집착해서는 안 된다. 하나님이 언제 부르시더라도 기쁘게 떠날 수 있도록 만반의 준비를 하고 있어야 한다.

II 야곱은 고난의 인생을 살았다

야곱은 바로 왕에게 "나의 연세가 얼마 못되니 우리 조상의 나그네길의 세월에 미치지 못하나 험악한 세월을 보내었나이다"라고 고백한 바 있다(창 47:9). 야곱은 형과 아버지를 속인 죄로 엄청난 고생을 해야 했다. 외삼촌 라반으로부터 받은 고통은 말할 것도 없고 애굽에 내려가기 직전까지도 사랑하던 아들 요셉이 짐승에게 물려죽은 것으로 속아 고통과 슬픔 중에 목숨을 이어가야 했다. 그래도 그의 신앙은 변함 없었고 하나님은 그 믿음을 보사 그와 함께 하셨다.

III 야곱은 하나님의 약속을 믿는 인생을 살았다

야곱이 가나안 땅 조상의 묘지에 자신을 묻어 달라고 한 것은 그곳이 지금은 이방인의 소유이지만 때가 되면 자기 자손들의 소유가 될 것을 믿었기 때문이다. 어떻게 그것을 믿을 수 있었나? 그것은 어떤 인간의 기대나 약속이 아니고 하나님의 약속이었기 때문이다. 하나님은 아브라함과 이삭에게 이미 약속하셨고 야곱에게도 다짐하신 바 있다. 야곱은 자기 후손들의 능력을 믿은 게 아니고 하나님의 말씀을 믿었다.

■ 기 도 ■ 저희는 말로 다할 수 없이 부족하지만 금년 한 해 함께 하신 은혜를 감사드립니다. 예수님 이름으로 기도드립니다. 아멘.

■ 십계명 ■   한해를 보내며 생각하는 10가지

　　　　1. 하나님 앞에서 서원한 것 시행하고 넘어가자
　　　　2. 하나님 앞에서 소원한 것 살펴보고 넘어가자
　　　　3. 하나님 앞에서 약속한 것 지켰는지 살펴보고 넘어가자
　　　　4. 하나님 앞에서 잘못한 것 용서받고 넘어가자
　　　　5. 하나님 앞에서 부끄러웠던 일 회개하고 넘어가자
　　　　6. 하나님 앞에서 아직도 버리지 못한 것 버리고 넘어가자
　　　　7. 하나님 앞에서 아직도 끊지 못한 것 정리하고 넘어가자
　　　　8. 하나님 앞에서 다하지 못한 것 끝까지 다하고 넘어가자
　　　　9. 하나님 앞에서 아름다운 결산을 하고 넘어가자
　　　　10. 하나님 앞에서 마무리를 깨끗하게 하고 넘어가자

■ 예 화 ■   건강하다는 의미

　　파스칼은 겨우 39세에 죽었는데 일을 너무 많이 해서 그 육체는 누더기처럼 되어 있었다고 한다. 파스칼의 경우에서 우리는 소위 '건강한 육체'와 '축복된 육체'가 존재함을 알게 된다. 그의 육체는 그리스도와 많은 사람을 위하여 태워진 축복된 육체였다.
　　몸은 결국 소멸해 간다. 인간들은 그런 냉엄한 운명을 알기 때문에 괴로워하는 것이다. 그러기에 사람에게 중요한 문제는 소멸되어도 한이 없는 헌신의 대상을 발견하는 것이라고 생각된다. 그것이 아마 흔히 말하는 인간의 존재 이유일 것이다.
　　소멸해 가는 육체가 그 소멸할 수밖에 없는 운명을 납득할 수 없을 때 좌절과 슬픔이 찾아온다. 이것을 억지로 이기려고 정욕으로 하여금 자기의 육체를 유린하도록 허가하는 것이 많은 사람들의 경우다.
　　정신의 경영이 육체 없이 있을 수 없는 것처럼 육체도 또한 건강한 정신을 필요로 한다.

■ 명 상 ■   인간의 종류에는 세 가지가 있는데 거미와 같은 기회주의자, 개미와 같은 개인주의자, 꿀벌과 같은 공익주의자가 그것이다.

　　　　　　　　　　　　　　　　－ 프란시스 베이컨 (영국 철학자) －

절기 · 교회창립

참된 교회

- **찬 송** ♪ 227, 242, 245, 526

- **본 문** … 이에 제자들을 경계하사 자기가 그리스도인 것을 아무에게도 이르지 말라 하시니라
  【마 16:13~20】

- **서 론** 영국의 신학자요 성직자인 매튜 헨리는 "교회의 평화를 유지하는 길은 그의 순결을 보존하는 것이다."라고 했다. 세상의 많은 교회에 십자가만 걸려 있고 정작 주님은 계시지 않을까 우려된다. 주님의 참된 교회는?

- **말 씀**

Ⅰ 참된 교회는 바른 신앙고백이 있어야 함

주님은 제자들에게 "사람들이 인자를 누구라 하느냐"고 물으셨다(13절). 제자들은 즉시 "선지자 중의 하나"처럼 생각하더라고 대답한다. 주님은 다시 "너희는 나를 누구라 하느냐" 물으시니(15절) 베드로가 "주는 그리스도시요 살아계신 하나님의 아들이시니이다"라고 대답했다(16절). 예수님이 누구신지 바로 아는 것이 중요하다. 왜냐하면 인간의 구원과 직결되기 때문이다. 참된 교회라면 베드로의 고백과 같은 신앙고백이 있어야 한다.

Ⅱ 참된 교회는 반석 위에 세워야 함

주님은 베드로에게 "네가 복이 있도다"라고 칭찬하시면서(17절) "내가 이 반석위에 내 교회를 세우리니"라고 하셨다(18절). '반석'을 천주교에서는 베드로 자신을 가리킨다고 억지 해석을 하지만 개신교는 베드로의 신앙고백 자체를 가리킨다고 본다. 베드로 같은 한 인간이 주님의 몸된 교회의 '반석'이 된다는 것은 어불성설이다. 만일 그것이 사실이라면 그 교회는 참된 교회라고 할 수 없다. 주님의 교회가 아니라 베드로의 교회라 함이 맞을 것이다.

Ⅲ 참된 교회는 기도의 권세가 있어야 함

주님은 베드로에게 "네가 땅에서 무엇이든지 매면 하늘에서도 매일 것이요 네가 땅에서 무엇이든지 풀면 하늘에서도 풀리라" 하셨다(19절). 이 구절은 베드로가 인간을 천국에 보내는 권세를 받았다고 천주교에서 해석하는데 반해 개신교는 기도의 권능으로 해석한다. 또 믿고 회개하는 자마다 천국 백성이 되게 하는 복음을 선포하는 권한과 치리권을 상징하는 것으로 해석한다. 천주교는 베드로 개인에 집착하고 개신교는 주님과 성도 중심으로 해석한다.

- **기 도** 저희로 하여금 이 귀한 교회를 지키고 섬기며 발전시키게 하옵소서. 예수님 이름으로 기도드립니다. 아멘.

■ 십계명 ■   좋은 교회의 10가지 모습

1. 서로 다투지 않고 화기애애한 교회
2. 서로 싸우지 않고 화평한 교회
3. 서로 미워하지 않고 사랑하는 교회
4. 서로 원망하지 않고 격려하는 교회
5. 서로 비방하지 않고 칭찬하는 교회
6. 서로 무시하지 않고 양보하는 교회
7. 서로 반목하지 않고 긍휼히 여기는 교회
8. 서로 깎아내리지 않고 높여주는 교회
9. 서로 천히 여기지 않고 귀히 여겨주는 교회
10. 서로 욕심내지 않고 나누어 주는 교회

■ 예 화 ■   그래도 교회

프린스턴 종교 연구소가 미국 내의 큰 조직체 열 종류를 채택하여 그것들에 대한 국민의 신빙도를 전국적으로 조사하였다.

무려 11년 간 7회에 걸쳐 대상자를 달리하여 조사하였는데 그 결과는 다음과 같다.

미국 국민이 가장 믿을 수 있다고 한 64%의 신빙도를 나타낸 조직체는 교회이다. 2위는 58%를 얻은 군대이고, 3위가 은행이며, 4위는 대법원, 5위는 공립학교, 6위는 신문, 7위는 노동 조합, 3위 의회, 9위 대기업체, 10위가 텔레비전이었다.

미국 국민이 그래도 교회를 군대나 대법원이나 학교나 신문이나 의회보다도 더 믿을 수 있다고 표명한 이유는 무엇일까?

의회나 노조나 매스컴이나 기업체와 은행 등은 신용을 중요시하고 있지만 그들은 역시 자신의 요구와 가치 판단을 중심으로 하고 있다.

그러나 교회는 희생을 각오하더라도 하나님이 제시하는 가치에 행동의 기준(criteria)을 두는 기관이므로 부분적으로 실수하는 것들이 있을지라도 일반적으로는 아직도 최고의 신용을 얻고 있는 것이다.

절기 · 교회창립

안디옥 교회처럼

■ 찬 송 ■ ♪243, 242, 245, 344

■ 본 문 ■ … 이에 금식하며 기도하고 두 사람에게 안수하여 보내니라 【행 13:1~3】

■ 서 론 ■ 영국의 장군인 더글라스 헤이그는 "그리스도의 교회는 세상에서 유일한 사회의 소망이요 평화의 약속이다."라고 했다. 성경에 기록된 안디옥 교회는 교회의 전형이다. 이 안디옥 교회의 특징은?

■ 말 씀 ■

I 가르치는 안디옥 교회

안디옥 교회는 열심있는 '교사들'이 있었다. 바나바와 사울 등이다(1절). 안디옥 교회는 교인들을 모으는데만 열심을 내지 않고 가르치는데도 열심이었음을 알 수 있다. 그들은 무엇을 가르쳤을까? 성경 말씀을 중심으로 예수 그리스도의 복음을 가르쳤을 터이다. 교회가 왜 필요한가? 그리스도의 복음을 가르치고 전파하기 위해서이다. 이 일차적인 중대한 과업을 게을리한다면 주님 앞에서 책망받을 일이다. 사회사업이나 구제사업 등은 그 다음의 일이다.

II 기도하는 안디옥 교회

안디옥 교회는 "주를 섬겨 금식"하며 기도하는 교회였다(2절). 기도가 없는 교회는 어떤 교회인가? 주님의 도우심을 필요로 하지 않는다는 뜻이니 결국 인간의 힘으로 교회의 사명을 다 할 수 있다는 교만에 다름 아니다. 그러므로 진정한 교회라면 열심히 기도하지 않을 수 없다. 기도는 인간을 겸손하게 하고 바른 길로 가게 하며 주님의 능력을 받아 힘차게 신앙생활을 하게 한다. 이런 성도들이 모이는 교회는 자연히 화목하고 부흥될 것이다.

III 선교하는 안디옥 교회

안디옥 교회는 내부적인 문제에만 매달리지 않고 눈을 외부로 돌려 해외에 선교사를 파송하는 일을 했으니 참으로 놀라운 일이 아닐 수 없다. 그들은 금식하며 기도하는 중에 "내가 불러 시키는 일을 위하여 바나바와 사울을 따로 세우라"는 계시를 받고(2절) 순종했다(3절). 이래서 복음이 해외까지 전파되고 확산되는 계기가 되었다. 복음은 나 혼자만 독점하고 즐기는 것이 아니라 아직도 이를 모르는 자들에게 전하여 함께 즐기도록 해야 한다.

■ 기 도 ■ 안디옥 교회로 하여금 사명과 본분을 감당케 하신 주님, 저희 교회들도 안디옥 교회처럼 주님 보시기에 합당한 교회가 되게 하옵소서. 예수님 이름으로 기도드립니다. 아멘.

■ 십계명 ■　교회 부흥의 10가지 원인

　　　1. 모이기를 힘쓰는 단결한 교회
　　　2. 말씀에 바로 서는 힘 있는 교회
　　　3. 기도에 열심인 응답받는 교회
　　　4. 믿음에 굳게 서는 능력 있는 교회
　　　5. 순종과 복종으로 형통하는 교회
　　　6. 은혜를 사모하는 신령한 교회
　　　7. 봉사에 열중하는 풍성한 교회
　　　8. 믿음이 순수한 깨끗한 교회
　　　9. 서로 서로 사랑하는 즐거운 교회
　　　10. 전도에 전념하는 뜨거운 교회

■ 예 화 ■　살아 있는 교회, 죽어 가는 교회

　　30년을 목회하면서 신앙잡지 〈Pulpit〉까지 발행한 스피노스 조디 아티 목사는 살아 있는 교회와 죽어 가는 교회를 다음과 같이 설명하였다.
　　"살아 있는 교회는 교실, 주차장 등 늘 공간(space)의 문제가 있다. 죽어 가는 교회는 공간을 염려하지 않는다. 살아 있는 교회는 항상 변화한다. 죽어 가는 교회는 늘 똑같다. 살아 있는 교회는 아이들과 소년 소녀의 재잘거리는 소리로 늘 시끄럽다. 죽어 가는 교회는 죽은 듯이 조용하다. 살아 있는 교회는 언제나 일꾼이 부족하다. 죽어 가는 교회는 일꾼을 찾을 필요가 없다.
　　살아 있는 교회는 언제나 예산을 초과해서 쓴다. 죽어 가는 교회는 은행에 잔고가 많다. 살아 있는 교회는 새 얼굴 이름 알기가 어려워 애먹는다. 죽어 가는 교회는 해를 거듭해도 그 사람이 그 사람이다. 살아 있는 교회는 선교사업이 활발하다. 죽어 가는 교회는 교회 안에서만 움직인다. 살아 있는 교회는 주는 자(giver)로 가득 차 있고, 죽어 가는 교회는 티내는 자(tipper)로 차 있다. 살아 있는 교회는 믿음 위에 운행되고, 죽어 가는 교회는 인간적 판단(sight) 위에 운행된다.
　　살아 있는 교회는 배우고 봉사하기 위하여 바쁘고, 죽어 가는 교회는 편안하다. 살아 있는 교회는 활발히 전도하고(evangelize), 죽어 가는 교회는 점점 굳어가 석회화(fossilize)한다.'

절기 · 선교주일

선교하는 자의 자세

■ 찬 송 ■ ♪257, 256, 273, 259

■ 본 문 ■ … 나의 달려갈 길과 주 예수께 받은 사명 곧 하나님의 은혜의 복음 증거하는 일을 마치려 함에는 나의 생명을 조금도 … 【행 20:17~24】

■ 서 론 ■ "그리스도가 없는 가슴마다 선교지요, 그리스도를 품은 사람마다 선교사이다." 어느 목회자의 말이다. 선교는 예수께서 우리에게 명하신 지상명령이다. 선교자의 자세는?

■ 말 씀 ■

I 선교자는 오직 복음만 전할 것

바울은 에베소 교회 장로들에게 "유대인과 헬라인들에게 하나님께 대한 회개와 우리 주 예수그리스도께 대한 믿음을 증거"했다고 말한다(21절). 바울이 가난한 자들에 대한 구제나 병을 고치는 등의 사역을 중요시했지만 그의 일차적이고 기본적인 사명은 복음증거였음을 알 수 있다. 복음증거를 빼고 구제사역이나 사회사업에 전력을 다한다면 선교자의 사명을 바르게 했다고 할 수 없다. 선교자는 자기가 왜 이 곳에 보내심을 받았는지 늘 생각해야 한다.

II 선교자는 사랑으로 전할 것

바울은 에베소 교회 장로들에게 말하기를 자신은 "모든 겸손과 눈물"로 교인들을 가르치고 복음을 전했다고 한다(19절). 다시 말하면 그는 사랑으로 전도한 것이다. 인간의 영혼을 사랑하는 마음이 없으면 교역자나 선교사가 되지 말아야 한다. 영혼에 대한 뜨거운 사랑이 없는데도 교역자나 선교사가 되면 우선 자신이 불행하고 남을 불행케 하며 주님의 영광을 가리울 수 밖에 없다. 주님이 베드로에게 물으신 것은 "네가 나를 사랑하느냐" 였다(요 21:15-17).

III 선교자는 끈기있게 전할 것

바울은 자신의 사명 수행이 결코 쉽지 않았다고 토로했다. "유대인의 간계" 때문에 환난과 고통을 당했다(19절). 그래도 그는 끈기있게 복음을 전했다. 과거 뿐 아니라 미래도 결코 밝지 않았다. "결박과 환난"이 기다리고 있음을 잘 알았다(23절). 그래도 그는 주님이 주신 사명을 다하기 위해서라면 "나의 생명을 조금도 귀한 것으로 여기지" 않겠다고 단호하게 말한다(24절). 우리가 바울 같지야 못하겠지만 그의 그림자라도 닮았으면 한다.

■ 기 도 ■ 바울을 택하여 복음 전도자로 귀하게 쓰신 주님, 저희들도 바울처럼 주님이 주신 각자의 사명을 잘 감당하게 하옵소서. 예수님 이름으로 기도드립니다. 아멘.

■ 십계명 ■   선교 (=전도)하는 자의 10가지 계명

1. 나는 기도로 시작하여 기도로 마친다
2. 나는 주님의 부르심에 합당한 사명감을 갖고 한다
3. 나는 언제나 성령님과 함께 한다
4. 나는 하나님의 사랑을 받은 자로서 하나님의 사랑으로 한다
5. 나는 정성과 열심을 다하여 한다
6. 나는 주 안에서 할 수 있다는 자신감을 갖고 한다
7. 나는 중도에 포기하지 않고 끈질기게 한다
8. 나는 이 일을 위하여 시간의 십일조를 드린다
9. 나는 이 일로 인한 고난이 나를 단련시키는 것으로 믿는다
10. 나는 1년에 10명 이상에게 복음을 전한다

■ 예 화 ■   빌리 그레이엄의 간증 집회

　　빌리 그레이엄의 집회에서 50대의 사업가가 예수의 제자가 된 후 다음과 같은 간증을 했다.
　　"나는 오래간만에 교회에 출석했습니다. 뜻밖에도 내가 존경하던 선배가 그 교회의 장로임을 발견했습니다. 나는 그에게 '어째서 당신은 23년 동안 나를 알면서 한 번도 나에게 예수가 구세주임을 말해주지 않았느냐?'고 물었습니다.
　　나는 그 사람이 행실이 방정하고 양심적인 인간이었으므로 구태여 예수의 제자가 되지 않아도 이 선배처럼 훌륭한 사람으로 살 수 있다고 생각해 왔던 것입니다. 즉 이 선배는 나에게 예수를 안 믿어도 된다는 벽(壁)이 되어 온 것입니다."
　　이 장로는 23년 동안이나 알고 지내는 후배에게 한 번도 자기가 예수의 제자이며 예수가 그리스도라고 증거하지 않았다.
　　그는 예배에 참석하고 장로직을 가지고 있었으나 저자의 첫 번째 자격을 못 갖추고 있었던 것이다. 그는 착하고 좋은 사람이었으나 예수의 제자는 못 되었던 것이다.

절기 · 선교주일

복음의 증인이 되라

■ 찬 송 ■ ♪329, 259, 355, 313

■ 본 문 ■ … 두 사람이 옥에서 나가 루디아의 집에 들어가서 형제들을 만나보고 위로하고 가니라 【행 16:19~40】

■ 서 론 ■ 영국의 성직자 찰스 주델은 "십자가에 못 박힌 그리스도를 전파하려는 자는 자신이 반드시 십자가에 못 박힌 사람이 되어야 한다."라고 했다. 성경에 '증인'이라는 말과 '순교'라는 말은 동의어이다. 복음의 증인은?

■ 말 씀 ■

I 복음을 증거하는 일에는 고난이 따름

바울과 실라가 빌립보 지방에서 전도하다 붙잡혀 감옥에 갇히게 되었다(23절). 사람이 감옥에 갇히려면 그럴만한 큰 죄를 범하거나 악을 행해야 한다. 그러면 두 사람이 과연 그런 죄를 범했나? 그렇지 않다. 바울이 귀신들려 점치는 여자를 고쳐준 것이 빌미가 되었다(16-18절). 좋은 일을 하고도 감옥에 갇힌 것이다. 복음을 증거하여 멸망할 영혼을 구원하는 것처럼 선한 일이 어디 있나? 하지만 이 일때문에 고난과 시련을 당할 수도 있음을 기억하자.

II 복음을 증거할 때 하나님이 함께 하심

바울과 실라는 사실 억울하게 감옥에 갇힌 셈이다. 그들은 무슨 권세나 재력이 있는 것도 아니고 그런걸 가진 사람과 가까운 처지도 아니었으니 고립무원에 빠진 격이었다. 더구나 그곳은 낯선 이방땅이었다. 하지만 두 사람만 덩그러니 감옥에 갇힌 것은 아니다. 왜? 예수 그리스도께서 그들과 함께 계셨기 때문이다. 주님은 그 약속을 꼭 지킨다. "볼지어다. 내가 세상 끝날까지 너희와 항상 함께 있으리라"(마 28:20).

III 복음이 전파되는 곳에 구원의 역사가 일어남

바울은 원망하고 불평하는 대신 "기도하고 하나님을 찬미"했다(25절). 쉽지 않은 일이다. 그 결과 어떻게 됐나? 갑자기 "지진이 나서" 옥문이 열리고 두 사람의 매인 것이 풀어지는 기적이 일어났다(26절). 이 일이 계기가 되어 간수와 그의 가족이 다 예수님을 믿고 세례까지 받게 되었다(33절). 또한 루디아 등의 구원으로 빌립보 교회가 세워지게 되었으니 참으로 놀라운 일이다. 그리스도의 복음이 전파될 때 우리가 상상치도 못할 역사가 일어난다.

■ 기 도 ■ 복음을 전하며 주님을 위하여 수고하는 자들과 함께 하시는 주님, 저희도 바울과 실라처럼 복음을 열심히 증거하며 충성하게 하옵소서. 예수님 이름으로 기도드립니다. 아멘.

■ 십계명 ■   전도 (=선교) 10계명

    1. 전도 대상을 임의로 선택하지 말 것
    2. 환경을 핑계삼지 말 것
    3. 모범적인 생활을 할 것
    4. 온화한 태도로 대화할 것
    5. 믿지 않는 사람의 궁금증을 위해 미리 답변을 준비할 것
    6. 구체적으로 대화할 것
    7. 확신을 가지고 대화할 것
    8. 가능한 한 모든 기회를 전도의 기회로 활용할 것
    9. 동역자들을 위해 기도할 것
    10. 끊임없이 기도할 것

■ 예 화 ■   듣든지 안 듣든지

    그린란드 선교에 유명한 일화가 있다.
    영국의 모라비안 교단 선교사가 그곳에 들어갔다. 그는 다른 교단의 선교사 두 명이 17년 동안에 오직 한 명의 신자를 얻었다는 비관적인 이야기를 들었다.
    모라비안 선교사는 날마다 거리나 장터에 나가 요나처럼 사람들이 듣든지 안 듣든지 설교를 했다.
    그런데 어느 날 흉악하게 생긴 사나이 하나가 이 선교사의 숙소에 찾아왔다. 그의 이름은 카자르낙(Ka'arnak)이었다.
    "영국 선생, 당신이 오늘 장터에서 이야기할 때 예수라는 사람이 악인을 위하여 고생을 했다는데 참으로 흥미있는 이야기요. 좀더 자세히 이야기해 줄 수 있겠소?"
    카자르낙은 마을 전체를 휘어잡고 있던 불량배들의 두목이었다.
    그러나 그 후 그와 그의 온 집안이 세례를 받고 그의 부하들이 교회에 나왔으며 그린란드 선교의 문이 크게 열리기 시작했던 것이다.

절기·선교주일

복음 전도자 바울

■ 찬 송 ■ ♬171, 355, 259, 264

■ 본 문 ■ … 결박과 환난이 나를 기다린다 하시나 나의 달려갈 길과 … 【행 20:23~24】

■ 서 론 ■ 미국의 선교사 깁스는 "내가 철학을 전파했더니 사람들은 칭찬하였다. 그러나 내가 그리스도를 전파하였더니 사람들은 회개하였다."라고 했다. 교회역사에 우뚝 솟은 대사도 바울! 그는?

■ 말 씀 ■

I 그는 성령과 함께한 사람이었음

바울은 에베소 교회 장로들 앞에서 "나는 심령에 매임을 받아 예루살렘으로" 가는데(22절) "성령이 각 성에서 내게 증거하여 결박과 환난이 나를 기다린다" 하신다고 했다(23절). 바울은 성령님과 함께 역사한 사람이었다. 누가 그의 심령을 매었나? 성령님이시다. 그는 항상 성령의 도우심과 인도하심을 받았다. 바울이 그렇게 위대한 업적을 남긴 것도 결국 성령께서 그와 함께 하셨기 때문이다.

II 그는 고난을 감내한 사람이었음

바울의 예루살렘행은 환영받고 대접을 받는 길이 아니었다. 오히려 '결박과 환난'이 기다리는 고통스런 길이었다(23절). 어쩌면 생명까지 잃을지도 모르는 위험천만한 길이었다(24절). 그래도 그는 예루살렘에 올라가겠다고 한다. 바울이 겪은 환난과 고통이 단편적으로 성경에 나타나지만 그것은 극히 일부분에 지나지 않을 터이다. 그는 복음 전하는 사명을 감당하기 위해서는 어떤 시련과 고통도 감내하는 사람이었다. '십자가 없이 면류관 없다'고 했다.

III 그는 하나님과 동행한 사람이었음

바울이 이처럼 담대한 사람이 된 것은 하나님이 자신과 함께 하신다는 믿음이 있었기 때문이다. 바울도 우리와 똑같은 인간이므로 닥치는 환난과 고통을 즐겨했을리는 없다. 하지만 그는 그것을 피하려 하지 않았다. 그는 힘들고 고통스러울 때마다 십자가에 못박히신 주님을 바라보고 참았을 것이다. 바울은 완벽하게 하나님과 동행한 사람이었다. 우리도 비록 약하고 보잘것 없지만 항상 주님이 우리와 함께 계신다는 사실을 믿으면 얼마든지 어려움을 이길 수 있다.

■ 기 도 ■ 저희가 비록 부족하지만 주님께서 함께 하사 어려움을 이기고 승리하게 하옵소서. 예수님 이름으로 기도드립니다. 아멘.

■ 십계명 ■   바람직한 성도가 되는 10가지 훈계

1. 생각은 합리적으로 하고 일은 신념을 가지고 한다
2. 여론을 너무 의식하지 말고 판단하는데 조급하지 말라
3. 남의 뒤를 따라가지 말고 언제나 생각하면서 사는 자가 되라
4. 남의 흉내내는 삶을 살지 말고 개성있는 삶을 가지라
5. 노동 없는 소득을 거절하고 이유없는 칭찬을 기뻐하지 말라
6. 뒷짐을 지고 길을 걷지 말고 손으로 코를 푸는 꼴을 보이지 말라
7. 질서와 법을 존중하고 자존심 강한 삶을 가지라
8. 사람에게 친절하되 자신을 너무 비하시키는 자세를 갖지 말라
9. 조국에 감사하고 동포에 겸손하라
10. 책을 가까이 하고 언제나 역사와 자연을 통해서 배우는 자가 되라

■ 예 화 ■   이름 없는 신자의 씨 뿌리기

어느 신자가 교회에 가던 도중, 길거리에서 장난하고 있는 네 명의 소년을 보았다.

그는 이 소년들을 권고해서 교회에 데리고 가 성경반을 조직하고 가르치기 시작했다. 세월이 흘러 이 소년들은 장성하여 마을을 떠났다.

1932년, 이 늙은 교사의 은퇴 겸 생일 축하연에서 편지 네 통이 낭독되었다. 처음 성경반 조직 때 참가했던 네 명으로부터 온 축하 겸 감사장이었다.

하나는 중국 선교사로부터, 두 번째 편지는 연방 은행 총재로부터, 그리고 세 번째는 후버 대통령(Herbert Hoover)의 비서실장으로부터 온 것이고, 네 번째는 후버 대통령의 편지였다.

아이오와 주의 작은 농촌 웨스트 브로우치(West Brauch)의 이름없는 교회에서 시작된 성경공부가 위대한 미국의 지도자들을 만들어냈던 것이다.

제31대 대통령으로 가장 어려웠던 대공황 시기(1929~1933)에 미국을 이끌었던 후버 대통령은 "하나님의 말씀은 역경을 이기는 힘을 지녔다."라고 말하였다.

절기 · 선교주일

요나와 니느웨 선교

■ 찬 송 ■ ♪252, 265, 259, 258

■ 본 문 ■ 여호와의 말씀이 두번째 요나에게 임하니라 이르시되 일어나 저 큰 성읍 니느웨로 가서 내가 네게 명한 바를 그들에게 선포하라 … 【욘 3:1~10】

■ 서 론 ■ 일제 때 순교한 길선주 목사는 "평양에 '예수!' '천당!' 소리가 없어지면 이 곳이 소돔과 고모라 성과 같이 된다."라고 했다. 니느웨 성에서 일어난 회개의 역사는?

■ 말 씀 ■

I 선포하라 명령하셨음

하나님은 싫다는 요나에게 두번째로 명령하셨다. "일어나 저 큰 성읍 니느웨로 가서 내가 네게 명한 바를 선포하라"(2절). 니느웨에 대한 말씀 선포는 요나의 선택사항이 아니고 하나님의 명령이었다. 복음전도란 바로 이런 것이다. 하고 싶다해서 하고 하기 싫다해서 그만두는 그런 일이 아니다. 주님은 "너희는 온 천하에 다니며 만민에게 복음을 전파하라" 하셨고(막 16:15) 바울도 "너는 말씀을 전파하라. 때를 얻든지 못얻든지 항상 힘쓰라" 했다(딤후 4:2).

II 즉각적인 반응을 일으켰음

요나는 마음에 내키지는 않지만 더 이상 하나님의 명령을 거역할 수 없어 니느웨로 가서 "사십일이 지나면 니느웨가 무너지리라"고 외쳤다(4절). 요나의 전도는 즉각적인 반향을 일으켰다. "니느웨 백성이 하나님을 믿고 금식을 선포하고 무론대소하고 굵은 베를" 입었다(5절). 즉각적인 반응은 여기서 끝나지 않고 왕까지 "보좌에서 일어나 조복을 벗고 굵은 베를" 입었다(6절). 니느웨 사람들은 회개할 준비가 되어있었다. 지금도 이런 사람들이 많다.

III 하나님의 뜻을 이루었음

하나님의 뜻은 니느웨의 멸망이 아니라 구원이었다. 하나님의 이런 뜻은 요나라는 선지자의 전도를 통해서 이루어졌다. 지금도 하나님은 인간이 회개하고 예수님을 믿어 구원받기를 바라신다. "하나님은 모든 사람이 구원을 받으며 진리를 아는데 이르기를 원하시느니라"(딤전 2:4). 하나님의 뜻은 분명하다. 하나님은 지금도 인류의 멸망을 원치 않고 구원을 원하신다는 것이다. 이를 위해서는 우리의 전도가 필수적이다(롬 10:13-17). 이제 우리가 나서자.

■ 기 도 ■ 요나의 전도를 통해서 니느웨 백성들을 구원하신 하나님, 저희도 요나처럼 열심히 복음을 전하고 증거하게 하옵소서. 아멘.

■ 해 설 ■   불신 남편 '30일 구출작전'

제1일은 남편 전도를 위한 기도시간을 정하라. 하나님은 눈물에 약하신 분이다. 제2일은 남편은 나의 왕이라고 20번 이상 생각하라. 그러나 나는 왕비가 아니라 종임을 명심하라. 제3일은 남편이 병으로 사형선고를 받았다고 생각하자. 제4일은 내가 암으로 사형선고를 받았다고 생각하자. 남은 인생 중 가장 보람있는 일이 무엇인가. 제5일은 남편은 나의 주인이고 나는 그의 노예라고 생각하자. 제6일은 부부가 가장 행복했을 때를 생각하자. 제7일은 남편이 내게 잘해준 것을 떠올리자. 내 남편이 최고라는 다짐과 함께…. 제8일은 남편의 연약함을 기억하고 도와줄 방법을 찾자. 제9일은 남편의 외로움을 채워주는 배필임을 명심하자. 제10일은 남편의 허물을 덮어 주는 아내가 될 것을 다짐한다.

일단 여기까지 실천에 옮겼으면 남편을 전도하는데 절반은 성공한 셈이다. 제11일은 남편이 좋아하는 식단목록을 작성하고 음식을 준비하자. 제12일은 남편의 장점을 체크해 칭찬을 해주자. 제13일은 남편의 취미를 이해하고 함께 적응하는 훈련을 한다. 제14일은 남편의 일을 우선 순위로 하자. 제15일은 양말과 속옷, 넥타이까지 챙겨주고 새 양복도 준비해 남편을 감동시키자. 이때부터 남편은 완전히 감동해 아내의 어떤 요구에도 거절할 수 없을 것이다. 그러나 인내하라.

제16일은 남편의 구두를 닦아주고 세차까지 해준다. 제17일은 기를 살려주는 날, 제18일은 앞마당까지 나가 인사하는 날, 제19일은 남편을 위해 예쁘게 화장하는 날, 제20일은 남편에게 사랑을 고백하는 날, 제21일은 아이들이 보는 앞에서 남편을 칭찬하는 날, 제22일은 남편에게 사랑의 편지를 보내는 날(이때 살며시 전도 암시를 준다). 제23일은 '고미사축의 날.' 남편에게 고마워요, 미안해요, 사랑해요, 축하해요라고 말한다.

제24일은 서비스하는 날. 따뜻한 물로 남편의 발을 씻어주자. 제25일은 가족 파티의 날. 제26일은 남편에게 선물을 준비해 전달한다. 선물을 전달하는 이유는 사랑하기 때문이라고 말한다. 제27일은 남편의 부모와 형제들을 모두 초청해 함께 식사한다. 시댁 식구에게 서비스를 잘하면 남편의 표정이 달라진다. 제28일은 남편을 위해 보약을 준비한다. 제29일은 남편에게 새벽기도회에 가는 허락을 받자. "여보, 당신을 위해 기도하는 것이 저의 소원이에요."라고 말한다. 제30일은 '미소의 날'이다. 말은 삼가고 생글생글 웃으면서 "여보, 우리 함께 교회에 갑시다."라고 말한다.

이쯤에서 거절할 남자는 없다. 30년 동안 남편 전도를 위해 기도했으나 실패했다는 아내들도 있다. 전도 전략을 다시 점검할 필요가 있다. 아내들이여, 용기를 가지라.

절기 · 수련회 · 개강

신앙의 레이스

■ 찬 송 ■ ♪ 259, 271, 276, 370

■ 본 문 ■ … 오직 상 얻는 자는 하나인 줄을 너희가 알지 못하느냐 … 【고전 9:24~27】

■ 서 론 ■ 로마의 스토아 철학자요 정치가인 세네카는 "매일의 생을 한결같이 살자."라고 했다. 성도의 신앙의 경주는 하늘의 상급을 바라고 꾸준히 그 길을 변함없이 뛰는 것이다. 바람직한 신앙의 레이스는?

■ 말 씀 ■

I 상을 목표로 달음질을 해야 함

인생이란 무엇인가? 운동장에서 경주하는 자와 같다. 신자란 무엇인가? 역시 운동장에서 경주하는 자와 같다(24절). 경주를 하다보면 끝까지 뛰어 상을 받는 자도 있고 도중에 포기하는 자도 있기 마련이다. 이 세상에는 수많은 성공자가 있듯이 실패자도 있다. 신앙생활 역시 마찬가지다. 어려움을 극복하고 끝까지 예수님을 믿어 천국에 입성하는 자들이 있는가 하면 힘들다고 도중에 믿음을 버림으로 멸망에 빠지는 자들 또한 부지기수다. 우리의 선택은?

II 부단한 자기 절제와 근신이 요구됨

운동장에서 경주하는 자들이 면류관을 받아 쓰려면 규칙에 따라 잘 뛰지 않으면 안 된다. 잘 뛰려면 평소 열심히 훈련하고 연습을 해야할 뿐 아니라 극도의 자기 절제와 근신이 요구된다. "이기기를 다투는 자마다 모든 일에 절제하나니"(25절). 경주자가 훈련을 게을리하고 무절제한 생활을 하면서 상을 받는 것은 불가능하다. 예수님을 믿는 사람은 끊임없이 신앙의 훈련과 절제된 생활을 해야한다. 훈련이나 절제는 힘든 일이다. 그래도 우리는 해야 한다.

III 인생을 허비하는 일이 없어야 함

경주하는 자들은 시간을 쪼개 매일 연습하고 훈련한다. 올림픽에서 금메달 따는 선수들을 보라. 남이 보기에는 쉽게 금메달을 따는 것처럼 보일지 모르나 당사자들은 필사적으로 훈련하고 연습했음을 알 수 있다. 쉽게 얻어지는 금메달이란 없다. 우리가 이 땅에서 되는대로 쉽게 살면서 천국에 가 주님으로부터 생명의 면류관을 받으려 한다면 이는 어불성설이라 하지 않을 수 없다. 우리는 신앙생활을 하되 "허공을 치는 것같이" 해서는 안 된다(26절).

■ 기 도 ■ 열심히 뛰되 절제하며 규칙에 맞게 경주하는 자에게 상을 주시는 주님, 우리도 주님으로부터 상받는 자가 되도록 절제하며 살게 하옵소서. 예수님 이름으로 기도드립니다. 아멘.

■ 십계명 ■   이런 저런 10가지 종류의 교인

1. 기둥 교인이다 (교회에 출석도 잘 하고 물질도 잘 드리며 교회의 버팀목이 되는 교인)
2. 기대는 교인이다 (교회를 장례식이나 결혼 장소로 활용하는 정도의 교인)
3. 견우·직녀 교인이다 (가끔 마음이 내키면 부활절이나 크리스마스 때만 출석하는 교인)
4. 스폰지 교인이다 (성찬은 물론 축복이란 축복은 다 받아 누리고 정작 자신의 것은 한 톨도 내지 않는 교인)
5. 긁깎 교인이다 (목사님의 설교를 이리 깎고 저리 긁는 교인)
6. 특별 교인이다 (가끔 도움을 베풀고 마음이 내키면 돕는 교인)
7. 자라 교인이다 (교회에 재미있는 일이 있으면 고개를 쏙 내밀고 찬 바람 불면 쏙 들어가 나오지 않는 교인)
8. 쏠개 교인이다 (멀리서 빙빙 돌다가 잇속이 있다 싶으면 급강하여 파고드는 교인)
9. 고아 교인이다 (교회에서는 '우리 하나님 아버지'라고 부르지만 일주일 내내 고아처럼 외롭게 사는 교인)
10. 풀빳 교인이다 (교회서 풀먹인 것처럼 뻣뻣한 교인들로 때가 묻어도 세탁하기 싫어하는 교인)

여러분은 이들 중 어디에 속하지는 않으십니까?

■ 예 화 ■   윤리적 크리스천

　　포스딕(Harry Emerson Fosdick) 목사는 크리스천을 둘로 구별하였다.
　　하나는 '심미적(審美的, esthetic) 크리스천'이고 다른 하나는 '윤리적(ethical) 크리스천'이다.
　　심미적 크리스천은 아름다움을 감상하고 즐기는 기독교인이다. 예배를 통해서 평화를 맛보고 좋은 설교와 아름다운 성경 말씀에서 위로를 받고 흐뭇한 검정에 젖는다.
　　여기에 비하여 윤리적 크리스천은 예배와 설교와 성경 말씀을 접하면서 자기의 책임을 절감하는 사람이다.

절기 · 수련회 · 개강

푯대를 향하는 삶

■ 찬 송 ■ ♪ 262, 313, 261, 355

■ 본 문 ■ 그러나 무엇이든지 내게 유익하던 것을 내가 그리스도를 위하여 다 해로 여길뿐더러 …【빌 3:7~16】

■ 서 론 ■ 미국의 부흥사 빌리 그래엄은 "우리는 누구인가? 세상이 읽어보는 성경, 우리는 누구인가? 세상이 필요한 신경(信經), 우리는 누구인가? 세상이 눈여기는 설교"라고 성도의 삶을 핵심적으로 말했다. 성도의 푯대를 향하는 삶은?

■ 말 씀 ■

I 바울처럼 예수님을 중심에 모셔야 한다

바울은 예수님을 생의 최고 가치로 여겼다. 세상 것을 다 잃는다해도 예수님 한분 얻으면 만족하는 사람이다. "또한 모든 것을 해로 여김은 내 주 그리스도 예수를 아는 지식이 가장 고상함을 인함이라"(8절). 우리는 무엇을 삶의 최고 가치로 여기는가? 아무쪼록 예수님을 중심에 모시고 그분을 최고의 가치로 여기기를 바란다. 주님을 삶의 목적과 의의로 여기지 않는 자는 온 천하를 얻는다해도 허무할 뿐임을 알아야 한다.

II 바울처럼 세속을 좇음이 없어야 한다

바울은 세상의 부귀영화 같은 것과는 거리가 먼 사람이었다. 그런 것들은 '배설물'로 여긴다고 했다. "내가 그를 위하여 모든 것을 잃어버리고 배설물로 여김은"(8절). 보통 사람으로는 쉽지 않은 일이다. 그런데 신앙이 타락하다보면 예수님보다 오히려 세상 것들에 탐닉하게 된다. 어떻게 하면 예수님을 본받아 그분처럼 살까를 생각하는 게 아니고 어떻게 하면 세상 것들을 더 얻을 수 있을까하며 노심초사한다. 바울이 강조한 '배설물'의 의미를 깊이 생각해 보자.

III 바울처럼 부르심에 충실하도록 힘써야 한다

바울은 세속적인 것들에 관심을 두지 않고 오직 예수님 한분에 집착하고 집중했다. "푯대를 향하여 그리스도 예수 안에서 하나님이 위에서 부르신 부름의 상을 위하여 좇아가노라"(14절). 바울은 주님이 왜 '죄인중의 괴수' 같은(딤전 1:15) 자기를 택하셨는지를 늘 생각하며 그 뜻을 이루려고 끊임없이 노력했다. 주님이 왜 나를 이 시기에 이 자리에 있게 하셨는지 항상 생각하며 그 뜻을 이루려고 애쓰는 자들은 복받은 자들이다.

■ 기 도 ■ 주님만을 삶의 목적과 최고의 가치로 여기며 산 바울을 아끼고 사랑하신 주님, 저희도 바울처럼 살게 하옵소서. 예수님 이름으로 기도드립니다. 아멘.

■ 십계명 ■　달란트에 대한 10가지 교훈

　　1. 하나님은 각 사람에게 달란트를 주셨다
　　2. 각자 다른 달란트를 모든 사람에게 주셨다
　　3. 하나님이 주신 달란트를 잘 활용해야 할 의무가 있다
　　4. 나에게 주신 달란트를 소중히 여기며 감사해야 한다
　　5. 주어진 달란트를 가지고 성실히 봉사해야 한다
　　6. 주신 하나님께 충성하면 큰 칭찬을 받는다
　　7. 충성하면 더 많은 것을 주신다
　　8. 달란트를 주신 목적을 잘 인식해야 한다
　　9. 활용하지 않으면 있는 것까지 빼앗긴다
　10. 신앙생활은 달란트를 잘 활용하는 생활이다

■ 예 화 ■　구명 보트와 일등석

　　〈New Yorker〉 잡지에 만화가 실렸다. 비행기가 바다에 불시착하여 침몰하고 있다.
　　세 개의 구명 보트에 승객들이 옮겨 타는 장면이다. 보석으로 치장한 부인이 남편에게 말했다.
　　"알프레드, 우린 아직 일등석에 있는 건가요?"
　　이런 어리석은 인생이 얼마나 많은가? 죽음을 향하고 있는 나그네 길에 정말 1등석, 2등석이 있단 말인가?
　　물론 잠시 편한 집에 살거나 비싼 식당에 가서 식사를 할 수 있으면 1등석 인생이라고 말할지 모르겠으나 그것이 정말 우리를 행복하게 하는 본적지이며 내가 설 자리인가를 생각해 보아야 한다.
　　예수를 믿고 교회에 나온다는 사실 자체가 나의 본적지를 찾고 내 생애의 설 자리를 찾아 하나님의 축복을 받는 데 있지 않은가?
　　그러기에 교회생활은 결코 2차적인 목적이 되어서는 안 되며 2등석이 되어서도 안 된다. 신앙생활은 내 인생의 1차적인 목적이 되어야 한다.

헌신 · 여전도회

섬기는 자의 자세

■ **찬 송** ■ ♪ 347, 346, 302, 369

■ **본 문** ■ … 헛된 영광을 구하여 서로 격동하고 서로 투기하지 말지니라 【갈 5:13~26】

■ **서 론** ■ 성직자 암브로스 비어스는 "그리스도인들과 낙타들은 무릎을 꿇고 그들의 짐을 받는다."라고 했다. 주님은 우리에게 섬기는 자로서 모범을 보이시며 제자들의 발까지 씻기셨다. 오늘 우리의 섬기는 자세는?

■ **말 씀** ■

I 섬기는 자는 서로 종노릇 할 것
사람은 누구나 남을 부리고 지배하기를 바란다. 보다 더 높은 자리에 서서 남에게 명령하는 자 되기를 원한다. 그러나 구원받지 못한 불신자들은 그럴는지 모르나 구원받은 하나님의 자녀는 그래서는 안 된다. 오히려 "사랑으로 서로 종노릇" 해야 한다(13절 하). 주님은 "인자가 온 것은 섬김을 받으려함이 아니라 도리어 섬기려 하고 자기 목숨을 많은 사람의 대속물로 주려 함"이라 하셨고(마 20:28) 이를 몸소 실천하셨다(요 13:14-15).

II 섬기는 자는 육체의 소욕을 버릴 것
남보다 높은 자리에서 남을 부리려는 생각은 곧 세속적인 욕망이요 육체적인 허욕이다. 이를 버려야 한다. "그러나 그 자유로 육체의 기회를 삼지 말고"(13절상). 비록 구원받은 하나님의 자녀라 해도 아직 영육이 완전해진 것이 아니기 때문에 육체의 소욕이 되살아 날 수 도 있다. 이를 방지하기 위해서는 늘 성령에 충만해 있어야 한다. 성령에 충만하기 위해서는 늘 기도해야 하고 성경을 묵상하지 않으면 안 된다(갈 5:22-24, 시 119:11).

III 섬기는 자는 헛된 영광을 버릴 것
바울은 갈라디아 교인들을 향하여 "헛된 영광을 구하여 서로 격동하고 서로 투기하지 말지니라"고 했다(26절). 세속적이고 육체적인 영광은 헛되다고 바울은 말한다. 그는 그런 것들을 이미 '배설물' 처럼 여겨 모두 버린 바 있고(빌 3:8), "육체와 함께 그 정과 욕심을 십자가에" 못박았노라고 한다(24절). 바울은 이처럼 철저하게 자기를 부인하고 죽이기를 힘썼다(고전 9:27). 그러나 우리는 자기를 부인하기는커녕 자기를 살리고 내세우기에 바쁘지 않은가?

■ **기 도** ■ 주님은 우리를 구원하시려고 종노릇은 물론 대속물로 죽기까지 하셨습니다. 그런데 지금 저희들의 모습은 어떻습니까? 예수님 이름으로 기도드립니다. 아멘.

■ 십계명 ■　서로가 서로를 알아주는 10가지

　　　　1. 나와 관계되는 모든 사람의 사정을 알아주자
　　　　2. 나와 관계되는 모든 사람의 형편을 알아주자
　　　　3. 나와 관계되는 모든 사람의 마음을 알아주자
　　　　4. 나와 관계되는 모든 사람의 생각을 알아주자
　　　　5. 나와 관계되는 모든 사람의 아픔을 알아주자
　　　　6. 나와 관계되는 모든 사람의 슬픔을 알아주자
　　　　7. 나와 관계되는 모든 사람의 상처를 알아주자
　　　　8. 나와 관계되는 모든 사람의 소원을 알아주자
　　　　9. 나와 관계되는 모든 사람의 기쁨을 알아주자
　　　10. 나와 관계되는 모든 사람의 성공을 알아주자

■ 예 화 ■　섬김의 자부심

　　　　테레사 수녀와 가까이 하는 사람들은 그녀의 순결한 인격에 큰 감동을 받습니다. 특별히 그녀의 질투 없는 삶은 주변의 많은 사람들에게 큰 도전이 되었습니다.
　　　　어느 날, 테레사가 한 어린 아이의 고름을 만지며 치료하고 있을 때 함께 살고 있던 한 분이 이런 질문을 던졌습니다.
　　　　"수녀님, 당신은 잘 사는 사람이나 평안하게 살아가는 사람, 혹은 높은 자리에 사는 사람들을 바라볼 때 시기심이 생기지 않나요? 당신은 이런 삶이 만족하십니까?"
　　　　이러한 질문에 테레사는 유명한 대답을 했습니다.
　　　　"허리를 굽히고 섬기는 사람에게는 위를 쳐다볼 수 있는 시간이 없습니다."

■ 명 상 ■　비밀스런 다음은 헌신의 성전이다. 성인은 그곳에서 가장 순수한 헌신의 불꽃을 밝히며, 그 불꽃은 보이지 않게 타오르나 받아들여진다.

　　　　　　　　　　　　　　　　　　　　　　　　- 한나 모어 (영국 작가) -

헌신 · 여전도회

깨어 있는 신부

■ 찬 송 ■ ♪162, 347, 218, 144

■ 본 문 ■ … 그런즉 깨어 있으라 너희는 그 날과 그 시를 알지 못하느니라 【마 25:1~13】

■ 서 론 ■ 중국의 사상가인 순자는 "고기가 썩으면 구더기가 생기고, 생선이 마르면 좀벌레가 생긴다. 태만함으로써 자신을 잊는다면 재앙이 곧 닥칠 것이다."라고 했다. 신앙인은 파수꾼처럼 깨어 있는 자이다. 깨어 있는 성도인 신부는?

■ 말 씀 ■

I 신부는 신랑이 오심을 알고 기다려야 함

본문에 보면 일단의 신부들이 등장하는데 이들은 신랑을 맞으려 하고 있다. 그런데 신부들에게 고통스런 문제가 있었으니 신랑이 오는 정확한 날과 시간을 모른다는 점이다. 신랑의 말은 갑자기 어느 날 신부들을 맞으러 오겠다는 것뿐이었다. 그렇다면 신부들은 언제 신랑이 오더라도 부끄럽지 않게 맞을 수 있도록 만반의 준비를 하고 있지 않으면 안 된다. 신랑이 요구하는 준비만 갖춘다면 신랑이 언제 오든 걱정할 것이 없다.

II 신부는 신랑이 밤중에 오심을 알아야 함

유대인들은 한밤에 결혼식을 거행했다고 한다. 신랑이 밤에 온다는 것은 의미심장한 일이다. 밤에는 사람들의 긴장이 풀리고 행동을 조심하지 않게 된다. 밤은 시대적인 상황을 상징하기도 한다. 시대가 죄악으로 타락한 상태를 의미한다. 지금이 바로 그런 때가 아닌가 생각한다. 바울은 "밤이 깊고 낮이 가까왔으니 그러므로 우리가 어두움의 일을 벗고 빛의 갑옷을 입자"고 했다(롬 13:12). 주님의 재림에 대하여 우리가 너무 무관심하지 않았나 걱정스럽다.

III 신부는 신랑이 오실 때까지 깨어 있어야 함

신랑이 오실 정확한 날과 시간을 모르는 이상 신부들은 언제 신랑이 오더라도 맞을 준비를 하고 있어야 한다. 아무리 외모가 아름답고 온갖 혼수를 마련했다 해도 신랑이 요구하는 것을 준비하지 않으면 다 허사이다. 그러면 신랑의 요구는 무엇인가? 등과 함께 기름을 충분히 마련하여 등불이 꺼지지 않게 하라는 것이다. 주님은 우리에게 "너희는 세상의 빛"이라 하시면서(마 5:14) "너희 빛을 사람 앞에 비춰게 하여" 하나님께 영광돌리라 하신다(마 5:16).

■ 기 도 ■ 이 세상에 다시 오시겠다고 몇번이고 강조하신 주님, 그런데 우리는 다시 오실 주님보다 이 세상에 더 관심이 많으니 어쩌면 좋습니까. 저희 죄를 용서하소서. 예수님 이름으로 기도드립니다. 아멘.

■ 십계명 ■   성도들이 두려워해야 할 10가지

1. 믿음을 잃어 버릴까 두려워하라
2. 주 안에서 화평함을 잃어버릴까 두려워하라
3. 거룩함에서 세속화 될까 두려워 하라
4. 하나님의 은혜에 이르지 못할까 두려워하라
5. 내게서 쓴 뿌리가 날까 두려워하라
6. 죄악된 더러움을 입을까 두려워하라
7. 음행하는 자와 함께 할까 두려워하라
8. 에서처럼 장자의 명분을 빼앗길까 두려워하라
9. 망령된 행동을 할까 두려워하라
10. 회개할 기회를 얻지 못할까 두려워하라

■ 예 화 ■   오늘

'음악의 아버지' 라 불리워지는 요한 제바스티안 바흐(Johann Sebastian Bach)는 젊어서 많은 고생을 하였다.

그는 라이프치히의 성 토마스 교회에서 오르간 연주자로 봉사했는데 주일마다 부르는 성가대의 노래를 새로 작곡했다.

물론 그 곡들은 출판되지도 않았고 누구에게 작곡료를 받은 것도 아니었다. 작곡가로서의 사명과 신앙적 열심으로 작곡했을 뿐이다.

그러나 후에 바흐의 대부분의 곡이 이 라이프치히 시절의 곡을 기초로 해서 나왔던 것이다.

265개의 파이프 오르간곡, 263개의 합창, 356개의 오르간곡, 162개의 피아노곡, 기타 많은 명작들은 갑자기 떠오른 곡들이 아니라 보수도 없이 날마다 꾸준히 작곡했던 '매일의 노력' 에서 탄생된 것이다.

오늘은 바로 내일의 역사를 낳는 기초가 된다.

헌신 · 여전도회

여집사 뵈뵈의 헌신

■ 찬 송 ■ ♪256, 273, 259, 179

■ 본 문 ■ 내가 겐그레아 교회의 일꾼으로 있는 우리 자매 뵈뵈를 너희에게 천거하노니 … 【롬 16:1~2】

■ 서 론 ■ 영국의 작가 한나 모어는 "비밀스런 마음은 헌신의 성전이라. 성인은 그곳에서 가장 순수한 헌신의 불꽃을 밝히며, 그 불꽃은 보이지 않게 타오르나 받아들여진다."라고 했다. 바울이 칭찬한 뵈뵈의 헌신은?

■ 말 씀 ■

I 뵈뵈는 일꾼으로서 헌신했음

뵈뵈에 대하여는 "겐그리아 교회의 일꾼"이란 것 외에 자세한 것은 알 수 없다(1절). '일꾼'이란 말없이 헌신하고 충성하는 사람을 일컫는 말이다. 교회에는 두 종류의 신자가 있다고 본다. 말만 앞세울뿐 실천은 없는 사람과 말은 없지만 실천하는 사람이다. 우리는 되도록 말은 줄이고 실천은 늘리는 쪽으로 나아가야겠다. 주님은 "너희는 나를 불러 주여, 주여 하면서도 어찌하여 나의 말하는 것을 행치 아니하느냐"고 책망하셨다(눅 6:46).

II 뵈뵈는 바울이 신임할 정도로 헌신했음

뵈뵈는 바울의 신임을 받는 여성 일꾼이었다. 바울이 그를 로마 교회에 "천거"한 것만 봐도 알 수 있다(1절). 어떤 사람을 추천하려면 그를 절대 신임하지 않고는 어려운 일이다. 그가 잘못되면 추천자가 책임을 져야하기 때문이다. 뵈뵈가 사도 바울 같은 큰 인물의 추천을 받은 것은 주님의 추천을 받은거나 마찬가지다. 우리는 항상 주님의 신임을 받는 자가 되도록 노력하지 않으면 안 된다. 주님께 신임받으면 사람에게 신임받는 것은 어려운 일이 아니다.

III 뵈뵈는 보호자로서 헌신했음

바울은 로마 교인들에게 뵈뵈를 "영접"하고 "소용되는 바를 도와"주라면서 그 까닭은 그녀가 "여러 사람과 나의 보호자"가 되었기 때문이라고 한다(2절). 뵈뵈는 여러 사람을 돕되 특히 사도 바울을 지극 정성으로 보살폈음을 알 수 있다. 바울이 생활의 걱정없이 복음전파 사역에 전심하려면 누군가 그의 생활을 보살펴 주지 않으면 안 된다. 뵈뵈는 이 일을 자청하고 나선 사람이다. 뵈뵈는 헌신적으로 봉사했으니 '보호자'란 말이 이를 증명한다.

■ 기 도 ■ 뵈뵈를 택하여 귀중한 일꾼으로 쓰신 주님, 저희도 말없이 충성하는 주님의 일꾼, 교회의 일꾼이 되게 하옵소서. 예수님 이름으로 기도드립니다. 아멘.

■ 십계명 ■ 성도들의 10가지 신앙 자화상

1. 송아지 교인 (주인이 끌고 가지 않으면 잘 따라주지 않고 힘들게 하는 것과 마찬가지인 교인)
2. 소쿠리 교인 (교회에 와서는 혼자 은혜 다 받은 것처럼 하고는 교회만 나가면 불신자나 마찬가지인 교인)
3. 염소 교인 (염소는 물을 싫어한다. 교인들 중에도 비만 오면 교회에 나오지 않은 이들이 많다)
4. 나팔꽃 교인 (나팔꽃은 아침에만 핀다. 마찬가지로 주일 낮예배만 나오고 다른 예배는 일체 안 나온다)
5. 꽈배기 교인 (교회에서 목사님의 설교가 시작되어 조금만 있으면 두 틀고 못 견디어 한다)
6. 미꾸라지 교인 (교회 임원 중 특별 연보나 중요한 회의 때만 도면 쏙 빠진다)
7. 가시 교인 (교인 중에는 다른 사람을 콕콕 찌르는 사람이 있다. 남의 허물만 찾아내는 전문가이다)
8. 저기압 교인 (언제나 시무룩하고 침통하다. 인사를 해도 인상만 쓰고 침침한 얼굴이다)
9. 양반 교인 (잘난 체 하며 하인 부리듯 다른 사람을 시키는 소질이 많다)
10. 냄비 교인 (빨리 잘 끓고 빨리 잘 식는 냄비처럼 집회시 은혜받았다고 난리 치고는 아멘 하다가 돌아가면서 금방 식는다)

■ 예 화 ■ 부르심에 순종하는 그 순간부터

중국 선교사로 유명한 허드슨 테일러(Hudson Taylor) 목사의 경험담이다. 그가 중국에 있을 때 한 청년 신사가 찾아와 이렇게 질문하였다고 한다.

"세례를 받고 기독교인으로서 정식 출발을 하려고 하는데 그러기 위하여는 성경을 어느 정도 알아야 하며 신앙 연조가 몇 해가 되어야 합니까?"

테일러 목사는 이렇게 반문하였다. "촛불은 언제 빛을 내지요?" 청년은 "그야 물론 심지에 불을 붙이는 순간부터 빛을 내지요." 하고 대답했다. 그 때 테일러 목사는 청년에게 이렇게 말해 주었다고 한다.

"기독교인이 되는 것도 그와 같습니다. 성경에 대한 지식이 어느 수준에 오른다든가 몇 해 동안 교회 생활을 했다든가 하는 것은 큰 문제가 아닙니다. 심지에 불이 붙는 순간 빛을 발하듯이 연조가 없어도 하나님이 나를 불러 필요한 인간으로 사용하려고 하신다는 것을 깨닫고 받아들이면 그 순간 이미 빛이 나게 될 것입니다. 그러면 벌써 훌륭한 크리스찬이 된 것이지요."

헌신 · 여전도회

불타는 사명자 바울

■ **찬 송** ■ ♪ 264, 273, 275, 265

■ **본 문** ■ 내가 복음을 전할지라도 자랑할 것이 없음은 … 【고전 9:16~19】

■ **서 론** ■ 영국의 수필가요 철학자인 토마스 칼라일은 "가장 열렬한 전도자는 복음을 설교하지 않고 복음을 설교하게 될 필요와 유능을 증명한다."라고 했다. 수많은 환난을 거치며 이방인의 사도가 된 바울! 사명자 바울에게 오늘 본받을 자세는?

■ **말 씀** ■

I 바울의 겸손한 자세를 본받자

바울은 누구보다도 많은 사람들에게 복음을 전했다. 교통이 불편하던 2천여 년 전 그렇게 광범한 지역에 복음을 전했으니 자랑할만도 하지만 그는 "자랑할 것이" 없다고 말한다(16절상). 왜 그랬을까? "내가 부득불 할 일", 다시 말하면 주님의 종으로서 마땅히 할 일을 했기 때문이라고 한다(16절중). 또 한가지 덧붙인다면 그런 위대한 일을 한 것은 자기 능력이 뛰어나서가 아니고 "나와 함께 하신 하나님의 은혜"로 믿었기 때문이라고 한다(고전 15:10).

II 바울의 사랑의 자세를 본받자

바울이 왜 그런 불편과 환난을 무릅쓰고 복음을 전했을까? 그는 투철한 사명감뿐 아니라 인간의 영혼을 사랑했기 때문이다. 구원받기 전 인간의 영혼은 비참하기 짝이 없었다. 허물과 죄로 죽었다고 한다(엡 2:1). 죽은 영혼이 다시 살아나는 길은 오직 참 생명이시고 영원한 생명이신 예수 그리스도에 연결되는 것 외에는 달리 없음을 바울은 알았다. 그러기에 그는 더 많은 영혼에게 더 빨리 복음을 전하려 했다. 영혼을 사랑하는 마음이 바울을 열심히 뛰게 했다.

III 바울의 헌신의 자세를 본받자

바울은 사도로서의 권세와 권능이 있었다. 그는 각종 병을 고쳤고 죽은 자를 살리기도 했으며 그외에도 수많은 기사와 이적을 행했다. 그쯤되면 사람들에게 군림할만도 하건만 그는 그러지 않았다. 오히려 그는 "내가 모든 사람에게 자유하였으나 스스로 모든 사람에게 종이" 되었다고 하다(19절). 그는 섬김을 받으려 하지 않고 섬기려 했다. 이 점에서도 그는 예수님을 본받은 사람이다(마 20:28). 우리는 다 사랑으로 서로 종노릇해야 한다(갈 5:13).

■ **기 도** ■ 바울을 크게 들어쓰신 주님, 우리들도 바울처럼 겸손하고 사랑이 충만하여 헌신적인 자세로 충성하게 하옵소서. 예수님 이름으로 기도드립니다. 아멘.

■ 십계명 ■   뜻을 이루는 10가지 교훈

1. 반드시 이 일이 성취될 수 있다는 확신을 가지라
2. 최선을 다하라. 중간에 포기하지 말라
3. 실패 앞에 주저하지 말라. 거듭 실패해라 (경험이 된다)
4. 괴롭더라도 가능하다는 긍정적인 마음을 가지라
5. 연약한 암시보다는 강한 암시를 하라 (나는 약해서….)
6. 반성하고 고쳐가라. 그럼 거듭 실패하지 않는다
7. 못하고 안 되는 것을 생각지 말고 해 놓은 것을 생각하고 격려하라
8. 내가 살 길은 이 길밖에 없다는 각오로 부딪히라
9. 작은 것에 성공하는 기쁨이 큰 것을 이루게 한다
10. 쓸모 없는 격정에 시간과 정열을 낭비하지 말라

■ 예 화 ■   쓰레기 같은 인간에서

플로리다의 감리교 목사인 빌리 류터(Billy Lewter)는 「다락방」(감리교 기도서)에 자기 아버지의 이야기를 실었다. 대공황 때(1930년대) 먹을 것이 없어 어머니와 삼 남매는 구세군 급식소에서 연명하고 있었다. 아버지는 알콜 중독에다가 도박꾼이었다. 어머니의 말씀에 의하면 아버지는 여섯 살이었던 자기와 밑으로 두 남매를 바라보며 "이것이 마지막이 될 것 같군." 하는 한 다디를 남기고 집을 떠났다고 한다.

그는 도박하다 진 빚을 갚기 위하여 도둑이 되었고 경찰서에도 드나들었다. 그러다가 아버지가 자살하려고 하는 것을 어머니가 발견하여 눈물을 흘리며 함께 교회에 나갈 것을 애원하였다.

그 후의 이야기는 오직 기적이라고 할 수밖에 없었다. 그런 못된 아버지, 인생의 밑바닥까지 떨어졌던 쓰레기 인간이 예수를 믿고 자기의 남은 생애를 하나님께 바친다고 고백하였으며 완전히 새 사람이 되었던 것이다. 그는 국민학교를 2년밖에 다니지 않은 무학이었으나 성경말씀 5백 구절을 암송하고 매일 저녁 유치장, 교도소, 병원을 방문하여 전도하는 사람이 되었으며 아들을 미국 대교회의 목회자로 만들었던 것이다.

아버지를 회상하는 류터 목사는 "오직 기적이다. 성령을 받을 때 이런 능력이 주어졌다고 하는 말밖에는 설명할 길이 없다."라고 간증하였다.

헌신 · 여전도회

우리에게 위임하신 세 가지

■ 찬 송 ■ ♪ 254, 322, 265, 323

■ 본 문 ■ 그러므로 너희는 가서 모든 족속으로 제자를 삼아 아버지와 아들과 성령의 이름으로 세례를 주고 내가 너희에게 분부한 모든 것을 … 【마 28:19~20】

■ 서 론 ■ 스코틀랜드의 지질학자 휴즈 밀러는 "복음은 모든 소망의 성취요, 모든 철학의 완성이며, 모든 계시의 해석자이고, 물리적 정신 세계의 뚜렷한 진리의 모순들을 해결하는 열쇠이다."라고 했다. 승천하시는 주님께서 우리에게 명하신 것은?

■ 말 씀 ■

I 모든 족속에게 나아가라고 명하심

본문의 장면은 실로 장엄하기 짝이 없다. 만왕의 왕이시고 만주의 주이신 예수께서 부활하신 후 갈릴리의 한 산에서 제자들에게 명령하시는 말씀이기 때문이다. 주님은 먼저 "너희는 가서 모든 족속으로 제자를" 삼으라고 명령하신다(19절상). '모든 족속'은 인류 전체를 의미한다. 어떤 차별이나 구별도 있어서는 안 된다. 예수님은 어떤 특정계층만 위하여 대속적 죽으심을 한 것이 아니라 모든 인류를 위하여 죽음을 당하셨다(요 3:16).

II 삼위의 이름으로 세례를 주라고 명하심

주님은 계속해서 명령하시기를 "아버지와 아들과 성령의 이름으로 세례를" 주라고 하신다(19절하). 예수님은 성삼위에 대하여 분명하게 말씀하신다. 삼위일체설을 부인하는 자는 이단이다. 모든 족속에게 복음을 전하는 것으로 끝나서는 안되고 그들에게 세례를 주라고 하신다. 세례는 교회에서 인간들이 만든 제도가 아니고 주님이 세우신 거룩한 의식이다. 세례 예식은 그만큼 중요하고 거룩한 것이다. 이 의식을 통하여 죄사함과 구원받음의 확신을 갖게 된다.

III 분부한 모든 것을 가르치라고 명하심

주님은 또한 교회의 교육적인 사명을 강조하신다. "내가 너희에게 분부한 모든 것을 가르쳐 지키게 하라"(20절상). 사람은 배우지 않고는 아는 것이 별로 없게 된다. 우리가 현재의 지식을 가지고 활용하는 것은 누군가로부터 배웠기 때문이다. 독학을 했다해도 책을 통해서 배웠을 터이니 마찬가지다. 우리는 아는 것을 부지런히 가르치되 특히 성경말씀을 가르쳐야 한다. 왜냐하면 성경은 인간이 구원에 이르는 지혜를 주는 책이기 때문이다(딤후 3:14-15).

■ 기 도 ■ 만왕의 왕이신 주님, 저희로 하여금 주님의 명령과 말씀을 가볍게 여기지 말게 하시고 두려운 마음으로 순종하게 하옵소서. 예수님 이름으로 기도 드립니다. 아멘.

■ 십계명 ■   제자 훈련의 10가지 기본 방침

1. 상호훈련에 기초한 방법을 설정하라
   (소그룹으로 나누고 다시 그룹내에서 짝짓기 하여 그룹별, 개인별로 정기적인 모임을 만들라)
2. 교재를 선정하고 동일한 교육과정을 가지라
   (동일한 교재를 사용하고 방법론에서 반드시 통일성을 가지라)
3. 총론적 방식보다 강해식 성경공부를 하라
   (성경공부 모임이 아님을 기억하고 목적성을 가진 교육이 되도록 하라)
4. 단계를 마련하여 성취감을 주라
   (1년에서 3년처럼 과정의 단계와 변화를 두어 신선감을 갖도록 하라)
5. 토론과 발표를 활성화 시키라
   (일방적인 교육이 아닌 자유로운 의견과 공감대를 형성할 수 있는 기회를 가능한 한 자주 가지라)
6. 영적인 원칙들을 실생활과 연결시키는 훈련을 병행하라
   (배우고 있는 성경 내용을 새로운 습관으로 정착시키는 훈련을 하되 정기적인 기도와 말씀생활을 우선으로 하라)
7. 교회의 비전과 목회 철학을 전달하라
   (공통된 비전과 목표의식을 갖도록 반복하여 전달하라)
8. 몸된 교회와 그 성장에 관한 확신을 갖도록 하라
   (확실한 교회관을 정립시키라)
9. 개인적인 치유와 성장의 과정이 되도록 하라
   (일대일 만남과 토론, 발표 등을 통해 개개인을 돌보고 양육하라)
10. 기본 사항에 집중하라
    (성경, 기도, 증거, 섬김, 성령 안에서 행함과 같은 기독교적 기본 원리에 충실하라)

■ 예 화 ■   허드슨의 결단

약 백 년 전에 런던 교회에, 의사의 조수 노릇을 하는 한 청년이 있었다. 어느 주일 설교를 듣고 있던 이 청년은 보잘것없는 자기를 위해서도 고통을 참으신 그리스도의 사랑을 생각하고 마음이 뜨거워졌다. 그날 부른 찬송은 "너 위해 몸을 주건만 날 무엇 주느냐." 하는 것이었다. 청년은 찬송이 끝나기 전에, 자기 삶을 그리스도를 알지 못하는 중국 사람들에게 바치기로 결심했다.

그가 중국 선교사이며 아시아 선교의 선구자가 된 허드슨 테일러였다.

헌신 · 여전도회

복음 전도자의 자격

■ 찬 송 ■ ♪367, 102, 519, 372

■ 본 문 ■ … 일에 근신하여 고난을 받으며 전도인의 일을 하며 네 직무를 다하라 【딤후 4:1~5】

■ 서 론 ■ 신학자 피엘스는 "성공적인 전도의 비결 세 가지는 자신을 보이지 않게 감추는 것이요, 자신을 보이지 않게 더 감추는 것이요, 자신을 보이지 않게 오히려 더 감추는 것이다."라고 했다. 모든 영광은 주님만 받으시게 하는 전도자의 삶은?

■ 말 씀 ■

I 전도자는 항상 힘쓰는 자임

전도는 쉽지 않은 일이다. 왜? 쉽게 복음을 받아들이는 사람은 많지 않기 때문이다. 갖가지 핑계를 댄다. 대들고 반항한다. 어떤 사람은 전도자를 모욕하고 내쫓고 소금을 뿌리는 자도 있다. 핍박이 심할 때는 전도자를 죽이기까지 한다. 그래도 중단할 수 없는 것이 전도요 선교다. 바울은 디모데에게 "너는 말씀을 전파하라. 때를 얻든지 못 얻든지 항상 힘쓰라"고 했다(2절). 모든 아름다운 결과는 다 끊임없는 노력의 결과임을 잊지 말자.

II 전도자는 인내하는 자임

전도는 쉽지 않다. 왜냐하면 사람이 예수님을 구주로 받아들이는 데는 많은 시간이 필요하기 때문이다. 전도 즉시 예수님을 믿기도 하고 교회에 나오는 사람이 있기는 하지만 매우 드문 일이다. 대부분은 온갖 핑계를 대며 교회에 나오려 하지 않는다. 이때 전도자는 낙심하기 쉽다. 그러나 다시 힘을 내야 한다. 어떤 사람은 한 영혼을 구원하기 위해 백번을 찾아갔다는 간증을 읽은 일이 있다. 전도는 지구력과 인내의 싸움임을 잊지 말자.

III 전도자는 고난을 각오하는 자임

바울은 디모데에게 "너는 모든 일에 근신하여 고난을" 받으라고 했다(5절). 사람은 간사하기 짝이 없어 쉽고 편한 것을 좋아한다. 현대문명이 바로 그렇게 만들었다. 그렇게 고생하면서까지 복음을 전해야 하나 하는 생각을 하게 한다. 하나님이 택하신 사람이라면 때가 되면 자연히 회개하고 예수님을 믿게 될 것이라고 자위하기도 한다. 그러나 인간 영혼의 구원은 그리 값싼게 아니다. 우리가 어떤 고생을 하더라도 완수하지 않으면 안되는 중요한 일이다.

■ 기 도 ■ 바울과 디모데를 택하셔서 전도자로 귀하게 쓰신 주님, 저희도 그들처럼 전도와 선교에 힘쓰는 자들이 되게 하옵소서. 예수님 이름으로 기도드립니다. 아멘.

■ 해 설 ■ 자격 심사

만일 예수가 새 단체를 조직하기 위하여 간부 요원으로 열두 제자를 뽑고 경영 상담소(Management Consultants)에 그들의 자격 심사를 의뢰했다면 이런 회답을 받을 것이다.

나사렛 목공소 요셉의 아들 예수 귀하!

귀하가 의뢰한 12명의 이력서를 검토하고 심리 테스트와 직업 적성검사를 모두 컴퓨터에 넣어 결과를 뽑았습니다. 일반적으로 그들은 귀하가 계획하는 새 단체의 간부 사원으로 자격 부족입니다. 학력이 너무 낮고 경험 부족입니다. 그들은 단체 관념이 없고 협조 정신이 약하여 경영 관리자로서 적합하지 않습니다.

시몬 베드로는 정서적으로 안정성이 결여되어 있고 성격이 너무 과격합니다. 안드레는 한 마디로 무능력자입니다. 남을 지도할 사람이 못 됩니다. 세베대의 아들 야고보와 요한 형제는 회사의 이익을 제쳐놓고 개인의 이익을 추구할 사람들입니다.

도마는 매사에 부정적이고 질문뿐이요 추진력이 없습니다. 마태는 자기의 이익을 위하여 무슨 짓이나 할 사람입니다. 알패오의 아들 야고보와 다대오, 이 두 사람은 사회 혁명을 노리는 과격한 불온 사상에 감염되어 있어 귀하가 생각하는 온건한 집단에는 해로운 것입니다. 귀하가 추천한 12명 중 긍정적인 해답을 드릴 유자격자는 1명뿐입니다.

가롯 유다입니다. 그는 능력과 가능성이 있고 사회 지식도 풍부하며 예민한 실업인의 감각과 판단력이 있습니다. 사교성도 있어 상류 권력층과 접촉할 수 있는 인물입니다. 강한 동기와 의욕에 차 있습니다. 따라서 본 경영 상담 회사는 유다 1명만 추천하고 나머지 요원은 다른 사람들 중에서 찾아보도록 권고합니다.

그런데 실제 역사에 있어서 새 단체인 교회의 터를 닦고 2천 년의 세계사를 주름잡은 사람들은 당연히 실격될 수밖에 없는 11명이었고 오히려 유능한 유다는 탈락했다.

이 모순에 대한 대답은 오직 하나이다. 그들은 모든 면에서 자격부족이었으나 "내 십자가를 지고 나를 따르라"는 예수의 분부를 따라 십자가를 진 사람들이었다. 그것 하나가 그들 자신을 변화시켰고 사회와 세계를 바꾸어 나갔다.

헌신·남전도회

소금의 역할

- **찬 송** ♪ 348, 218, 144, 349
- **본 문** 너희는 세상의 소금이니 소금이 만일 그 맛을 잃으면 무엇으로 짜게 하리요 …【마 5:13~16】
- **서 론** 로마의 스토아 철학자 에픽테투스는 "우리는 인생에서 우리 자신의 역할을 선택하지 않으며, 그것을 선택하는데 아무런 관계도 없다. 우리의 단순한 의무는 그 역할을 잘 수행하는데 있다."라고 했다. 성도가 행할 소금의 역할은?

말 씀

Ⅰ 스스로 상하지 않아야 함

소금은 짠 성질을 가지고 있는게 특징이며 강점이다. 그런데 만일 소금이 "그 맛을 잃으면" 어떻게 될까? "후에는 아무 쓸데없어 다만 밖에 버리워 사람에게 밟힐 뿐"이다(13절). 주님은 우리들에게 "너희는 세상의 소금"이라 하셨으니 성도로서의 합당한 품격을 갖추고 그 역할을 제대로 하지 않으면 안 된다. 우리는 하나님의 자녀이니 하나님 아버지를 닮아야 한다. "그러므로 하늘에 계신 너희 아버지의 온전하심과 같이 너희도 온전하라"(마 5:48).

Ⅱ 이 세상에 들어가야 함

소금이 제 역할을 하려면 어떤 음식 속에 들어가야 하듯 성도도 그 사명과 역할을 수행하려면 세상속에 들어가지 않으면 안 된다. 성도는 세상을 멀리하고 기피하면서 고립한다고 잘 하는 것은 아니다. 소금이 필요한 곳에 들어가는 것처럼 사회 곳곳에 흩어져 있는 성도들은 자신이 소금임을 명심하고 부패를 억제하고 추방하는데 전력을 다해야 한다. 그럼에도 국가적인 대형 부정부패 사건에 교회 중직자들이 연루되는 것을 자주 보게 되니 안타까운 일이다.

Ⅲ 세상에 동화되지 않아야 함

소금이 제 역할과 사명을 다하려면 세상에 들어가되 그들과 동화되어서는 안 된다. 소금은 어디에 갔다 놔도 소금이지, 그것이 딴 것으로 변할 수는 없다. 하지만 세상 속에 흩어져 있는 성도들은 가끔은 성도가 아닌 불신자처럼 변하니 참으로 딱한 일이 아닐 수 없다. 왜 이렇게 되나? 죄의식이 너무 무뎌졌기 때문이다. 은혜, 죄 사함, 믿음으로 구원 등만 강조할 뿐 범죄하면 안 된다는 사실을 너무 소홀히 하기 때문이라고 생각한다(고후 6:14-18).

- **기 도** 우리를 택하여 구원하시고 소금의 사명을 주신 주님, 소금의 본분과 사명을 제대로 감당하는 저희들이 되게 하옵소서. 아멘.

■ 십계명 ■　소금의 10가지 역할

　　　1. 소금이 없어는 어떤 것도 맛을 낼 수 없다
　　　2. 소금은 썩는 것을 방지한다
　　　3. 소금은 뻣뻣한 것을 부드럽게 한다
　　　4. 소금은 병균을 죽이는 역할을 한다
　　　5. 소금은 터를 굳게 한다
　　　6. 소금은 녹으면서 역할을 한다
　　　7. 소금은 맛을 잃으면 무용지물이다
　　　8. 소금은 약용으로 쓰인다
　　　9. 소금은 무거가 있다
　　　10. 소금은 언제나 사용되어져야 한다

■ 예 화 ■　천국에서도 지옥에서도 거절당한 사람들

　　단테(Dante)의 명작 「신곡(神曲)」에 이런 장면이 나온다.
　　단테가 안내자를 따라 한 장소에 도착한다. 혈색이 나쁜 사람들이 초조하게 서성거리고 있었다.
　　그들은 천당에서 거절당한 사람들이였다. 그들은 동시에 지옥에서도 거절당했다. 천당에 갈 만큼 선인도 아니고 지옥에 쳐 넣을 만큼 악인도 아닌 어정쩡한 부류였다. 안내인이 말한다.
　　"저 인간들은 하나님도 좋아하시지 않고 사단도 좋아하지 않는, 영원히 버려진 인간들입니다. 만나볼 것도 없으니 지나갑시다."
　　그들은 세상에서 착한 시민으로 가장했던 사람이요, 괜찮은 기독교인으로 가장했던 인간들이었다.

■ 명 상 ■　인간은 우주의 문제를 해결하기 위해 태어난 것이 아니고 그가 해야 할 일을 하기 위해, 그가 이해할 수 있는 한계 안에서 그 자신을 자제하기 위해 태어난다.

　　　　　　　　　　　　　　　　　　　　　- 괴테 (독일 시인, 철학자) -

헌신·남전도회

충성된 일꾼이란

■ 찬 송 ■ ♪ 368, 372, 512, 519

■ 본 문 ■ … 무릇 있는 자는 받겠고 없는 자는 그 있는 것도 빼앗기리라 【눅 19:11~26】

■ 서 론 ■ 영국의 대설교가 찰스 H. 스펄전은 "하나님의 자녀들이 어느 분야에서 종사하건 간에 그들의 믿음이 올바른 길로 최선을 다해 빛을 발하면 그것이 곧 하나님께로 충성하는 길이다."라고 했다. 충성된 일꾼은?

■ 말 씀 ■

I 일꾼은 작은 일에 충성하는 자이다

주님은 "지극히 작은 것에 충성된 자는 큰 것에도 충성되고 지극히 작은 것에 불의한 자는 큰 것에도 불의하니라" 하신 바 있다(눅 16:10). 다윗은 왕이 되려는 꿈도 꾸지 않은채 베들레헴 산촌에서 오직 양을 돌보는 일에 전심전력했다. 하나님은 그것을 보시고 후에 영원한 왕의 조상이 되게 하셨다. 지금 내게 맡겨진 작은 일도 제대로 못하면서 큰 일만 하려는 것은 욕심일 뿐이다. 크게 쓰임받는 일꾼이 되려면 지금 내게 맡겨진 일을 잘해야 한다.

II 일꾼은 최선을 다해 충성하는 자이다

참된 일꾼은 무슨 일이고 적당히 하지 않는다. 최선을 다하는 것이다. 말이 그렇지 이것은 결코 쉬운 일이 아니다. 왜? 최선을 다하려면 너무 힘들기 때문이다. 최선을 다하지만 실적이 두드러지게 나타나지 않아 사람들 눈에 띄지 않을 수도 있다. 이런 때는 내가 지금 쓸데없는 고생을 하는게 아닌가 하는 회의가 들기도 한다. 낙심하는 것이다. 그러면서 '적당히' 하려는 유혹에 빠지게 된다. 하나님은 우리의 일하는 태도를 지켜보신다.

III 일꾼은 끝까지 충성하는 자이다

처음에는 열심히 충성하다가도 시간이 흐르면 그 강도가 약해지는 것을 흔히 본다. 데마가 그 대표적인 예다. 그는 처음에 바울을 적극 도왔고(골 4:14) 그래서 바울로부터 '동역자'라는 칭호를 받기도 했으나(몬 1:28), 세상을 사랑하여 바울을 버린 사람이 되었다(딤후 4:10). 지금은 교회에서 충성하는 일꾼이지만 언제 타락하여 불신자처럼 될는지 아무도 모른다. 우리는 충성하되 일시적이 아니라 '끝까지' 해야 한다는 것을 잊지 말자(히 3:6, 계 2:10).

■ 기 도 ■ 부족한 저희들에게 하늘의 귀한 직분과 사명을 맡겨주신 주님, 그것을 제대로, 최선을 다해, 끝까지 충성하게 하옵소서. 예수님 이름으로 기도드립니다. 아멘.

■ 십계명 ■　교회의 기둥인 이런 일꾼 10명

1. 은혜받아 역사하는 일꾼
2. 믿고 기도로 역사하는 일꾼
3. 열심히 모이기를 권면하는 일꾼
4. 참 사랑으로 사랑을 실천하는 일꾼
5. 말씀에 아멘으로 화답하여 순종하는 일꾼
6. 정성으로 예배의 모범을 보이는 일꾼
7. 온 힘을 다하여 물질로 봉사하는 일꾼
8. 단결을 위하여 화평을 만드는 일꾼
9. 밀알같이 자기를 희생하여 거름이 되는 일꾼
10. 무슨 일을 하든지 다 하나님께 영광을 돌리는 일꾼

■ 예 화 ■　상이 군인, 상이 신자

　　기독교 정통주의, 그리고 나의 만족에서 끝나는 기독교 세속주의는 모두 바리새적 신앙이다.
　　또한 바리새적 신앙에는 부상당한 신자의 형태가 있다. 상이 군인이란 말처럼 상이 신자라고 부를 수 있는 유형이다.
　　신문 스포츠란에는 부상당한 선수들의 명단이 계속 올라온다. 경기를 잘 하는 선수들의 부상률이 더 높기 때문에 부상 선수가 많을수록 그 팀의 전력은 약해진다.
　　상이 신자란 활동을 중단하고 후퇴하여 움츠리고 있는 상태의 신자이다.
　　상처의 종류는 백인 백색이지만 어쨌거나 신앙의 전진이 정지된 상태이다. 그 속에는 미움이 있고, 오해가 있고, 자기 칭의가 있고, 차별이 있고, 오관이 있고, 질투가 있고, 경쟁이 있고, 그밖에도 설명할 수 없으리 만큼 수많은 상처의 원인들이 깔려 있다.
　　한 마디로 사랑 부족에서 오는 상처를 지닌 자이다.

■ 명 상 ■　충성은 명령을 행하는 것이다.
　　과잉 충성은 나를 나타내고자 하는 야부이다.

- 이탈리아 속담 -

헌신 · 남전도회

하나님이 기억하시는 자

■ **찬 송** ■ ♪369, 512, 378, 511

■ **본 문** ■ 가이사랴에 고넬료라 하는 사람이 있으니 이달리야대라 하는 군대의 백부장이라 그가 경건하여 온 집으로 더불어 하나님을 경외하며 …【행 10:1~8】

■ **서 론** ■ 스코틀란드의 찬송작가 제임스 몬트고머리는 "기억되고 있는 환희는 결코 지나간 것이 아니다. 그 즐거움들은 바로 과거에도, 현재에도, 미래에도 샘과 시내와 바다가 된다."라고 했다. 주님이 기억하시는 자는?

■ **말 씀** ■

I. 고넬료처럼 하나님은 경외하는 자를 기억하심

고넬료는 "하나님을 경외"하는 자였다(2절). 하나님을 경외한다는 뜻은 무엇인가? 글자 그대로 하나님을 공경하고 두려워하는 것이다. 그렇다고 해서 고넬료가 하나님을 공포의 대상으로 여겼다는 뜻은 아니다. 하나님이 어떤 분이신지 바로 알고 바로 섬겼다는 뜻이다. 로마는 원래 다신교를 숭상하는 나라였다. 그런 가운데서도 유일신이신 하나님을 알고 섬겼다는 것은 놀라운 일이다. 우리는 하나님이 어떤 분이신지 알고 바르게 섬겨야 한다.

II. 고넬료처럼 하나님은 구제하는 자를 기억하심

고넬료는 "경건하여 온 집으로 더불어 하나님을 경외"할 뿐 아니라 "백성을 많이 구제"하는 사람이었다(2절). 로마 군인은 유대를 점령하여 치안과 질서를 유지하는 사람이다. 유대인들을 무시하고 재물을 빼앗을 수도 있는 위치에 있었다. 그러나 그는 그런 불법을 자행하는 대신 오히려 유대인들을 구제하는데 힘썼다. 당시 유대는 로마의 압제와 권력자들의 부패로 가난한 자들이 많았었다. 하나님이 인정하시는 경건한 사람은 남을 돕고 구제한다(약 1:26-27).

III. 고넬료처럼 하나님은 기도하는 자를 기억하심

고넬료는 가난한 사람을 구제할 뿐 아니라 "하나님께 항상 기도"하는 사람이 기도 했다(2절). 항상 기도했다는 것은 무슨 뜻인가? 그는 자기의 부족함과 연약함을 알고는 하나님의 도우심을 구했다. 또 하나님만이 자기의 부족함을 채우실 수 있고 연약함을 강하게 하실 수 있음을 믿었다. 기도하지 않는 사람들은 무슨 까닭인가? 자기의 부족함과 연약함을 모르기 때문이다. 하나님의 도우심이 필요없는 사람들이니 얼마나 교만하고 어리석은 사람인가?

■ **기 도** ■ 경건하고 구제하기를 좋아하며 늘 기도에 힘쓴 고넬료에게 신령한 복을 주신 주님, 저희도 복받기에 합당한 자들이 되게 하옵소서. 예수님 이름으로 기도드립니다. 아멘.

■ 십계명 ■   주님의 십자가의 10가지 정신으로 살자

1. 주님의 십자가는 섬김의 정신이다
2. 주님의 십자가는 희생의 정신이다
3. 주님의 십자가는 겸손의 정신이다
4. 주님의 십자가는 순종의 정신이다
5. 주님의 십자가는 화평의 정신이다
6. 주님의 십자가는 고난의 정신이다
7. 주님의 십자가는 인내의 정신이다
8. 주님의 십자가는 용서의 정신이다
9. 주님의 십자가는 사랑의 정신이다
10. 주님의 십자가는 승리의 정신이다

■ 해 설 ■   나를 다스르는 법

나의 행복도 나의 불행도 모두 내 스스로가 짓는 것, 결코 남의 탓이 아니다.

나보다 남을 위하는 일로 복을 짓고 겸손한 마음으로 덕을 쌓아라.

모든 죄악은 탐욕과 성냄과 어리석음에서 생기는 것, 늘 참고 적은 것으로 만족하라.

웃는 얼굴 부드럽고 진실된 말로 남을 대하고 모든 일은 순리를 따르라.

나의 바른 삶이 나라를 위한 길임을 깊이 새길 것이며, 나를 아끼듯 부모를 섬겨라.

웃어른을 공경하고 아랫사람을 사랑할 것이며, 어려운 이웃들에게 따뜻한 정을 베풀어라.

내가 지은 모든 선악의 결과는 반드시 내가 받게 되는 것, 순간순간을 후회 없이 살아라.

하루 세 때 나를 돌아보고 남을 미워하기보다는 내가 참회하는 마음으로 살아라.

헌신 · 남전도회

충성하는 자의 자세

■ 찬 송 ■ ♪ 270, 370, 382, 381

■ 본 문 ■ 또 어떤 사람이 타국에 갈제 그 종들을 불러 자기 소유를 맡김과 … 【마 25:14~30】

■ 서 론 ■ 스위스의 교육자 페스탈로치는 "하늘나라로 가는 길은 지상에 있어서는 자기의 의무를 완전히 수행하는 일이다. 그러므로 우리들의 최후를 마치는 자리는 이 지상에서의 의무가 끝나는 자리이다."라고 했다. 성도로서 의무를 다하게 하는 충성이란?

■ 말 씀 ■

I 이는 작은 일에도 충성하는 것임

주님은 다섯 달란트 받은 종과 두 달란트 받은 종에게 말씀하시기를 "네가 작은 일에 충성하였으매 내가 많은 것으로" 맡기겠다 하셨다(21, 23절). 두 종은 큰 일을 했다고 생각할지 모르나 주님이 보실 때는 지극히 작은 일에 지나지 않는다. 우리가 이 세상에서 아무리 큰 일을 하고 교회에서 온갖 충성을 다한다고 해도 극히 작은 일을 했다고 겸손할 줄 알아야 한다. 그것도 내가 잘나서가 아니라 주님의 은혜임을 잊지 말아야 한다(고전 15:10).

II 이는 맡은 일에 충성하는 것임

종들이 할 일은 무엇인가? 주인이 맡긴 일, 시키는 일을 충성스럽게 수행하는 것이다. 주인으로부터 달란트를 받은 종들이 할 일은 그것을 마음대로 쓰라는 것이 아니며 그냥 보관만 하라는 것도 아니다. 그것을 재주껏 활용해서 무언가 주인이 기뻐할 일을 하라는 것이다. 한 달란트 받은 종은 불행하게도 이를 간과했다. 우리는 여러가지 달란트를 주님으로부터 받았다. 그것을 그냥 썩히지말고 잘 활용해서 주님을 기쁘시게 해야한다(빌 1:20-21).

III 이는 죽도록 충성하는 것임

우리는 어디까지 충성해야 하나? 그것은 '죽도록'이다. 주님은 "네가 죽도록 충성하라. 그리하면 내가 생명의 면류관을 네게 주리라" 하셨다(계 2:10). 주님이 요구하시면 목숨까지도 바칠 각오로 충성하라는 말씀인 줄 안다. 주님은 우리같은 죄인들을 위하여 그 귀한 생명까지 버리셨으니 주님이 우리에게 죽도록 충성하기를 요구하신다는게 하나도 이상할게 없다. 오히려 당연한 일 아닌가. 각자 처한 형편에서 그야말로 최선을 다해 주님께 충성해야겠다.

■ 기 도 ■ 우리는 많든 적든 주님으로부터 달란트를 받은 자임을 기억하게 하시고 그 달란트를 활용하여 주님께 충성하게 하옵소서. 아멘.

■ 십계명 ■ **남성 성도의 10가지 계명**

1. 우리는 이제 부터 하나님의 사명을 받은 일꾼이다
2. 우리는 우리 가정의 제사장이 된다
3. 우리는 아내를 사랑하며 존경받는 남편이 된다
4. 우리는 자녀들이 보고 배울 만한 모범이 된다
5. 우리는 세상 일보다 교회를 사랑하는 일꾼이 된다
6. 우리는 맡겨진 일에 충성하는 일꾼이 된다
7. 우리는 날마다 복음을 증거하는 증인이 된다
8. 우리는 일터에서 맡겨진 일을 주님께 하듯 한다.
9. 우리는 동료를 위해 희생하고 양보하는 직장 선교사가 된다
10. 우리는 물질을 지혜롭게 사용하는 청지기가 된다

■ 예 화 ■ **충성된 종**

누가 충성된 종인가? 구체적으로 다음과 같은 다섯 가지 사항에 해당되는 사람이다 (이것들을 100%의 수준에 도달하게 하기는 어려우나 최고의 수준을 향해 노력하는 자세가 충성된 종의 생활이다).

첫째, 나의 일보다 하나님의 비즈니스(일)를 더 중요하게 생각하는 사람이다.

둘째, 생활하고 남은 것을 바치지 않고, 바치고 남은 것으로 사는 사람, 이것이 성서적인 축복의 원리이다.

셋째, 나를 위하거나 어떤 사람들을 위하여 교회를 섬기지 않고 머리되신 예수 그리스도를 위하여 섬기는 사람, 교회에서 만나는 여러 사람들이 예수 그리스도로 보여야 한다.

넷째, 주님이 부르신다면 어디에나 가서 무엇이나 할 수 있는 사람, 콩고의 찬송가에 "예수님은 바늘, 나는 실, 주님 가시는 곳 어디에나 따라가리." 하는 찬송이 있다.

다섯째, 받는 것보다 주는 것을 더 기뻐하는 사람, 위로받는 것보다 위로해 주기를, 인정받는 것보다 인정해 주기를, 칭찬받는 것보다 칭찬해 주기를, 사랑받는 것보다 사랑해 주는 것을 더 기뻐하는 사람이다.

이런 사람에게 주님의 음성이 울려 올 것이다. "잘하였도다 착하고 충성된 종아, 네가 작은 일에 충성하였으매 내가 많은 것으로 네게 맡기리니 너 주인의 즐거움에 참예할지어다"(마 25:21).

헌신 · 남전도회

믿음의 사람 가이오

■ 찬 송 ■ ♪ 239, 371, 372, 382

■ 본 문 ■ … 사랑하는 자여 네 영혼이 잘 됨같이 네가 범사에 잘되고 강건하기를 …【요삼 1:1~8】

■ 서 론 ■ 러시아의 신비주의자 스베친 부인은 "모본에는 탁월한 힘이 있다. 우리는 우리가 올바로 걸으면 부지중에 다른 사람을 개혁할 수 있다."라고 했다. 가이오의 모범은 오늘의 우리를 바로 서게 한다. 가이오는?

■ 말 씀 ■

I 영적으로 잘 된 가이오

가이오는 사도 요한으로부터 사랑을 받은 사람이니 이는 그가 주님의 사랑을 받은 자임을 의미한다. 그가 주님의 사랑을 받은 것은 주님을 사랑하여 충성했기 때문이라고 생각한다. 주님은 일방적으로 충성만 받지 않으시고 가이오에게 "영혼이 잘" 되는 복을 주셨다(2절). 육체도 물론 중요하지만 영혼만큼 귀하지는 않다. 사람은 무엇보다도 먼저 영혼이 잘 되어야 한다. 영혼이 잘못된 채 육신만 잘 되면 무슨 소용이 있으랴(막 8:36).

II 진리 안에서 행한 가이오

가이오는 영혼이 잘 될뿐 아니라 "진리 안에서" 행하는 사람이었다(3절). 이 구절은 가이오의 영혼이 잘된 이유를 설명한다. 즉 그는 진리, 다시 말하면 하나님의 말씀을 실천한 사람이었다. 성경 말씀대로 산다는 게 말은 쉽지만 실제로는 그게 얼마나 힘든지 우리 모두 잘 알고 있다. 하지만 그렇게 살도록 노력하지 않으면 안 된다. 주님은 "너희는 나를 불러 주여, 주여 하면서도 어찌하여 나의 말한 것을 행치 아니하느냐"고 책망하신다(눅 6:46).

III 자녀를 말씀으로 교육시킨 가이오

가이오는 자신만이 하나님의 말씀을 지키는게 아니고 자녀들도 그렇게 살도록 가르쳤다. 요한은 "내가 내 자녀들이 진리 안에서 행한다함을 듣는 것보다 더 즐거움이 없도다"라고 했다(4절). 지금은 이단이 너무 많이 횡행하는 시대다. 비성경적이고 마귀적인 주장들이 마치 성경적 진리인양 교인들을 혼란스럽게 하고 있다. 이런 때일수록 우리는 정신을 바짝 차리고 성경으로 돌아가 그 말씀위에 굳게 서지 않으면 안 된다(딤후 4:1-5).

■ 기 도 ■ 가이오를 사랑하사 그의 영혼이 잘 되는 복을 주신 주님, 저희에게도 그런 복을 주사 하나님의 말씀 안에 거하게 하옵소서. 예수님 이름으로 기도드립니다. 아멘.

■ 십계명 ■　그리스도인의 10가지 품성

1. 겸손하신 주님 예수를 닮으라
2. 절제와 근신을 생활화 하자
3. 침묵으로 주님의 일에 봉사하라
4. 하나님이 주신 것을 검소함으로 낭비하지 말라
5. 근면하여 주님의 일에 부지런하라
6. 성실함으로 매사에 충성하라
7. 청결함으로 모든 생활에서 깨끗하라
8. 질서를 지킴으로 하나님의 창조섭리에 순응하라
9. 결심함으로 주님의 일에 적극 참여하라
10. 화목함으로 기도가 막히지 않게 하라

■ 예 화 ■　섬길 수 있는 자만이 다스릴 수 있다

　　미국의 찰스 콜슨(Charles Colson)은 예수님을 알기 전 닉슨 대통령의 보좌관으로 있다가 거듭난 후 교도소 전도자로 다시 태어난 사람입니다.

　　그는 자신이 쓴 책에 미국 의회 역사상 가장 감동적인 순간에 대한 이야기를 했습니다.

　　그 순간은 이제는 인도 캘커타의 고인이 되신 테레사 수녀가 미국 국회를 방문하여 연설했던 때라고 합니다.

　　미국 사람들은 대부분 연설 때 연설자에게 박수를 아끼지 않는다고 하는데 이상하게도 테레사 수녀가 연설을 마치자 그 누구도 박수를 치지 않더랍니다.

　　오히려 침묵만 감돌았다고 합니다.

　　그들은 숨막히는 감동과 전율이 그들의 가슴과 목을 누르고 있었기 때문에 박수를 칠 여유조차 없었던 것입니다.

　　그 이유는 마지막에 테레사 수녀가 던진 한 마디의 말 때문이었습니다.

　　"섬길 줄 아는 사람만이 다스릴 자격이 있습니다."

헌신·성가대

성도가 찬송하는 이유

■ 찬 송 ■ ♪43, 23, 46, 404

■ 본 문 ■ 찬송하리로다 하나님 곧 우리 주 예수 그리스도의 아버지께서 그리스도 안에서 하늘에 속한 모든 신령한 복으로 우리에게 복 주시되 … 【엡 1:1~6】

■ 서 론 ■ 신학자 토마스 찰머스는 "영생을 위한 가장 실질적인 준비는 하나님을 찬양하는데서 큰 기쁨을 얻는 것이다."라고 했다. 부름받은 성도가 찬송하는 이유는?

■ 말 씀 ■

I 이는 하나님께서 우리에게 복 주시기 때문임

우리는 하나님을 찬송해야 한다. 우리에게 복을 주시기 때문이다. 무슨 복인가? "하늘에 속한 모든 신령한 복"이다(3절). 하늘의 복이니 땅의 복이 아니며, 신령한 복이니 육체적인 복이 아니다. 땅의 복이나 육체적인 복도 분명히 복임에 틀림없지만 일시적인 것에 지나지 않는다. "썩지 않고 더럽지 않고 쇠하지 아니하는 기업" 즉 축복은(벧전 1:4) 하나님이 "그리스도 안에서"(3절중) 주시는 것이라야 한다. 우리가 이 복을 받았으니 얼마나 감사한 일인가?

II 이는 하나님께서 우리를 택하셨기 때문임

우리는 하나님을 찬송해야 한다. 왜? 우리를 자신의 자녀로 택하셨기 때문이다. 언제 택하셨나? "곧 창세 전에 그리스도 안에서" 택하셨다(4절). 우리가 세상에 태어나기 전에, 아니 이 세상 만물이 창조되기 이전에 벌써 우리를 택하셨다. 이것은 우리의 선한 마음이나 선한 행위와 상관없이 이루어졌으니 야곱과 에서의 사례에서 분명해진다(롬 9:1-13). 구원은 우리의 공로가 아니라 전적으로 하나님의 은혜이다(엡 2:8-9). 그러므로 우리는 하나님을 찬송해야 한다.

III 이는 우리를 하나님의 자녀로 삼으셨기 때문임

하나님은 우리를 택하시고 구원하시는 것으로 끝나지 않고 "예수 그리스도로 말미암아 자기의 아들들이 되게" 하셨으니(5절) 하나님을 찬송해야 한다. 하나님의 아들이 되는 복은 하나님이 주실 수 있는 최고의 복이다. 사람들은 유명한 왕이나 대통령, 또는 재벌의 아들이 되었으면 얼마나 좋을까 생각하기도 하는데 하나님의 아들이 되는 것은 그런 류와 본질적으로 다르다. 우리가 택함을 받고 구원받고 하나님의 아들이 되는 등이 다 '그리스도 안에서' 이루어졌다 했으니 그를 떠나서는 아무 것도 될 수 없고 할 수 없다(요 15:5).

■ 기 도 ■ 우리 같이 죄많고 악한 자들을 택하시고 구원하시되 자신의 아들까지 되게 하신 하나님 아버지, 영원히 찬송하게 하옵소서. 아멘.

■ 십계명 ■   위선적인 교인 10부류

1. '내 기도하는 그 시간 그 때가 가장 즐겁다'(482장)를 노래하며 하루에 겨우 5분이나 10분의 기도에 만족해 한다
2. '십자가 군병들아 주 위해 일어나 기 들고 앞서 나가 굳세게 싸워라'(390장)를 부르며 막상 부름을 받았을 때는 내일로 미룬다
3. '환난과 핍박 중에도 성도는 신앙 지켰네'(383장)를 부르며 작은 어려움에도 신앙의 끈을 끊는다
4. '충성하라 죽도록 충성하라 주님께'(381장)를 부르면서 우리가 해야 할 일로 괴로워한다
5. '온 세상 위하여 나 복음 전하리… 전하고 기도해 매일 증인 되리라…'(268장)를 부르며 복음에 관한 얘기는 꺼내지도 않는다
6. '천성을 향해 가는 성도들아… 앞으로 앞으로 천성을 향해 나가세 천성문만 바라며 나가세'(401장)를 부르며 예배나 기도회에는 나오지 않는다
7. '내 모든 시험 무거운 짐을 주 예수 앞에 아뢰이면 근심에 쌓인 날 돌아보사 너 근심 모두 맡으시네'(363장)를 부르며 걱정 근심으로 신경쇠약에 걸린다
8. '즐겁게 안식할 날 반갑고 좋은 날 내 맘을 편케 하니 즐겁고 기쁜 날'(57장)을 부르면서 주일에 여행가고, 밀린 빨래를 하고, 아니면 늘어지게 잠을 잔다
9. '비바람 칠 때와 물결 높이 일 때에 사랑하는 우리 주 나를 품어 주소서 풍파 지나가도록 나를 숨겨 주시고 안식 얻는 곳으로 주여 인도하소서'(441장)를 부르며 비가 오면 아예 교회에 나오지 않는다
10. '물 건너 생명줄 던지어라'(258장)를 부르며 주일에 강가나 바닷가에 가서 낚시줄이나 던진다

■ 명 상 ■   모든 문학적인 저서나 출판물은 세월이 지나가는 동안 없어지는 일이 있을지라도, 하나님을 찬송하는 노래는 가슴에서 가슴으로, 입에서 입으로 전해져서 영구히 보존된다.

- 작자 미상 -

헌신 · 성가대

하나님을 찬양하라

■ **찬 송** ■ ♪ 376, 492, 382, 45

■ **본 문** ■ 할렐루야 우리 하나님께 찬양함이 선함이여 … 【시 147:1】

■ **서 론** ■ "찬송은 아무나 부를 수 있는 것이 아니다. 은혜와 축복을 받은 성도가 감사와 찬양과 기도와 간구를 노래에 담아 하나님께 드리는 것이다."라고 어느 목회자는 말했다. 성도들이 하나님을 찬양하는 이유는?

■ **말 씀** ■

I 하나님을 찬양하는 것은 선한 일임

왜 우리가 하나님을 찬양해야 할까? 그것은 바로 선한 일이기 때문이다. "할렐루야, 우리 하나님께 찬양함이 선함이여." 세상에는 이런 저런 선한 일이 많지만 하나님을 찬양하는 것만큼 선할 수는 없다. 피조물인 인간, 죄많은 인간이 하나님의 은혜로 거저 구원받아 의인이 되고 하나님의 자녀가 되었으니 이보다 더 위대하고 선한 일이 어디 있으랴. 또 그 은혜와 사랑을 알고 하나님을 찬양하는 것보다 더 선한 일이 어디 있으랴.

II 하나님을 찬양하는 것은 아름다운 일임

"찬송함이 아름답고"라고 시인은 말한다. 세상에 아름다운 일이 많지만 하나님을 찬양하는 것만큼 아름다울 수는 없다. 찬송하는 입술이 아름답고, 찬양하는 마음이 아름답다. 비록 곡조는 틀리고 목소리도 구슬 소리나 꾀꼬리 소리같지 않더라도 하나님의 한량없는 사랑과 은혜를 알고 감사하며 찬양하는 것보다 아름다운 일이 무엇이랴. 세계적인 유명 성악가나 가수가 못되더라도 찬송할 줄 아는 사람이 더 아름답다.

III 하나님을 찬양하는 것은 인간의 본분된 일임

하나님을 찬양하는 것은 "마땅하도다"라고 시인은 말한다. 즉 찬양은 해도 좋고 안해도 좋은 그런 것이 아니고 인간이라면 반드시 해야 할 본분이라는 말이다. 하나님은 인간을 창조하시기 전에 우주를 창조하시고 지구를 창조하셨다. 지구야말로 무수한 천체 가운데 동식물과 인간이 생존할 수 있는 최적의 조건을 갖춘 유일한 천체다. 더구나 하나님은 예수 그리스도의 희생을 통해서 죄로 타락한 인간을 거저 구원하여 주셨다. 그래도 찬송하지 않으려는가?

■ **기 도** ■ 하나님은 우리를 창조하시고 거저 구원받아 하나님의 자녀가 되게 하셨습니다. 우리가 어찌 하나님을 찬송하지 않을 수 있겠습니까? 항상 찬송하도록 은혜 내려 주옵소서. 아멘.

■ 십계명 ■   우리 하나님의 10가지 은혜

1. 하나님은 네가 일할 때에 힘을 주신다
2. 하나님은 내가 찬송할 때에 좋아하신다
3. 하나님은 내가 기도할 때에 들어주신다
4. 하나님은 내가 믿을 때에 기뻐하신다
5. 하나님은 너가 겸손할 때에 은혜를 주신다
6. 하나님은 너가 인내할 때에 소망을 주신다
7. 하나님은 내가 아플 때에 위로해 주신다
8. 하나님은 내가 봉사할 때에 기억해 주신다
9. 하나님은 내가 핍박받을 때에 돌보아 주신다
10. 하나님은 내가 순종할 때에 축복해 주신다

■ 예 화 ■   희망의 노래

미국의 복음성가 가수 피터 빌 혼 씨의 간증을 읽은 일이 있다.

그는 아이도와 주 포스메디슨 형무소에서 죄수들을 위하여 "날개가 상한 새는 다시 하늘로 날 수 없다."는 내용이 담긴 복음성가를 불렀다고 한다.

모임이 끝나자 죄수 한 사람이 빌 혼 씨를 만나 "나처럼 날개가 상한 새는 영구히 희망이 없습니까?" 하고 슬픈 얼굴로 질문했다고 한다.

몹시 가책을 느낀 이 가수는 그 날 밤, 잠을 이루지 못하고 복음성가 하나를 만들었는데 "예수에게 가면 무슨 죄도 용서받는다. 예수에게 맡기면 실패한 과거도 새롭게 된다. 주님의 사랑에 그대를 맡기라. 그대의 날개는 다시 새로워지고 높이 높이 푸른 하늘로 날 수 있다."라는 내용이었다.

그 후 20년이 지나 빌 혼 씨가 YMCA에서 복음성가를 부르는 집회에 참석했는데 한 육군 대령이 앞으로 나왔다. 그리고 그는 이렇게 간증하였다.

"20년 전 나는 아주 죄악된 생활을 계속하는 불량 청년이었습니다. 그러나 내가 갇혀 있던 형무소에서 여기에 계신 빌 혼 씨가 부르는, 상처받은 날개도 주님의 사랑으로 새로워지고 다시 하늘로 날 수 있다는 성가를 듣고 용기를 얻어 주님께 나를 맡긴 결과 새 사람이 될 수 있었습니다."

헌신 · 성가대

영혼의 찬양을 드리자

■ 찬 송 ■ ♪512, 415, 353, 55

■ 본 문 ■ 마리아가 가로되 내 영혼이 주를 찬양하며 내 마음이 하나님 내 구주를 기뻐하였음은 그 계집종의 비천함을 돌아 보셨음이라 … 【눅 1:46~55】

■ 서 론 ■ "하나님은 인간으로부터 찬양의 열매를 거두시기 위하여 인간의 마음밭에 사랑의 씨, 축복의 씨, 용서의 씨, 기쁨의 씨를 심어 놓으신다."라고 어느 신학자는 말했다. 성도의 찬양은?

■ 말 씀 ■

I 성도는 마음으로 기쁘게 찬양하자

마리아는 "내 영혼이 주를 찬양하며 내 마음이 하나님 내 구주를 기뻐" 하였다고 한다(46-47절). 우리가 어떻게 찬양해야 할까는 매우 중요한 일이다. 우리는 먼저 영혼과 마음으로 찬양해야 함을 알아야 한다. 곡조대로 정확하게 부르고 아름다운 목소리로 부르는 것도 물론 필요하지만 정작 중요한 것은 진정한 마음, 감사하는 마음이 그 찬송 속에 녹아져 있느냐하는 것이다. 세계적인 성악가라 해도 '마음' 이 빠진다면 그 찬송이 무슨 소용이 있으랴.

II 성도는 은총을 감사하며 찬양하자

마리아가 왜 마음으로 하나님을 찬양했나? "그 계집종의 비천함을 돌아보셨" 기 때문이다(48절). 마리아는 자신이 누군지 바르게 알고 있었다. 비천한 여종에 지나지 않다고 했다. 그녀의 말 속에는 어떤 특권도 배제되어 있다. 더구나 천주교에서 주장하듯 그리스도와 같은 반열에서 숭배받을 자격이 있음을 내비치지도 않았다. 사람은 누구나 '비천' 할 뿐이다. 범죄하고 타락했으니 당연한 일이다. 그런 우리를 구원해 주셨으니 찬송하는 것은 당연한 일이다.

III 성도는 주님의 성호와 자비를 영원히 찬양하자

여호와 하나님의 이름처럼 거룩한 이름은 없다. 하나님은 한분 뿐이시며 절대 완전하시고 거룩하시며 전지전능하시고 사랑이 충만하신 신이시다. 마리아는 "능하신 이가 큰 일을 행하셨으니 그 이름이 거룩" 하시다고 했다(49절). 이런 크고 위대하신 하나님이 죄많은 우리들을 구원하시려고 하나밖에 없는 아드님을 보내주셨으니 이보다 더 감사한 일이 어디 있으랴. 이런 은혜를 받고도 감사하여 찬양할 줄 모른다면 이 어찌 큰 배은망덕이 아니랴.

■ 기 도 ■ 비천한 여종 마리아에게 큰 복을 주사 찬양케 하신 하나님, 저희도 영혼과 마음으로 힘을 다하여 찬양케 하옵소서. 아멘.

■ 십계명 ■   성도를 10가지 재앙에서 건지시는 하나님

1. 성도가 하나님을 사랑하면 죄악에서 건지신다
2. 성도가 하나님을 사랑하면 불행에서 건지신다
3. 성도가 하나님을 사랑하면 멸망에서 건지신다
4. 성도가 하나님을 사랑하면 병마에서 건지신다
5. 성도가 하나님을 사랑하면 시험에서 건지신다
6. 성도가 하나님을 사랑하면 유혹에서 건지신다
7. 성도가 하나님을 사랑하면 환난에서 건지신다
8. 성도가 하나님을 사랑하면 불의에서 건지신다
9. 성도가 하나님을 사랑하면 가난에서 건지신다
10. 성도가 하나님을 사랑하면 죽음에서 건지신다

■ 예 화 ■   메시야

　　빅토리아 여왕(1819~1901)의 대관식 때 헨델의 오라토리오 "메시야"가 연주되었다.
　　마지막 할렐루야 합창 때에는 모두가 일어서는 것이 관례였다. 그러나 대관식에서 왕은 일어서지 않는 것이 왕실의 규례였다.
　　드디어 할렐루야 합창이 시작되었다. 모두가 기립하였다. 장엄한 합창을 들으며 여왕은 일어서고 싶은 충동을 강하게 받았으나 왕실의 전통을 지키려고 참고 있었다.
　　그렇지만 최후의 합창인 "왕의 왕, 만유의 주"가 불려질 때 그녀는 모든 것을 무시하고 벌떡 일어서 두 손을 가슴에 얹고 고개를 깊숙이 숙였다.
　　후일 빅토리아 여왕은 그날의 경험을 이렇게 피력하였다. "높으신 하나님 앞에서 지상의 왕권은 아무것도 아닙니다. 땅의 평화는 모든 인간이 하나님을 높일 때 이루어집니다."

■ 명 상 ■   무인도에 단 한 권의 책만 가지고 가라고 한다면 나는 곡조 붙은 찬송가를 가지고 갈 것이다.

　　　　　　　　　　　　　　　　　　　　　　　- 주요한 (장로, 학자) -

헌신 · 성가대

찬송에 내포된 의미

■ **찬 송** ■ ♪13, 19, 40, 468

■ **본 문** ■ 내가 노래로 하나님의 이름을 찬송하며 감사함으로 … 【시 69:30~36】

■ **서 론** ■ 영국의 시인 에드워드 영은 "찬송은 기도보다 더 거룩하다. 기도는 우리의 길을 하늘로 향하게 하지만 찬송은 이미 그 곳에 있다."라고 했다. 바울과 실라의 찬송은 하늘보좌를 움직여 큰 역사를 일으켰다. 성도가 찬송하는 의미는?

■ **말 씀** ■

I 하나님이 기뻐하시는 제물인 찬송

찬송은 어떤 의미가 있는가? 하나님을 기쁘시게 하는 제물이라고 한다. "이것이 소 곧 뿔과 굽이 있는 황소를 드림보다 여호와를 더욱 기쁘시게 함이 될 것이라"(31절). 소는 고가의 제물이다. 지금도 소 한마리 사려면 수백만원을 줘야 한다. 그런데 찬송은 그것보다 더 귀하다고 한다. 우리가 왜 찬송가 부르기를 힘써야 하는지 그 이유를 알 수 있다. 하나님은 물질적인 제물도 기뻐하시지만(빌 4:18) 찬송을 더욱 기뻐하신다는 사실을 알 수 있다.

II 근심을 덮는 옷인 찬송

세상을 살아가려면 이런저런 문제로 걱정하고 근심하게 마련이다. 그때 어떻게 해야 하나? 여러가지 방법이 있겠으나 가장 좋은 방법은 찬송가를 부르는 것이다(사 61:3). 찬송을 부를때 걱정 근심은 물러가고 평안과 확신을 얻게 된다. "여호와는 궁핍한 자를 들으시며 자기를 인하여 수금된 자를 멸시치 아니"하신다(33절). 그러므로 그를 "찬송할 것"이다(34절). 경제적으로 어렵고 세상 정세가 불안할수록 우리는 하나님께 더욱 많은 찬송을 드려야 한다.

III 역사를 일으키는 능력인 찬송

찬송은 하나님을 기쁘시게 하는 제물이 될 뿐 아니라 기사와 이적을 일으키는 능력이 있다. "하나님이 시온을 구원하시고 유다 성읍들을 건설"하신다(35절). 여호사밧 왕때 모압과 암몬 자손이 쳐들어왔다. 여호사밧은 야하시엘의 권고에 따라 찬양대로 하여금 하나님을 찬양케 했다. 그 결과 모압과 암몬 진영에서 자중지란이 일어나 전멸하고 이스라엘 백성은 대승했다(대하 20장). 우리의 힘찬 찬송이 마귀의 진을 파하는 능력이 있음을 잘 보여 준다.

■ **기 도** ■ 우리의 찬송을 기뻐하시며 큰 은혜와 복을 주시는 하나님이시여, 우리로 하여금 늘 기쁨으로 찬양하며 감사하게 하소서. 예수님 이름으로 기도드립니다. 아멘.

■ 십계명 ■   찬송하는 성도의 10가지 삶

1. 언제나 주님 주신 승리의 소망으로 살자
2. 누구도 모방할 수 없는 나만의 개성을 하나님께서 주심을 확신하자
3. 내적인 성숙과 관심을 갖는다
4. 위대한 꿈을 꾸고 결과는 하나님께 맡긴다
5. 이 세상이 아니라 오직 십자가의 삶을 추구한다
6. 남을 먼저 생각한다
7. 나에게 있는 현재의 모든 조건을 감사한다
8. 좋은 것은 남을 위하여 나누어 준다
9. 풍성한 미래를 위하여 돈과 시간과 재능을 아끼고 투자한다
10. 오직 나의 인생의 주인이 하나님 한 분임을 기억한다

■ 예 화 ■   성가대를 앞세운 전쟁

제1차 세계 대전 때의 일이다.

영국군 총사령관 앨랜비는 성지 예루살렘 공격을 앞두고 그는 크게 번민했다. 이는 하나님의 성지가 전쟁통에 잿더미가 될 것을 우려했기 때문이었다.

그는 영국 왕 조지 5세에게 이런 우려의 전문을 띄우고는 그의 재가를 기다렸다. 그런데 날아온 전문은 '오직 기도에 전력을 다하라'였다.

총사령관 앨랜비와 영국 군대는 하나님께 간절히 기도하면서 하나님의 기적을 바랐다. 예루살렘에서 일전을 불사하려고 벼르던 터키 군대는 그 고요함에 불안을 느껴서 스스로 예루살렘을 포기하고 철수하게 된다.

하나님의 성지 예루살렘을 구하고자 기도했던 영국군은 1917년 12월 9일, 예루살렘에 입성할 때 무장한 군대가 아닌 성가대를 앞세우고 들어왔다고 한다. 이는 참으로 하나님의 승리는 시공을 초월해 역사하심을 입증하는 놀라운 일이 아닐 수 없다 (대하 20:20~23 참조).

헌신·성가대

하나님의 은혜를 찬양하자

■ 찬 송 ■ 🎵 18, 27, 28, 24 🎵

■ 본 문 ■ … 이는 우리의 기업에 보증이 되사 그 얻으신 것을 구속하시고 그의 영광을 찬미하게 하려 하심이라 【엡 1:3~14】

■ 서 론 ■ "찬송을 많이 부르는 가정의 자녀들 중 잘못된 자녀 없고, 찬송을 많이 부르는 교회 중 뜨겁지 않은 교회 없다."라고 찬송 해설자 김경선 장로는 말했다. 하나님의 백성으로 구원받은 성도의 찬양은?

■ 말 씀 ■

I 성도는 하나님의 예정하신 은혜를 찬양함

바울은 하나님이 "창세 전에 그리스도 안에서 우리를 택하셨다"고 말한다(4절상). 세상만물을 창조하시기 전에 벌써 우리를 택하셨다니 이 얼마나 놀라운 일인가? 하나님은 우리의 마음씨나 행위를 보고 택하신 것이 아니다. 이것은 야곱을 택하신 시기에서도 잘 드러난다. 하나님은 야곱과 에서가 태어나기 전에 이미 야곱을 택하셨다고 한다(롬 9:8-13). 하나님의 선택은 당연한 것이 아니고 전적으로 그분의 은혜일 뿐이다. 그러므로 감사하고 찬송하자.

II 성도는 하나님의 구속하신 은혜를 찬양함

우리가 하나님을 찬양할 이유가 또 있으니 우리를 택하실 뿐 아니라 구속하여 주셨기 때문이다. "우리가 그리스도 안에서 그의 은혜의 풍성함을 따라 그의 피로 말미암아 구속 곧 죄사함을 받았으니"(7절). '구속'이란 무엇인가? 돈을 주고 노예를 사서 해방해 준다는 뜻이다. 예수님은 자신의 피와 생명으로 값을 치르시고 죄와 사망에서 속량해 주셨으니 이보다 더 감사한 일이 어디 있나? 찬송하지 않을 수 없다.

III 성도는 하나님의 성령으로 인치신 은혜를 찬양함

우리가 하나님을 찬양할 이유가 더 있으니 우리를 구속하시는 것으로 끝나지 않으시고 이를 확실하게 보증하기 위하여 도장까지 찍으셨다. "그 안에서 너희도 진리의 말씀 곧 너희의 구원의 복음을 듣고 그 안에서 또한 믿어 약속의 성령으로 인치심을 받았으니"(13절). 무슨 도장을 찍으셨나? 성령의 인(印)이다. 이보다 더 확실하고 견고하며 영원한 도장은 없다. 인간은 도장을 찍고도 변하지만 하나님은 절대 변치 않으신다. 할렐루야! 하나님을 찬양하자.

■ 기 도 ■ 우리같이 더럽고 죄 많은 인생들을 택하사 거저 구속하여 주시고 성령으로 인치신 하나님을 찬양하게 하옵소서. 예수님 이름으로 기도드립니다. 아멘.

■ 십계명 ■   하나님의 은혜를 이웃에게 찬양하는 10가지

1. 내게 금과 은은 없지만 내게 있는 예수님을 전합시다
2. 내게 있는 믿음으로 이웃을 기쁘게 합시다
3. 내게 있는 은혜로 이웃에게 은혜를 끼칩시다
4. 내게 있는 말씀으로 이웃에게 생명의 말씀을 권합시다
5. 내게 있는 은사로 남에게 유익함을 줍시다
6. 내게 있는 기쁨으로 남에게 즐거움을 줍시다
7. 내게 있는 구원의 소망으로 이웃에게 구원의 소망을 전합시다
8. 내가 받은 축복으로 이웃에게 믿음의 축복을 나누어 줍시다
9. 내게 있는 감사하는 마음으로 이웃에게 감사를 증거합시다
10. 내가 받은 하나님의 나라를 이웃에게 천국이 있음을 증거합시다

■ 예 화 ■   하이든의 신앙

1808년, 악성 하이든(Franz Joseph Haydn)이 죽기 꼭 1년 전이었다. 그의 오라토리오 "창조"가 비엔나에서 연주되었다.

하이든은 늙고 몹시 쇠약하였으나 휠체어에 실려 연주회에 참석하였다. 감격스러운 연주가 끝나자 연주자 일동과 청중은 모두 일어서 하이든이 있는 발코니를 향하여 박수를 보냈다.

하이든은 돋시 당황한 얼굴로 "내가 아니오. 내가 아니오. 빛을 만드신 하나님께 영광을 돌리시오." 하고 말하며 휠체어에서 상반신을 일으키다가 앞으로 쓰러졌다.

사람들은 그를 즉시 병원으로 이송하였다. 하이든은 실려 가면서도 계속 "내가 아니오. 하나님께 영광을 돌리시오."라는 말을 반복했다고 한다.

"우리 주 하나님은 유일한 주시라 네 마음을 다하고 목숨을 다하고 뜻을 다하고 힘을 다하여 주 너의 하나님을 사랑하라."

헌신 · 성가대

찬송의 놀라운 역사

■ **찬 송** ■ ♪ 14, 13, 12, 27

■ **본 문** ■ 밤중쯤 되어 바울과 실라가 기도하고 하나님을 찬미하매 죄수들이 듣더라 이에 홀연히 큰 지진이 나서 옥터가 움직이고 … 【행 16:25~34】

■ **서 론** ■ "하나님을 이 땅에 내려오시게 하는 것은 간단하다. 그것은 찬송을 부르면 된다. 하나님은 찬송 중에 거하시겠다고 약속하셨기 때문이다."라고 어느 신학자는 말했다. 하나님의 능력을 가져오는 찬양은?

■ **말 씀** ■

I 역경 가운데서도 찬양

바울과 실라는 아주 좋은 일을 하고도 빌립보 감옥에 갇히게 되었다. 한 점치는 소녀를 귀신에게서 해방시켜준 것이 계기가 되었기 때문이다(16-23절). 억울한 일이었지만 바울과 실라는 밤중에 "기도하고 찬미" 했다(25절). 그들은 교회당이나 집안에서 기도하고 찬미한 것이 아니고 감옥 안에서 했으니 놀라운 일이다. 우리가 비록 억울하게 환난과 핍박을 당하더라도 기도하고 하나님을 찬양할 수 있는 믿음을 가져야 한다.

II 기적을 일으키는 찬양

그 결과 기적이 일어났다. 갑자기 "큰 지진이 나서 옥터가 움직이고 문이 곧 다 열리며 모든 사람의 매인 것이 다 벗어"지는 놀라운 일이 벌어진 것이다. 우리가 어떤 어렵고 억울한 일로 고통을 당한다해도 간절히 기도하고 찬송하면 우리 앞을 가로 막았던 문이 열리며, 우리를 얽어매고 있던 걱정, 근심, 불안, 공포, 원망 등에서 풀려나는 놀라운 역사가 일어난다. 어렵고 힘들고 괴로울수록 우리는 기도하고 찬미하기를 잊지 말아야 한다.

III 구원을 가져오는 찬양

사태가 이쯤되자 간수는 "죄수들이 도망한 줄 생각하고 검을 빼어 자결하려"했으나(27절) 바울이 그렇지 않다고 말려 간수의 생명을 보호했다(28절). 이에 감동한 간수가 "바울과 실라 앞에 부복"하고(29절) 구원의 길을 물으니(30절) 예수님을 믿으면 된다고 가르쳤다(31절). 이로 인하여 간수 본인은 물론이고 그의 온 가족이 다 주님을 믿고 구원받게 되었고(32-33절) 빌립보 교회가 세워지는 계기가 되었다. 지금도 이런 기적이 도처에서 일어나고 있다.

■ **기 도** ■ 평안할 때뿐 아니라 환난 중에 있을 때 찬송하며 기도하는 것을 기뻐받으시는 주님, 우리도 늘 기도하며 찬송케 하옵소서. 예수님 이름으로 기도드립니다. 아멘.

■ 십계명 ■   찬송하는 성도가 넓힐 10가지 지경

1. 성도는 믿음의 지경을 넓히자
2. 성도는 기도의 지경을 넓히자
3. 성도는 예배의 지경을 넓히자
4. 성도는 찬양의 지경을 넓히자
5. 성도는 전도의 지경을 넓히자
6. 성도는 봉사의 지경을 넓히자
7. 성도는 사랑의 지경을 넓히자
8. 성도는 은혜의 지경을 넓히자
9. 성도는 축복의 지경을 넓히자
10. 성도는 영권의 지경을 넓히자

■ 예 화 ■   찬송의 힘

　　1346년 유럽은 페스트의 공포에 휩싸였다. 전 유럽 인구의 3분의 1이 페스트의 공격을 받았으며, 영국과 프랑스는 절반이 전염병에 쓰러져 지구의 종말 같았다.
　　크리스마스 이브를 맞은 런던은 조용하였다. 그런데 청년 몇 명이 거리에 나와 '기쁘다 구주 오셨네 만백성 맞으라'는 캐럴을 힘차게 부르며 행진했다.
　　사람들은 거리로 나오기 시작했다. 이것은 삽시간에 수백 명의 합창이 되었고, 공포에 떨던 런던의 하늘은 우렁찬 찬송으로 수놓아졌다. 찬송은 공포 속에서도 희망을 갖게 했다.
　　찬송은 사람을 일어나게 하고 깊은 잠에서 영혼을 깨운다. 찬송은 치료의 힘까지 가졌다.

■ 명 상 ■   찬양의 열매를 맺지 못하는 심령은 마치 산성화된 물질과 같아서 하나님은 그 마음밭에 더 이상의 기쁨과 감사와 축복의 씨를 심지 않으신다.

- 작자 미상 -

헌신 · 제직 · 임원

나다나엘과 같은 성도

- **찬 송** ♪ 254, 372, 370, 381
- **본 문** 이튿날 예수께서 갈릴리로 나가려 하시다가 빌립을 만나 이르시되 … 【요 1:43~51】
- **서 론** 미국의 성직자 알버트 바네스는 "그리스도인이 되며 성경의 진리를 믿는데는 많은 학식이 필요치 않다. 다만 여기에는 정직한 마음과 하나님께 복종하겠다는 마음만 있으면 되는 것이다"라고 했다. 나다나엘은?

- **말 씀**

I 간사한 것이 없는 나다나엘

나다나엘은 친구 빌립의 인도로 예수님께 나아왔다. 예수님은 나다나엘을 보시자 "보라, 이는 참 이스라엘 사람이라, 그 속에 간사한 것이 없도다"라고 하셨다(47절). 우리가 어떤 사람에게 칭찬받는다는 것은 쉽지 않은 일이다. 더구나 예수님께 칭찬받는 일은 더욱 어렵다. 그런데 나다나엘은 두가지로 칭찬을 받았으니 참 이스라엘 사람이라는 것과 간사함이 없는 순수한 사람이라는 것이다. 우리도 주님으로부터 이런 칭찬받는 사람이 되도록 노력해야겠다.

II 말씀에 깊은 관심을 가진 나다나엘

나다나엘은 예수님이 어떻게 자기를 아시는지 깜짝 놀랐다. 왜냐하면 주님과의 상면은 그때가 처음이었기 때문이다. 의아해하는 나다나엘에게 주님은 "빌립이 너를 부르기 전에 네가 무화과나무 아래 있을 때에 보았노라" 하신다(48절). 나다나엘은 자주 무화과나무 아래에서 하나님께 기도하며 묵상했었는데 주님은 이것을 알고 계셨다. 어떻게? 그 분은 전지전능하신 하나님의 아들이었기 때문이다. 주님이 모르시는 것은 있을 수 없음을 보여주는 사례다.

III 올바른 신앙고백을 하는 나다나엘

이에 깜짝 놀란 나다나엘은 "랍비여, 당신은 하나님의 아들이시요 당신은 이스라엘의 임금이로소이다"라고 고백하기에 이른다(49절). 구원에 이르려면 반드시 예수님은 하나님의 아들이심을 믿고 고백해야 한다(롬 10:9-10). 우리는 이미 예수님이 하나님의 아들이심을 믿으니 구원받았다. 그러나 이 땅에는 아직도 이런 신앙고백을 하지 않는 무수한 영혼들이 있다. 우리는 그들의 올바른 신앙고백과 구원을 위하여 간절히 기도하며 열심히 전도해야겠다.

- **기 도** 나다나엘을 만나기 전부터 잘 알고 계셨던 주님, 우리도 나다나엘처럼 주님께 칭찬받는 사람들이 되게 하옵소서. 예수님 이름으로 기도드립니다. 아멘.

■ 십계명 ■   교회 제직 (임원)의 10가지 자세

　　1. 교회 제직은 믿음이 좋아야 한다
　　2. 교회 제직은 믿음의 확신이 있어야 한다
　　3. 교회 제직은 믿음의 본이 되어야 한다
　　4. 교회 제직은 믿음으로 주의 일을 하여야 한다
　　5. 교회 제직은 믿음의 역사가 있어야 한다
　　6. 교회 제직은 믿음의 체험이 있어야 한다
　　7. 교회 제직은 믿음의 간증이 있어야 한다
　　8. 교회 제직은 믿음의 향기가 있어야 한다
　　9. 교회 제직은 믿음의 열매가 있어야 한다
　10. 교회 제직은 믿음의 능력이 있어야 한다

■ 예 화 ■   100% 헌신

　　영국의 유명한 설교가 마틴 로이드 존스의 책에 이런 박장대소할 만한 이야기가 나옵니다.
　　영국의 어떤 농부가 소를 기르는데 그 소가 새끼를 두 마리 낳았습니다.
　　농부는 송아지가 태어난 게 너무 기뻐서 자기도 모르게 '할렐루야'를 외치고는 너무 감사한 나머지 당장 자기 부인에게로 달려가 부인에게 이렇게 말했습니다.
　　"여보, 송아지가 두 마리야. 하나는 주님의 것으로 하고 주께 드리십시다."
　　그의 아내도 '아멘'으로 동의했습니다.
　　그러나 안타깝게도 얼마 후에 송아지 한 마리가 비실비실 앓더니 그만 죽고 말았습니다.
　　죽은 송아지를 본 이 농부는 울상이 되어 방안에 있는 자기 아내에게 이렇게 말했습니다.
　　"여보, 큰일났어, 큰일났다고! 주님의 송아지가 죽었어. 주께 드릴 송아지가 죽었단 말이야! 이를 어쩌지."

헌신 · 제직 · 임원

므나의 비유가 주는 교훈

■ 찬 송 ■ ♪ 260, 509, 366, 514

■ 본 문 ■ … 어떤 귀인이 왕위를 받아 가지고 오려고 먼 나라로 갈 때에 … 【눅 19:12~27】

■ 서 론 ■ 스코틀랜드의 소설가 월터 스코트는 "명예로운 행동으로 전체가 꽉 차고, 고상한 모험으로 충만된 인생의 한 시간은 하찮은 전 생애보다 가치있다."라고 했다. 성도의 생활 속의 삶은?

■ 말 씀 ■

I 이는 일할 기회를 공평하게 주셨음을 교훈함

종 열 사람을 불러 한 므나씩 맡기며 "내가 돌아오기까지 장사하라" 한 것(13절)은 열 사람에게 균등한 기회를 주었음을 의미한다. 누구에겐 더 주고 누구에겐 덜 주신 것이 아니다. 다같이 어려운 상황에서도 어떤 사람은 잘 참고 견뎌 성공자가 되는가하면 어떤 사람은 그와는 반대로 실패자, 낙오자로 전락하는 경우를 흔히 본다. 내가 처한 현재의 상황이 어렵다고 낙심하며 불평만 할 게 아니라 일어설 수 있다는 자신감을 가지고 재기해 보자.

II 이는 일한 대로 결산할 날이 올 것을 교훈함

주인은 종들이 해야 할 일을 명확하게 지시했다. 즉 "내가 돌아오기까지 장사하라"는 것이었다(13절). 장사해 본 사람은 잘 알겠지만 이게 쉽지 않은 일이다. 부지런해야함은 기본이고 친절해야 하며 상황판단도 잘하지 않으면 안 된다. 어떻게 일하느냐에 따라 결과는 천차만별이다. 한 므나를 가지고 열 므나를 남긴 사람이 있는가 하면 한 므나를 그대로 보관했다 가져온 종도 있었다. 일의 결과가 그 사람의 사람됨은 물론 삶의 내용을 밝혀준다.

III 이는 열심히 충성되게 일해야 함을 교훈함

한 므나를 가지고 열 므나를 만들려면 그야말로 침식을 잊을 정도로 열심히 장사하지 않으면 안 된다. 그러나 한 므나를 수건에 싸두었다가 가져오는 것은 아주 편하고 쉬운 일이다. 인생을 이렇게 편하게만 살려해서는 안 된다. 그렇게 산 사람치고 성공한 예가 없다. 모든 좋은 삶의 열매는 치열하게 인생을 산 결과물이다. 우리의 신앙생활도 마찬가지다. 쉽고 편하게만 하려고 하면 안 된다. 주님은 우리에게 "죽도록 충성하라" 하셨음을 잊지 말자(계2:10).

■ 기 도 ■ 우리에게 일할 수 있는 능력과 기회를 주신 주님, 저희로 하여금 좀 더 열심히, 좀 더 치열하게 충성하는 자가 되게 하옵소서. 예수님 이름으로 기도드립니다. 아멘.

■ 십계명 ■   교회 임원(제 직)의 이상적인 10가지 할 것

　　1. 하나님의 말씀에 대한 바른 성경관을 가져야 한다
　　2. 모든 성도와 이웃에게 본이 되어야 한다
　　3. 사랑의 수고가 있어야 한다
　　4. 소망의 인내가 있어야 한다
　　5. 주일성수에는 본이 되어야 한다
　　6. 십일조 헌금 생활에 본이 되어야 한다
　　7. 성경을 가르칠 수 있도록 배워야 한다
　　8. 새벽 기도에 본이 되어야 한다
　　9. 개인 전도에 본이 되고 힘써야 한다
　　10. 교회 봉사에 본이 되어야 한다

■ 예 화 ■   마라톤 신앙

　　19세기 초 프랑스의 저명한 작곡가요 지휘자였던 헥터 베를리오즈(Hector Berlioz)의 일화가 있다.
　　그는 이탈리아 극장에서 연주할 때 마지막 한 곡을 남기고 자정 열두 시가 되었다. 그 극장의 전통은 자정 이후에는 연주를 하지 않는 것이었다. 그리하여 이탈리아인으로 구성된 교향악단 단원들이 많이 자리를 떠버려서 12명만 남았다. 그러나 헥터 베를리오즈는 지휘봉을 들고 무대로 나가 먼저 단원들에게 말했다.
　　"여러분이 할 수 있는 데까지 최선을 다하십시오." 그리고 나서 청중들에게 말하였다. "아시다시피 이 곡 환상교향곡(Symphonie Fantastique)은 제가 작곡한 것으로 오늘이 초연입니다. 이 곡은 열두 명으로 연주될 수 없습니다. 그러나 최선을 다해 보겠습니다."
　　베를리오즈의 행위를 일반적으로는 억지라고 부른다. 그러나 그의 이러한 음악에 바치는 열정과 집념이 있었기 때문에 오페라, 교향곡 등 많은 명곡들이 작곡될 수 있었던 것이다.
　　신앙의 세계도 마찬가지이다. 끝까지 매달리는 집념, 마라톤 신앙이 있을 때 어려움이 극복되고 열매를 거둘 수 있게 된다.

헌신 · 제직 · 임원

충성한 일꾼에게는

■ **찬 송** ■ ♪ 347, 369, 493, 355

■ **본 문** ■ 서머나 교회의 사자에게 편지하기를 처음이요 나중이요 죽었다가 … 【계 2:8~11】

■ **서 론** ■ "우리 인생은 세월이란 물 위를 믿음이란 배를 타고 소망의 항구를 향해 쉬지 않고 달려간다."라고 어느 목회자는 말했다. 구원받은 은혜에 감사하여 주님께 충성한 우리들에게 임하는 것은?

■ **말 씀** ■

I 그는 더 많은 것을 맡게 됨

공평과 정의란 무엇인가? 죄를 범한 사람에겐 벌을 주고 선을 행한 사람에게는 상을 주는 것이다. 많이 충성한 자에게는 많은 상을 주고 조금 충성한 자에게는 조금 주는 것이라고 할 수 있다. 예수님은 공평하시고 의로우시다. 그러기에 다섯 달란트로 다섯 달란트 남긴 종에게 한 달란트 가진 자의 것을 빼앗아 주라고 하셨다(마 25:28). 그러시면서 "무릇 있는 자는 받아 풍족하게 되고 없는 자는 그 있는 것까지 빼앗기리라" 하셨다(마 25:29).

II 그는 주인의 즐거움에 참예하게 됨

주님은 다섯 달란트와 두 달란트 받은 종들에게 "네가 작은 일에 충성하였으매 내가 많은 것으로 네게 맡기리니 네 주인의 즐거움에 참예할지어다"라고 하셨다(마 25:21, 23절). 주님이 기뻐하시고 즐거워하시는 그 정도의 기쁨과 즐거움에 동참하게 하시겠다니 이 어찌 놀라운 일이 아니랴. 인간으로서는 더 이상 바랄 것이 없다. 우리가 주님이 맡기신 일에 묵묵히 충성하면 이런 은총과 상급을 받게 됨을 알 수 있다. 주님의 기쁨이 내 기쁨이 되는 것이다.

III 그는 생명의 면류관을 받게 됨

서머나 교회는 현재의 상황이 매우 힘들고 궁핍했다(9절). 그런데 앞으로 더 힘든 "고난"이 올 것인데 성도 중 몇 사람이 핍박때문에 옥에 갇히는 시련을 당하게 된다고 주님은 일러주신다(10절상). 그러면 서머나 교인들은 어떻게 해야 하나? 주님은 단호하게 말씀하신다. "네가 죽도록 충성하라"고(10절하). 서머나 교인들이 할 수 있는 일은 환난과 시련을 피하기위해 마귀와 타협하든지 목숨걸고 믿음을 지키든지 둘 중에 하나다. 주님은 죽도록 충성하면 "생명의 면류관"을 주겠다고 하신다. 선택은 우리 몫이다.

■ **기 도** ■ 충성하는 주님의 종들에게 상급을 주시고 면류관을 주시는 주님, 저희로 하여금 더욱 충성하는 일꾼들이 되게 하옵소서. 아멘.

■ 십계명 ■   하나님이 주신 직분에 대한 좋은 10가지 자세

　　　1. 제직 (임원)은 직분을 두렵고 떨림으로 받아야 한다
　　　2. 제직 (임원)은 직분을 오직 믿음으로 받아야 한다
　　　3. 제직 (임원)은 직분을 오직 하나님을 위하여 받아야 한다
　　　4. 제직 (임원)은 직분을 온유하고 겸손한 마음으로 받아야 한다
　　　5. 제직 (임원)은 직분을 구원의 감격으로 감사함으로 받아야 한다
　　　6. 제직 (임원)은 직분을 하나님의 말씀에 의지하는 마음으로 받아야 한다
　　　7. 제직 (임원)은 직분을 즐겁고 기쁜 마음으로 받아야 한다
　　　8. 제직 (임원)은 직분을 잘 감당하기 위하여 기도하는 마음으로 받아야 한다
　　　9. 제직 (임원)은 직분을 충성하고 희생하는 마음으로 받아야 한다
　　　10. 제직 (임원)은 직분을 아멘 하여 순종으로 받아야 한다

■ 해 설 ■   성경에 기록된 면류관

　　　1. 의의 면류관 (딤후4:8)- 주의 나타나심을 기다리는 모든 그리스도인에게 주어지는 것임
　　　2. 생명의 면류관 (약1:12; 계2:10)- 시련을 받은 자에게 주어지는(=충성의 표) 것임
　　　3. 승리의 면류관 (딤후2:5; 4:8; 계3:11)- 전도생활이나 신앙생활의 승리자가 받을 것임
　　　4. 기쁨의 면류관 (빌4:1)- 전도함으로써 받을 것임
　　　5. 자랑의 면류관 (살전2:19)- 역시 전도자가 받을 것임
　　　6. 영광의 면류관 (벧전5:4)- 그리스도의 참된 종으로 고난받은 자가 받을 것임
　　　7. 썩지 않을 면류관 (고전9:25)- 이기기를 다투고 모든 일에 절제한 신앙인이 받을 것임
　　　※ 4와 5는 '영예의 면류관'으로도 풀이 된다.

■ 명 상 ■   뇌물로 얻은 충실성은 뇌물로 빼앗긴다.

　　　　　　　　　　　　　　　　　　　　　　　　　- 로마 격언 -

헌신 · 제직 · 임원

신앙의 사람 갈렙

■ **찬 송** ■ ♪ 367, 355, 372, 370

■ **본 문** ■ 때에 유다 자손이 길갈에 있는 여호수아에게 나아오고 그니스 사람 여분네의 아들 갈렙이 여호수아에게 말하되 … 【수 14:6~15】

■ **서 론** ■ 영국의 작가 죠지 핸리 루이스는 "인격은 환경에서 이루어진다. 똑같은 재료를 가지고 한 사람은 궁전을 짓는가 하면 또 다른 사람은 오두막집을 짓는다."라고 했다. 궁전을 지은 신앙인 갈렙! 그는?

■ **말 씀** ■

I 갈렙은 적극적인 신앙인이었음

갈렙은 여호수아와 함께 가나안 땅을 정탐했던 12명 중에 한 사람이다. 그 중 10명은 비참한 결말을 맞았지만 두 사람은 가나안 땅을 차지했다. 여호수아는 큰 인물로 부각되어 있지만 갈렙은 그에 비해 매우 보잘 것없는 형편이다. 그러나 본문에 나타난 갈렙은 비록 80이 넘은 고령이었지만 젊을 때의 패기와 신앙을 그대로 간직하고 있음을 보여 준다(10-12절). 우리도 비록 육체적 나이 먹는거야 어쩔 수 없다해도 긍정적이고 적극적인 신앙은 변치 말아야 한다.

II 갈렙은 말씀에 순종하는 신앙인이었음

갈렙은 여호수아에게 말하기를 "나와 함께 올라갔던 내 형제들은 백성의 간담을 녹게 하였으나 나는 나의 하나님 여호와를 온전히 좇았으므로"라고 했다(7절). 여호수아는 갈렙의 이 말이 거짓이 아님을 잘 알고 있었다. 왜? 함께 정탐 활동을 했었으니까. 갈렙의 그 패기와 자신감은 그가 하나님의 말씀을 굳게 믿고 순종함에서 나온 것임을 알 수 있다. 루터가 거대한 로마교황청과 싸울 수 있었던 저력도 그가 성경말씀을 굳게 믿고 그 위에 확고하게 섰기 때문이었다.

III 갈렙은 고난을 이기는 신앙인이었음

갈렙은 헤브론을 기업으로 받았는데 이는 거저 얻은게 아니고 거기 거하던 아낙 사람들과 싸워 승리한 결과였다(12절). 갈렙은 하나님이 주시는 기업을 얻으려면 싸워서 승리해야 함을 잘 알고 있었다. 우리는 지금 어떤가? 모든 것을 거저 쉽게 얻으려 하지 않는가? 복권, 경마, 카지노, 노름 등이 성행하는 것도 다 그와 무관하지 않다. 바울은 디모데에게 "그러나 너는 모든 일에 근신하여 고난을 받으며 전도인의 일을 하며 네 직무를 다하라" 했다(딤후 4:5).

■ **기 도** ■ 갈렙과 함께 하셔서 그로 하여금 큰 일을 하게 하신 하나님, 저희도 비록 부족하지만 믿음으로 충성하는 자가 되게 하옵소서. 예수님 이름으로 기도드립니다. 아멘.

■ 십계명 ■　교회 임원 (제직)의 10가지 다짐

1. 시간 생활에 모범을 보이자-주일 성수
2. 성품 생활에 모범을 보이자-겸손 온유
3. 물질 생활에 모범을 보이자-십의 일조
4. 인격 생활에 모범을 보이자-부모, 형제지간
5. 가정 생활에 모범을 보이자-화목 책임
6. 직장 생활에 모범을 보이자-성실 근면
7. 신앙 생활에 모범을 보이자-섬김 순종
8. 언행 생활에 모범을 보이자-말 생각 행동
9. 봉사 생활에 모범을 보이자-희생 사랑
10. 전도 생활에 모범을 보이자-심령 구원

■ 해　설 ■　참다운 삶

유리하다고 교만하지 말고
불리하다고 비굴하지 말라.
무엇을 들었다고 쉽게 행동하지 말고
그것이 사실인지 깊게 생각하여
이치가 명확할 때 과감히 행동하라.
벙어리처럼 침묵하고
임금님처럼 말하며 눈처럼 냉정하고
불처럼 뜨거워라.
태산 같은 자부심을 갖고
누운 풀처럼 자기를 낮추어라.
역경을 참아 이겨내고
형편이 잘 돌릴 때를 조심하라.
재물을 오물처럼 볼 줄도 알고
터지는 분노를 잘 다스려라.
때로는 마음껏 풍류를 즐기고
사슴처럼 두려워할 줄 알고
호랑이처럼 무섭고 사나워라.
이것이 지혜로운 이의 삶이니라.

헌신 · 제직 · 임원

예수의 마음

■ **찬 송** ■ ♪ 212, 490, 507, 508

■ **본 문** ■ … 너희 안에 이 마음을 품으라 곧 그리스도 예수의 마음이니 … 【빌 2:1~11】

■ **서 론** ■ 독일의 시인이요 철학자인 괴테는 "사람은 그가 얻고자 하는 것을 용감히 구하지 않으면 시들어 버린다. 인생의 최대의 곤란은 외부에 있는 것이 아니라 늘 그 사람의 마음속에 있다."라고 했다. 바울이 우리에게 품기를 권한 주님 예수의 마음은?

■ **말 씀** ■

I 예수 그리스도의 깨끗한 마음

바울은 빌립보 교인들에게 예수님의 마음을 품으라고 했다. 이것은 하나님께서 우리에게 요구하시는 말씀이기도 하다. 예수님의 마음은 무엇보다도 깨끗한 마음이다. 주님은 죄가 없으시니 그 마음이 깨끗하실 수밖에 없다. 우리는 비록 죄로 물든 더러운 마음을 가지고 태어났지만 예수 그리스도께서 흘리신 보혈로 씻음을 받아 깨끗해졌으니 얼마나 감사한 일인가(벧전 1:18-19, 계 7:14). 인간의 마음은 교육이나 수양의 힘으로 깨끗해질 수 없음을 잊지 말자.

II 예수 그리스도의 겸손한 마음

예수님의 마음은 겸손한 마음이다. 얼마나 겸손하신가? 주님은 "하나님과 동등"하시지만(6절) "자기를 비어" 인간이 되셨고(7절) "죽기까지 복종"하셨다(8절). 주님만큼 겸손한 자는 이 우주 안에 없다. 아무리 겸손한 사람이라해도 주님의 그림자도 따르지 못한다. 이제 성경은 우리에게 그와 같은 마음을 품고 살라고 말한다. 이제 우리는 예수님처럼 겸손하지는 못하더라도 그분을 본받으려는 노력은 게을리 하지 말아야 할 것이다. 역시 기도가 필요한 일이다.

III 예수 그리스도의 사랑의 마음

주님의 마음은 사랑의 마음이다. 죄악으로 타락한 인간들, 버림받고 저주받아 마땅한 더러운 인간들을 위하여 하늘보좌를 떠나 인간의 몸을 입고 이 땅에 오셨고 온갖 고통을 당하시다 마지막에는 십자가에 못박혀 죽기까지 하셨으니 그 이상 어떻게 더 인간을 사랑하실 수 있을까? 주님은 인간을 향한 사랑을 이렇게 아낌없이 부어 주셨다. 이제 우리에게도 그런 마음을 품으라고 하나님은 말씀하신다. 주님의 사랑을 아는 자라면 원수라도 사랑하지 않을 수 없다.

■ **기 도** ■ 정결하고 겸손하며 사랑으로 충만한 마음을 가지신 주님, 저희들도 주님과 같은 마음을 가지도록 도와 주옵소서. 예수님 이름으로 기도드립니다. 아멘.

■ 십계명 ■   좋은 목자의 10가지 계명

1. 좋은 목자는 양들을 잘 돌본다
2. 좋은 목자는 양들을 잘 먹인다
3. 좋은 목자는 양들을 잘 다스린다
4. 좋은 목자는 양들을 사랑한다
5. 좋은 목자는 양들의 이름을 알고 부른다
6. 좋은 목자는 양들의 영혼을 위해 기도한다
7. 좋은 목자는 양들을 위해 희생한다
8. 좋은 목자는 양들을 아끼고 소중히 여긴다
9. 좋은 목자는 양들을 위해 항상 관심을 가진다
10. 좋은 목자는 양들을 천국으로 인도한다

■ 예 화 ■   내려오신 하나님

　　미식축구 선수였던 존 크로일(John Crcyle)이 우범 소년 합숙소를 열었다.
　　지난 14년 등안 이 합숙소에서 1년 내지 3년 정도를 지내며 교육받고 사회와 가정으로 돌아간 십대 소년들이 650명이다. 그는 풋볼 코치로서 얻는 수입과 선수들이 보내준 성금으로 이 시설을 운영하고 있다.
　　크로일 씨가 이런 일을 시작한 동기는 순전히 기독교 신앙 때문이었다.
　　"하나님께서 낮은 데로 내려오셔서 나를 구원해 주셨으니 나도 낮은 데로 내려간다."는 '예수 성육신(Incarnation)'의 사랑 정신에 의한 것이었다.
　　그는 불량소년들을 교육하는 가장 효과적인 방법을 이렇게 말한다.
　　"높이 앉아 아이들에게 명령이나 지시만을 하면 결코 성과를 거두지 못합니다. 그들의 자리, 그들의 입장, 그들의 아픔에 동참하여 나를 비워 줄 때 그들은 나의 지도를 따릅니다."

헌신 · 제직 · 임원

예수의 군사인 성도

■ 찬 송 ■ ♪ 387, 384, 389, 390

■ 본 문 ■ … 네가 그리스도 예수의 좋은 군사로 나와 함께 고난을 받을지니 … 【딤후 2:1~5】

■ 서 론 ■ 영국의 철학자요 저술자인 프란시스 베이컨은 "인간의 종류에는 세 가지가 있는데 거미와 같은 기회주의자, 개미와 같은 개인주의자, 꿀벌과 같은 공익주의자가 그것이다"라고 했다. 모든 이의 구원을 위해 예수의 군사가 된 성도의 자세는?

■ 말 씀 ■

I 예수의 군사는 고난의 생활을 함

예수님을 믿는 사람들은 누구인가? 바울은 "그리스도 예수의 좋은 군사"라고 한다(3절상). '군사'란 말은 우리가 은혜 받고 축복받는 등의 안온한 생활만 염두에 두어서는 안됨을 경계한다. 군사는 적과의 싸움을 전제로 하기 때문이다. 군대가는 것을 기피하는 까닭은 그 생활이 고되고 위험하기 때문이다. 싸우다 전사할 수도 있다. 바울은 디모데에게 "고난을 받을지니"라고 했다(3절하). 우리에게도 믿음 때문에 고난이 올 때 달게 받아야 한다.

II 예수의 군사는 사생활에 얽매이지 않음

바울은 군사의 두 번째 특징을 "군사로 다니는 자는 자기 생활에 얽매이는 자가 하나도" 없다고 한다(4절상). 만일 군인이 본연의 임무를 수행하지 않고 자기 개인의 일을 한다면 군대라는 조직은 무너지고 나라는 망하고야 말 것이다. 우리가 주님의 일이나 교회의 일을 등한시 한 채 개인의 사업만 주력한다면 어떻게 교회가 유지 발전될 수가 있을까? 불가능한 일이다. 나 개인의 일에 충실하면서도 주님의 일을 열심히 하지 않으면 안 된다는 교훈인 줄 안다.

III 예수의 군사는 모집자를 기쁘게 함

그리스도 예수의 군사는 왜 고난을 받으며 사생활에 얽매어서는 안 되는가? "이는 군사로 모집한 자를 기쁘게 하려함"이라고 한다(4절하). 우리를 군사로 부른 자가 누구인가? 하나님이시요 그리스도시다. 우리는 세상 군사가 아니다. 하늘의 군사요 그리스도의 군사다. 우리는 잘 먹고 잘 살다 죽으려고 이 세상에 온 것이 아니다. 우리가 할 일은 "먹든지 마시든지 무엇을 하든지 다 하나님의 영광을 위하여"라는 것임을 잊지 말아야 한다(고전 10:31).

■ 기 도 ■ 우리같이 부족하고 연약한 자들을 불러 군사를 삼으신 주님, 주의 군사로서 힘차게 싸워 승리하게 하옵소서. 예수님 이름으로 기도드립니다. 아멘.

■ 십계명 ■   임원 (제직)된 성도의 10가지 할 일

   1. 하나님께 드리는 모든 예배를 잘 드려야 한다
   2. 하나님의 거룩한 주일을 온전히 지켜야 한다
   3. 살아 계신 하나님께 항상 기도생활을 해야 한다
   4. 하루의 첫 시간인 새벽기도를 드려야 한다
   5. 이웃의 멀지 않는 사람들에게 예수 그리스도를 증거해야 한다
   6. 모든 소득의 십의 일조를 믿음으로 드려야 한다
   7. 모든 생활에서 언행심사에 모범이 되어야 한다
   8. 주님의 몸된 교회를 사랑하고 섬겨야 한다
   9. 주님이 내려주신 모든 직임을 성실히 지켜야 한다
   10. 모든 일에 믿음으로 하나님께 영광을 드려야 한다

■ 예 화 ■   아이젠하워와 병든 소년

아이젠하워 대통령이 덴버에 사는 6세 소년 폴 헤일리의 편지를 받았다. 소년은 암으로 죽어가는 아이였는데, 대통령을 만나보고 싶다는 내용의 편지를 보낸 것이었다.

대통령은 마침 휴가가 시작되는 첫날이어서 골프를 치러 필드에 나갈 예정이었으나 계획을 중단하고 이 소년을 방문했다. 몹시 기뻐한 것은 폴이었고 몹시 당황한 것은 그의 아버지였다. 도널드 헤일리 씨는 그 날 아침따라 면도도 하지 않고 너덜너덜해진 청바지 차림으로 있었던 것이다. 소년은 대통령의 방문을 받고 사흘 후에 죽었다.

이 일화에서 우리는 두 가지를 배운다. 하나는 대통령의 신속한 길, 곧은 길이 큰 기쁨이 된 것이고, 다른 하나는 소년의 아버지의 결례, 즉 면도를 못했거나 낡은 옷차림이 대통령 자신에게는 전혀 중요하지 않은 사항들이었다는 점이다.

그러나 우리는 주님의 길을 곧게 해야 할 크리스찬으로서 이 두 가지 점에서 너무 자주 실격한다. 해야 할 일, 정말 중요하고 의미있는 일을 뒤로 미루고, 즉 주님의 길을 뒤로 미루고 나의 길을 닦는데 우선 순위를 둔다는 사실이며, 다른 하나의 실격 사항은 주님이 중요하게 생각지도 않은 겉치레, 외모, 체면 등에 너무 의지하고 산다는 점이다.

헌신 · 제직 · 임원

성도와 생명의 면류관

■ 찬 송 ■ ♪ 378, 369, 539, 543

■ 본 문 ■ … 네가 죽도록 충성하라 그리하면 내가 생명의 면류관을 네게 주리라 … 【계 2:8~11】

■ 서 론 ■ 영국의 성직자 찰스 H. 스펄전은 "주 예수를 믿고 죄를 회개하고 마음을 새롭게 하면 그대는 하나님의 백성의 한 사람이 된다. 그리고 장소는 마련됐고 면류관은 준비되었고 수금도 특별히 준비되었다."라고 했다. 생명의 면류관을 위한 성도의 자세는?

■ 말 씀 ■

Ⅰ 이것을 얻기 위해 진실하게 일할 것

생명의 면류관은 쉽게 얻을 수 있는 것이 아니다. 올림픽 금메달을 어찌 쉽게 얻을 수 있는가? 올림픽에서 아무리 성적이 우수하더라도 규칙을 어겼다면 메달을 받을 수 없다. 아무리 이 세상에서 큰 일을 많이 했다 해도 하나님의 말씀대로 살지 못했다면 생명의 면류관은 기대할 수 없다(딤후 2:5). 자신은 주님의 일을 꽤 했다고 믿지만 주님은 "내가 너희를 도무지 알지" 못한다고 할 사람이 많음을 잊지 말자(마 7:21-23). 진실한 신앙생활이 바로 생명의 면류관을 받게 한다.

Ⅱ 이것을 얻기 위해 최선을 다할 것

이 세상 올림픽에서 금메달 따기도 어려운 일인데 하물며 하나님 앞에서 가서 생명의 면류관을 쉽게 얻을 수 있다고 생각한다면 이는 큰 착각이 아닐 수 없다. 그러므로 우리는 각자 처한 현실에서 최선을 다해야 한다. 최선을 다하는 신앙생활이야 말로 주님의 인정을 받는 삶이다. 성전에서 두 렙돈을 바친 과부가 주님께 칭찬받은 것은 그 여인이 바치는 데 있어 최선을 다했기 때문이었다(눅 21:1-4). 부족하면 부족한 대로 최선을 다할 때 면류관을 기대할 수 있다.

Ⅲ 이것을 얻기 위해 끝까지 충성할 것

처음에는 진실하게 살고 충성하며 살다가 얼마의 세월이 흐른 다음에는 변질되는 신자들도 많다. 이래가지고는 생명의 면류관은커녕 일반 면류관도 얻기 힘들 터이다. 처음에 아무리 잘했더라도 얼마 후 잘못한 사람에게 누가 상을 준단 말인가? 그러므로 우리가 주님으로부터 생명의 면류관을 받으려면 끝까지 충성하지 않으면 안 된다. "네가 죽도록 충성하라. 그리하면 내가 생명의 면류관을 네게 주리라" 하신 주님의 말씀(11절하)을 깊이 생각하자.

■ 기 도 ■ 누구든지 주님 앞에서 큰 상을 받고 칭찬받기를 원하지만 그것은 끝까지 충성하는 자에게 주어진다는 것을 깨닫게 하옵소서. 예수님 이름으로 기도드립니다. 아멘.

■ 십계명 ■ 교회 제직(임원)으로서 10가지 선서

1. 나는 하나님께서 주신 직임을 두렵고 떨리는 마음으로 겸손히 수행한다
2. 나는 몸과 마음과 뜻과 정성을 다해 충성한다
3. 나는 감사한 마음으로 받고 최선을 다해 충성한다
4. 나는 귀히 여기고 그리스도를 섬기는 일에 힘쓴다
5. 나는 부끄럽지 않게 열심히 봉사한다
6. 나는 하나님의 영광을 위해서 일한다
7. 나는 주님의 몸된 교회를 사랑하는 일을 한다
8. 나는 성도 상호간에 화목을 위해 일한다
9. 나는 주님의 교회 부흥을 위해 힘쓴다
10. 나는 이웃의 구원을 위해 힘쓴다

■ 예 화 ■ 기다리는 하나님

인도가 낳은 대전도자 선다 싱의 회심(回心)의 경험은 우리에게 예수의 진리를 가늠케 한다. 선다 싱은 1889년 9월 3일 인도의 대지주의 아들로 태어났다. 그의 어머니는 독실한 힌두교도로 선다 싱이 14세 때 세상을 떠나며 훌륭한 종교가가 될 것을 유언으로 남겼다.

선다 싱은 천재적인 소년이었다. 그는 15세 때 이미 어려운 철학이나 종교서적을 읽었고, 자기의 인생 문제를 심각하게 생각하며 고민하는 소년이었다.

1904년 12월 18일의 일이었다. 당시 그는 기독교 학교에 다니고 있었는데, 기독교에 관계된 모든 책과 성경을 불태우고 자살을 기도했다. 힌두교에도, 기독교에도 해결책이 없는 것 같았다. 인생은 허무하고 절망만이 그의 머리를 꽉 채우고 있었다. 그는 목욕을 하고 새벽 5시 급행열차가 집 옆을 지나가는 시간을 기다리고 있었다. 그는 마지막 기도를 드렸다.

"힌두교의 신이든 기독교의 신이든 대답 좀 해주십시오. 나는 어떻게 하면 좋겠습니까?"

이 때 꿈인지 생시인지 선다 싱은 예수의 모습이 자기 앞에 나타났다가 사라지는 것을 보았다. 예수는 힌두어로 말씀하셨다.

"어째서 나를 괴롭히느냐? 나는 이미 너를 위하여 십자가를 졌다. 이제는 네가 나를 위하여 십자가를 질 때이다."

급행열차의 기적소리가 지나갔다. 그 기적소리는 죽음의 소리가 아니라 힘찬 결단의 외침으로 들렸다. 선다 싱이 깨달은 것은 인간의 고민 앞에 침묵하시는 하나님은, '사랑의 헌신을 기다리는 하나님' 이라는 사실이었다.

헌신 · 제직 · 임원

청지기에게 맡기신 세 가지

■ 찬 송 ■ ♪378, 369, 539, 543

■ 본 문 ■ … 주께서 가라사대 지혜 있고 진실한 청지기가 되어 주인에게 그 집 종들을 맡아 때를 따라 양식을 나누어 줄 자가 누구냐 … 【눅 12:41~48】

■ 서 론 ■ 미국의 성직자 아이카보드 S. 스펜서는 "주인은 가난하게 보이고 청지기가 부하게 보이는 것은 매우 어두운 징조이다"라고 했다. 성도는 하나님의 청지기이다. 하나님께서 우리에게 맡기신 것은?

■ 말 씀 ■

I 청지기에게 재능을 맡기심

청지기란 "양반 집에서 여러 가지 일을 맡아보던 사람"이라고 한다. 주인의 모든 재산을 관리할 뿐 자신의 소유는 아니다. 우리는 주님의 청지기이다. 우리 가진 모든 것은 다 주님의 것이지 우리 것이 아니다. 그 중에는 재능도 포함된다. 사람은 각자 이런 저런 재능을 가지고 있다. 그것은 내 스스로가 만든 것이 아니고 태어날 때부터 소유한 것이니 창조자이신 하나님의 것임이 분명하다. 우리 가진 모든 재능을 주님을 위하여 쓸 줄 아는 성도가 되자.

II 청지기에게 시간을 맡기심

주인은 청지기에게 할 일을 지시하고 출타하는 것으로 되어 있다. 청지기는 주인 없이 마음대로 할 수 있는 자유의 시간을 갖게 되었다. 이제 그 여유 있는 시간을 어떻게 쓸지는 전적으로 청지기의 자유다. 하지만 청지기는 완전한 자유를 가진 것은 아니다. 왜? 주인이 곧 돌아올 것이기 때문이다. 시간을 무엇에 썼는지 주인 앞에서 드러나게 된다. 우리에게는 24시간이라는 하루 하루의 귀한 시간이 주어진다. 주님은 우리에게 "세월을 아끼라." 하셨다(엡 5:16).

III 청지기에게 재물을 맡기심

청지기는 주인의 재산을 맡아 관리하는 사람이다. 주인이 집에 머물 때는 주인의 눈치를 보느라고 한 푼의 돈이라도 함부로 쓰지 못한다. 하지만 지금은 주인이 출타 중이니 청지기는 자기 마음대로 주인의 재물을 쓸 수 있다. 하지만 머지않아 주인은 돌아올 것이고 청지기가 자신의 재물을 어떻게 관리했는지 조사할 것이다. 하나님은 우리에게 재물을 맡기셨다. 우상을 위하여 쓰는 재물도 하나님이 주셨다고 한다(호 2:8-9). 우리 재물은 다 하나님의 것이다.

■ 기 도 ■ 부족한 저희를 부르사 청지기로 삼아주신 주님, 저희가 주님 앞에 서는 날 관리자로서 부끄럽지 않게 하옵소서. 예수님 이름으로 기도드립니다. 아멘.

■ 십계명 ■ 주님의 올바른 청지기의 10가지 자세

　1. 교회는 주님의 피로 사신 교회입니다
　　(신앙고백 위에 세웁시다)
　2. 교회는 주님의 피로 사신 교회입니다
　　(부름 받은 성도의 교회입니다)
　3. 교회는 주님의 피로 사신 교회입니다
　　(주님 사랑하듯 사랑합시다)
　4. 교회는 주님의 피로 사신 교회입니다
　　(부흥하도록 힘씁시다)
　5. 교회는 주님의 피로 사신 교회입니다
　　(주님 위하듯 위합시다)
　6. 교회는 주님의 피로 사신 교회입니다
　　(성장하도록 힘씁시다)
　7. 교회는 주님의 피로 사신 교회입니다
　　(깨끗한 교회로 만듭시다)
　8. 교회는 주님의 피로 사신 교회입니다
　　(즐거운 교회를 만듭시다)
　9. 교회는 주님의 피로 사신 교회입니다
　　(단결된 교회로 만듭시다)
　10. 교회는 주님의 피로 사신 교회입니다
　　(은혜로운 교회로 만듭시다)

■ 예 화 ■ 하나님의 부르심

　　위대한 신앙인이었던 전 유엔 사무총장 대그 함마슐드는 1961년 9월 17일 아프리카 정글에서 비행기 추락 사고로 죽었다. 그가 죽기 전에 쓴 마지막 일기는 이런 기도문이였다. "주님의 음성을 들을 수 있도록 겸손한 마음을 주시옵소서. 주님을 섬길 수 있도록 믿음을 더하여 주시옵소서. 나를 위하여 몸을 바치신 주님, 저도 주님께 '예' 하고 대답하나이다."

　　그의 이런 훌륭한 신앙은 함마슐드 자신의 꾸준한 신앙생활의 연마에서도 기인되었으나 그의 일기집인 「Markings(里程標)」에 의하면 부모님의 영향이 컸음을 알 수 있다. 그는 이런 말을 일기에 쓴 일이 있다.

　　"나의 아버지는 여러 번 나에게 가장 만족한 인생은 조국과 인류를 위하여 몸을 바치는 생애라고 일러 주셨다. 그리고 나의 어머니는 되풀이해서 하나님의 정의를 위하여 인간을 섬기는 생활을 하라고 말씀해 주셨다."

헌신 · 선교

사도 바울이 받은 사명

■ 찬 송 ■ ♪347, 185, 353, 356

■ 본 문 ■ 나의 달려갈 길과 주 예수께 받은 사명 곧 하나님의 은혜의 복음 증거하는 일을 마치려 함에는 나의 생명을 조금도 …【행 20:24~25】

■ 서 론 ■ 히포의 감독 성 어거스틴은 "해야 할 일을 하는 데는 칭찬받을 자격이 없다. 그 것은 우리의 의무이기 때문이다"라고 했다. 이방인의 사도 바울이 받은 사명은?

■ 말 씀 ■

I 바울의 사명은 복음을 전하는 것이었음

바울의 사명은 무엇이었나? "하나님의 은혜의 복음 증거하는 일"이라고 했다(24절상). 자기가 할 일이 무엇인지 아는 사람은 복되다. 주님 앞에서 무엇을 해야 할는지를 아는 성도는 복되다. 그러나 이와 반대로 자기가 할 일이 무엇인지 모른 채 시간을 허송하는 성도는 불행하다. 우리도 복음을 전해야 한다. 말로써, 또는 글로써, 그리고 우리 행동으로써 그리스도의 복음을 전하고 그 분의 영광을 나타내야 한다(마 5:6).

II 바울은 사명을 생명보다 더 귀하게 여겼음

바울은 자기의 사명이 무엇인지를 분명히 알았을 뿐 아니라 그 사명을 감당하기 위해서라면 자기 목숨을 귀하게 여기지 않겠다고 했다. "나의 생명을 조금도 귀한 것으로 여기지 아니하노라"(24절하). 우리는 이 말씀에서 자기 사명 완수를 위한 사도 바울의 열정과 헌신과 희생의 각오를 본다. 그는 복음 증거하는 일을 위해서라면 죽는 것쯤은 겁내지 않는 사람이었다. 그는 자기 사명을 다하기 위해 아끼는 것이 없었다. 그렇다면 우리는?

III 성도는 선교의 사명을 받은 자들임

복음 선교는 사도 바울에게만 주어진 사명이 아니었다. 그것은 그리스도를 믿는 모든 성도들에게 주어진 사명이기도 하다. 그렇다고 다 교역자가 되고 선교사가 되고 전도자가 될 수는 없다. 일상생활을 하는 가운데 자신과 접촉하는 사람들에게 복음을 전하면 된다. 몸으로 직접 증거할 수 있고 기도로, 또는 헌금으로 복음전도에 동참할 수도 있다(빌 4:10-20). 어떻게 됐든 우리가 최선을 다해 노력하다면 복음전도의 방식은 얼마든지 찾을 수 있다.

■ 기 도 ■ 부족하고 어리석은 저희들을 불러 일꾼 삼으신 주님, 맡겨주신 복음 전도의 사명을 감당할 수 있도록 도와주옵소서. 예수님 이름으로 기도드립니다. 아멘.

■ 십계명 ■   목표를 이루기 위한 10가지 권면

　　1. 해야 할 일을 메모판에 적어두라
　　2. 서로 관련된 일을 한꺼번에 처리하라
　　3. 아무리 바빠도 계획하는 시간을 틈틈이 가져라
　　4. 기다리는 시간을 활용하라
　　5. 가능한 한 이미 계획한 대로 행동하라
　　6. 몸의 상태가 가장 좋은 시간에 중요한 일을 처리하라
　　7. 전날 밤에 다음날 할 일을 메모하고 그 계획대로 실천하라
　　8. 급한 일보다는 중요한 일부터 하라
　　9. 계획은 늘 객관적인 입장에서 세우라
　　10. 매일 조용한 기도 시간을 꼭 가지라

■ 예 화 ■   리버사이드 바이블 하우스

　　미국에서 성경 보급이 가장 성공적으로 이루어지고 있는 곳이 아이오와(Iowa) 주다. 어째서 그럴까? 〈Christianity Today〉지(월간)가 그 궁금증을 풀어 준다.
　　아이오와 폴스(Iowa Falls)란 마을에 얼 피츠(Earl Fitz)라는 사람이 산다. 그는 30년 간 국민학교 교사를 하고 57세에 은퇴하였다. 그는 제2의 인생 계획을 성경 보급에 두었다.
　　하나님의 말씀을 보급하는 것이 자기에게 하나님이 주신 제2의 인생으로 믿었던 것이다. 그는 있는 돈을 다 털어 1만 권의 성경을 사서 작은 기독교 서점도 열고 방문 판매도 열심히 하였다.
　　그가 성경 보급과 기독교 서적 판매에 헌신하여 제2의 인생을 시작한 지는 30년이 되었는데 그의 서점은 대규모로 확장되어 매상고가 3천3백만 달러였다.
　　오늘도 얼 피츠 노인은 리버사이드 바이블 하우스(Riverside Bible House)에서 하나님의 말씀 보급을 위하여 열심히 일하고 있다.

헌신 · 선교

선교하는 안디옥 교회

■ **찬 송** ■ ♪246, 265, 259, 233

■ **본 문** ■ 안디옥 교회에 선지자들과 교사들이 있으니 곧 바나바와 … 【행 13:1~3】

■ **서 론** ■ 스위스의 신학자 존 C. 라바테르는 "내 시대에, 내 나라에, 내 이웃에게, 내 친구에게 무엇을 해야 하는가 하는 것이 덕망 있는 사람들이 간혹 자신에게 묻는 질문이다"라고 했다. 이웃의 구원을 위해 선교하는 안디옥 교회는?

■ **말 씀** ■

I 훌륭한 일꾼들이 있는 안디옥 교회

안디옥 교회에는 훌륭한 일꾼들이 많았다. 우선 바나바를 비롯하여 시므온, 루기오, 마나엔과 사울 즉 바울 등이 있었다(1절). 주님의 일을 하려면 그에 합당한 실력을 갖춘 일꾼들이 필요하다. 안디옥 교회는 그런 인적 자원이 풍부한 교회였다. 우리도 자신이 주님이 쓰시기에 합당한 일꾼이 될 뿐 아니라 그런 일꾼을 발굴하고 키우려는 노력을 게을리 해서는 안 된다. 바울이 당시 기독교계에 등장할 수 있었던 것은 전적으로 바나바의 공이었다(행 9:26-30).

II 금식하고 기도하는 안디옥 교회

안디옥 교회는 "금식하며 기도"했다(3절). 기도만 하기도 어려운 일인데 금식까지 하는 것은 더욱 어렵다. 하지만 기도만으로도 주님의 능력이 나타나지만 금식이 더해질 때 더욱 놀라운 역사가 나타나는 법이다. 안디옥 교회가 이렇게 금식하며 기도하는 가운데 "내가 불러 시키는 일을 위하여 바나바와 사울을 따로 세우라"는 성령님의 음성을 듣게 된다(2절). 이른바 바울의 제1차 선교여행은 이렇게 해서 이루어지게 되었고 그 결과 복음이 널리 전해졌다.

III 순종하여 선교하는 안디옥 교회

성령님의 말씀을 듣고도 순종하지 않는다면 아무 소용이 없다. 그러나 안디옥 교회는 순종했다. "두 사람에게 안수하여 보내니라"(3절하). 안디옥 교회 내부적으로도 할 일이 많았다. 그럼에도 불구하고 안디옥 교회는 두 사람의 큰 일꾼들을 다른 지역에 파송하는 어려운 결단을 내렸다. 내 집안, 내 민족, 내 지방만 생각한다면 절대로 복음은 전세계, 전인류에게 전해질 수 없다. 성경은 순종이 제사보다 낫다고 강조하고 있다(삼상 15:22).

■ **기 도** ■ 일찍이 바울과 바나바를 택하사 해외에 복음을 전하게 하신 주님, 저희가 비록 멀리 가지 못하더라도 가까운 이들에게 복음을 전하게 하옵소서. 예수님 이름으로 기도드립니다. 아멘.

■ 십계명 ■　하나님의 사역(=일)의 10가지 기초

　　　1. 하나님의 사역의 기초는 믿음이다
　　　2. 하나님의 사역의 본질은 섬김이다
　　　3. 하나님의 사역의 동기는 사랑이다
　　　4. 하나님의 사역의 척도는 희생이다
　　　5. 하나님의 사역의 권위는 복종이다
　　　6. 하나님의 사역의 목적은 하나님의 영광이다
　　　7. 하나님의 사역의 도구는 하나님의 말씀이다
　　　8. 하나님의 사역의 방법은 기도이다
　　　9. 하나님의 사역의 동력은 성령의 역사이다
　　 10. 하나님의 사역의 모델은 예수 그리스도이다

■ 예 화 ■　기독교 선전원

　　　혁명가이며 옛 소련 연방(러시아)을 창시한 트로츠키(Lev Trotskii)가 청년시절 시베리아 강제 노동 캠프를 탈출해서 뉴욕에 와 기자생활을 한 일이 있었다.
　　　그는 기독교를 비판하면서 "기독교의 구원론을 인류의 구제법으로 내세우는 미국인들 중 한 명도 내가 뉴욕에 머무는 4년 동안 나에게 교회에 나가보자고 권면하거나 기독교의 내용을 설명하는 자가 없었다. 그것은 그들이 실제로는 기독교의 천국 사상을 믿지 않거나 자신이 없다는 증거이다."라고 말했다.
　　　이와는 달리 초대교회 시절의 기독교인을 관찰한 역사가 요세푸스는 "기독교인은 전체가 기독교의 선전원이다."라고 말했다. 그러기에 박해 속을 살면서도 소수의 기독교인이 로마를 정복하는 놀라운 기적이 일어났던 것이다.

■ 명 상 ■　내가 철학을 전파하였더니 사람들은 칭찬하였다. 그러나 내가 그리스도를 전파하였더니 사람들은 회개하였다.

　　　　　　　　　　　　　　　　　　　　　　- A.P. 깁스 (미국 목사) -

헌신 · 군선교

기드온과 정병 삼백 명

■ 찬 송 ■ ♪384, 383, 390, 400

■ 본 문 ■ 여룹바알이라 하는 기드온과 그를 좇은 모든 백성이 일찌기 일어나서 하롯샘 곁에 진 쳤고 미디안의 진은 그들의 북편이요 … 【삿 7:1~8】

■ 서 론 ■ 영국의 성직자 칼렙 C. 콜턴은 "악한 자와 불가피 싸워야 할 경우 전문인에게 다루게 하라. 아무도 자기의 굴뚝을 소제하는 사람이 없다. 굴뚝 소제는 굴뚝 청소부가 해야 한다"라고 했다. 국방의 의무를 위해 부름받은 이들은?

■ 말 씀 ■

I 그들은 용감한 자들이었음

기드온에 의하여 선발된 3백 명은 우선 용감한 사람들이었다. 미디안 군대는 아말렉과 동방 사람들과 연합하여 쳐들어왔는데 그 수가 '메뚜기 떼' 같았다(삿 6:3-5). 그런데도 3백 명의 용사들은 저들과 싸우겠다니 대단한 사람들이다. 저들은 자신들의 능력을 믿은 게 아니고 하나님의 권능만 믿고 의지했다. 이럴 때 진정한 용기가 생긴다. 우리도 여러 가지로 부족하지만 주님을 믿고 의지하면 용기와 함께 자신감을 갖게 된다.

II 그들은 절대 복종하는 자들이었음

3백 명의 용사들은 용감할 뿐 아니라 기드온의 명령에 절대 순종하는 사람들이었다. 복종할 줄 모르는 군대는 적과 싸워 이길 수 없다. 3백 용사들은 가진 것이라곤 빈 항아리와 횃불, 나팔뿐이었다. 이건 무기라고 할 수도 없었다. 그래도 저들은 이것으로 싸워 승리했다. 기드온이 누군가? 예수 그리스도의 모형이다. 우리가 주님의 말씀에 순종만 하면 얼마든지 승리 생활할 수 있다. 그러나 불순종하면 백전백패할 수밖에 없다.

III 그들은 경계에 철저한 자들이었음

3백 명의 용사들은 누군가? 물을 손으로 떠서 혀로 핥아 먹은 사람들이었다(5-7절). 이것은 무엇을 의미하는가? 적을 경계하며 물을 먹었다는 뜻이다. 적은 언제 쳐들어올지 모른다. 비록 물을 마시는 짧은 순간도 마음을 놓을 수 없는 게 바로 전장에 나선 군인이다. 우리는 그리스도의 선한 군사들이다(딤후 2:3). 지금 우리의 대적 사단은 "우는 사자같이 두루 다니며 삼킬 자를" 찾고 있으므로 "믿음을 굳게 하여 저를 대적" 해야 한다(벧전 5:8-9).

■ 기 도 ■ 기드온의 명령에 순종하는 믿음의 용사 3백 명으로 미디안 대군을 이기게 하신 주님, 저희도 그들처럼 주께서 요긴하게 쓰시는 일꾼들이 되게 하옵소서. 예수님 이름으로 기도드립니다. 아멘.

■ 십계명 ■ 믿음이 아닌 것 10가지

1. 의심하는 것은 믿음이 아니다
2. 교만한 것은 믿음이 아니다
3. 시기, 질투, 미움은 믿음이 아니다
4. 원망, 불평, 탓하는 것은 믿음이 아니다
5. 낙심, 좌절, 포기하는 것은 믿음이 아니다
6. 나태, 게으른 것은 믿음이 아니다
7. 허영, 낭비하는 것은 믿음이 아니다
8. 과장, 자기 자랑하는 것은 믿음이 아니다
9. 위선과 두려워하는 것과 거짓된 것은 믿음이 아니다
10. 우상을 숭배하는 것은 믿음이 아니다

■ 예 화 ■ 윌리엄 부스의 희망 사항

구세군의 창설자 윌리엄 부스 대장이 1904년 영국 국왕 에드워드 7세의 초청을 받았다.

왕은 부스가 영국 사회에 끼친 많은 영향과 그의 자선 사업을 극찬하며 소원이 무엇인지를 물었다. 왕이 할 수 있는 일이면 무엇이나 도와주겠다는 것이었다.

그 때 부스 대장은 "국왕 폐하, 제가 바라는 것은 한 명의 영혼이라도 더 많이 구원하는 것입니다. 그것만이 저의 야망이요, 희망입니다. 노동자 급식 사업도, 부랑아 교육사업도, 모두가 목적은 한 영혼이라도 더 많이 구원하려는 하나님의 뜻을 이루는 일들입니다."라고 대답하고 일체의 포상을 거절하였다.

■ 명 상 ■ 한 국가의 가치는 그 국가를 구성하고 있는 개개인의 가치이다.

- 존 S. 밀.(영국 경제학자) -

헌신 · 군선교

인정받는 군사

- **찬 송** ♪ 383, 384, 356, 390
- **본 문** … 군사로 다니는 자는 자기 생활에 얽매이는 자가 하나도 없나니 이는 군사로 모집한 자를 기쁘게 하려 함이라【딤후 2:1~4】
- **서 론** 미국의 수필가 랄프 W. 에머슨은 "할 수 있다고 믿는 자들이 정복할 수 있다. 한 번 행동으로 옮긴 자는 다시 하기를 꺼리지 않는다"라고 했다. 신앙을 무기로 적과 싸우는 인정받는 군사는?

■ 말 씀 ■

I 그는 남을 가르칠 수 있는 자이다

그리스도 예수의 인정받는 군사가 되려면 다른 사람들을 가르칠 수 있어야 한다. "또 네가 많은 증인 앞에서 내게 들은 바를 충성된 사람들에게 부탁하라. 저희가 또 다른 사람을 가르칠 수 있으리라"고 바울은 디모데에게 말한다(2절). 사람은 남에게 배움으로써 지식을 얻을 수 있다. 남에게 가르치려면 배워야 한다. 성경을 바르게 잘 가르치는 자가 최고의 교사다. 왜? 구원의 길인 성경을 가르쳐 주기 때문이다. 그러므로 그리스도의 군사는 남을 잘 가르쳐야 한다.

II 그는 고난을 받아도 참는 자이다

군대 생활이란 예전이나 지금이나 고통스럽기는 마찬가지다. 군대에 가면 우선 자유의 제한을 받는다. 마음대로 못하고 엄격한 규칙에 따라야 한다. 고된 훈련도 받아야 한다. 어디 그뿐인가? 적과 싸움이 벌어지면 죽음까지도 각오해야 한다. 이러니 군대 생활은 힘들 수밖에 없다. 그러므로 바울은 디모데에게 "네가 그리스도 예수의 좋은 군사로 나와 함께 고난을 받을지니"라고 한다(3절). 예수님을 믿다 순교한 믿음의 선배들을 늘 기억하자.

III 그는 사생활에 얽매이지 않는 자이다

군대에 가면 사생활이란 거의 존재하지 않는다. 똑같은 시간에 잠자고 일어나고 먹고 훈련해야 한다. 그리스도의 군사는 어떤가? 그렇다고 교회에 모여 집단생활을 할 수는 없다. 성도는 나 자신 보다는 먼저 주님의 이름과 영광을 생각하는 자세를 가져야 한다. "군사로 다니는 자는 자기 생활에 얽매이는 자가 하나도 없나니"라고 바울은 가르친다(4절). 극도의 개인주의는 성도에게 합당치 않다. 주님을 먼저 기억하는 자가 되라.

- **기 도** 우리 같이 부족한 자들을 택하여 그리스도의 군사로 삼으신 주님, 주님께 인정받고 사랑받는 군사가 되게 하여 주옵소서. 아멘.

■ 십계명 ■   믿음의 군사가 보는 10가지

1. 믿음은 남의 좋은 것을 보는 것이다
2. 믿음은 남을 좋게 말하는 것이다
3. 믿음은 좋은 일을 하는 것이다
4. 믿음은 긍정적으로 사는 것이다
5. 믿음은 적극적으로 사는 것이다
6. 믿음은 소명과 희망을 보는 것이다
7. 믿음은 밝은 것을 보는 것이다
8. 믿음은 귀한 일을 하는 것이다
9. 믿음은 화목과 화평을 만드는 것이다
10. 믿음은 감사를 말하고 감사로 사는 것이다

■ 예 화 ■   크리스토퍼 콜럼버스

신대륙을 발견한 크리스토퍼 콜럼버스는 자신의 이름 때문에 수십년 동안 고민한 사람이었다. 그는 황금에 미친 인간이었다. 신천지를 향해 떠난 것도 황금이 많다는 소문을 들었기 때문이었다.

그러나 그는 '내 이름을 버릴 것인가, 유지할 것인가' 하는 고민을 계속하였다. '크리스토퍼'란 이름은 '그리스도를 업고 다니는 자'란 뜻이다. 그의 고민은 예수를 업고 사는 자가 될 것인가, 황금을 업고 사는 인간이 될 것이냐 하는 것이었다.

수도원에 들어가 며칠을 기도한 콜럼버스는 신부님에게 자기의 이름을 회복하겠다는 고백을 하고 그후 죽기까지 14년 간 주님의 뜻을 위하여 살았다. 그는 평화스럽게 미소를 지으며 운명했는데 죽기 며칠 전 "내가 가장 행복했던 것은 주님의 제자가 되었던 지난 14년 간이다." 라고 말했다.

자녀를 낳아도 주님을 위하여 바치겠다, 돈을 벌어도 주님을 위하여 쓰겠다, 재주가 있어도 주님을 위하여 바치겠다는 제자의 길, 자기를 부인하고 십자가를 지는 길이 사실은 자신을 가장 행복하게 하는 길이다.

예수님은 우리에게 "내 사랑 안에 거하라." 곧 제자가 되라고 말씀하신다.

헌신 · 구역 · 속회

바른 사명자의 자세

■ 찬 송 ■ ♪ 348, 218, 183, 493

■ 본 문 ■ 그리스도의 평강이 너희 마음을 주장하게 하라 평강을 위하여 … 【골 3:15~17】

■ 서 론 ■ 스위스의 교육자 페스탈로찌는 "하늘나라로 가는 길은 지상에 있어서의 자기 할 의무를 완전히 수행하는 일이다. 그러므로 우리들의 최후를 마치는 자리는 이 지상에서의 의무가 끝나는 자리이다"라고 했다. 사명자의 바른 자세는?

■ 말 씀 ■

I 사명자는 주님의 평강으로 일한다

주님의 일을 하려는 사람은 먼저 그리스도의 평강이 마음에 흘러넘쳐야 한다. "그리스도의 평강이 너희 마음을 주장하게 하라"(15절). 부활하신 주님이 제자들에게 하신 말씀은 "너희에게 평강이 있을지어다"라고 하셨다(요 20:19). 주님은 참 평강의 원천이시다. 그러기에 바울은 편지 서두에 반드시 그리스도의 평강이 충만하기를 기원하고 있다. 주님이 우리의 모든 죄 문제를 해결하셨고 세상 끝날까지 항상 함께 하심을 믿을 때 우리는 평강을 소유할 수 있다.

II 사명자는 감사하는 마음으로 일한다

주님의 사명자가 되려는 사람은 찬양하고 감사하는 마음을 가져야 한다. "시와 찬미와 신령한 노래를 부르며 마음에 감사함으로 하나님을 찬양하고"(16절) 마음에 불평과 원망이 가득한 사람은 바른 사명자가 될 수 없다. 주님은 우리를 사랑하사 자신이 생명을 던져 사망에서 구원해 주셨고 지금도 우리와 함께 하시며 영원히 우리와 함께 하실 것이다. 이래도 감사한 마음이 일어나지 않는가? 이래도 원망과 불만이 있는가? 찬양과 감사로 마음을 채워라.

III 사명자는 주님의 이름으로 일한다

주님의 사명자는 매사를 자기 뜻대로 하지 않는다. "또 무엇을 하든지 말에나 일에나 다 주 예수의 이름으로 하고 그를 힘입어 하나님 아버지께 감사하라"(17절). 우리가 잘못하면 우리 자신이 욕먹고 벌 받는 것으로 끝나지 않고 반드시 "예수 믿는다는 것들이…" 하며 주님을 욕되게 하고 그 거룩한 영광을 손상하게 된다. 그러기에 성경은 우리 이름이 아니고 주님의 이름으로 말하고 일하라고 한다. 이런 자세로 살면 우리의 행위는 변할 수밖에 없다.

■ 기 도 ■ 우리 같이 부족한 자들을 불러 사명자로 삼으신 주님, 주님 보시기에 합당한 사명자, 충성된 사명자가 되게 하옵소서. 예수님 이름으로 기도드립니다. 아멘.

■ 십계명 ■   좋은 구역장 (=속장)의 10가지 명심

1. 구역장은 교회 안의 성도들을 돌볼 목자의 사명이 있다
2. 구역장은 교회 안의 모든 성도들을 잘 인도해야 한다
3. 구역장은 성도들 앞에서 믿음의 본을 보여야 한다
4. 구역장은 성도들을 사랑하고 위하여 기도해 주어야 한다
5. 구역장은 먼저 자기 가정의 구원을 이루어야 한다
6. 구역장은 모든 생활에서 성도들에게 덕을 끼쳐야 한다
7. 구역장은 구역원들의 가정의 이름과 내용을 알아야 한다
8. 구역장은 구역 안의 모든 일을 담임 목사에게 보고해야 한다
9. 구역장은 언행심사에 항상 조심해서 살아야 한다
10. 구역장은 주님의 몸된 교회의 부흥을 위해서 힘써야 한다

■ 예 화 ■   기우(杞憂)

옛날 중국 기(杞)나라에 걱정이 많은 사람이 살았다.
이 사람은 언제 하늘이 무너질지 모르기 때문에 잠을 잘 수가 없어서 신경 쇠약으로 죽어버렸다. 여기에서 기우(杞憂)란 말이 생겼다.
걱정을 하자면 한이 없다. 실제로 지진을 염려해서 이사가는 사람도 있다. 지구의 온도가 자꾸 식어 간다고 걱정한다. 출발도 안 하고 걱정부터 하는 이도 있다.
'맡긴다' 는 말은 참 좋은 말이다. 맡겨본 사람이 신뢰도 받게 된다.
돈은 은행에 맡기고 고장난 차는 정비소에 맡긴다. 병들면 몸을 의사에게 맡기고 남녀는 결혼함으로써 서로에게 서로를 맡긴다. 걱정과 슬픔과 불안은 하나님께 맡길 수 있다. 신앙이란 맡기는 것을 말한다.

■ 명 상 ■   사람이 하여야 할 사명을 다하기 전에는 죽고 싶어도 죽지 못한다.

― 리빙스턴 (스코틀랜드 탐험가) ―

헌신 · 구역 · 속회

눈을 들어 밭을 보라

■ 찬 송 ■ ♪ 256, 257, 273, 259

■ 본 문 ■ 너희가 넉 달이 지나야 추수할 때가 이르겠다 하지 아니하느냐 … 【요 4:35~37】

■ 서 론 ■ 영국의 성직자 토마스 섹커는 "인간은 하나님을 섬겨야 할 뿐만 아니라 자신을 드려야 할 의무가 있다"라고 했다. 하나님의 백성으로 부름을 입은 성도는 이 세상의 불쌍한 영혼을 위해서 자신을 불사를 각오를 해야 한다. 밭을 보라는 주님의 말씀은?

■ 말 씀 ■

I 이는 지금이 추수할 때임을 알려주는 말씀임

주님은 왜 제자들에게 "눈을 들어 밭을 보라" 하셨을까(35절)? 밭이란 세상이고 익은 곡식은 인간의 영혼을 의미한다. 예수님 당시에도 이 땅에는 많은 사람들이 살고 있었다. 그들의 영혼은 허물과 죄로 죽어있는 자들이다(엡 2:1). 그들을 살릴 수 있는 예수님이 오셨다. 제자들은 그 영혼들과 예수님을 접목시켜 주님의 영원한 생명이 들어가게 해야 한다. 이것이 바로 인간이 참 생명을 얻는 유일한 방법이다. 제자들은 그 일을 해야 한다.

II 이는 지금 당장 추수하라는 말씀임

추수는 때가 있다. 추수 때를 놓치면 그 곡식은 쓸모가 없게 된다. 주님은 지금이 바로 추수할 때라고 가르치신다. 지금은 예수님 당시와 비교가 안될 정도로 많은 인간이 살고 있다. 약 60억 명이나 된다고 한다. 그 중에 진심으로 예수님을 믿고 구원받은 자들 외에는 모두 추수의 대상자들이라는 사실을 알아야 한다. 그들이 어떤 선행을 하고 수양을 하고 무슨 종교를 가졌든지 그것은 구원과 아무 상관이 없다. 그러므로 지금 우리는 추수에 나서야 한다.

III 이는 성도가 영혼의 밭을 보아야 한다는 말씀임

예수님을 믿음으로 구원받은 성도는 자연히 추수하는 일꾼이 된다. 추수꾼은 우선 밭을 보아야 하고 곡식이 익은 것을 확인한 다음에 밭으로 가서 추수하기 시작해야 한다. 지금 세상은 옛날보다 편리해지고 풍부해 진 것이 분명하다. 그러나 이에 비례하여 인간의 죄악과 타락 또한 목불인견(目不忍見)이다. 지금 저 영혼들을 추수하지 않으면 저들은 영원히 멸망하고 만다. 전도와 선교의 시급성이 바로 여기에 있다. 주님은 지금 추수에 나서라고 명령하신다.

■ 기 도 ■ 인간의 영혼을 추수의 대상으로 보시고 추수할 것을 우리에게 명령하신 주님, 저희로 하여금 그 명령을 삼가 순종하게 하옵소서. 예수님 이름으로 기도드립니다. 아멘.

■ 십계명 ■   속회 (=구역회) 부흥 비결 10가지

1. 속회 인도자가 말씀을 은혜롭고 복되게 전하자
2. 속회 속장은 자기 속회원의 모든 사정을 알아야 한다
3. 속장은 속회를 위하여 기도해야 한다
4. 속장은 속회 안의 모든 사정을 담임 목사에게 보고해야 한다
5. 속장은 속도원들의 이름을 부르며 기도하야 한다
6. 속회의 성도는 열심히 모여야 한다
7. 속회의 성도는 서로 서로 사랑해야 한다
8. 속회 인도자와 속장과 속도원이 단결해야 한다
9. 속회 예배 드리는 것을 기뻐하고 즐거워해야 한다
10. 속회 부흥을 위해 반드시 한 가정 전도운동을 해야 한다

■ 예 화 ■   선교의 사명

선교사 중에 중국 선교사로 갔던 앤 월터 펀(Ann Walter Fearn)양의 일화가 있다.

앤은 아름다운 처녀로 의과대학 졸업 후 선교사를 자원하여 중국으로 떠났다.

그 당시 사람들은 중국은 살아서는 돌아오지 못하는 위험한 곳으로 알고 있었다. 앤의 어머니는 210달러 값어치의 금을 주며 '안전하다(safe)' 는 한 마디만 전보로 쳐달라고 부탁했다.

얼마 후에 언에게서 전보가 왔다. 전문은 어머니가 기다리던 말인 '안전하다' 가 아니라 '즐겁다(delighted)' 였다.

이것이 크리스찬의 고백이다. 주님께 헌신한 사람은 안전과 편안함을 찾아다니는 것이 아니라 사명 속에서 즐거움을 찾으며 사는 사람이다.

■ 명 상 ■   하나님께서는 언제나 자신의 의무를 기꺼이 행하는 자를 도울 수 있는 천사가 있다.

— 데오도 카일러 (미국 성직자) —

헌신·중·고등부

다니엘의 성공 비결

■ 찬 송 ■ ♪ 350, 493, 374, 506

■ 본 문 ■ … 하나님이 다니엘로 환관장에게 은혜와 긍휼을 얻게 하신지라 【단 1:1~9】

■ 서 론 ■ 미국의 부흥사 빌리 그래험 목사는 "해도 해도 안될 때에는 전적으로 하나님께 맡겨보라. 하나님께서 판단하며 이루어 주실 것이다"라고 했다. 다니엘과 같이 인생을 성공하며 형통할 수 있는 비결은?

■ 말 씀 ■

I 다니엘은 좋은 친구가 있어서 성공함

다니엘은 유대인이었지만 바벨론에서 크게 성공하여 하나님의 영광을 나타낸 사람이었다. 그의 성공 요인은 여러 가지 있겠지만 우선 신실한 친구가 세 명이나 있었다는 점을 들 수 있겠다. 사드락, 메삭, 아벳느고가 그 사람들이다. 나쁜 친구는 나쁜 길로 인도하기 쉽지만 좋은 친구는 좋은 길로 이끈다. 친구를 보면 그 사람을 알 수 있다는 말이 있다. 친구를 가려서 사귈 필요가 있다. 근면하고 성실하며 하나님을 경외하는 친구를 사귀자.

II 다니엘은 신앙의 절개를 지켰기에 성공함

다니엘은 "뜻을 정하여 왕의 진미와 그의 마시는 포도주로 자기를 더럽히지 아니"하기로 결심하고 환관장에게 구했다(8절). 이것은 매우 위험하고 어리석은 일처럼 보인다. 왕에 의하여 선발된 엘리트에서 제외될 수도 있었고 왕명을 거역하는 일이 될 수도 있었기 때문이다. 그러나 다니엘은 신앙의 절개를 지키는 것이 무엇보다 중요함을 알고 있었다. 왕의 진미는 우상 앞에 먼저 바친 다음 조리했다고 알려져 있다. 그는 우상숭배를 거부한 것이다.

III 다니엘은 하나님이 도와주셨기에 성공함

다니엘의 요구는 즉각 거부되었다(10절). 당연한 일이다. 그러나 "하나님이 다니엘로 환관장에게 은혜와 긍휼을 얻게" 하심으로(9절), 10일간의 시험을 거친 다음 결국 다니엘의 신앙적 요구는 관철된다(12-16절). 인간의 결심과 각오만으로 승리자가 되고 성공자가 될 수는 없다. 하나님이 함께 하시고 도와주시지 않으면 매사에 실패할 수밖에 없다. 사람의 생명은 안개와 같아서 아무도 내일을 장담하지 못한다(약 4:13-16). 다니엘처럼 굳은 신앙을 갖자.

■ 기 도 ■ 다니엘을 비롯한 세 친구들과 함께 하사 그들을 통하여 영광을 받으신 하나님, 저희들도 하나님께 영광 돌리는 자들이 되게 하옵소서. 예수님 이름으로 기도드립니다. 아멘.

■ 십계명 ■   친구 사귐을 위한 10가지 권면

1. 우리들을 향상시키는 것은 훌륭한 책과 훌륭한 친구임을 잊지 말라
2. 명랑하고 긍정적인 친구를 가까이 하면 자신도 그렇게 된다
3. 친구의 이야기에는 성실한 청취자가 되라
4. 친구에게 질문하고 새로운 사항은 메모하는 관심을 아끼지 말라
   (그를 인정하는 뜻이 된다)
5. 친구의 의견에 성급하게 반론을 제기하지 말라
   (각 사람의 관점이 다르다는 것을 인정해야 한다)
6. 남의 험담을 하는 친구를 권면할 자신이 없으면 그 자리를 떠나라
7. 자기가 최고라고 생각하며 말하지 말라
8. 내가 친구를 구하겠다는 생각은 버리라
   (대개는 함께 방탕의 길에 휩쓸릴 뿐이다)
9. 모든 일에 책임 있고 성실한 모습을 보이라
10. 책임감과 성실함을 갖춘 친구를 만나라

■ 예 화 ■   다이얼을 어디 맞추고 사느냐

플로리다 주 데이토나 비치의 웰치 목사는 재미있는 경험담을 TV 설교에서 소개했다.

복잡한 네거리에서 자동차들이 청신호가 떨어지기를 기다리고 있을 때 한 청년이 라디오를 들고 춤추듯 비틀거리며 자동차들 사이에 끼여 들어왔다.

클랙슨(klaxon) 소리나 고함소리에도 아랑곳하지 않고 청년은 여전히 비틀거리기만 했다. 그 때 한 사람이 자동차 창문 밖으로 팔을 내밀어 청년이 들고 있는 라디오의 다이얼을 돌려버리자 청년은 잠에서 깬 듯 말쩡하게 걸어서 인도로 빠져 나가더라는 것이다.

다이얼을 어디에 맞추고 사느냐는 것이 문제이다. 로큰롤 뮤직에 다이얼을 맞춘 청년은 행복에 취해 있었으나 객관적인 눈으로 볼 때 그것이 개인에게나 사회에 별 도움이 되지 않은 것처럼 욕심과 이익에 인생의 다이얼을 맞춘 사람에게는 머지않아 불행이 찾아올 것이다.

예수의 제자는 삶의 다이얼을 하나님의 말씀에 맞춘 사람이다.

헌신 · 중 · 고등부

충성하는 하나님의 일꾼

■ 찬 송 ■ ♬ 378, 369, 374, 380

■ 본 문 ■ 우리를 그리스도의 일꾼이요 하나님의 비밀을 맡은 자로 여길지어다 … 【고전 4:1~13】

■ 서 론 ■ 한국이 낳은 위대한 목사인 한경직은 "충성(忠誠)은 글자의 구성 요소대로 마음의 중심이 떠나지 않고 일단 언약한 것을 이루는 것이다. 그러므로 우리는 영혼의 임금 주님께 중심을 바치자"라고 했다. 하나님의 일꾼은?

■ 말 씀 ■

I 하나님의 일꾼은 시종여일 충성해야 함

바울은 성도의 신분에 대하여 "그리스도의 일꾼이요 하나님의 비밀을 맡은 자"라며(1절) "맡은 자들에게 구할 것은 충성"이라고 했다(2절). 누구나 다 주님께 충성해야 한다는 것은 잘 알지만 어떻게 하느냐 하는 게 문제다. 처음에는 충성하다가 나중에 충성하지 않는다면 진정한 충성이 아니다. 처음부터 끝까지 변함없이 충성하는 사람이 진짜 일꾼이다. 우리에게 어떤 직분을 맡기셨든지 시종여일하게 충성하는 자 되기를 바란다.

II 하나님의 일꾼은 종의 자리에서 충성해야 함

바울은 지금 만인의 존경과 사랑을 받고 있지만 그가 생존할 당시에는 그렇지 않았다. "내가 생각건대 하나님이 사도인 우리를 죽이기로 작정한 자같이 미말에 두셨으매 우리는 세계 곧 천사와 사람에게 구경거리가 되었노라"고 한다(9절). 바울은 낮은 자리, 보잘것없는 위치에서 남을 섬기는 종의 사명을 다했다. 우리는 섬김을 받는 자가 아니라 남을 섬기는 자임을 잊어서는 안 된다. 주님 자신이 남을 섬기러 오셨다고 하셨으니(마 20:28) 우리도 본받는 게 마땅하다.

III 하나님의 일꾼은 하나님 앞에서 충성해야 함

바울은 남부러울 것이 없는 실력과 신분을 가진 사람이다. 다른 사람 위에서 군림하며 최고의 섬김을 받을 수 있는 사람이었다. 그럼에도 불구하고 그는 그 모든 특권과 특혜를 마치 '배설물'처럼 버리고(빌 3:8) 모든 사람의 종이 되었다(고전 9:19). 왜 그랬을까? 하나님이 보시고 상 주실 것을 확신했기 때문이다(고후 5:8-10, 딤후 4:1-8). 사람을 보고 충성하면 반드시 실망하고 낙심한다. 그러므로 우리는 사람을 보지 말고 주님을 바라보며 충성해야 한다.

■ 기 도 ■ 부족하고 어리석은 저희를 택하사 그리스도의 일꾼이 되게 하신 하나님, 하나님이 인정하시는 종으로 충성을 다하게 하옵소서. 예수님 이름으로 기도드립니다. 아멘.

■ 십계명 ■   활기찬 인생을 위한 10가지 권면

1. 자기 자신을 과소 평가하지 말라
   (실패와 실수를 잊으라. 당신은 단점보다 장점이 더 많다)
2. 자기 연민을 제거하라 (잃은 것을 생각 말고 가진 것을 적어보라)
3. 계속 자기 자신만을 생각하지 말라 (대가를 바라지 말고 도우라)
4. 하나님은 인간에게 의지라는 막강한 힘을 주셨음을 기억하라
5. 목표를 가지라 (그리고 실천할 시간표를 짜라)
6. 지금 해야 할 일이 무엇인지 생각하라
7. 매일 아침 '내게 능력 주시는 자 안에서 내가 모든 것을 할 수 있느니라'고 외치라
8. 매일 3번 이것을 말하라. '이 날은 여호와께서 정하신 것이라. 이 날에 우리가 즐거워하고 기뻐하리로다.'
9. 매일 기쁨을 생각하고 실행하라
10. 열의를 가져라-열심히 생각하라-열심히 살아라

■ 예 화 ■   가벼운 여장

　　남북 전쟁 때 남군이 대승한 싸움 중에 쉐난도(워싱턴 서쪽)의 승리가 있다. 남군의 지휘관은 '돌담(stone wall)'이란 별명을 가진 토머스 잭슨(Thomas Jackson) 장군이었다.
　　쉐난도 계곡에 진을 치고 있는 북군의 정보망은 남군의 거리와 험준한 지형으로 보아 그날 안으로는 기습을 하지 못할 것이라고 안심하고 편히 잠들어 있었다. 그러나 잭슨의 부대는 날이 밝기 전 계곡에 도착하여 기습을 감행, 성공했던 것이다.
　　잭슨의 군사는 15시간을 휴식 없이 전진했다. 그들은 도중에 과수원과 마을을 지났다. 배고픈 군인들은 잠깐 그곳에 들러 먹을 것을 구하여 먹고 싶어 했으나 잭슨은 끝까지 가벼운 여장을 유지하게 했고 결국 기적적인 행군을 이룩한 것이다.
　　십자가의 행군에도 고통이 있다. 어떤 때는 쉬고 싶고 어떤 때는 많이 가지고 싶다. 그러나 대장되신 주님께서 말씀하신다. "지팡이도 주머니도 두 벌 옷도 휴대하지 말라!" 승리를 위하여 가벼운 여장이 필요하다.
　　그러므로 히브리서는 우리에게 이렇게 외치고 있다. "모든 무거운 것과 얽매이기 쉬운 죄를 벗어 버리고 인내로써 우리 앞에 당한 경주를 경주하며 믿음의 주요 또 온전케 하시는 이인 예수를 바라보자"(히 12:1~2).

헌신 · 중 · 고등부

하나님께 쓰임을 받는 자

■ 찬 송 ■ ♪ 353, 98, 405, 512

■ 본 문 ■ … 너희는 이 세대를 본받지 말고 오직 마음을 새롭게 함으로 변화를 받아 하나님의 선하시고 기뻐하시고 … 【롬 12:1~2】

■ 서 론 ■ 미국의 성직자 데오도 R. 카일러는 "일터의 가장 훌륭한 광고는 최고의 솜씨이다. 기독교에 대한 가장 강력한 매력은 잘 이룩된 그리스도인의 특성이다"라고 했다. 하나님이 기뻐하시고 쓰시는 자는?

■ 말 씀 ■

Ⅰ 그는 이 세대를 본받지 않는 사람임

바울은 우리에게 "너희는 이 세대를 본받지" 말라고 한다(2절상). 세상이란 무엇인가? 하나님이 없는 인간 세계를 의미한다. 하나님을 두려워하지 않는 인간들은 죄를 두려워하지 않는다. 그들은 하나님을 거역하고 말씀을 불신하며 사탄이 이끄는 대로 멸망의 길을 걸어간다. 성도란 무엇인가? 이런 악한 세상에서 하나님의 택하심을 받아 그리스도의 피로 씻음 받고 하나님의 자녀가 된 자들이다. 그러므로 그리스도를 본받아야 한다(요 13:12-15).

Ⅱ 그는 마음을 새롭게 하는 사람임

바울은 또 "오직 마음을 새롭게 함으로 변화를" 받으라고 한다(2절중). 마음이 문제다. 하나님은 인간에게 의지의 자유를 주셨다. 선택의 자유를 부여하셨다. 아담과 하와가 선악과에 대한 자유를 가진 게 그 증거다. 그러나 아담은 그 귀한 자유를 오용함으로써 죄인이 되었다. 그후 인간의 마음은 부패했다(렘 17:9). 이제 그 마음이 새로워져야 한다. 그럴려면 인간은 먼저 예수님을 믿고 그의 보혈로 마음이 깨끗해지고 성령의 능력으로 변화되어야 한다(요 3:1-8).

Ⅲ 그는 주의 뜻을 분별하는 사람임

마지막으로 바울은 "하나님의 선하시고 기뻐하시고 온전하신 뜻이 무엇인지 분별하도록 하라"고 한다(2절하). 인간이 하나님의 뜻을 분별하고 그 뜻을 순종해야 마땅하지만 이게 쉽지 않다. 하나님의 뜻보다는 내 뜻을 더 중요시하기 쉽다. 하나님의 뜻을 분별하려면 성경을 읽고 배워야 한다. 성경은 하나님의 뜻을 가르쳐주는 유일한 책이다. 성경을 읽되 인간 지식으로만 읽지 말고 성령의 조명을 받아야 한다. 성경의 원저자는 성령이시기 때문이다(딤후 3:15-17).

■ 기 도 ■ 악하고 죄 많은 저희들을 택하여 하나님의 자녀 삼으신 아버지시여, 저희로 하여금 새로운 마음으로 하나님을 바로 섬길 수 있게 하옵소서. 아멘.

■ 십계명 ■   멋진 청소년 시절에 필요한 10가지 권면

1. 젊다는 것에 대해 먼저 감사하라

   (기회가 있다는 뜻이다)

2. 쉽게 자신을 단정짓지 말라

   (난 틀렸어 등등)

3. 도전이 되고 나를 깨우치는 책을 읽으라

   (TV, 비디오는 늙어서…)

4. 친구를 선별해서 사귀라

   (닮기 때문이다)

5. 망설이지 말고 실수와 실패를 하더라도 부딪혀보라

   (특권이다)

6. 무한한 가능성과 능력이 있음을 알라

   (자포자기는 금물)

7. 요령을 피우지 말라

8. 작은 일에 성공하라

   (큰 일, 편한 일만 하려고 하지 말라)

9. 자신이 늘 자신을 감시하라(엄할수록 좋다)

10. 내가 달린만큼 그 넓이가 내 영토가 됨을 명심하라

    (자신에게 욕심을 가져라)

■ 예 화 ■   캐셔 속의 못

런던 시 템플 교회에 70세가 가까워 오는 에밀 메틀러(Emil Mettler)씨가 있다. 그는 알버트 슈바이처 협회(의료 구호 사업)의 간부이다. 그는 40년 동안 작은 식당을 경영해 왔다. 손님들은 요금을 지불할 때 메틀러 씨의 캐셔(현금 보관함) 속에 들어 있는 이상한 물건을 보고 놀란다.

6인치의 큰 못이 그 속에 들어 있기 때문이다. 처음 오는 손님은 질문을 한다. "캐셔 속에 못은 왜 넣어두었습니까?" 메틀러 씨는 심각한 얼굴로 설명한다. "십자가에 못 박힌 예수님을 생각하기 위해서 입니다. 이 못을 집의 책상 서랍 속에 둘 수도 있으나 캐셔 속에 둔 것은 직업과 내 생활 속에 예수님이 계심을 자주 상기하기 위해서입니다."

헌신 · 중 · 고등부

신앙의 승리자

■ **찬 송** ■ ♪ 358, 259, 276, 93

■ **본 문** ■ … 예수 안에서 하나님이 위에서 부르신 부름의 상을 위하여 좇아가노라 【빌 3:1~14】

■ **서 론** ■ 2차 세계대전의 영웅 패튼 장군은 "전쟁은 무기로써 싸워지는 것이 아니라 인간에 의해 승리한다. 승리를 얻는 것은 이끄는 자와 따르는 자들의 정신이다"라고 했다. 하나님의 부르심을 좇는 성도들의 신앙 승리의 비결은?

■ **말 씀** ■

I 승리자는 푯대를 정해야 함

누구나 인생에서 승리하기를 원한다. 그리스도인이라면 인생에서는 물론이고 신앙생활에서도 승리하기를 바란다. 어떻게 해야 승리자가 될까? 먼저 '푯대'를 정해야 한다. 다시 말하면 목표가 분명해야 한다. "푯대를 향하여" 좇아간다고 바울은 말했다(14절상). 그의 목표는 "그리스도 예수 안에서 하나님이 위에서 부르신 부름의 상"을 받는 것이다(14절하). 세상에서도 상을 받기가 어려운 일인데 하나님이 주시는 상을 받는 일이 어찌 쉽겠는가?

II 승리자는 뒤엣 것을 잊어버려야 함

일단 달리기에 나선 선수는 앞만 바라보고 뛰어야지 뒤를 돌아보면 승리하기 어렵다. 바울은 이를 잘 알았기 때문에 "오직 한 일 즉 뒤에 있는 것은 잊어버리고"라고 했다(13절하). 우리가 앞으로 달릴 생각은 하지 않고 계속 뒤만 돌아본다면 어떻게 전진할 수 있으랴. 과거에 얽매여 사는 사람치고 성공하는 경우를 보지 못한다. 전향적이고 미래지향적인 사람이 성공하는 것처럼 신앙생활도 마찬가지다. 과거는 잊고 하늘 나라를 향하여 줄기차게 뛰어가자.

III 승리자는 예수를 좇아가야 함

바울은 '푯대'가 누구인지 명확하게 밝힌다. 그분은 바로 예수 그리스도라고 한다. "오직 내가 그리스도 예수께 잡힌바 된 그것을 잡으려고 좇아가노라"(12절하). 바울은 예수님 때문에 자신의 모든 특권과 특혜를 버렸고, 핍박을 받았다. 그는 사는 목적이 주님을 위해서였고 주님이 원하시면 죽음도 불사하는 사람이었다. 그가 사는 유일한 목적이 예수님이었고, 죽는 목적도 주님이었다. "살든지 죽든지 내 몸에서 그리스도가 존귀히 되게 하려 하나니"(빌 1:20).

■ **기 도** ■ 바울은 인생에서 실패자처럼 보였지만 사실은 진정한 승리자였습니다. 주님, 저희들도 바울처럼 진정한 승리자가 되게 하옵소서. 예수님 이름으로 기도드립니다. 아멘.

■ 십계명 ■ 뜻을 성취하기 위한 10가지 권면

1. 나의 존재를 다시 한번 생각하라
2. 잠들기 전 내일 할 일을 미리 메모해두라
3. 어떤 상황에서도 미리 포기하지 말라
4. 오늘 하루를 나에게 마지막 남은 기회로 인식하라
5. 크게 꿈을 끄고 이루어가는 자신을 상상하라
6. 그 꿈을 위해 내가 오늘 무엇을 할 것인가 생각하고 행동하라
7. 지금보다 더 열성적으로 살라
8. 어려움을 극복하지 못하면 그래서 실패한다는 것을 알라
9. 적당주의는 결코 자신에게 용납하지 말라
10. 나 외의 사람들에게 새로운 도전을 받으라

■ 예 화 ■ 행함이 없는 믿음

　　기독교 인명사전 편집자인 스티저(William Stidger) 목사는 우연히 발견한 한 선교사의 이야기를 소개하였다.
　　스티저 목사가 중서부의 어느 시골 교회에 설교하러 갔을 때 그 마을에 사는 은퇴한 노인 선교사의 집에 초대를 받게 되었다.
　　그는 인명사전 편집자로서의 직업적 습관으로 이 노인 선교사로부터 재미있는 선교담을 찾아내려고 여러모로 질문했으나 노인은 한 마디도 자기 이야기를 하지 않고 자기 아들 헨리의 이야기만 하는 것이었다. 그 아들은 나이가 들었지만 어엿한 직업도 없이 돌아다니는 문학 청년이었다.
　　어느 날, 이 아들로부터 편지가 왔다. 잡지를 한 번 발행하고 싶으니 할 수 있는 만큼 투자해 달라는 요청이었다. 선교사는 자기의 전 재산인 6백 달러를 떠돌이 아들에게 몽땅 맡겼다. 이 6백 달러가 〈타임〉과 〈라이프〉와 〈포춘, Fortune〉지 창간의 근거가 되었다. 이 아들은 〈타임〉지의 창시자 헨리 루스(Luce)였던 것이다.
　　그리스도인은 많은 사람의 가슴속에 아름다운 이름을 남길 금자탑을 세워야 한다. 나의 주머니 하나도 구속함을 받지 못한 채 영원한 생명을 논하는 것은 하나님 앞에 양심을 가지고 사는 태도가 아니다. 다시 말하지만 행함이 없는 믿음은 죽은 믿음이다.

헌신·중·고등부

뜻을 정한 다니엘과 세 친구

■ 찬 송 ■ ♪360, 492, 497, 355

■ 본 문 ■ 다니엘은 뜻을 정하여 왕의 진미와 그의 마시는 포도주로 자기를 더럽히지 … 【단 1:8~16】

■ 서 론 ■ 영국의 성직자 토마스 모울은 "선한 일을 하기 위해 굳은 결단이 필요하다면, 악을 행하지 않기 위해서는 더욱 굳은 결단이 필요하다"라고 했다. 다니엘과 세 친구는 어떤 뜻을 정하고 결단했나?

■ 말 씀 ■

I 그들은 자기를 더럽히지 않기로 뜻을 정하였음

다니엘과 세 친구들은 왕이 하사하는 산해진미와 포도주로 자신들을 더럽히지 않겠다고 뜻을 정했다(8절). 느브갓네살 왕이 내리는 음식 중에는 우상에게 바쳤던 제물이 들어 있었다고 한다. 말하자면 다니엘과 세 친구들은 왕의 진미는 영적으로 자신들을 더럽히는 것으로 생각했다. 세상 사람들은 너무 양심대로 살면 어리석다는 생각을 한다. 적당히 양심을 어기며 불의와 타협해야 한다고 말한다. 그러나 양심을 버리는 것은 파선한 배와 같다(딤전 1:19).

II 그들은 믿음을 지키기로 뜻을 정하였음

다니엘과 세 친구는 어려서부터 하나님만 섬겨야 한다는 것을 철저하게 배우며 자랐다. 십계명만 봐도 왜 하나님만 섬겨야 하는지 잘 알 수 있다. 왕궁에서 특별히 공급하는 음식에 우상에게 바쳤던 제물이 들어있거나 율법에서 금하는 음식이 포함됐다면(레 11장) 다니엘 등은 먹을 수 없다고 한 것이다. 이것은 매우 위험하고 어리석은 일이었지만 그들은 신앙제일주의를 고수하기로 했다. 왕의 호의를 거부하는 것은 거역으로 비칠 수 있기 때문에 위험한 것이었다.

III 그들은 기도하기로 뜻을 정하였음

다니엘과 세 친구들은 평소에도 기도하기를 힘썼지만 난관과 위기에 처했을 때는 더욱 열심히 기도했다. 느브갓네살 왕이 이상한 꿈을 꾸고 잊어버렸는데 그것을 알아내지 못하면 바벨론의 여러 지혜 있는 자들과 함께 다니엘과 세 친구들도 꼼짝없이 죽게 되었다. 이런 절박한 위기를 당했을 때 다니엘과 동료들은 간절히 하나님께 구했고 마침내 꿈의 비밀을 알아내고 해석까지 할 수 있었다(단 2:1-23). 환난 날에 기도하면 건져 주신다(시 50:15).

■ 기 도 ■ 다니엘과 세 친구들의 의지와 신앙과 기도를 통하여 영광을 나타내신 하나님, 우리도 주님의 영광을 이 땅에 나타내게 하옵소서. 아멘.

■ 십계명 ■　자신의 일을 이루기 위한 10가지 권면

　　1. 하고 싶은 일보다 꼭 해야 하는 일을 먼저 하라
　　2. 그 일이 끝날 때까지 시간과 관심을 최대한 집중하라
　　3. 당장 변화가 없다고 포기하지 말라
　　4. 실패했으면 다시 시도하라 또 실패하면 원인을 찾으라
　　5. 같은 목표를 가진 사람들과 만나라
　　6. 날마다 그 일의 진행상황을 기록하고 목표를 확인하라
　　7. 나쁜 상황에서도 기대하는 마음을 버리지 말라
　　8. 자신의 얻은 정보와 지식을 활용하라
　　9. 옳다고 생각한 일을 끝까지 고수하라
　　10. 요청한 것보다 더 많이 일하라

■ 예 화 ■　독수리 요새의 암살자들

　　12세기, 이란에 핫산 써버라는 사람이 있었다. 그는 마약의 일종인 해시쉬 업자이며 정치가였다. 그의 적이 되면 암살당하였기 때문에 모두 그를 두려워했다.

　　그는 힘깨나 쓰는 젊은이들을 그의 아지트인 '독수리 요새'에서 세뇌 훈련을 시켜 암살자로 키운다. 독수리 요새에 들어간 청년들은 미녀의 서비스를 받고 술과 산해 진미로 흥청거리는 쾌락을 만끽한다. 그리고 드디어 마약 해시쉬를 피우게 된다.

　　이렇게 황홀한 경험을 하게 한 후 집으로 돌려 보낸다. 그러면 그들은 독수리 요새의 옛 생활이 그립고 해시쉬 생각이 나서 참지 못한다. 이 때 암살 지시를 하면 그들은 목숨을 건 암살자가 된다는 것이다.

　　역사상 많은 독재자들이 퇴폐 풍조를 조장하여 국민의 불만을 달래는 정책을 썼다. 술, 섹스, 유흥, 도박 등에 조금씩 젖어 그것들이 생활화 되면 치념하고 흥청망청 물결따라 사는 인간 가치의 타락상이 조성되는 것이다. 예수님은 넓은 길이 파멸의 길임을 말하신 바 있다(마 7:13).

헌신·중·고등부

바울의 권면

■ 찬 송 ■ ♪ 367, 102, 519, 372

■ 본 문 ■ 그러나 너는 배우고 확신한 일에 거하라 … 【딤후 3:14~17】

■ 서 론 ■ 로마의 풍자시인 플라우투스는 "사람이 아무리 슬기롭다 할지라도 인생사에 있어서는 어진 친구의 충고가 없이는 살아갈 수 없다"라고 했다. 바울은 믿음의 아들인 디모데에게 다음과 같이 권면했다. 그것은?

■ 말 씀 ■

I 바울은 디모데에게 배우라고 권면했음

디모데는 바울의 사랑하는 제자다. 스승으로서 바울은 그에게 "너는 배우고 확신한 일에 거하라"고 한다(14절). 디모데는 열심히 배우려고 노력한 사람이다. 배움의 필요성을 느끼지 못한다면 그는 불행한 사람이다. 오늘의 나는 곧 그동안 배운 교육의 결과라고 해도 과언이 아니다. 그러면 무엇을 힘써 배워야 할까? 그것은 바로 '성경'이라고 한다. "또 네가 어려서부터 성경을 알았나니"(15절상) 세상 모든 지식을 가졌다 해도 성경을 모르면 가장 불행한 자이다.

II 바울은 디모데에게 확신하라고 권면했음

사람은 배운 것으로 끝나지 않는다. 배운 것을 기억하고 확신할 수 있어야 한다. 확신을 갖지 못하는 지식은 무용지물이나 마찬가지다. 특히 성경이 하나님의 말씀이라는 확신을 가져야 한다. 그런 확신이 없으면 성경은 아무 유익도 없고 쓸모도 없을뿐더러 하나님을 거역하고 모독하는 자료가 될 것이다. 성경은 하나님의 말씀이 아니고 인간의 글이라고 주장하는 자들의 행태를 보면 잘 알 수 있다. 그들은 성경을 격하하고 파괴하는데 앞장 서는 자들이다.

III 바울은 디모데에게 증거하라고 권면했음

바울은 "그리스도 예수 앞에서" 엄히 명한다며 "너는 말씀을 전파하라. 때를 얻든지 못 얻든지 항상 힘쓰라"고 했다(딤후 4:1-2). 우리 자신이 성경을 하나님의 말씀으로 믿어 구원받는 것으로 끝나서는 안 되고 남에게도 증거 해야 한다는 것이다. 우리는 이 일을 힘쓰지 않으면 안 된다. 이 땅에는 아직도 복음을 듣지 못한 영혼들이 많다. 그러므로 우리는 말과 글로, 그리고 우리 행위로 말씀을 전해야 한다.

■ 기 도 ■ 디모데는 성경을 배우고 확신하고 증거 해야 했습니다. 저희들도 그렇게 함으로써 하나님 아버지께 영광 돌리게 하옵소서. 아멘.

■ 십계명 ■   미국 청소년들이 교회를 떠나는 10가지 이유
            (잘못된 부모상 10가지)

  1. 주일 예배나 교회 수련회 기간에 맞춰 여행을 떠나는 부모
  2. 예배 시간에 몇 번씩 시계를 들여다보는 부모
  3. 자녀 앞에서 목회자의 흠집을 잡는 부모
  4. 십일조나 헌금을 제대로 하지 않는 부모
  5. 교회를 자꾸 옮겨다니는 부모
  6. 예배 시간에 지각하는 부모
  7. 불규칙적으로 기도하는 부모
  8. 교회에서 봉사하지 않는 부모
  9. 자녀들이 교회에 오래 있지 못하도록 하는 부모
  10. 말만 앞세우는 부모

■ 예 화 ■   한 발을 수영장 밑바닥에 붙이고

　　철학자 '키에르케고르'는 자신의 소년시절의 기억을 떠올리며 다음과 같은 말을 했다.
　　한번은 아버지와 함께 수영장에 갔다. 그는 두팔을 힘차게 내저으며 "아빠, 날 봐요, 날 봐요!" 하고 외쳤다. 그러나 사실은 한 발을 수영장 밑바닥에 붙이고 물에 떠 있는 척 아버지에게 보였던 것이다.
　　이 철학자는 "나는 하나님을 믿는다. 나는 믿음이 있다고 말하지만 한 발로 땅을 짚고 물에 떠 있는 척하는 것이 아니냐?" 라고 우리에게 묻고 있다.
　　키에르케고르의 용어를 빌리면 이는 '시험되지 않은 믿음(untested faith)'이다.
　　믿음은 어떤 때에 시험되는가?
　　이는 죄의 유혹이 있을 때, 경제 불황으로 살림이 어려울 때, 그리고 나에게 희생이 요구될 때이다. 이런 여러 시험의 시간을 거쳐 합격된 믿음이 참 믿음인 것이다.

■ 명 상 ■   어떤 개인이나 사회이든 간에 불행하다면 그 원인은 신앙의 결핍에 있는 것이다.

　　　　　　　　　　　　　　　　　　　　　　- 레오 N.톨스토이 (러시아 작가) -

헌신 · 청년회

하나님의 사람 요셉

■ 찬 송 ■ ♪353, 303, 355, 514

■ 본 문 ■ … 당신들은 두려워 마소서 내가 당신들과 당신들의 자녀를 …【창 50:15~21】

■ 서 론 ■ 미국의 신학자 트라이언 에드워즈는 "신령한 삶에 있어서 가장 고상한 순종은 언제나 할 수 있다는 것과 모든 것에 있어서 '내 뜻대로 마옵시고 당신의 뜻이 이뤄지이다' 라고 말하는 것이다"라고 했다. 요셉은?

■ 말 씀 ■

I 용서하는 사람 요셉

요셉은 형들의 미움을 받아 애굽에 노예로 팔렸고 거기서 다시 감옥에 갇혀 적어도 10년 이상을 고생해야 했다. 형들에 대한 원한과 복수심으로 불탈만 하다. 또 복수한다 해도 누구 하나 요셉을 나무랄 수도 없었다. 당연하다고 생각할 것이다. 하지만 요셉은 이 지극히 당연한 일을 하지 않았다. 오히려 용서했다. 이게 얼마나 힘든 일인가? 하나님의 백성이라면 세상 사람과 달라야 한다. 주님은 우리에게 원수를 사랑하고 선대하라고 가르치셨다(마 5:43-48).

II 구속의 경륜을 깨달은 요셉

요셉은 하나님이 자신을 통하여 이스라엘 자손을 보호하고 건지시려는 뜻을 가지고 계심을 깨달았다. "당신들은 나를 해하려 하였으나 하나님은 그것을 선으로 바꾸사 오늘과 같이 만민의 생명을 구원하게 하시려 하셨나니"(20절). 이점에서 요셉은 예수 그리스도의 모형이다. 그가 동족 이스라엘 자손을 기근에서 건진 것처럼 주님은 인류를 죄악에서 건져 주셨다. 우리도 동포와 인류에게 유익을 주되 그리스도의 복음을 전함으로 영혼을 구원해야 한다.

III 변화된 삶을 산 요셉

요셉의 일생을 살펴보면 그가 얼마나 위대한 사람인지 다시 한번 감탄하게 된다. 하지만 그가 처음부터 그런 위대한 인물은 아니었다. 그는 어렸을 때 형들과 "더불어 함께 하였더니 그가 그들의 과실을 아비에게 고하더라" 했다(창 37:2). 말하자면 그는 형들의 허물을 덮어주기는커녕 아버지 야곱에게 고자질함으로써 그들의 미움을 받게 되었고 이런 일이 쌓이다 보니 결국 요셉을 노예로 팔아먹는 지경에 까지 이르렀다. 그렇던 요셉이 그처럼 변화되었으니 얼마나 놀라운 일인가? 우리도 요셉처럼 변화하자.

■ 기 도 ■ 형들의 과실을 고자질이나 하던 요셉을 택하사 위대한 인물이 되게 하신 하나님, 저희도 요셉처럼 아름다운 사람이 되게 하옵소서. 아멘.

■ 십계명 ■   꿈을 이루는 10가지 권면

1. 불가능하다는 생각에 긍정하지 말라
2. 어려움 앞에서 낙심하지 말고 끝까지 노력하라
3. 자신의 가능성을 부인하지 말라
4. 실패할 위험이 있다고 해도 포기하지 말라
5. 훌륭한 생각을 거부하지 말라
6. 남도 몰랐는데 내가 어떻게 라는 생각을 하지 말라
7. 건설적인 생각을 환경 때문에 불가능하다고 결론짓지 말라
8. 자신이 불완전하다고 해서 장래 설계를 포기하지 말라
9. 당장 개인적인 유익이 없더라도 밀고 나가라
10. 하나의 목표가 이루어졌다고 중단하지 말라
    (더 좋은 새로운 목표를 설정하고 전진하라)

■ 예 화 ■   마틴 루터 킹 목사의 꿈

　　마틴 루터 킹 목사의 생일인 1월 15일이 미국의 국가 경축일로 결정되었다. 한 개인의 생일이 국가의 경축일이 되기는 조지 워싱턴 미 초대 대통령 이후 두 번째이다. 그만큼 킹 목사의 위치가 높이 평가된 것이다.
　　무엇이 그로 하여금 위인의 자리를 차지하게 하였는가? 그것은 오직 한 가지 그가 꿈의 사람이었기 때문이다. 그의 대표적 연설 '나에게는 꿈이 있습니다.' (I have a dream today)의 내용처럼 그는 불가능한 현실에 대해서도, 전려 씨조차 찾아볼 수 없는 부조리와 불의와 모욕과 패배의 현실 속에서도 결코 꿈을 잃지 않았고, 그 꿈을 믿었으며, 그 꿈의 성취를 위해 빈손으로나마 굳게 잠긴 철문을 쉬지 않고 두드렸던 것이다.
　　과연 킹 목사는 하나님의 비밀 곧 해방자 예수 그리스도를 통하여 인간에게, 그리고 이 어두운 세계에 구원이 올 것이라는 하나님의 공약을 철저하게 믿고 살았던 사람이다.
　　성경에는 꿈꾸는 신앙인의 이야기가 많다. 그들의 꿈은 그들의 이상이요, 소망이요, 믿음이었다. 그 꿈들의 내용들을 살펴보면 한 사람도 예외 없이 하나님의 주권과 사랑이 지배하는 하나님 나라에 대한 설계였음을 알게 된다.
　　전 미국에 감동을 불러일으킨 명연설인 킹 목사의 '나에게는 꿈이 있습니다.'를 두고 사람들은 킹 목사를 도구로 사용한 천사의 음성이라고 하였다.

헌신 · 청년회

하나님이 찾아 쓰시는 사람

■ 찬 송 ■ ♪ 278, 303, 355, 302

■ 본 문 ■ 큰 집에는 금과 은의 그릇이 있을뿐 아니요 나무와 질그릇도 있어 … 【딤후 2:20~26】

■ 서 론 ■ 유대의 랍비 가말리엘은 "마치 그대 자신의 뜻인 것처럼 하나님의 뜻을 행하라. 그리하면 하나님께서는 하나님 자신의 뜻처럼 그대의 뜻을 성취해 주시리라" 고 했다. 혼탁한 이 세대에 하나님이 쓰시는 자는?

■ 말 씀 ■

I 하나님은 깨끗한 사람을 찾아 쓰심

바울은 사람을 하나의 '그릇'으로 여겼다. 아무리 값비싼 금 그릇이라 해도 깨끗하지 않으면 쓸 수 없는 것처럼 실력과 자격을 갖춘 인물이라 해도 심령이 깨끗하지 않으면 하나님은 쓰시지 않는다고 했다. "그러므로 누구든지 이런 것에서 자기를 깨끗하게 하면 귀히 쓰는 그릇이 되어"(21절상). 어떻게 심령이 깨끗한 사람 될 수 있을까? 인위적인 노력만으로 되지 않는다. 예수님의 보혈로 씻음을 받고(벧전 1:18-19) 성령의 새롭게 하심을 받아야 한다(딛 3:5).

II 하나님은 믿음의 사람을 찾아 쓰심

바울은 디모데에게 하나님이 쓰시는 그릇이 되기 위하여 "또한 네가 청년의 정욕을 피하고 주를 깨끗한 마음으로 부르는 자들과 함께 의와 믿음과 사랑과 화평을 좇으라" 했다(22절). 무엇보다도 믿음을 가져야 한다. 하나님을 믿고 성경이 하나님의 말씀임을 믿으며 예수님이 구주이심을 믿어야 한다. 하나님은 우리를 사랑하시며 늘 함께 하심도 믿어야 한다. 그리고 "내게 능력 주시는 자 안에서 내가 모든 것을 할 수" 있음을 믿어야 한다(빌 4:13).

III 하나님은 온유한 사람을 찾아 쓰심

하나님이 쓰시는 사람이 되려면 온유한 성품을 가져야 한다. "마땅히 주의 종은 다투지 아니하고 모든 사람을 대하여 온유하며"(24절). 주님은 자신을 가리켜 "나는 마음이 온유하고 겸손하니"라 하셨다(마 11:29). 온유하지 못하면 큰 인물이 되기는 기대하지 말아야 한다. 큰 인물이란 마음이 넓은 사람을 의미한다. 큰 인물은 자신의 관점에서가 아니라 다른 사람의 입장에서 생각한다. 남을 포용하고 관용할 줄 모르면 어찌 남을 지도하고 가르칠 수 있으랴.

■ 기 도 ■ 우리를 하나의 그릇으로 만드시고 필요한 곳에 쓰시려는 주님, 아무쪼록 저희로 하여금 주님이 쓰시기에 합당한 그릇이 되게 하옵소서. 예수님 이름으로 기도드립니다. 아멘.

■ 십계명 ■   자신 있는 삶을 위한 10가지 권면

1. 나도 할 수 있다는 사고방식을 가지라
2. 분명한 목표를 가지라
3. 오늘의 실퍼를 실패로 보지 말라
   (그럼에도 불구하고 전진하라)
4. 외설물을 절대 보지 말라
   (평생 기억에 남아 당신의 정신을 파괴한다)
5. 자기 장점을 메모하는 습관을 가지라
6. 건전한 사람들, 인생을 밝게 보는 사람들과 사귀라
7. 자기 약점을 발견하는 대로 고치려고 애쓰라
8. 남을 돕는데 사용하는 시간과 물질에 인색하지 말라
9. 위인들의 평전을 읽고 좋은 점을 모방하라
10. 장애물은 항상 새로운 기회라고 선언하라

■ 예 화 ■   내 뒤에는 하나님이 계시니까

트루먼 대통령(Harry Truman)은 은퇴하고 고향 미주리 주의 인디펜던스에 살았다.

어느 날, 트루먼 기념 도서관에 갔을 때 한 무리의 아이들이 지도교사와 함께 트루먼에게 접근하였다.

그 중 한 아이가 물었다. "대통령께서는 제 나이였을 때 인기가 있고 반장이었겠지요?" 트루먼이 대답했다. "정반대란다. 눈이 나빠 안경 없을 때에는 맹인과 같았고, 재주도 없고, 운동도 잘 하지 못했고, 누가 큰소리만 질러도 바들바들 떠는 겁장이였단다."

그 때 아이들은 궁금하다는 듯 눈을 동그랗게 뜨고 "그런데 어떻게 대통령이 되셨어요?" 하고 물었다.

그 때 그는 "성경 말씀을 믿었지. 하나님이 함께하시면 하지 못할 일이 없다는 말씀 말이야. 그래서 나는 중단하거나 포기하지 않고 재간은 없지만 끝까지 노력했다. 하나님이 내 등 뒤에 계시니까 말이다." 하며 자기의 등을 보였다.

헌신 · 청년회

청년아, 조심하라

■ 찬 송 ■ ♪ 261, 265, 303, 317

■ 본 문 ■ 또한 네가 청년의 정욕을 피하고 주를 깨끗한 마음으로 부르는 자들과 함께 의와 믿음과 사랑과 화평을 좇으라 … 【딤후 2:22】

■ 서 론 ■ 영국의 시인이자 극작가인 셰익스피어는 "경솔한 젊은이는 마치 들토끼처럼 좋은 권고의 그물을 마구 뛰어넘는다"라고 했다. 청년의 시기는 무엇을 할 기회이고 누군가가 되는 기회이다. 우리의 기독 청년들은?

■ 말 씀 ■

I 청년은 죄를 조심할 것

바울은 젊은 디모데에게 "청년의 정욕을 피하고"라고 했다(22절상). 청년기는 혈기가 왕성하고 무언가를 해보려는 기백이 넘치는 때이다. 반면에 판단력은 떨어지고 세상을 보는 안목 또한 부족한 시기이기도 하다. 그러다 보니 실수도 하고 죄도 짓기 쉽다. 그러므로 청년들은 이 점을 경계하지 않으면 안 된다. 어떻게 죄를 조심할 수 있나? 하나님의 말씀에 서야 한다. "청년이 무엇으로 그 행실을 깨끗케 하리이까 주의 말씀을 따라 삼갈 것이니이다"(시 119:9).

II 청년은 유혹을 조심할 것

청년은 아직 완성된 그릇이 아니다. 쓸만한 그릇이 되기 위하여 배우고 연단받는 과정에 있는 고로 연약할 수밖에 없다. 약하다 보니 세상과 마귀의 유혹에 쉽게 넘어갈 수 있다. 이 점을 늘 명심하고 조심해야 한다. 삼손은 하나님이 쓰시는 귀한 그릇으로 택하심을 받았지만 이방 여인의 유혹에 넘어가 참담한 실패를 맛봐야 했다. 반면에 요셉은 주인 여자의 집요한 유혹에도 넘어가지 않고 끝내 승리했다. 여러분은 어떤 인생을 살 것인가?

III 청년은 정욕을 조심할 것

청년기는 혈기와 의욕이 넘치는 때이다. 이것은 장점이면서 단점이기도 하다. 세상 일이 혈기와 의욕만으로 되는 것은 아니다. 혈기를 잘 다스리지 못하면 이것이 정욕으로 발전할 수가 있다. 그리고 젊었을 때 바람 좀 피우면 어떻겠느냐고 생각하기 쉽다. 그러나 이것은 아주 잘못된 생각이다. 왜냐하면 하나님은 그릇이 깨끗해야 쓰시기 때문이다(21절). 더러운 그릇은 인간도 안 쓰는 법인데 하물며 하나님이 쓰시겠나?

■ 기 도 ■ 하늘에서 모든 인생들을 굽어보시는 하나님 아버지, 특별히 전도가 양양한 기독 청년들을 긍휼히 여기시고 은혜를 더하소서. 아멘.

■ 십계명 ■   좋은 습관을 기르는 10가지 권면

1. TV를 끄고 도전이 되는 책을 읽으라
2. 용돈의 일부를 나보다 어려운 이들을 위해 쓰라
3. 일찍 자고 일찍 일어나라
4. 웃는 얼굴을 하라
5. 감사의 말을 많이 사용하라
6. 약속을 어기지 말라 (나중에 큰 재산이 된다)
7. 시간을 아끼는 사람이 되라
8. 사물을 늘 밝게 판단하고 긍정적으로 말하라
9. 남을 이용하지 말고 섬기는 마음으로 대하라
10. 어떤 상황에서도 진실하라

■ 예 화 ■   기도하는 자의 자식은 결코 망하지 않습니다.

역사가 중세기로 들어갈 무렵 이탈리아의 밀라노의 한 교회당에서 일어난 일입니다.

어느 날, 예배시간도 아닌데 한 부인이 교회당에 들어와서는 통곡하고 울기 시작했습니다. 시간이 10분, 20분, 30분, 통곡소리가 멎지 않았습니다. 그 때 그 교회를 지도하던 분은 '암브로우스' 라는 유명한 감독으로 그분이 이 여인의 모습을 보게 되었습니다.

그는 흐느끼고 있는 부인의 곁으로 가서 어깨를 토닥거리면서 이렇게 물었습니다. "부인, 뭐 어려운 일이 있으십니까?"

그때 부인이 암브로우스 감독을 보더니 "감독님, 내 아들이 이단에 빠졌어요. 어떡하면 좋아요"라며 다시 흐느꼈습니다.

그때 암브로우스 감독은 이 부인에게 역사에 남을 만한 위대한 말을 한 마디 남겼습니다. "걱정 마세요, 부인. 기도하는 자의 자식은 결코 망하지 않습니다."

통곡하던 그 부인은 바로 성 어거스틴의 어머니 모니카였습니다. 결국 그 어머니에게 어거스틴은 돌아왔습니다. 주의 손에 붙들림을 받았습니다. 그리고 교회 역사이 가장 큰 발자취를 남기는 거목이 되었습니다.

우리가 아무것도 할 수 없다고 느낄 때 아직도 할 수 있는 것은 조용히 지켜보면서 기도하는 것입니다. 기도하면 돌아옵니다.

헌신 · 대학부

지혜로운 자의 삶

■ **찬 송** ■ ♪355, 303, 360, 519

■ **본 문** ■ … 세월을 아끼라 때가 악하니라 … 【엡 5:15~21】

■ **서 론** ■ 영국의 신학자 리챠드 세실은 "슬기로운 자들에게는 두 가지 종류가 있다. 하나는 하나님을 발견했으므로 그를 섬기는 사람과 다른 하나는 하나님을 발견하지 못했으므로 그를 찾는 사람들이다"라고 했다. 바울이 말하는 지혜로운 자의 삶은?

■ **말 씀** ■

I 이는 세월을 아끼는 삶이다

인생은 두 가지 길 중에 하나를 택해야 한다. 어리석은 삶과 지혜로운 삶 가운데 어느 하나를 택해야 한다. 지혜로운 삶을 살려면 세월을 아껴야 한다. "세월을 아끼라 때가 악하니라"(16절). 시간은 무한정이 아니다. 우리는 하나님이 허락하시는 시간을 살 뿐이다. 그것이 언제 끝날지 아무도 모른다. 그러므로 시간을 귀하게 여기고 귀하게 쓸 줄 알아야 한다. 시간을 잘못된 일에 쓰면 패배자가 되고 바른 일에 쓰면 성공자가 된다.

II 이는 주님의 뜻에 따라 사는 삶이다

지혜로운 삶을 살려면 내 뜻이 아니라 주님의 뜻을 알고 행해야 한다. "그러므로 어리석은 자가 되지 말고 오직 주의 뜻이 무엇인가 이해하라"(17절). 요셉은 애굽에 팔려 갈 때 하나님의 섭리가 계실 줄 알았다. 감옥에 억울하게 갇힐 때도 하나님의 뜻이 계심을 믿었다. 형들에게 보복할 수 있었지만 용서하는 것이 하나님의 뜻인 줄 알고 그대로 순종했다. 그는 실패의 연속인 것 같았지만 하나님의 뜻과 섭리를 믿고 순종함으로써 결국 승리자가 되었다.

III 이는 범사에 하나님께 감사하는 삶이다

사사건건 하나님께 감사하며 사는 인생이 있는가 하면 사사건건 불평하고 원망하며 사는 사람도 있다. 어떤 사람이 지혜로운 삶을 사는 것일까? "범사에 우리 주 예수 그리스도의 이름으로 항상 아버지 하나님께 감사"하라고 바울은 말한다(20절). 바울은 육체적으로는 힘들고 괴로웠지만 늘 하나님께 감사를 드리며 살았다. 그는 "범사에 감사하라"는 유명한 말을 남기기도 했다(살전 5:17). 무슨 일을 당하든지 무조건 하나님께 감사하는 사람은 지혜로운 삶을 사는 자이다.

■ **기 도** ■ 한 번밖에 주어지지 않은 인생이란 삶에서 어리석은 자의 삶이 아닌 지혜로운 삶을 선택하도록 도와 주옵소서. 예수님 이름으로 기도드립니다. 아멘.

■ 십계명 ■   자기 발전을 위한 10가지 권면

1. 오늘의 자기에 만족하지 말라
2. 자신이 원하는 일을 확실하게 알라
3. 그 일을 위한 계획을 구체적으로 세우라
4. 일을 못하는 핑계나 변명을 늘어 놓지 말라
5. 게으른 자신과 타협하지 말라
6. 한 두 번 실패로 포기하지 말라
7. 그 일에 대한 전문 지식을 습득하라
8. 자기의 실수나 잘못을 남에게 돌리지 말라
9. 노력없이 지름길을 찾지 말라
10. 목표를 이루려는 욕망을 가지라

■ 예 화 ■   연습용 탄환

로이 로버트슨(Roy Robertson)은 미 해군 병사였다. 1941년 12월 6일, 하와이 진주만이 정박한 함정 '웨스트 버지니아'에서 복무하던 미군들은 일본기 360대의 습격을 받고 아수라장이 된다.

로버트슨은 기관포로 달려갔지만 거기에 있는 것은 연습용 탄환뿐이었다. 실탄이 보급되기까지는 15분이 걸렸다. 15분 동안 그는 기관포에 앉아 소리만 내며 싸우는 시늉을 했다. 그는 그때 가짜의 무력함과 허무함을 절실히 맛보았다.

이 사건이 있은 후 어느 날 그는 성경공부 그룹에 참석했다. 열 명쯤이 둘러 앉았는데 인도자가 성구 한 구절씩을 돌아가며 외웠다. 로버트슨 병사가 암송하는 성구는 요한복음 3장 16절 한 절뿐이었다. 그러나 그 구절을 앞의 사람이 외워 버렸다. 자기 차례가 왔을 때 그는 같은 성구를 외울 수밖에 없었다.

그 날 밤 그는 교회 한 구석에 앉아 자기 자신을 깊이 생각해 보았다. 한 마디로 "나는 가짜다.(I am fake.)"하는 결론이었다. 예수 믿는 것도 가짜였다. 애인 노릇도 가짜였다. 실탄 없이 공포를 쏘고 있는 자기 인생이었다.

그는 며칠을 반성하고 결심하여 진짜가 되기 시작했다. 진실하게 예수를 믿고, 진실한 친구, 진실한 애인, 진실한 인간이 되기를 힘썼다.

그리하여 로이 로버트슨은 한때 빌리 그레이엄 전도단의 주역으로 일하였고, 그 후 트로트맨(Dawson Trotman)과 함께 네비게이토(Navigators, 청년 신앙 훈련 단체)를 창설하였다.

헌신 · 대학부

예수를 바라보자

■ **찬 송** ■ ♪86, 355, 519, 303

■ **본 문** ■ … 믿음의 주요 또 온전케 하시는 이인 예수를 바라보자 … 【히 12:1~3】

■ **서 론** ■ 영국 교회의 주교 제레미 테일러는 "믿음은 모든 축복의 근원이다. 믿으라 그리하면 구원을 받으리라. 믿으라 그리하면 만족하게 될 것이다. 믿으라 그리하면 위로를 받고 행복하게 되지 않을 수 없으리라"고 했다. 주님 예수를 바라봄은?

■ **말 씀** ■

I 이는 예수께 시선을 집중시키는 것을 의미함

히브리서 저자는 우리에게 "믿음의 주요 또 온전케 하시는 이인 예수를 바라보자"라고 한다(2절상). 사람은 누군가 자기 보다 더 위대한 사람을 바라보고 배우며 닮으려 한다. 이 세상에는 성인이나 위인이라고 하는 이들이 많기 때문에 누구를 선택할지는 매우 어려운 일이다. 여러분은 아무쪼록 예수 그리스도를 택하기 바란다. 왜냐하면 다른 위인이라고 하는 이들은 피조물인 인간에 지나지 않지만 예수님은 창조자시고 구원자이시기 때문이다. 그분을 바라보자.

II 이는 예수를 사모하는 것을 의미함

예수님인 누구신가? 죄와 허물로 멸망할 수밖에 없는 무가치한 존재가 바로 인간이다. 이런 악하고 더러운 인간들을 구원하기 위하여 예수님은 하늘 영광을 버리고 인간의 몸을 입고 이 땅에 오셨다. 이것만도 어려운 일인데 그 분은 친히 인류의 모든 죄를 대신 짊어지고 십자가에 못 박혀 죽기까지 하셨다(2절). 그렇다면 그분은 모든 인간으로부터 영광과 존귀와 감사를 받으시는 것이 당연하다. 우리는 주님을 사모하고 의지하며 사랑해야 한다.

III 이는 예수를 본받는 것을 의미함

우리가 주님을 흠모하여 바라보는 것만으로는 부족하다. 주님을 배우고 본 받지 않으면 안 된다. 어떤 사람을 집중적으로 바라보면 결국 그를 닮아가게 된다. TV에 나오는 탈렌트나 가수들의 모습을 보고 머리 모양과 옷 스타일을 그 사람들처럼 하고 다니는 것을 본다. 어떤 위인의 전기를 읽고 연구하는 사람은 결국 그의 언행을 배우고 본받게 된다. 주님은 제자들의 발을 씻기신 다음 "너희도 행하게 하려 하여 본을 보였노라"고 하셨다(요 13:15). 결국 우리도 주님처럼 살아야 함을 알 수 있다.

■ **기 도** ■ 우리가 이 세상이나 인간들을 바라보면 낙망할 수밖에 없사오니 오직 주 예수님을 바라보고 믿으며 본받게 하옵소서. 예수님 이름으로 기도드립니다. 아멘.

■ 십계명 ■   의욕적 삶을 위한 10가지 권면

　　　　1. 확고한 신념을 소유하라
　　　　2. 생각은 늘 미래지향적이 되게 하라
　　　　3. 어려움을 기뻐하라
　　　　4. 난 할 수 있다고 말하라
　　　　5. 꿈을 성취한 10년 후의 모습을 상상하라
　　　　6. 자신을 늘 긍정적으로 보라
　　　　7. 멋진 삶을 기도하라
　　　　8. 사랑을 가지고 살라
　　　　9. 수고를 두려워 말라
　　　　10. 믿음을 가지라

■ 예 화 ■   그리스도가 쓰시는 편지

　　　　중국 선교사였던 허드슨 테일러(1832~1905)는 한때 병원을 경영했다.
　　　　어느 날, 취사 직원이 "마지막 쌀자루를 열었습니다." 하고 걱정하며 보고했다. 그러나 테일러는 "마지막이란 말은 하지 마시오. 주님의 편지는 계속될 것입니다."라고 대답하는 것이었다. 그런데 그 날의 우편물 속에는 50파운드 송금 수표가 든 편지 한 장이 들어 있었다고 한다.
　　　　테일러의 중국 선교 활동은 절망의 벽에 막혀 절망 속을 헤매는 생활의 연속이었다고 한다. 그러나 그는 그리스도의 편지는 중단되거나 폐기되지 않는다는 신념으로 살았으며 자기의 생명을 문자 그대로 주님께 맡겼다.
　　　　그리스도를 정말 나의 주님으로 믿는다면 나의 생각, 나의 편지는 끝나야 하고 나의 생애가 그리스도가 쓰시는 편지가 되어야 한다.

■ 명 상 ■   번영은 위대한 스승이나 역경은 더 위대한 스승이다. 소유는 마음의 욕망을 채워 주지만, 결핍은 그것을 훈련시켜서 강하게 만든다.
　　　　　　　　　　　　　　　　　　　　　　- 윌리엄 해줄리트 (영국 비평가) -

헌신 · 교사

모범 성도 바나바

■ 찬 송 ■ ♪ 267, 259, 233, 518

■ 본 문 ■ 구브로에서 난 레위족인이 있으니 이름은 요셉이라 사도들이 일컬어 바나바(번역하면 권위자)라 하니 … 【행 4:36~37】

■ 서 론 ■ 로마의 희극시인 테렌스는 "다른 사람들의 삶을 지켜 보기를 권하고 싶다. 다른 사람은 거울이요, 그 거울에서 모방의 본을 찾기 때문이다"라고 했다. 바나바는 어떤 사람이었나?

■ 말 씀 ■

I 바나바는 훌륭한 인격을 가진 사람이었음

바나바는 레위 지파 사람이었다(36절). 그는 자기 밭을 팔아 "값을 가지고 사도들의 발 앞에" 두었다(37절). 그가 사도들의 전도를 받고 예수님을 믿은 다음 첫 번째로 한 일이었다. 하나님께서 주신 물질을 하나님께 바치는 일은 매우 당연하지만 결코 쉽지 않은 일이기도 하다. 어떤 사람은 하나님께 받은 물질을 자신의 것으로 착각하고 향락을 위하여 허비하는 경우도 허다하다(눅 12:13-21). 재물은 하나님이 주신 것임을 잊지 말자(신 8:18).

II 바나바는 성령과 믿음이 충만한 사람이었음

사도행전 11:24에 "바나바는 착한 사람이요 성령과 믿음이 충만한 자라" 했다. 바나바는 마음의 바탕이 착한 사람이었을 뿐 아니라 성령과 믿음이 충만한 사람이었다. 하나님의 일은 믿음으로 하는 것이지 재능과 재물이 많다고 하는 것은 아니다. 믿음이 충만하려면 역시 하나님의 도우심이 필요한데 이는 곧 성령을 충만하게 받을 때 가능하다. 초대 교회에서 7명의 일꾼을 세울 때의 자격이 바로 "성령과 지혜가 충만하여 칭찬듣는 사람"이었음을 기억하자(행 6:3).

III 바나바는 인재를 볼 줄 아는 사람이었음

바울이 다메섹에서 회개한 다음 "예루살렘에 가서 제자들을 사귀고자 하나 다 두려워하여 그의 제자됨을 믿지 아니" 했는데(행 9:27) 그를 믿고 예루살렘 교회에 추천한 사람이 바나바였다(행 9:26). 바나바는 바울이 큰 그릇임을 한 눈에 알아봤다. 자신보다 더 큰 인물을 알아보고 육성하는 일 또한 귀한 일이다. 바나바는 바울을 시기하거나 경계하지 않고 오히려 칭찬하고 격려하는 사람이었다. 우리도 인재를 알아보고 육성하는 귀한 일을 힘써야 한다.

■ 기 도 ■ 지금은 바나바와 같은 큰 인물이 필요한 때입니다. 주님께서 저희를 긍휼히 여기사 그런 귀한 인물이 되게 하옵소서. 아멘.

■ 십계명 ■　좋은 교사의 10가지 힘쓸 것

    1. 교사 자신이 먼저 믿음에 철저하라
    2. 교사 자신이 먼저 영혼 사랑하는 믿음을 가지라
    3. 교사 자신이 먼저 생활에 모범을 보이라
    4. 교사 자신이 먼저 믿음을 조심하고 절제하라
    5. 교사 자신이 먼저 존경하고 사랑함을 보이라
    6. 교사 자신이 먼저 선한 일에 힘쓰라
    7. 교사 자신이 먼저 많이 배워서 실력을 기르라
    8. 교사 자신이 먼저 성경을 많이 읽고 가르치라
    9. 교사 자신이 먼저 시간을 지키라
  10. 교사 자신이 먼저 기쁨과 감사와 소망을 보이라

■ 예 화 ■　빛을 발하는 모범

    교육학자 에드먼트 버크는 "모범만이 인류의 참다운 교실이다."라고 말했다. 사람이 정말 영향을 받는 것은 모범을 보일 때뿐이라는 뜻이다.

    보통 수준의 교사는 교과서대로 입을 놀린다. 좋은 교사는 설명을 시도한다. 우수한 교사는 모범을 보여 준다. 그리고 위대한 교사는 영감 곧 감동을 일으킨다.

    지식으로 전한 말은 쉽게 사라지지만 모범을 보이고 감동을 일으킨 영향은 그 끝을 헤아리지 못할 정도로 사방으로, 여러 세대를 두고 퍼져 나간다.

    앗시시의 성 프랜시스, 슈바이처, 마틴 루터 킹, 본회퍼, 손양원 목사 등은 '빛을 발하는 모범'을 보여준 이들이었다. 복음 선교에 미치는 그들의 영향은 지대한 것이다.

■ 명 상 ■　모범은 교훈보다 더 강력하다. 사람들은 제 7일에 뜻한 바를 보기 위하여 일주 6일 동안의 나의 행동을 주시한다.

                                             - 리차드 세실 (영국 신학자) -

헌신 · 교사

인정받는 교사

■ 찬 송 ■ ♪256, 273, 259, 179

■ 본 문 ■ 네가 진리의 말씀을 옳게 분변하며 부끄러울 것이 없는 일꾼으로 … 【딤후 2:14~15】

■ 서 론 ■ 마케도니아의 왕 알렉산더는 "가르치는 자의 가장 큰 임무는 지식을 나눠주는 데 있는 것이 아니라 지식을 사랑하여 배우고자 하는 제자들을 고무시켜 주는 데 있다"라고 했다. 교사는?

■ 말 씀 ■

I 교사는 진리의 말씀을 옳게 분별해야 함

바울은 디모데에게 "진리의 말씀을 옳게 분변" 하기를 부탁하고 있다(15절 상). 교회학교 교사는 먼저 성경을 바르게 알고 해석할 수 있어야 한다. 세상의 교사는 지식만 가르치면 그만이지만 교회학교 교사는 성경을 가르쳐야 하기 때문이다. 성경이 무엇인가? 하나님의 말씀이니 인간의 지식만으로 해석이 불가능하다. 무엇보다도 겸손한 마음으로 성경을 배우려는 자세가 필요하고 성경을 해석할 수 있는 지혜 주시기를 하나님께 기도드려야 한다(시 119:18).

II 교사는 부끄러울 것이 없는 자여야 함

바울은 또 디모데에게 "부끄러울 것이 없는 일꾼으로 인정된 자"가 되기를 요구하고 있다(15절중). 유명한 시인 윤동주는 '하늘을 우러러 한 점 부끄러울 것이 없기를' 노래했는데 바로 그런 교사가 되어야 한다. 세상 교사들도 지식만 전수하는 것으로 끝나지 않고 모범을 보여주기를 바라는데 하물며 교회학교 교사는 더 말할 것도 없다. 그러기에 교회학교 교사가 더 어려운 것이다. 성경을 아무리 많이 알아도 생활의 모범을 보여주지 못하면 교사의 자격이 없다.

III 교사는 자신을 하나님께 드리기를 힘써야 함

바울은 계속해서 디모데에게 "자신을 하나님 앞에 드리기를 힘쓰라"고 명령한다(15절하). 헌신적인 신앙 자세를 요구하고 있는 것이다. 진실로 하나님의 사랑과 예수 그리스도의 은혜를 알고 믿는 교사라면, 그 온 사랑과 은혜를 받은 것을 확신하는 교사라면 하나님 앞에 바치는 일에 인색하기 어려울 터이다. 하나님은 "너희 몸을 하나님이 기뻐하시는 거룩한 산 제사로 드리라"고 하셨다(롬 12:1). 몸을 바칠 줄 아는 교사라면 물질도 바칠 것이다.

■ 기 도 ■ 하늘에 계신 주님, 이 땅의 수많은 교회학교 교사들로 하여금 그 사명의 귀중함을 바로 깨닫고 바로 감당하게 하옵소서. 예수님 이름으로 기도드립니다. 아멘.

■ 십계명 ■   좋은 교사가 해야 할 10가지

1. 주님을 위해 살기를 결심하는 교사
2. 주님을 위해 믿음이 확실하고 좋은 교사
3. 주님을 위해 주님이 맡기신 양들을 사랑하는 교사
4. 주님을 위해 자신이 항상 배우기를 힘쓰는 교사
5. 주님을 위해 자기 자신의 실력을 쌓는 교사
6. 주님을 위해 항상 겸손하고 온유하게 사는 교사
7. 주님을 위해 주님의 말씀을 열심히 가르치는 교사
8. 주님을 위해 양들의 영혼구원을 위해 기도하는 교사
9. 주님을 위해 주님의 몸된 교회를 사랑하고 봉사하는 교사
10. 주님을 위해 주님이 맡겨주신 사명을 충실하게 담당하는 교사

■ 예 화 ■   파스칼의 이야기

철학자 파스칼의 딸이 죽었을 때 그는 여전히 침착하게 책상에 앉아 열심히 공부하고 있었다고 한다.

그의 친구가 "정말 자네의 그 평화스러운 태도에는 놀랐네. 자네가 믿는 신앙을 나에게 말해주게. 그러면 모름지기 나도 자네처럼 어떤 사건에도 흔들리지 않고 굳세고 평화스런 마음으로 살 수 있을 것일세." 하고 말했다.

그 때 파스칼은 이렇게 대답했다. "나처럼 생활해 보게. 그러면 그 때 비로소 자네는 내가 믿고 있는 신앙을 이해할 수 있을 것일세."

파스칼의 말은 기독교 신앙 혹은 기독교가 말하는 소망이란 이론적으로 깨닫는 것이 아니라, 앞으로 전진해 나갈 때, 달려가는 그 길목에서 비로소 발견해 낼 수 있다는 것을 설명해 준 것이다.

■ 명 상 ■   너에게 가장 가까이 있는 직무를 다하라. 그것은 당신의 의무라고 아는 바로 그것이다.

- 토마스 칼라일 (영국 수필가, 철학자) -

헌신·교사

교사의 사명을 받은 자

■ **찬 송** ■ ♪344, 355, 401, 369

■ **본 문** ■ 네가 이것들을 명하고 가르치라 누구든지 네 연소함을 업신여기지 못하게 하고 오직 말과 행실과 사랑과 믿음과 정절에 대하여 … 【딤전 4:11~16】

■ **서 론** ■ 영국의 소설가 리튼은 "가장 좋은 교사는 독단론자가 아니라 방향을 제시해 주는 자이며, 동시에 자신도 배우고자 하는 열망을 가지고 제자들을 가르치는 자이다"라고 했다. 사명을 맡은 교사는?

■ **말 씀** ■

I 사명자는 모범을 보일 것

바울은 디모데에게 "오직 말과 행실과 사랑과 믿음과 정절에 대하여 믿는 자에게 본이" 되라 한다(12절). 교사는 지식을 가르치는 것만으로는 안 되고 너희도 나처럼 살라고 말할 수 있어야 한다는 얘기다. 바울은 실제로 그렇게 살았다. "내가 그리스도를 본받는 자 된 것 같이 너희는 나를 본받는 자 되라"(고전 11:1). 역시 남을 가르친다는 것은 어려운 일임을 알 수 있다. 세상의 교사직도 어렵다면 성경을 가르치는 교회학교 교사직이야 더 말해 무엇하랴.

II 사명자는 사랑을 보일 것

바울은 교사들이 학생들에게 본을 보이되 특히 '사랑'에 모범이 될 것을 강조한다. 사랑을 가르치고 사랑으로 가르치되 자신이 사랑의 사람이 될 것을 요구한다. 교사는 무엇보다도 주 예수님을 사랑해야 한다. 부활하신 주님은 베드로에게 주님의 양떼를 맡기시기 전에 "네가 나를 사랑하느냐"고 세 번이나 물으셨음을 기억할 필요가 있다(요 21:15-19). 교회학교 교사는 물론이고 교역자와 중직자들은 사랑의 사람이 되어야 함을 알 수 있다.

III 사명자는 전심전력의 태도를 보일 것

바울은 디모데에게 "이 모든 일에 전심전력하여 너의 진보를 모든 사람에게 나타나게 하라"고 한다(15절). 바울은 '전심전력'을 디모데에게 요구하고 있는 것이다. 이 말을 바꾸면 결국 '최선을 다하라'가 될 것이다. 교사나 교역자는 자신이 배우는 일에는 물론이고 가르치는 데도 최선을 다하는 사람이 되어야 한다. 자신이 향상하고 진보해야 한다. 교사 자신이 제자리 걸음하면서 학생들에게 진보를 요구할 수는 없기 때문이다.

■ **기 도** ■ 저희처럼 부족한 사람들에게 남을 가르칠 수 있는 사명을 주신 주님, 아무쪼록 이 사명을 바로 감당하게 하옵소서. 아멘.

■ 십계명 ■   교회학교 교사의 10가지 자세

1. 하나님의 자녀를 하나님의 자녀로 가르치자
2. 하나님의 자녀를 믿음으로 가르치자
3. 하나님의 자녀를 사명으로 가르치자
4. 하나님의 자녀를 예수의 사랑으로 가르치자
5. 하나님의 자녀를 좋은 일꾼으로 가르치자
6. 하나님의 자녀를 기도하며 가르치자
7. 하나님의 자녀를 하나님의 말씀으로 가르치자
8. 하나님의 자녀를 열심을 다해 가르치자
9. 하나님의 자녀를 정성을 다해 가르치자
10. 하나님의 자녀를 내 자녀처럼 가르치자

■ 예 화 ■   그리스도의 심부름꾼

뉴저지 주 프린스턴에 로버츠 아몬이라는 의사가 있었다. 그는 구강외과의(口腔外科醫, oral surgery)로 명성을 떨쳐 중부 뉴저지 일대에서까지도 환자가 찾아오는 명의였다.

그는 오세올라(Osceola)교회의 장로였으며, 의술을 천직으로 알고 최선을 다하였다. 그는 상당한 수입이 들어왔으나 대부분을 교회와 선교 사업에 바쳤다. 그는 딸이 여섯 명이 있어 돈이 많이 들었는데도 하나님이 주신 재물을 먼저 하나님께 돌려 드려야 한다는 정신으로 살았다.

그런 아몬에게는 고민이 있었다. 대학생 때 목사가 되겠다는 결심을 하였는데, 부모와 친척들의 "의사가 수입이 많으니, 그 돈으로 하나님의 일을 할 수 있지 않느냐?"라는 말을 듣고 의과 대학으로 갔던 것이다.

어느 주일 예배 기도 시간에 그는 20년 전에 결심한 대로 목사가 되어 전도 사업에 전념하기로 결심하고 프린스턴 신학교에 늦은 학생으로 입학하였다.

지금 그는 유명한 부흥 설교자이며 목회자가 되었다. 그가 바로 오랄 로버츠(Oral Roberts) 목사이다. 의사 때의 별명이 본명이 된 것이다. 구강외과의였으므로 '오랄(Oral)'을 떼어내고 이름 로버츠를 합쳐 오랄 로버츠라는 애칭을 목사가 된 후 본명으로 사용하였던 것이다.

로버츠 목사가 늘 하는 간증이 있다. 자기는 의사를 하든, 목사를 하든 일의 종류와는 관계없이 그것이 하나님의 일이며, 하나님의 부르심이므로 하나님의 심부름꾼으로 산다는 신념으로 최선을 다한다는 고백이다.

헌신·교사

예수의 삼대 사역

■ 찬 송 ■ ♪ 268, 128, 130, 352

■ 본 문 ■ 예수께서 온 갈릴리에 두루 다니사 저희 회당에서 가르치시며 … 【마 4:23】

■ 서 론 ■ 영국의 소설가 제인 포터는 "선으로 이끌 것인가 아니면 악으로 이끌 것인가. 또한 행복으로 이끌 것인가, 혹은 구두쇠로 세상을 살게 할 것인가 하는 것은 교육에 달려 있다"라고 했다. 복음서에 나타난 예수 그리스도의 삼대 사역은?

■ 말 씀 ■

I 예수의 교육 사역

주님은 "온 갈릴리에 두루 다니사 저희 회당에서 가르치"셨다. 주님은 하늘 나라에 계시다 오셨다. 그분은 만물의 창조주시다. 모든 것을 다 아신다. 무엇이 인간에게 필요하고 중요한지 너무도 잘 아신다. 예수님은 그것들을 차근차근하게 가르치셨다. 주님은 세상 사람들이 알고 있는 평범한 지식을 가르치지 않으셨다. 그럴려면 구태여 주님이 이 땅에 오실 필요가 없다. 왜? 이 땅에는 내노라는 '교사들'이 많기 때문이다. 주님은 하늘 나라의 새로운 진리를 가르치셨다.

II 예수의 선교 사역

주님은 "천국 복음을 전파" 하셨다. 주님은 한 곳에서만 가르치지 않으시고 되도록이면 여러 지역의 많은 사람들에게 천국 복음을 알리려 하셨다. 주님의 이런 거룩하신 뜻은 변함이 없다. 주님은 이 일을 혼자 완수하려 하지 않으시고 제자들과 성도들의 몫으로 남기셨다. "너희는 온 천하에 다니며 만민에게 복음을 전파하라"(막 16:15). 지금도 이 땅에는 아직까지 복음을 듣지 못한 사람들이 많다. 주님은 그들이 다 복음을 들을 수 있도록 전파하라고 하신다.

III 예수의 신유 사역

주님은 또한 "백성 중에 모든 병과 모든 약한 것을" 고치셨다(23절). 그렇다고 예수님이 당시 세상의 모든 병자들을 고치신 것은 아니다. 극히 일부의 사람들을 고치셨을 뿐이다. 고치는 사역 역시 우리들의 몫으로 남겨졌음을 알 수 있다. 우리는 무엇보다 먼저 세상 사람들의 심령을 고쳐야 한다. 그들은 자신들을 구원하실 예수님을 거부한다. 반역하는 영혼들을 구원하기 위해 독생자를 주신 하나님을 불신한다. 이 병을 고치려면 복음을 전해 주어 저들로 하여금 받아들여 믿게 하는 수밖에 없다.

■ 기 도 ■ 아직도 이땅의 구원받지 못한 뭇 영혼들을 사랑하시는 주님, 저희로 하여금 천국 복음을 가르치고 전파하게 하옵소서. 예수님 이름으로 기도드립니다. 아멘.

■ 십계명 ■　성공적인 교회 학교 교사의 10가지 사명감

　　　　1. 주님을 사랑하기 때문에 어린이를 사랑하라
　　　　2. 주님을 사랑하기 때문에 교회를 사랑하라
　　　　3. 주님을 사랑하기 때문에 교회학교를 사랑하라
　　　　4. 주님을 사랑하기 때문에 교사의 직분에 감사하라
　　　　5. 주님을 사랑하기 때문에 어린양을 위해 기도하라
　　　　6. 주님을 사랑하기 때문에 하나님의 말씀을 읽으라
　　　　7. 주님을 사랑하기 때문에 열심히 성실하게 가르치라
　　　　8. 주님을 사랑하기 때문에 기쁨과 즐거움으로 일하라
　　　　9. 주님을 사랑하기 때문에 배움으로 실력을 기르라
　　　10. 주님을 사랑하기 때문에 오직 믿음으로 사명을 다하라

■ 예 화 ■　물고기

　　　　200년대의 초대 신학자인 터툴리안(Tertullian)은 이렇게 신앙생활을 설명하였다.
　　　　"우리는 물고기와 같다. 물고기는 언제나 물 속에 있어야 살 수 있으며 활동이 가능하다. 예수 그리스도는 물이다. 그 안에 생명이 있다."
　　　　초대교회는 기독교의 심벌(상징)로서 물고기를 썼다. 헬라어로 물고기를 '익투스'라고 하는데 그것은 '예수 그리스도는 하나님의 아들이요 구세주시다.(Iesous Christos Uios Sotre).' 라는 뜻이다.
　　　　기독교인이란 바로 이 말을 고백하는 자라는 뜻에서 생선(ichthus)을 교회의 상징으로 삼았다. 동시에 물고기는 물이신 예수 안에 우리가 있어야 그 존재 의미가 있다는 뜻으로 물고기 상징을 택한 것이다.

■ 명 상 ■　나는 하나님의 뜻을 수행하려면 그의 계획에 대해 논쟁할 시간이
　　　　없다는 것을 알게 되었다.
　　　　　　　　　　　　　　　　　　　　　- 조지 맥도날드 (스코틀랜드 소설가) -

헌신 · 교사

탁월한 교사 예수

■ 찬 송 ■ ♪ 133, 214, 201, 130

■ 본 문 ■ … 그가 밤에 예수께 와서 가로되 랍비여 우리가 당신은 하나님께로서 오신 선생인줄 아나이다 … 【요 3:1~8】

■ 서 론 ■ 마케도니야의 정복왕 알렉산더는 "나는 아버지에게는 생계를 위한 빚을 졌고, 선생님에게는 인생을 멋있게 살기 위한 빚을 졌다."라고 했다. 우리의 탁월한 교사이신 예수는?

■ 말 씀 ■

I 말씀에 대한 탁월한 지식을 가지신 예수

밤중에 주님을 찾아온 니고데모는 주님께 말하기를 "우리가 당신은 하나님께로서 오신 선생인 줄 아나이다"라고 했다(2절). 니고데모 역시 성경 지식에 탁월한 사람이어서 남을 가르치는 입장에 있었지만(10절) 예수님은 자기보다 더 위대하신 교사임을 인정했다. 주님은 세상의 많은 교사들 보다 조금 더 위대하신 분이 아니고 교사를 창조하시고 교육을 주관하시는 분이시니 어느 위인과도 비교할 수 없다. 주님은 하늘과 땅의 모든 지식을 가지신 하나님의 아들이시다.

II 기도생활로 인한 성령 충만한 예수

예수님은 우리와 똑같은 육신을 입고 이 땅에 오셨다. 육체는 연약하다. 티끌만한 죄도 범치 않으셨다. 어떻게 그것이 가능했나? 항상 성령이 충만하셨기 때문에 가능했다. 주님은 성령에 충만하기 위해 늘 기도하셨다. 우리도 비록 구원받은 하나님의 자녀가 되었지만 육신을 입고 있으므로 언제고 범죄 타락할 가능성이 있다. 그러므로 늘 깨어 기도함으로써 성령 충만한 삶을 살지 않으면 안 된다.

III 삶의 보범을 보이신 예수

주님은 복음을 가르치고 전하기 위해서만 오신 것이 아니다. 오히려 주님은 인류가 어떻게 살아야 할지를 몸소 보여주기 위하여 오셨다. 우리는 예수님을 믿고 구원받은 다음에는 그분처럼 살아야 한다. 예수님처럼 하나님을 사랑하고 실천해야 한다. 주님처럼 자신의 사명을 완수하기 위해 최선을 다해야 한다. 주님은 인류에게 참된 삶의 모범을 보여주셨다. 교사들도 학생들에게 신앙적인 삶의 모범을 보여야 한다.

■ 기 도 ■ 주님은 삶의 모범을 보여주시되 특히 교사로서의 삶의 모범을 부여 주셨습니다. 저희도 주님을 본받아 참된 교사의 삶을 살게 하옵소서. 예수님 이름으로 기도드립니다. 아멘.

■ 십계명 ■   스승 (=예수님)의 은혜를 생각할 10가지

   1. 나를 가르쳐 주신 분은 잊을 수 없는 스승이다
   2. 나에게 인생의 의미를 가르쳐 주신 스승은 잊을 수 없다
   3. 나에게 믿음을 가르쳐 주신 주신 스승은 존경해야 한다
   4. 나에게 구원의 진리를 가르쳐 주신 스승께 감사하라
   5. 나에게 효도를 가르쳐 주신 스승께 감사하라
   6. 나에게 하나님의 존재를 가르쳐 주신 스승께 감사하라
   7. 나에게 하나님의 말씀을 가르쳐 주신 스승께 감사하라
   8. 나에게 기도하는 법을 가르쳐 주신 스승께 감사하라
   9. 나에게 내세의 영생을 가르쳐 주신 스승께 감사하라
  10. 나에게 해야 할 사명을 가르쳐 주신 스승께 감사하라

■ 예 화 ■   그리스도를 본 받는 삶

〈크리스찬 센츄리〉 잡지에 다음과 같은 로널드 고에츠 박사의 글이 실려 있었다.

그는 이런 말을 썼다. "현대는 반(反) 겸손의 시대이다. 마르크스가 그랬고, 심리학자 프로이드가 그랬고, 철학자 니체가 그랬듯이 겸손이란 '발전을 저해하는 요소'로 해석되고 있다. 특히 현대의 미국은 뚜렷하게 그런 방향으로 젊은이들을 가르치고 있다. 즉 겸손이란 반(反)아메리카 사상이라는 것이다. 정말 양키가 되려면 우선 겸손을 버려야 한다 그리고 무엇에나 일등을 차지하려고 노력하는 영광의 추구자가 되어야 한다."

고에츠 박사는 이어서 "만일 기독교에게서 겸손을 빼면 기독교는 세계에서 가장 못된 집단이 될 것이다. 타협도 모르고 협상도 모르고 용서와 화해의 정신이 부족한 가장 걷잡을 수 없는 집단이 되고 말 것이다."라고 말했다.

고에츠 박사의 말대로 기독교인의 가장 높은 덕은 겸손에 있다. 그것 하나를 우리에게서 제거한다면 사실 예수의 빛은 별로 남아 있지 않다.

그리스도를 본 받는다는 것은 그 무엇보다도 그리스도의 겸손을 철저하게 본 받는다는 의미이다.

예식 · 약혼

리브가의 약혼 모습

■ 찬 송 ■ ♪286, 287, 288, 442

■ 본 문 ■ … 리브가에게 축복하여 가로되 우리 누이여 너는 천만인의 어미가 될지어다 네 씨로 그 원수의 성문을 얻게 할지어다 【창 24:50~60】

■ 서 론 ■ 영국의 극작가요 비평가인 죠지 버나드 쇼는 "하나님이 결합시켜 놓은 것을 인간이 가르지 못한다. 이는 하나님이 돌보시기 때문이다."라고 했다. 약혼에 임한 리브가의 모습은?

■ 말 씀 ■

I 주의 뜻에 복종한 리브가

리브가는 전혀 알지 못하는 사람으로부터 청혼을 받았다. 아브라함의 종이 주인의 아들 이삭의 배우자로 리브가를 선택한 것이다. 성사여부는 리브가 본인의 결단에 달렸다. 리브가는 이 모든 일에 하나님의 뜻과 섭리가 있음을 믿었다. 라반과 브두엘은 "이 일이 여호와께로 말미암았으니"라며 리브가를 데려가라고 했다(50-51절). 리브가는 하나님의 뜻에 순종했고 아버지 브두엘의 결정을 따랐다. 복된 결혼은 이렇게 이루어졌다.

II 패물과 의복을 선물로 받은 리브가

아브라함의 종은 "은금 패물과 의복을 꺼내어" 리브가에게 예물로 주었다(53절). 결혼을 승락한 데 대한 감사의 예물임과 동시에 이삭과의 결혼에 대한 보증물이었다. 물질이 결혼의 전제조건이나 필수요건이 되어서는 안 되지만 적당한 선물은 결혼의 기쁨을 배가하는 효력이 있다. 신랑되신 주님은 우리 죄를 사하시고 하나님의 자녀가 되게 하실 뿐 아니라 보증으로 우리에게 성령을 부어주셨다(엡 1:13-14). 때가 되면 주님은 우리를 데리러 오신다(요 14:1-3).

III 시일을 지체하지 않은 리브가

아브라함의 종은 다음날 즉시 리브가를 데리고 주인에게 돌아가겠다고 하니(54절) 라반과 어머니는 준비 기간으로 적어도 열흘은 필요하다고 했다(55절). 당연한 일이다. 하지만 하브라함의 종이 고집을 꺾지 않으므로 본인의 의사를 물어보니 리브가는 "가겠나이다"라고 명쾌하게 대답한다(56-58절). 믿음의 조상 중 한 분인 리브가는 믿음과 순종과 결단력있는 여성이었음을 알 수 있다. 우리도 어떤 일이 하나님의 뜻이라고 믿어지면 명확한 결단을 내리자.

■ 기 도 ■ 리브가를 택하사 믿음의 조상이 되게 하신 하나님 아버지, 저희들도 리브가처럼 믿음과 순종과 결단의 사람이 되게 하옵소서. 아멘.

■ 십계명 ■   성도의 혼사 문제에 대한 10가지 권면

1. 믿음의 가정에서는 믿음 있는 자녀를 구하라
2. 혼사가 성립되면 날짜, 장소, 제반 사항을 담임 목사와 상의하라
3. 담임 목사의 주례를 받도록 함이 귀한 일이다
4. 주님의 몸된 교회인 성전에서 예식을 올리라
5. 주님의 날을 하나님께 예배드림의 원칙을 지키라
6. 부조를 받는 일에 너무 관심 갖지 말아야 한다
7. 일가친척 혼사도 가급적 교회에서 함이 귀한 일이다
8. 내가 남의 혼사에 참여하는 미덕을 보이라
9. 남의 혼사라도 내 일처럼 협조하고 봉사하라
10. 허례허식과 낭비하지 않게 검소하게 하라

■ 예 화 ■   상대성 원리

어느 날, 프린스턴 대학 학생들이 알버트 아인슈타인의 집을 방문했다. 학생들은 아인슈타인의 부인에게 물었다.
"세계적인 과학자의 부인이 되셨으니 자랑스러우시겠죠?"
부인은 대답없이 미소만 지었다. 다른 학생이 말했다.
"하도 많이 들으셔서 부인은 상대성 원리를 이해하시겠죠?"
부인은 웃으며 입을 열었다.
"그런 것은 전연 모릅니다. 내가 아인슈타인 박사에 대하여 확실히 아는 것은 그 분께 대한 나의 사랑이 불붙는 동안 그이의 사랑도 틀림없이 불붙고 있다는 상대성 원리입니다."
이런 부부라면 행복하지 않을 수 없을 것이다. 왜냐하면 피차가 계속해서 사랑의 동기가 되어지고 있기 때문이다.
자기 자신을 상대방을 위한 행복의 동기로 제공할 때, 얼른 그 행복이 자기에게로 돌아오는 것을 본다.
행복의 동기란 찾아 얻는 것이 아니라 자기가 만드는 것이다.

예식 · 약혼

혼인은 하나님의 은총

■ 찬 송 ■ ♪ 28, 288, 442, 278

■ 본 문 ■ 아내를 얻는 자는 복을 얻고 여호와께 은총을 받는 자니라【잠 18:22】

■ 서 론 ■ 감리교 신학대학 총장을 역임하셨던 홍현설 박사는 "서로의 취미가 같다는 것만으론 행복한 결혼 조건이 성립되었다고 보기는 어렵다. 오직 인간의 능력과 하나님의 은총으로 모든 인간적인 동기를 정화시켜 완전히 자기를 주는 사랑에서 출발해야 행복한 결혼 생활이 이뤄진다"고 했다. 혼인은?

■ 말 씀 ■

I 혼인은 독신주의에 대한 경고임

결혼을 하느냐 아니면 독신으로 사느냐는 것은 전적으로 개인이 선택할 문제이다. 하나님은 먼저 아담을 창조하시고 하와를 창조하신 다음 저들이 부부가 되게 하시고 복을 주셨으니(창 2:18-25) 결혼이란 인간이 만든 게 아니고 하나님이 세우신 신성한 제도임을 알 수 있다. 결혼을 저속한 제도로 오해해서는 안 된다. 하나님의 뜻에 따라 청춘 남녀가 결혼하여 가정을 이루는 것은 복된 일이다. 다만 주님은 독신으로 살아야 할 몇가지 예외를 인정하셨다(마 19:11-12).

II 혼인은 하나님의 축복임

하나님은 아담과 하와를 창조하신 다음 "그들에게 복을 주시며 그들에게 이르시되 생육하고 번성하여 땅에 충만하라"고 하셨다(창 1:28). 결혼은 저주받을 일이 아니고 복받을 일이다. 그러나 결혼을 하나님의 뜻에 따르지 않고 불순한 동기와 목적으로 한다면 복이 될 수가 없다. 잠언 기자도 "아내를 얻는 자는 복을 얻고 여호와께 은총"을 받는다고 했다. 순수한 사랑과 신앙으로 두 젊은이가 한 몸을 이루는 것은 얼마나 복된 일인가.

III 혼인을 귀히 여기는 자가 될 것임

결혼은 하나님이 세우신 제도이며 인생의 복된 일 중에 하나임을 안다면 결혼을 귀하게 여길 것이다. 또 마땅히 귀하게 여겨야 한다. 흔히 '검은 머리 파뿌리 될 때까지'라고 한다. 결혼을 불필요하다거나 저속한 것으로 여겨서는 안 된다. 요즘은 이혼이 성행할 뿐 아니라 급속히 증가되는 추세다. 결혼을 너무 쉽게 생각하거나 가볍게 생각하는 풍조와 무관치 않아 보인다. 세상은 그렇더라도 하나님의 자녀인 성도는 결혼은 복되고 신성한 것으로 귀하게 여겨야 한다.

■ 기 도 ■ 아담과 하와를 창조하시고 부부가 되게 하시며 복을 주신 하나님, 저희로 하여금 결혼의 참뜻을 바로 알게 하옵소서. 예수님 이름으로 기도드립니다. 아멘.

■ 십계명 ■   열린 가정 만들기의 10가지 충고

  1. 남편과 아내가 서로 동등해지라
  2. 잘못이 발견되었을 때 언제라도 내 탓이어야 하라
  3. 서로 지배하지 말고 사랑으로 협력하라
  4. 항상 눈높이를 생각하라
  5. 이웃들과 좋은 일을 나누어 가지라
  6. 함께 성장해 가라
  7. 규칙적인 대화를 나누라
  8. 위기를 피하기보다 위기에 도전하라
  9. 여가의 여행을 같이 하라
  10. 가정의 중심을 하나님께 두라

■ 예 화 ■   남녀의 결합

   희랍 철인 플라톤(B.C. 427~347)은 남녀의 결합을 설명하기 위하여 다음과 같은 이야기를 했다.
   "사람은 본래 현재 크기의 두 배였는데 너무 크고 교만하기 때문에 신이 절반으로 떼어 버렸다. 그래서 남녀가 생겼다. 그러므로 다시 완전해지려면 자기의 분신을 찾아 결합해야 한다."
   플라톤이 말하려는 것은 남자와 여자의 하모니는 거의 숙명적이므로 피할 수 없다는 것이다.

■ 명 상 ■   결혼 생활에 경보 신호가 울릴 때는

   첫째, 부부가 '우리' 대신에 '나'의 생각으로 말하기 시작했을 때,
   둘째, 그들 서로가 칭찬하는 것을 정지했을 때,
   셋째, 완고한 침묵이 공통적인 대화를 대신할 때,
   넷째, 그들이 함께 노는 것을 중지했을 때,
   다섯째, 서로의 필요한 만남과 느낌에 실패했을 때,
   여섯째, 서로가 사랑을 표현하는데 실패했을 때이다.

   － 작자 미상 －

예식 · 결혼

결혼과 경건 생활

■ 찬 송 ■ ♪404, 288, 287, 442

■ 본 문 ■ 너희가 염려 없기를 원하노라 장가 가지 않은 자는 주의 일을 염려하여 어찌하여야 주를 기쁘시게 할고 하되 … 【고전 7:32~35】

■ 서 론 ■ "세속에 점점 물들어 갈 때 경건은 사라지고, 기도가 끊기며, 결국에는 하나님과의 교제도 단절된다"고 어느 목회자는 말했다. 결혼 생활에서 경계해야 할 것은?

■ 말 씀 ■

I 성도는 세상을 좇지 않도록 경계할 것

성도는 기독교적인 결혼관, 다시 말하면 성경적인 결혼관을 확립해야 한다. 세상 사람들이 결혼을 어떻게 생각하건 우리는 결혼을 하나님이 세우신 복된 제도라는 사실을 알아야 한다. 기독교 신자가 함부로 이혼하지 못하는 이유가 바로 여기 있다. 주님은 "이러한즉 이제 둘이 아니요 한 몸이니 그러므로 하나님이 짝지어 주신 것을 사람이 나누지 못할지니라" 하셨다(마 19:6). 사정에 따라 이혼할 수 있다는 생각부터 버리고 결혼의 성경적 의미를 되새기자.

II 성도는 가정이 우상이 되지 않도록 경계할 것

결혼이 이렇게 신성하다 해서 배우자를 하나님 같이 여기는 우를 범해서는 안 된다. 잘못하면 배우자와 가족이 하나님 보다 상위를 차지하는 우상이 될 수도 있음을 간과해서는 안 된다. 기혼자는 어떻게 해야 배우자를 기쁘게 할 수 있을까만 생각하느라 주님을 잊기 쉬움을 바울은 경고한다(33-34절). 그 어떤 소중한 존재도 주님만큼 소중할 수는 없다. 주님을 진정으로 사랑하고 소중히 여기는 사람은 배우자와 가족도 소중히 여기게 된다.

III 성도는 자신을 거룩히 지키지 못하는 것을 경계할 것

바울이 염려하는 것은 너무 가정에 매여 주님을 멀리할까 하는 두려움이다. 성도는 자신을 세속으로부터 지켜야 한다. 이것이 참 경건이라고 한다(약 1:27). 성도는 특히 결혼에 있어서 성결을 유지해야 한다. 청춘남녀가 결혼하기까지 정절을 지키는 것은 기본이고 일단 결혼했으면 딴 사람에게 한눈 팔지 말고 오직 배우자만을 사랑해야 한다. 또 좀 불편이 있더라도 죽음이 두 사람을 갈라 놓을 때까지 참고 견디며 신앙으로 극복해야 한다.

■ 기 도 ■ 거룩하신 하나님, 이미 결혼한 이들에게는 서로 사랑하며 화목한 삶을 누리게 하시고 장차 결혼할 이들에게는 합당한 배우자를 만나게 하옵소서. 예수님 이름으로 기도드립니다. 아멘.

■ 십계명 ■　성도의 가정의 행복을 위한 10가지

　　　1. 성도의 가정은 창조주 하나님을 경외한다
　　　2. 성도의 가정은 하나님이 보내신 예수를 섬긴다
　　　3. 성도의 가정은 하나님이 보내신 성령의 충만을 받는다
　　　4. 성도의 가정은 하나님이 주신 가정을 잘 만들어 간다
　　　5. 성도의 가정은 하나님과 함께 하는 가정생활을 한다
　　　6. 성도의 가정은 온 가족이 항상 기도생활을 한다
　　　7. 성도의 가정은 부모님을 존경하고 효도한다
　　　8. 성도의 가정은 예수 사랑이 실천되어야 한다
　　　9. 성도의 가정은 자녀를 사랑으로 양육해야 한다
　　　10. 성도의 가정은 온 가족이 화목하고 사랑해야 한다

■ 예 화 ■　41년 간 빠짐없이

　　　미국 45대 하원 의장을 지낸 존 맥코믹(John McCormick)씨는 그렇게 바쁘게 정치활동을 하면서도 41년 간 하루도 빠짐없이 저녁 식사를 꼭 부인과 함께 먹었다고 한다. 그리고 낮에 근무를 하면서 저녁에 들어가 아내와 이야기할 화제를 잊지 않도록 쪽지에 메모를 하였다고 한다.
　　　한 번은 비서가 맥코믹의 생활을 칭찬하자 그는 "우리 조상을 닮으려고 하는 것뿐이야."라고 말했다고 한다. 즉 청교도의 신앙을 본받는다는 뜻이다.

■ 명 상 ■　결혼이란 평생의 기적이요, 나날이 새로워지는 자생의 경이이다.
　　　　　　　　　　　　　　　　　　　　　　　　　- 찰스 킹슬리 (영국 성직자) -

　　　결혼생활이 평화로우면 이 세상이 낙원이요, 싸움이 잦으면 평생의 지옥이다.
　　　　　　　　　　　　　　　　　　　　　　　　　　　　　　　- 작자 미상 -

예식·결혼

가나의 혼인 잔치

■ 찬 송 ■ ♪ 28, 287, 447, 288

■ 본 문 ■ 사흘 되던 날에 갈릴리 가나에 혼인이 있어 예수의 어머니도 거기 계시고 …【요 2:1~11】

■ 서 론 ■ 미국의 시인 제임스 W. 릴리는 "결혼은 하늘에서 결합시키고 땅에서 완성된다"라고 했다. 이제 하나님의 법칙에 의해 하나의 영혼으로 만난 이들을 축복하고 기뻐해야 할 이 혼인잔치는?

■ 말 씀 ■

I 이는 하나님이 선물하신 최대의 잔치임

결혼이란 무엇인가? 남녀가 합하여 한 몸을 이루고 한 가정을 세우는 일이다. 창세기에 보면 인간이 창조된 직후부터 시작됐음을 알 수 있다. 아담은 하나님이 새롭게 창조하신 하와를 보자 "이는 내 뼈 중의 뼈요 살 중의 살이라"고 외쳤다(창 2:23). 아담이 얼마나 기뻐하고 행복해 했는지 짐작할 수 있다. 결혼이란 하나님이 인류에게 주신 큰 선물 중에 하나다. 결혼은 자연발생적으로나 인위적으로 생긴 게 아니고 하나님이 세우신 제도라는 사실을 잊지 말자.

II 이는 모든 사람과 더불어 즐거워해야 함

결혼은 당사자인 두 사람만의 경사가 아니라 가까운 모든 이들이 함께 즐거워하고 축하해야 할 일이다. 부모형제는 물론이고 일가 친척, 친구들, 심지어는 이웃들까지 모여 축하하고 기뻐한다. 초상집에 가면 슬프고 우울하고 어둡지만 결혼식장에 가면 밝고 기쁘고 행복하다. 새 사람을 만난다는 것은 본인의 기쁨 뿐 아니라 가족과 친지들의 기쁨이기도 하다. 성도는 결혼식 때의 기쁨과 애정과 감격을 평생 지속하도록 노력해야 한다.

III 이는 예수 그리스도를 중심에 모셔야 함

가나의 어떤 집에 혼인 잔치가 열렸다. 마리아가 참석한 것을 보니 그녀의 친척집인 것 같다(1절). 예수님도 초청을 받아 제자들과 함께 그 집에 가셨다(2절). 갑자기 포도주가 떨어져 신랑집이 난처하게 되자 주님은 물로 포도주를 만드는 첫번째 표적을 행하셨다(11절). 이 집은 결혼식에 주님을 모심으로써 복된 체험을 하게 됐다. 주님 없는 결혼식은 벌써 불행의 씨를 잉태한 것으로 봐야 한다.

■ 기 도 ■ 가나의 혼인 잔치집에 가셔서 복을 주신 주님, 이미 결혼한 이들과 앞으로 결혼할 이들 모두에게 복을 내려주옵소서. 아멘.

■ 십계명 ■　행복한 결혼 생활을 위한 10계명

1. 결혼 생활의 목표를 가져라
2. 결혼 전에는 두 눈을 뜨라. 그러나 결혼한 후에는 한 눈을 감아라
   (결혼 전엔 두 눈을 뜨고 열심히 상대를 찾고 결혼 후엔 단점에는 눈을 감아야 한다)
3. 어떤 경우에도 비교하지 말고 비밀을 갖지 말라
4. 화를 내기보다는 자신의 감정을 솔직히 이야기 하라
5. 마주 보지 말고 같은 방향을 향해라
   (마주 보면 실망과 충돌밖에 없다)
6. 애정과 경제는 분리될 수 없다
7. 입술의 30초가 가슴의 30년이 된다는 사실을 명심하라
   (따뜻한 말 한마디가 행복을 가꾼다)
8. 침실의 기쁨을 잘 유지하라
9. 서로를 격려하고 신바람 나게 해라
10. 기도로 하루를 열고 기도로 하루를 닫아라

■ 예 화 ■　그리스도를 중심에 모시는 가정

　　아프리카 선교사이며 저술가인 스코틀랜드 출신 안드레 마러 씨는 자신의 가정을 이렇게 회상하였다.
　　"우리 집안은 지난 4대를 내려오며 3백 명이 되었는데 42명의 목사와 여전도인이 배출되었을 뿐 아니라 대부분이 사회와 인류에 공헌하는 훌륭한 생애를 살았다.
　　이 놀라운 일은 4대조 할아버지인 안드레 마러(同名)의 영향이다. 그는 신앙이 깊었으며, 믿음이 독실한 네덜란드 여자와 결혼하여 12명의 자녀를 두었는데 모든 자녀를 신앙의 길로 인도하였다."
　　그리스도를 중심에 모신 가정에서 신앙의 영향은 정말 큰 것이다.

■ 명 상 ■　결혼을 신성하게 할 수 있는 것은 오직 사랑이며, 진정한 결혼이란 사랑으로 신성해진 결혼뿐이다.

― 레오 N. 톨스토이 (러시아 작가) ―

예식 · 결혼

부부지간에는

■ 찬 송 ■ ♩286, 288, 287, 442

■ 본 문 ■ 아내들이여 자기 남편에게 복종하기를 주께 하듯하라 … 【엡 5:22~33】

■ 서 론 ■ 미국의 사업가 강철왕 카네기는 "인생에는 순경도 있고 역경도 있다. 사업에는 성공도 있고 실패도 있다. 따라서 일가의 영고성쇠는 예측하기 어렵다. 그러나 이 이치를 잘 이해하는 부부는 원만한 가정생활을 해 나갈 수 있을 것이다."라고 했다. 주 안에서 부부는?

■ 말 씀 ■

I 아내는 남편에게 순종함

결혼한 부부는 특히 신자의 경우는 어떻게 해야 하나? "아내들이여 자기 남편에게 복종하기를 주께 하듯 하라"고 하나님은 말씀하신다(22절). 그 이유는 "이는 남편이 아내의 머리 됨이 그리스도께서 교회의 머리 됨과" 같기 때문이라고 한다(23절). 아마 이 구절에 불만이 많은 사람들이 많을 줄 안다. 그러나 성경은 아무도 가감할 수 없다(계 22:18-19). 우리는 성경 말씀을 그대로 믿고 순종하든지 아니면 불신하고 거역하든지 둘 중에 하나를 택해야 한다.

II 남편은 아내를 사랑함

그러면 남편이 할 일은 무엇인가? 하나님이 '아내의 머리' 라 하셨으니 아내를 노예나 시녀처럼 부리면 되는 것인가? 그렇지 않다. 하나님은 반드시 특권과 함께 "남편들아 아내 사랑하기를 그리스도께서 교회를 사랑하시고 위하여 자신을 주심같이 라하"고 명령하신다(25절). 이 말씀에 더하거나 빼서는 안 된다. 그러므로 아내에게 복종만을 강요할 것이 아니라 극진한 사랑을 그녀에게 쏟아 부어야 한다는 것을 잊지 말자.

III 부부는 하나됨을 기억해야 함

부부란 무엇인가? 비록 남남이지만 '한 몸' 이라고 성경은 말한다. "이러므로 사람이 부모를 떠나 그 아내와 합하여 그 둘이 한 육체가 될지니"(31절) 바울은 창세기 2:24을 인용하고 있다. 구약이나 신약이나 결혼의 의미는 똑같다. 지금도 변함없다. 부부는 무슨 지배자와 피지배자로 만나는 게 아니고 동등한 반쪽으로 만나는 것이다. 부부는 한 몸이 됨으로써 비로소 부족한 점을 보완하여 온전한 삶을 지향하여 나아가게 된다.

■ 기 도 ■ 만복의 근원이신 하나님 아버지, 이미 부부가 된 이들에게 복을 주사 저들로 하여금 성경적인 원리에 따라 복된 삶을 누리게 하옵소서. 아멘.

■ 십계명 ■　좋은 부부를 위한 10가지 계명

　　1. 서로가 서로를 위해 기도해 준다
　　2. 남편은 아내의 일을 도와주고 아내는 남편을 위해 내조한다
　　3. 살맛나는 가정을 위해 서로가 힘쓴다
　　4. 각종 기념일에 정성된 마음의 선물을 준다
　　5. 처갓집과 시댁 식구를 존경하고 사랑한다
　　6. 서로의 장점을 칭찬, 격려한다
　　7. 서로의 사정을 이해하고 약점을 보충해준다
　　8. 무슨 어려운 문제의 고충을 서로 나누어 진다
　　9. 어떤 일이든지 서로 의논하고 시행한다
　　10. 언제나 웃는 얼굴과 친절과 서로 긍휼히 여기는 마음을 갖는다

■ 예 화 ■　신앙의 가정

　　미국의 위인 중에 조나단 에드워드 목사가 있다. 그는 미국이 영국의 식민지였을 당시 종교와 도덕 면에서 크게 타락한 사회를 신앙 부흥운동을 통하여 바로잡은 사람이다(1703~1758).

　　그가 죽고 150년이 경과했을 때 후손은 무려 1,394명으로 번창했는데 그들을 살펴보면 다음과 같았다.

　　교장 13명, 교수 65명, 의사 60명, 목사 100명, 군인 75명, 관리 80명, 저술가 60명, 신문인 18명이었으며 부통령, 상원의원, 지사, 시장, 대사, 사장 등도 다수였다.

　　놀라운 것은 이들 대부분이 기독교 신앙을 가지고 사회 공헌에 전력하는 생애를 보냈다는 것이다. 물론 이런 놀라운 열매가 에드워드 목사 한 사람의 영향은 아니겠으나 신앙의 가정이었기에 그런 대단한 결과가 나온 것은 틀림없다.

■ 명 상 ■　부인은 이 세상에서 가장 센 힘이다. 전능의 신이 가리키는 방향으로 이끌어 가는 것은 부인의 힘이다.

- 작자 미상 -

예식 · 결혼

이상적인 부부

■ 찬 송 ■ ♬512, 287, 286, 288

■ 본 문 ■ … 네 집 내실에 있는 네 아내는 결실한 포도나무 같으며 … 【시 128:1~6】

■ 서 론 ■ 독일의 시인 괴테는 "결혼한 한 쌍이 서로에게 지는 빚의 합은 계산을 불허한다. 그것은 전 영원을 통하여서만 갚아질 수 있는 무한의 빚이다."라고 했다. 서로 사랑하고 희생하는 기독교적 이상적인 부부는?

■ 말 씀 ■

I 이상적인 부부는 주의 말씀을 좇아서 행한다

복된 부부는 하나님의 말씀을 지키는 부부이다. "여호와를 경외하며 그 도에 행하는 자마다 복이 있도다"(1절). 개인의 생활이든 가정 생활이든 사회 생활이든 행복한 삶은 하나님의 말씀을 지키는 데 있음을 명심하자. 부부생활 역시 마찬가지다. 부부가 서로 하나님의 말씀대로 살려고 노력할 때 행복하고 화목한 삶은 보장된다. 성경의 원칙은 아내는 남편에게 복종하고 남편은 아내를 사랑하라는 것이다(엡5:22-25).

II 이상적인 부부는 주께서 형통하게 하신다

하나님의 말씀에 충실한 부부의 삶은 어떻게 되나? 하나님이 형통하게 하신다. "네가 네 손이 수고한 대로 먹을 것이라 네가 복되고 형통하리로다"(2절). 옛 사람들도 가화만사성(家和萬事成)이라고 했다. 부부가 화목해야 온 가족이 화목하고 행복을 누리게 된다. 부부가 서로 불화하면 가정이 무너질 위기에 처하게 된다. 부부의 이혼은 자녀들에게 말할 수 없는 타격과 상처를 준다. 결국 가정이 해체되는 고통을 겪는다.

III 이상적인 부부는 자녀가 큰 복을 받는다

하나님을 경외하고 말씀을 지키는 부부는 서로 행복을 누릴 뿐 아니라 자녀들도 형통하게 된다. "네 집 내실에 있는 네 아내는 결실한 포도나무 같으며 네 상에 둘린 자식은 어린 감람나무 같으리로다"(3절). 주렁주렁 열매가 달린 포도나무는 얼마나 아름답고 풍성한가. 또 어린 감람나무는 앞으로 얼마나 크게 성장하고 풍성한 열매를 맺을 것인가. 이상적인 부부는 그 자녀들까지 복을 받게 한다. 가정에서 부부의 역할과 사명이 얼마나 중차대한지 늘 명심해야 한다.

■ 기 도 ■ 하나님을 경외하고 그 말씀에 순종하는 부부에게 복을 주시고 그 자녀를 형통케 하는 주님이시여, 저희들이 바로 그런 사람들이 되게 하옵소서. 예수님 이름으로 기도드립니다. 아멘.

■ 십계명 ■ **행복한 가정을 위한 10가지 권면**

1. 오직 하나님 아버지만 섬기자
2. 가정의 모든 일을 예수 그리스도 안에서 행하라
3. 항상 성령님을 모시고 인도를 받으라
4. 항상 예배를 드려서 하나님께 영광을 드리라
5. 항상 매사에 감사함으로 살자
6. 어떤 일이든지 믿음으로 해결하자
7. 언제나 기도하고 찬송으로 사단을 물리치자
8. 어른을 공경하고 자녀를 사랑하는 자 되자
9. 가정을 좋은 가정으로 만들기 위해 노력하자
10. 온 가정이 열심히 일하며 부지런하자

■ 예 화 ■ **하나님과 연결된 가정**

감리교 잡지에 "버지니아의 놀라운 가정 이야기"가 소개되었다. 그 가정은 존 영(John Young)이라는 흑인 농부의 가정이다.

그는 결혼하고 값싼 농토를 사서 열심히 일하며 모기지(융자 받고 장기로 갚아 나가는 것)를 갚아 나갔다. 존과 리(Lee) 내외는 열네 명의 자녀를 거의 연년생으로 낳았다.

구식한 존은 식사기도 때마다 "하나님, 먹을 입이 많으니 농사를 돌보아 주십시오."라고 했다.

어떤 해는 열네 명의 아이가 한꺼번에 홍역에 걸려 누웠을 때도 있었고, 어떤 해에는 농작물을 전혀 거두지 못한 때도 있었다. 또 한번은 집에 불이나 전소된 일도 있었다. 그러나 곤경에 처할 때마다 온 동네가 그를 도왔다고 한다.

그들은 바쁘고 고달픈 생활 중에도 신앙생활과 교회 봉사에 철저했다. 그는 가훈을 만들어 벽에 붙이고 아이들을 교육했다. "이 집의 뿌리는 하나님이시다."라는 것이었다. 하나님과의 연결을 가정의 모토로 삼은 것이다. 그 결과 열네 명의 자녀는 한 명도 죽지 않고 전체가 대학을 졸업했다.

한 명은 로웰 대학에서 경제학 박사 학위를 땄고, 간호사 한 명, 도서관 전문직 한 명, 다섯 명의 교사와 네 명의 건축업자, 한 명의 음악가가 나왔고 한 명은 대를 이어 농업에 종사했다.

좋은 나무가 좋은 열매를 맺는다. 하나님과 연결된 가정의 승리의 이야기이다.

예식 · 은혼

동반자의 길

■ 찬 송 ■ ♪453, 442, 340, 456

■ 본 문 ■ 이삭이 그 땅에서 농사하여 그 해에 백배나 얻었고 여호와께서 복을 주시므로 그 사람이 창대하고 … 【창 26:12~13】

■ 서 론 ■ "결혼은 혼자 달리던 운동 선수가 이제는 두 사람이 한 조가 되어 다리를 하나씩 묶고 먼 길을 달리는 것과 같다."라고 어느 목회자가 말했다. 이제 먼 길을 하나님의 보호 아래 동반자의 역할을 다한 이삭의 모습은?

■ 말 씀 ■

I 하나님의 놀라운 축복 주심을 보여줌

이삭이 하나님께 받은 축복은 놀랍기만 하다. 이삭은 농사를 지었는데 "백배나 얻었고"(12절), "창대하고 왕성하여 마침내 거부가" 되었다(13절). 하나님이 복을 주시면 인간은 만사 형통할 수가 있다. 반면에 하나님이 복을 거두시면 인간은 하루 아침 사이에 무일푼이 되어 버린다. 이것은 신자 뿐 아니라 불신자도 마찬가지다. 하나님은 인간이 우상을 위하여 쓰는 은금도 자신이 준 것이라고 말씀하신다(호 2:8). 우리는 지금 복받을 그릇이 되어 있나?

II 의인에게는 주어지는 상급이 있음을 보여줌

이삭이 어떻게 이런 축복을 받았나? 이삭은 그의 아버지 아브라함처럼 하나님을 경외하고 그 말씀을 순종하는 삶을 살았는데 이것이 바로 그가 만사 형통한 비결이다. 이 원칙은 옛날이나 지금이나 변함이 없다. 이방인들은 우상을 섬길 때 이삭은 여호와 하나님을 섬겼고, 이방인들은 죄를 가볍게 여겨 악한 삶을 살았으나 이삭은 하나님의 말씀과 법도대로 살려고 애를 썼다. 하나님은 이삭에게 무조건 복을 주신 것이 아니고 그의 의로운 삶을 보시고 주셨다.

III 내세의 기업에 대한 보증을 보여줌

이삭이 이 세상에서 만사 형통한 것은 무엇을 보여주나? 하나님은 이삭을 사랑하사 죽을 때까지 항상 함께 하셨으며 죽은 다음에도 영원히 그와 함께 하심을 보여준다. 하나님은 그 사랑하시는 자에게는 이 세상에서만 복을 주시지 않고 하늘 나라에서 영원한 복을 주신다. 바울은 비록 이 세상에서 고난과 역경 중에 살았으나 그는 의의 면류관이 예비되어 있다고 했다(딤후 4:6-8). 이 세상에서 받는 복도 귀하지만 천국에서 받을 복은 더 귀하다.

■ 기 도 ■ 이삭에게 놀라운 복을 주신 하나님, 저희도 이삭처럼 복을 받아 더욱 하나님께 영광돌리는 자가 되게 하옵소서. 아멘.

■ 십계명 ■   부모들이 듣고 싶어하는 칭찬 10가지

　1. 어쩌면 그렇게 건강하세요. 백 수는 아무것도 아니겠어요
　2. 녀석들이 아버지, 어머니를 닮아 저렇게 머리가 좋은가봐요
　3. 다들 그래요. '부모님 덕이 많다고.'
　4. 아버지, 어머니 절반만 따라만 봐도 소원이 없겠어요
　5. 저희들 키운다고 정말 고생 많으셨죠
　6. 역시 어머님 음식 솜씨가 최고예요
　7. 우리가 아버지, 어머니처럼만 살겠습니다
　8. 역시 우리 아버지, 어머니이니까 이 정도지요
　9. 어떻게 기억력도 총총하실까? 젊은 저도 못따라 가겠어요
　10. 모두가 아버지, 어머니 덕분이지요

■ 예 화 ■   엘레나 루스벨트(Eleanor Roosevelt)

　　미국뿐만 아니라 세계적으로 존경받는 여성 중 한 사람은 루스벨트 대통령 부인이었던 엘레나 루스벨트(Eleanor Roosevelt)일 것이다.
　　엘레나는 10세 때 고아가 되었다. 얼마나 가난하고 힘든 생활을 하였던지, 돈을 가리켜 '땀과 눈물로 조각이 된 종이(engraved paper)'라고 불렀다. 그녀는 스무 살에 결혼하여 11년 동안에 6남매를 두었는데, 한 아이가 자기 눈앞에서 사망하였다. 그 때 엘레나는 위로하는 친구들에게 "내가 사랑할 수 있는 아이들이 아직도 다섯 명이나 있어." 하며 오히려 친구들을 위로하였다고 한다.
　　남편 루스벨트는 다리가 마르기 시작하여 쇠붙이로 받침대를 만들어 다리에 붙이고 휠체어를 타고 다니는 불구자가 되었다. 그 때 남편이 엘레나에게 장난삼아 "지금도 나를 사랑하오?" 하고 물었다. 엘레나는 가볍게 웃으며 "그 동안 당신의 다리만 사랑한 것이 아닙니다." 하고 대답했다고 한다.
　　엘레나 루스벨트 여사는 죽는 순간까지 농담과 웃음을 잃지 않고 살았다. 그녀는 '흑인들을 진정으로 사랑한 백인'이라는 명예스러운 별명을 흑인들로부터 받기도 했다. 그 이유는 그녀가 흑인들 대다수처럼, 많은 인간적인 슬픔과 고통 속에서도 희망과 웃음을 잃지 않고 사랑할 사람을 평생 찾으며 살았기 때문이다.

예식 · 금혼

금혼에 이르는 축복

■ 찬 송 ■ ♪488, 456, 469, 460

■ 본 문 ■ 형제를 사랑하여 서로 우애하고 존경하기를 서로 먼저 하며 … 【롬 12:10~11】

■ 서 론 ■ 찬송가 작가 에드윈 O. 엑셀은 "인생의 소용돌이에서 폭풍우에 시달렸을 때, 모든 것을 잃고 낙망할 때, 너의 축복을 하나 하나 들어 가며 세어보아라. 주께서 네게 베푸신 것을 알고 놀랄 것이다."라고 했다. 주님의 인도와 보호 아래 금혼의 축복을 받음에는?

■ 말 씀 ■

I 이는 서로 존경하기를 먼저한 결과임

금혼(金婚)이란 결혼한 지 50년 되는 것을 의미한다. 부부가 50년을 함께 한다는 것은 요즘처럼 이혼이 성행하는 시대에서 보면 참으로 대단한 일이다. 어떻게 해야 그것이 가능할까? 무엇보다도 부부는 서로 상대방을 존경해야 한다. "형제를 사랑하여 서로 우애하고 존경하기를 서로 먼저 하며"(10절), 형제 뿐 아니라 부부간에도 상호 존경은 필수적이다. 특히 아내를 무시하기 쉬운 남편들은 꼭 기억해야 할 말씀이다. 배우자를 존경할 때 자기도 존경을 받는다.

II 이는 서로 자기 직무에 최선을 다한 결과임

부부는 서로 할 일이 있다. 요즘에는 직장에 다니는 여성들이 많기 때문에 가정마다 해야 할 일이 다 같다고 할 수는 없다. 그래도 부부는 자기가 해야 할 일을 성실하게 해야 한다. 자기 할 일을 게을리 하면 반드시 부부 간에 문제가 생긴다. 내 할 일을 제대로 하지 않으면서 상대방을 비난하는 것은 옳지 않다. '부부 싸움은 칼로 물베기'라는 말은 옛 말에 지나지 않는다. 요즘에는 작은 싸움이 잦아지다 결국 파경에 이르는 일이 너무도 흔하다.

III 이는 서로 열심을 품고 주님을 섬긴 결과임

가장 원만하고 행복한 결혼 생활은 어떻게 해야 가능할까? 부부가 주 예수님을 생활의 중심에 모시고 살면 된다. 배우자만 바라보지 말고 주님을 바라봐야 한다. "부지런하여 게으르지 말고 열심을 품고 주를 섬기라"(11절). 주님을 중심에 모시면 어떻게 되나. 그분의 말씀에 순종하게 된다. 주님은 결혼에 대하여 어떻게 말씀하셨나? "이제 둘이 아니요 한 몸이니 그러므로 하나님이 짝지어 주신 것을 사람이 나누지 못할지니라"(마 19:6). 기독교인들의 이혼이 적은 것은 바로 신앙의 힘 때문이다.

■ 기 도 ■ 자비하신 주님, 주님을 믿는 사람들은 누구나 금혼식을 치룰 수 있도록 긍휼과 은혜를 내려주시옵소서. 예수님 이름으로 기도드립니다. 아멘.

■ 십계명 ■   존경받는 부모가 되는 10가지

1. 자녀 앞에서 싸우지 않는 부모
2. 자녀에게 거짓말 안 하는 부모
3. 자녀의 질문에 올바로 대답하는 부모
4. 자녀를 편애하지 않는 부모
5. 자녀 앞에서 행복하게 보이는 부모
6. 자녀들에게 친구가 되어 주는 부모
7. 자녀를 타인 앞에서 존중해 주는 부모
8. 자녀의 친구까지 사랑하는 부모
9. 칭찬은 많이, 책망은 정확히 하는 부모
10. 일관성 있는 말과 행동을 보여 주는 부모

■ 예 화 ■   느티나무 그늘

느티나무를 심고 삼사 년 뒤에 그 그늘을 찾는 사람은 어리석다고 밖에 할 말이 없다.

부부의 사랑에는 연륜이 필요하다. 첫눈에 반했다는 그 때의 사랑과는 종류가 다르다. 많은 오해 끝에 이해에 이르고 많은 언쟁 끝에 원숙한 사랑에 이른다.

금혼식을 갖은 K노인은 답사에서 "여러 가지 일이 있었죠."라고 말하며 곁에 있는 부인과 미소를 나누었다.

그 한 마디 속에, 그 미소 속에 제3자는 아무도 모르는 많은 사연과 투쟁의 발자국이 들어 있다.

부부의 정은 싸우며 도타워진다.

■ 명 상 ■   부부란 닮는 법이다.

- 독일 격언 -

부부의 인연은 하늘이 정한 바이다.

- 독일 속담 -

예식 · 금혼

갈렙의 하나님께서

■ 찬 송 ■ ♬ 44, 460, 470, 484

■ 본 문 ■ 때에 유다 자손이 길갈에 있는 여호수아에게 나아오고 그니스 사람 여분네의 아들 갈렙이 여호수아에게 말하되 … 【수 14:6~12】

■ 서 론 ■ 더블린의 대주교 리챠드 위틀리는 "하나님으로부터 축복받는 것에 관하여 큰 관심을 갖지 않는 자들이 일반적으로 자주 축복을 받게 되고, 규칙적으로 받게 된다는 것은 사실이다."라고 했다. 갈렙이 받은 축복은?

■ 말 씀 ■

I 하나님께서 갈렙에게 장수의 복을 주셨음

금혼식(결혼 50주년)을 치르려면 우선 장수의 복을 받아야 한다. 결혼하고 일찍 죽으면 금혼식을 치를 수 없다. 갈렙은 장수의 복을 받았다. 당시 그는 85세라고 했다(10절). 다행히 지금은 의학이 발달하여 웬만한 병은 다 고친다. 그러다 보니 장수자가 빠른 속도로 늘어나고 있다. 좋은 시대에 우리는 살고 있다. 이렇게 장수하는 시대에 우리가 할 일은 무엇인가? 부부가 서로 사랑하고 자녀들을 잘 키우며 주님께 충성하고 봉사해야 한다.

II 하나님께서 갈렙에게 건강의 복을 주셨음

갈렙은 말하기를 "모세가 나를 보내던 날과 같이 오늘날 오히려 강건하니"라고 한다(11절). 40년 전이나 지금이나 변함없이 건강의 축복을 받았다는 말이다. 금혼식을 치르려면 건강의 축복은 필수적이다. 어떻게 해야 우리가 건강할 수 있나? 하나님의 말씀을 청종하고 의를 행하며 계명과 규례를 지켜야 한다(출 15:26). 술, 담배, 외도, 스트레스 등은 다 건강의 적이다. 주님을 믿는 사람들은 이런 건강의 적들을 물리칠 수 있으니 얼마나 감사한 일인가.

III 하나님께서 갈렙에게 화평의 복을 주셨음

금혼식을 누리려면 서로 사랑하고 화목해야 한다. 갈렙의 아내에 대하여는 언급이 없어 잘 알 수는 없지만 그는 틀림없이 자기 아내를 사랑하고 화목하게 살았을 것으로 확신한다. 왜냐하면 갈렙은 다른 동료들은 하나님을 거역했지만 그는 "나의 하나님 여호와를 온전히" 좇았다고 했기 때문이다(8절). 하나님을 경외하고 말씀을 순종하는 사람이 자기 아내와 불화하고 갈라 설 리는 만무한 일 아닌가. 진정으로 믿음을 가진 부부는 화목하게 산다.

■ 기 도 ■ 주님을 믿는 자들에게 장수와 건강과 화평을 주시는 하나님 아버지, 저희들에게도 그와 같은 복을 내려주시옵소서. 예수님 이름으로 기도드립니다. 아멘.

■ 십계명 ■   화목한 부부생활을 위한 10가지 권면

1. 두 사람이 동시에 화를 내지 말라
   (던지는 사람이 있으면 받는 사람이 있어야 한다. 화를 내야 할 경우라면 교대로…)
2. 집에 불이 났을 때 이외에는 고함을 지르지 말라
   (음성은 둘이 도길 때 점점 커진다)
3. 아내나 남편을 다른 사람과 비교하지 말라
   (가정에서 내 남편, 내 아내가 최고라는 긍지를 갖고 살라)
4. 눈이 있어도 흠을 보지 말며, 입이 있어도 실수를 말하지 말라
   (사랑의 안경으로 보면 흠은 매력으로, 실수는 구수하다)
5. 아픈 곳을 긁지 말라
   (함께 오래 산다는 것은 등 뒤의 가려운 곳을 긁어주고 아픈 상처를 감싸주는 관계이다)
6. 분을 품고 침상에 들지 말라
   (확대를 막는 비결은 그날 잠들기 전에 푸는 것이다)
7. 처음 사랑을 잊지 말라
   (연애시절의, 혹은 결혼 초기의 로맨틱한 기분과 달콤한 일을 가끔 회상하는 것이 애정 생활 지속의 묘약이다)
8. 결코 화목을 단념하지 말라
   (내가 먼저 풀려고 하면 뜻밖에 빨리 실마리가 풀린다. 기다리는 것은 금물, 먼저 웃고 손을 내밀자)
9. 숨기지 말라
   (부부 사이에 숨기고 있는 것이 얼마나 되는가에 따라 애정의 척도가 된다)
10. 본래의 중매자이신 하나님을 따돌리지 말라
    (남자와 여자를 짝지어 주신 분은 하나님이시다)

■ 예 화 ■   부부의 하모니

　　소크라테스의 아내 크산티페는 불명예스럽게도 세계의 악처(惡妻) 중 한 사람으로 꼽히는 사람이다.
　　한번은 소크라테스가 친구의 방문을 받고 있는 도중 무슨 일이었는지 그의 아내는 몹시 화가 나서 소리를 지르다가 나중에는 물통을 남편의 머리 위에 들어 부었다. 흥분한 친구에게 소크라테스는 조용히 말했다.
　　"천둥이 친 다음에는 소나기가 내리는 법이라네. 그렇지만 소나기 뒤에는 갤 것이니 너무 걱정말게."
　　소크라테스는 부인의 성격을 이해하려고 애쓰고 부부의 하모니를 깨뜨리지 않으려고 노력하였던 것이다.

예식·회갑·진갑

백발의 영화로움

- **찬 송** ♪ 399, 344, 424, 434
- **본 문** 백발은 영화의 면류관이라 의로운 길에서 얻으리라 【잠 16:31】
- **서 론** 지혜서 탈무드에는 "어리석은 자에게 있어서의 노년은 겨울이나 지혜로운 자에게 있어서의 노년은 황금기이다"라는 말이 기록되어 있다. 성경은 백발은 영화의 면류관이라고 했다. 이것의 진정한 의미는?

- **말 씀**

I 성도는 의로운 삶을 살아야 함

회갑이란 60년을 의미한다. 요즘이야 60세는 젊은이로 취급받지만 불과 몇 십 년 전만 해도 회갑을 맞는 사람은 흔치 않았다. 우리가 어떻게 해야 장수할 수 있을까? 백발이 되도록 살려면 "의로운 길"을 걸어야 한다고 잠언 저자는 말한다. 의로운 길이란 무엇인가? 하나님을 경외하고 그 말씀에 순종하는 것을 의미한다. 하나님을 모르는 불신자들도 장수하는 이들이 많지만 질적인 면에서 차이가 난다. 하나님을 섬기며 장수할 때 그것이 진정한 축복이 된다.

II 성도는 행위에 따르는 보상이 있음

불신자들의 장수는 불신앙의 연륜이 쌓인 것을 상징할 뿐이지만 신자의 장수는 신앙생활의 연륜이 쌓인 것을 상징하는 것이니 얼마나 아름답고 복된 일인가. 그러므로 신자는 백발이 부끄러운 게 아니고 영광스러운 것이다. 하루 하루가 쌓여서 한 달이 되고 한 달 한 달이 모여서 일년이 된다. 또 한 해 한 해가 쌓여서 평생이 된다. 하루 하루를 주님과 동거 동행하며 사는 것이 영광스런 백발의 소유자가 되는 비결이다. 하나님은 그들에게 상을 주신다.

III 성도는 백발의 영화로움을 잘 간직함

백발은 부끄러운 것이 아니다. 인생을 허랑방탕하며 살지 않았음을 보여주기 때문이다. 짧은 인생을 즐기면서 살자며 제 뜻대로 허랑방탕한 삶을 사는 사람은 백발이 되기 전에 벌써 저 세상 사람이 될 것이다. 그러므로 잠언 저자는 "백발은 영광의 면류관"이라 했다. 백발이라고 다 같을 수는 없다. 어떤 사람은 수치스럽게 살면서 백발이 되고 어떤 사람은 의로운 길을 걸어 백발이 된다. 우리는 주님을 섬기면서 의를 행함으로 얻어지는 백발의 소유자가 되어야겠다.

- **기 도** 하나님이 보시기에 의로운 길을 행한 이들에게 백발이란 영광을 주신다 하셨으니 저희가 바로 그런 사람이 되게 하옵소서. 예수님 이름으로 기도 드립니다. 아멘.

■ 십계명 ■　노년을 위한 10가지 권면

1. 젊음을 부러워하지 말라 (마음의 질투는 병이 나게 한다)
2. 움켜쥐고 있지 말라 (인색한 노년은 외롭다)
3. 항상 밝은 생각을 가지라 (불안과 초조는 건강을 위협한다)
4. 남에게 의존하지 말라 (의존하면 내리막 길로 간다)
5. 감정에 솔직하라 (왕따 당하지 않는다)
6. 신앙을 더욱 사모하라 (인생의 석양을 우아하게 한다)
7. 참견하지 말라 (차라리 후원과 격려에 치중하라)
8. 자신에 대한 연민에서 벗어나라 (나약함을 노출하지 말자)
9. 마지막 인생의 계획을 세우라 (인생을 관조하는 지혜가 풀요하다)
10. 체념할 것은 빨리 체념하라 (이제부터는 새로운 인생이 시작된다는 것을 시인하라)

■ 예 화 ■　영생을 믿는 삶

　　미국의 상원의원이었으며 위대한 법률가였던 코에이트(Rufus Coate)씨가 건강이 나빠져 영국에 가서 6개월 동안 요양을 하고 돌아왔다.
　　그때 그의 나이는 65세였다. 상원의원인 친구 한 사람이 그를 위로하며 말했다. "충분한 요양을 하였으니 10년은 더 일할 수 있겠군."
　　이 때 코에이트 박사는 정색을 하고 "10년이란 세월을 생각해 본 일이 없소. 나는 영생을 믿으니까 천 년 살 것을 생각하고 일하오."
　　천 년을 생각하는 사람은 임시라는 것이 없고 눈가림으로 어물쩍 넘겨 버리는 일이 없다.
　　실제로 코에이트 의원은 매사에 철저하고 후세를 생각하며 일했다고 한다.

■ 명 상 ■　우리들은 젊었을 때 배우고 나이 들고 나서 이해한다.

－ 작자 미상 －

예식 · 회갑 · 진갑

욥의 신앙생활

■ 찬 송 ■ ♪ 404, 518, 102, 424

■ 본 문 ■ … 이 모든 일에 욥이 범죄하지 아니하고 하나님을 향하여 어리석게 원망하지 아니하니라 【욥 1:20~22】

■ 서 론 ■ 고대의 어느 교부는 "저 여인이 세상을 기쁘게 하기 위하여 몸치장하는 만큼 나는 나의 영혼을 믿음과 경건한 마음으로 단장하려고 애쓰지 못했다."라고 고백했다. 동방의 의인이라 불리운 욥의 신앙 생활은?

■ 말 씀 ■

I 욥은 고난 가운데서도 주께 감사했음

욥은 하루 아침에 모든 재산을 다 잃었을 뿐 아니라 10 남매나 되는 모든 자녀를 다 잃었다. 욥만큼 극심한 환난과 시련을 당하기도 어려울 터이다. 그것도 무슨 흉악한 죄를 범해서가 아니고 하나님의 섭리 중에 환난을 당했기 때문에 하나님을 원망할 수도 있었다. 하지만 그는 그렇게 하지 않고 오히려 하나님께 감사하고 찬송했으니(21절) 놀라운 일이 아닐 수 없다. 그야말로 욥은 범사에 감사한 사람이었다(살전 5:18). 말이 그렇지 이게 얼마나 어려운 일인가?

II 욥은 주의 뜻에 온전히 순종했음

욥은 모든 일이 다 우연히 이루어지는 게 아니고 하나님의 뜻과 섭리 중에 이루어짐을 믿었다. 그래서 그는 이 모든 일을 인하여 불평하고 원망하는 대신 감사하고 찬양할 수 있었다. 주님은 말씀하시기를 참새 한 마리도 하나님이 허락하지 않으면 결코 땅에 떨어지지 않는다고 하셨다(마 10:29). 우리도 아무리 이해할 수 없고 납득하지 못할 일을 당한다 하더라도 하나님을 원망하지 말고 하나님의 뜻과 섭리가 있음을 믿고 그 뜻에 순종하는 자세를 갖자.

III 욥은 죄악과 불의를 멀리했음

욥은 어떤 사람인가? "그 사람은 순전하고 정직하여 하나님을 경외하며 악에서 떠난 자"라고 했다(욥 1:1). 욥은 그렇게 평생을 살았다. 사람이 얼마 동안은 "순전하고 정직하게" 살 수는 있겠지만 한 평생 그렇게 살기는 쉽지 않다. 세상 사람들이 나를 어떻게 보느냐도 전혀 무시할 수야 없겠지만 이보다 더 결정적으로 중요한 것은 하나님이 나를 어떻게 보시느냐이다. 욥은 하나님이 보시기에 축복받기에 합당한 자였다. 우리도 그를 배우고 본받아야 하겠다.

■ 기 도 ■ 욥에게 큰 복을 주신 하나님, 얼마후 그에게 큰 시련을 주셨으나 그는 감사하고 찬송함으로 승리했습니다. 저희들도 승리하는 한 평생이 되게 하옵소서. 예수님 이름으로 기도드립니다. 아멘.

■ 해 설 ■ 나이든 사람의 기도

주님, 주님께서는 제가 늙어가기 전에 시작하고 언젠가는 정말로 늙어버릴 저보다 더 잘 알고 계십니다.

저로 하여금 말 많은 늙은이가 되지 않게 하시고 특히 아무 때나 나서는 치명적인 버릇에 걸리지 않게 하소서.
저를 사려 깊으나 시무룩한 사람이 되지 않게 하시고 남에게 도움을 주되 참견하기를 좋아하는 그런 사람이 되지 않게 하소서.
끝없이 이 얘기 저 얘기 떠들지 않고 곧장 요점만 말하게 하소서.

내 팔 다리 머리 허리 고통에 대해서는 아예 입을 막아주소서.
내 신체의 고통은 해마다 늘어가고 그것들에 대해 위로받고 싶은 마음은 날마다 커져 가지만 다른 사람의 아픔에 대한 얘기를 들어줄 줄 아는 마음을 주소서.
인내심을 갖고 참아줄 줄 아는 노인이 되게 해 주소서.

제 기억력을 좋게 해 주십사고 감히 욕심 낼 순 없사오나 제게 겸손된 마음을 주시어 제 기억이 다른 사람의 기억과 부딪힐 때 혹시나 내가 틀리지 않았나 하는 마음이 들게 하소서.

저를 적당히 착하게 해 주소서.
심술궂은 늙은이는 마귀의 자랑거리가 될 뿐입니다.
제가 눈과 귀가 점점 어두워짐을 어쩔 수 없겠지만 선한 것을 보게 해 주시며 남의 말에 오해하지 않고 뜻밖의 사람에게서 좋은 재능을 발견하는 능력을 주시고
좋은 것을 말해 줄 수 있는 아름다운 마음을 주시옵고 덕망 있는 노인이 되게 해 주소서.

- 아 멘 -

예식 · 회갑 · 진갑

보장된 성도의 미래

■ 찬 송 ■ ♪541, 102, 534, 512

■ 본 문 ■ 우리 방패이신 하나님이여 주의 기름 부으신 자의 얼굴을 … 【시 84:9~12】

■ 서 론 ■ 영국의 비평가이며 수필가인 존 러스킨은 "우리가 우리의 생각 속에서 그분의 생각을 배제하고, 어떤 경우에도 그분의 뜻을 염두에 두지 않는다면 하나님께 불경을 범하는 것이다."라고 했다. 오늘까지 주님의 날개 아래서 믿음대로 산 성도는?

■ 말 씀 ■

I 성도는 주님의 보호를 간구하자

시편 84편 저자는 "우리 방패되신 하나님이여"라 했고(9절), "여호와 하나님은 해요 방패시라"고 했다(11절). 방패란 적의 화살이나 칼을 막는 방어무기이다. 어떤 화살이나 검도 막을 수 있는 방패가 있다면 아무리 위험한 전선에 서라도 안전할 터이다. 하나님을 믿고 의뢰하는 자는 이렇게 안전하다. 아무리 사단이 화살을 날려도 무력해지고 만다. 바울은 "모든것 위에 믿음의 방패를 가지고 이로써 능히 악한 자의 화전을 소멸" 한다고 했다(엡 6:16).

II 성도는 세상과 구별된 삶을 살자

본 시편 저자는 "주의 궁정에서 한 날이 다른 곳에서 천 날보다 나은즉 악인의 장막에 거함보다 내 하나님 문지기로 있는 것이 좋사오니"라고 한다(10절). 우리가 비록 하나님의 자녀가 되었지만 그렇다고 이 세상을 떠나서 살 수는 없다. 그렇게 세상에 빠지거나 오염되어서는 안 된다. 마치 배가 물 위를 갈지언정 물에 빠지지 않는 것과 같다. 성도는 영적으로는 '주의 궁정'에 살고 '내 하나님 문지기'로 살아야 한다. 이것이 참 행복이다.

III 성도는 소망 가운데서 즐거워하자

본 시편 저자는 "여호와께서 은혜와 영화를 주시며 정직히 행하는 자에게 좋은 것을 아끼지 아니"하신다고 했다(11절). 비록 지금 우리의 삶이 힘들고 고달프더라도 참고 견디며 하나님을 의지하면 마침내 풍성한 은혜와 축복을 받게 된다. 요셉을 보라. 혹독한 시련을 당했으나 나중에 큰 축복을 받았다. 다윗도 그랬고 다니엘도 그랬다. 우리에게는 "구름같이 둘러싼 허다한 증인들"이 있다(히 12:1).

■ 기 도 ■ 우리의 방패가 되시는 주님, 지금까지 우리를 지켜주심을 감사드리오며 앞으로도 영원토록 지켜주실 줄 믿고 감사드립니다. 아멘.

■ 해 설 ■ **늙거들랑**

　　　늙은이가 되거들랑 설치지 마소.
　　　미운 소리 우순 소리 헐뜯는 소리 그리고 군소릴랑 아예도 마소.
　　　그저그저 남의 일에 칭찬만 하소.
　　　묻거들랑 가르쳐 주기는 해도 알고도 모른척, 어수룩 하소.
　　　그렇게 사는 것이 평안하다오.

　　　이기려 하지 마소. 져주시구려. 어차피 신세질 이 몸인 것을…
　　　젊은이들에게는 꽃 안겨 주고 한 걸음 물러서서 양보하는게 원만히 살아가는 비결이라오.
　　　언제나 감사함 잊지를 말고 어디서나 언제나 '고마워요' 뿐.

　　　돈, 돈의 욕심을 버리시구료.
　　　아무리 많은 돈 가졌다 해도 죽으면 가져갈 수 없는 거라오.
　　　'그 사람 참으로 좋은 분이었지.' 그렇게 사람들의 입에 오르게 살아 있는 동안에 많이 뿌리소. 산더미 같이 큰 덕을 쌓으시구려.

　　　그렇지만 그것은 겉이야기이지. 정말은 돈을 놓치지 마소. 죽을 때까지 꼭꼭 잡아야 하오!
　　　남들에게 구두쇠 소리 들을지언정 돈이 있으므로 나를 돌보고 모두가 받들어 모셔준다니 우리끼리 얘기지만 사실이라오.

　　　지난날 일들일랑 모두 다 잊고 탄식도 자랑도 하지를 마소.
　　　우리들의 시대는 지나갔으니 아무리 버티려고 애를 써봐도 이 몸이 마음대로 되지를 않소.
　　　'그대는 훌륭해, 나는 아니야' 그러한 마음으로 지내시구려.

　　　나의 자녀, 나의 손자 그리고 이웃 누구에게든 우러러 뵈는 참된 늙은이로 살으시구려.
　　　그렇다고 겅청하면 더 안 된다오.
　　　그러기 위해 두뇌도 세탁을 하고 멋진 한 가지 취미도 가꾸어 모쪼록 오래오래 살으시구려.

예식 · 임종

선한 목자이신 주

■ 찬 송 ■ ♪444, 364, 434, 544

■ 본 문 ■ 내 영혼을 소생시키시고 자기 이름을 위하여 의의 길로 인도하시는도다 … 【시 23:3~6】

■ 서 론 ■ 독일의 종교개혁가 루터는 "우리의 하나님은 구원을 주시는 하나님이시요, 그로 말미암아 우리가 피할 수 있는 주님이십니다."라고 임종의 말을 남겼다. 유명한 다윗의 시에 담긴 우리의 주님은?

■ 말 씀 ■

I 주님은 성도를 사망의 골짜기에서 보호하심

다윗은 노래하기를 "내가 사망의 음침한 골짜기로 다닐지라도 해를 두려워하지 않을 것은 주께서 나와 함께 하심이라" 했다(4절). 다윗은 죽음의 위기를 여러 번 넘겼다. 그런 다윗도 결국 때가 되니 하나님이 그의 영혼을 불러가셨다. 우리도 지금까지 살아오면서 수많은 죽음의 위기를 넘겼을 터이다. 하지만 하나님은 그 위기에서 우리를 건져주셨다. 하나님은 때가 되면 우리 영혼을 불러가심으로 영원토록 사망의 위기에서 해방해 주실 것이다.

II 주님은 성도를 천국으로 인도하심

다윗은 또 "그가 나를 푸른 초장에 누이시며 쉴만한 물가으로 인도하시는도다"라고 노래했다(2절). 다윗은 자신을 양으로, 하나님을 목자로 묘사한다(1절). 목자는 양을 그냥 내버려두는게 아니라 항상 관심을 가지고 돌보고 지키며 목초와 맑은 물이 있는 곳으로 인도하는 것처럼 하나님은 우리에게 그렇게 해주신다. 다윗이 일개 목동에서 유대의 왕이 되고 그리스도의 조상이 된 것은 다윗이 잘나서가 아니라 선한 목자되신 하나님의 은혜 때문이었다.

III 주님은 성도를 천국에서 영원히 거하게 하심

다윗은 계속해서 노래하기를 "나의 평생에 선하심과 인자하심이 정녕 나를 따르리니 내가 여호와의 집에 영원히 거하리로다"라고 했다(6절). 다윗은 이 땅에서 영원토록 살면서 부귀영화를 누리려 하지 않았다. 그런 것을 원치도 않았고 불가능하다는 것도 잘 알았다. 그는 어느 땐가 하나님이 자신의 영혼을 불러가실 것이며 그렇게 되면 '여호와의 전에 영원히' 거하게 될 것을 믿었다. 그걸 소원하기도 했다. 이런 면에서 성도의 죽음은 복된 것이라 하겠다(계14:13).

■ 기 도 ■ 다윗을 사랑하사 그를 택하시고 구원하시며, 영원한 천국으로 인도하신 하나님, 저희에게도 그런 은혜를 베푸시옵소서. 예수님 이름으로 기도드립니다. 아멘.

■ 십계명 ■   위대한 주님의 사랑 10계명

　　1. 주님은 때때로 길 잃은 자에게 길이 되신다
　　2. 주님은 헐벗은 자에게 옷이 되신다
　　3. 주님은 굶주린 자에게 빵이 되신다
　　4. 주님은 갇힌 자에게 자유를 주신다
　　5. 주님은 약한 자에게 힘을 주신다
　　6. 주님은 절망한 자에게 소망을 주신다
　　7. 주님은 죽은 자에게 생명을 주신다
　　8. 주님은 병든 자에게 건강을 주신다
　　9. 주님은 눈이 먼 자에게 광명을 주신다
　　10. 주님은 가난한 자에게 부요함을 주시는 사랑이시다

■ 예 화 ■   성 프랜시스

　　앗시시의 성 프랜시스가 불치의 병으로 눕게 되었다. 의사는 높은 인격을 소유한 프랜시스에게는 죽음을 숨길 필요가 없다고 생각하여 그의 생명이 얼마 남지 않았음을 말해 주었다. 의사의 선고를 받는 순간 프랜시스의 얼굴은 꽃처럼 피어나 기쁨이 가득 찼으며 그의 입술에서는 시가 흘러나왔다.

　　　나의 죽음을 인하여
　　　주를 찬양할지라
　　　죽음에서 피 할 수 없음은
　　　축복 중에 축복이니
　　　두 번째 죽음이 우리를 해치 못하리라
　　　하나님의 뜻에 자기를 맡기는 자여
　　　그대에 축복이 있으리라

　　성 프랜시스는 육체의 죽음을 두 번째 죽음으로 보았다. 자기의 옛 생활을 예수의 십자가에 못 박은 것을 첫 번째 죽음으로 생각하였기 때문이다. 실상 예수와 함께 죽고 새 삶으로 부활한 자에게는 죽음이 없다.

예식 · 임종

내게 유익한 죽음

■ 찬 송 ■ ♪ 231, 543, 545, 292

■ 본 문 ■ … 이는 내게 사는 것이 그리스도니 죽는 것도 유익함이니라 … 【빌 1:20~24】

■ 서 론 ■ 영국의 목사요 감리교의 창시자인 요한 웨슬리는 "무엇보다도 가장 좋은 것은 하나님이 우리와 함께 하심이라."고 임종의 순간에 말했다. 성도들에게 있어서 죽음은 신생의 세계로 들어가는 관문인 것이다. 이 죽음은?

■ 말 씀 ■

I 죽음은 현세의 모든 악을 제거해 줌

바울은 말하기를 "이는 내게 사는 것이 그리스도니 죽는 것도 유익함이라" 했다(21절). 사람들은 누구나 죽기를 싫어하고 두려워하지만 바울은 그렇지 않았다. 그 까닭은 죽음을 유익한 것으로 봤기 때문이다. 죽음은 성도로 하여금 이 세상 악에서 떠나게 한다. 그것만으로도 큰 축복이다. 이 세상이 얼마나 악한지는 구구하게 설명하지 않아도 우리 모두 잘 알고 있는 사실이다. 인간의 힘으로는 이 악을 제거할 수 없다. 하나님만이 그 일을 하실 수 있다.

II 죽음은 고통과 슬픔에서 해방시켜 줌

죽음이 성도들에게 유익한 것은 죽음을 계기로 이 세상의 모든 고통과 슬픔에서 완전히 벗어나기 때문이다. 인간은 죄값으로 치르게 된 고통과 슬픔을 제거해 보려고 온갖 노력을 다 해봤으나 결국 실패하고 말았다. 지금도 그런 노력이 계속되고 있지만 성공하지 못할 것이다. 오히려 점점 더 고통과 슬픔이 가중되고 있을 뿐이다. 이 세상의 고통과 슬픔에서 근원적으로 벗어나려면 죽음밖에 없다. 그러기에 바울은 죽음을 소원했던 것이다(23절).

III 죽음은 그리스도 예수의 존전으로 인도함

또 죽음이 성도들에게 유익한 것은 죽는 순간 예수님 앞으로 인도되기 때문이다. 세상 사람들은 죽음이 인생의 끝이라며 탄식하고 절망한다. 어떤 사람들은 자기가 이 세상에 그렇게 악하게 살지도 않았고 어떤 종교를 열심히 믿었으니 좋은 세상으로 가지 않겠느냐며 자위한다. 하지만 그것은 모두 헛된 일이다. 성도는 그리스도의 피로 씻음을 받고 성령의 새롭게 하시는 변화를 받았으므로 죽는 즉시 그리스도께서 계시는 낙원으로 가게 된다(눅 23:43).

■ 기 도 ■ 죽음은 죄의 삯으로 왔으나 우리에게 유익한 것임을 알게 하시니 감사드립니다. 주께서 저희를 긍휼히 여기사 복된 죽음을 맞게 하옵소서. 예수님 이름으로 기도드립니다. 아멘.

■ 십계명 ■   성도의 재산 목록 10가지

1. 나에게는 예수님의 영생이 보장되어 있습니다
2. 크고 아름다운 영원한 집이 천국에 있습니다
3. 예수 그리스도 안에서 기쁨과 감사와 평화가 있습니다
4. 말로 다 할 수 없는 희망과 소망이 있습니다
5. 영원히 변치않는 하나님의 사랑을 받고 있습니다
6. 그리스도 안에서 구원받은 아내와 자녀와 부모가 있습니다
7. 하나님이 주신 건강과 평강이 있습니다
8. 우리가 이 땅에서 신앙생활한 주님의 교회가 있습니다
9. 하나님과 동행하는 임마누엘의 축복이 있습니다
10. 영원한 영생의 상급인 생명의 면류관이 있습니다

■ 예 화 ■   죽음의 의미

노벨 문학상 수상자인 시인 게르하르트 하프트만(1862~1946, 독일의 극작가, 조각가이기도 하다)은 1945년 6월 3일 84세로 별세했다.
죽기 전 그는 심한 폐렴으로 의식이 몽롱한 상태였다.
그는 잠시 의식을 회복하고 만족한 얼굴로 "아, 나는 아직 내 집에 있는가!" 하고 말한 뒤 임종하였다고 한다.
그는 자기가 죽음에 직면하고 있다는 것을 의식하고 있었다.
어떤 의미로는 죽음이란 집에서 영영 쫓겨나는 것이다.
그러나 이 시인에게는 만족이 있었다. 아직 내 집에 누워 있다는 만족과 신앙이 독실했던 그는 지상의 집에서 쫓겨났지만 하나님의 집으로 옮겨가고 있었기 때문이다.

■ 명 상 ■   그대의 무스한 눈물을 멈추라. 그대의 울음은 헛되다. 언젠가 우리는 다시 천상에서 만날 것이니 나를 아주 잃은 것은 아니다.

— 작자 미상 —

예식·입관

성도가 살아온 삶

■ 찬 송 ■ ♪ 293, 289, 290, 291

■ 본 문 ■ 우리 중에 누구든지 자기를 위하여 사는 자가 없고 자기를 위하여 죽는 자도 없도다 …
【롬 14:7~9】

■ 서 론 ■ 히포의 감독 성 어거스틴은 그의 친구에게 "인생이란 어릿광대극에서 내가 나의 역할을 꽤 잘 연출했다고 자네는 생각하고 있는가?"라고 물었다. 하나님께서 주신 사명대로 살고 하나님께로 돌아간 이 성도의 삶은?

■ 말 씀 ■

I 이 성도는 이웃을 섬기는 삶을 살았다

주님은 어느 계명이 큰지 묻는 한 율법사에게 첫째는 마음과 목숨과 뜻을 다하여 하나님을 사랑하고 둘째는 네 이웃을 사랑하는 것이라고 가르치셨다(마 22:34-40). 주님을 믿는 사람은 하나님만 사랑하는게 아니고 이웃을 사랑해야 한다. 다시 말하면 인간을 사랑해야 한다. 눈 앞에 보이는 인간을 사랑하지 못하는 자는 보이지 않는 하나님을 사랑할 수 없다는 말씀(요일 4:20)을 늘 명심해야 한다. 지금 입관하는 이 성도는 가족과 교우와 친척과 이웃을 사랑했다.

II 이 성도는 그리스도를 섬기는 삶을 살았다

바울은 "우리가 살아도 주를 위하여 살고 죽어도 주를 위하여" 죽는다고 했다(8절). 바울이야말로 한 평생 주님을 위하여 산 사람이다. 그 사람만큼 주님을 사랑하고 모든 것을 다 바쳐 충성한 사람도 없을터이다. 우리가 비록 바울같지는 못하겠지만 힘껏 주님을 위하여 살려고 노력해야 할 것이다. 사람이 아무리 이 세상에서 남을 위하여 희생하고 봉사한다해도 주님을 모르고 믿지 않았다면 과연 그 모든 선행이 무슨 소용이 있을 것인가.

III 이 성도는 죽음을 예비한 삶을 살았다

성도는 예수님을 믿음으로 구원받고 주신 달란트대로 주님을 위하여 봉사하고 헌신해야 한다. 이것이 바로 죽음을 예비하는 유일한 길이다. 성도는 그리스도를 믿음으로 구원받았기 때문에 죽음을 무서워하지 않는다. 오히려 바울처럼 죽음을 원하는 성도도 많을 것이다(빌 1:23). 세상 사람들은 양심을 지키고 선행을 많이 하고 어떤 종교를 열심히 믿으면 그게 바로 죽음을 잘 예비하는 것으로 생각하지만 이것은 완전히 비성경적이다.

■ 기 도 ■ 인간을 구원하기 위하여 이 땅에 오셔서 죽기까지 하신 주님, 저희들로 하여금 주님을 믿고 이웃을 사랑하며 주신 사명을 감당하게 하옵소서. 아멘.

■ 십계명 ■　자신을 너무 모르고 산 10가지

　　　1. 무지가 나의 눈을 가리고
　　　2. 편견이 나의 판단을 흐리게 하고
　　　3. 독선이 나의 이성을 마비시키고
　　　4. 아집이 나의 총명을 혼탁케 하고
　　　5. 독단이 나의 지혜를 우둔케 하고
　　　6. 허영이 나를 어리석게 하고
　　　7. 과욕이 나를 어둡게 하고
　　　8. 탐욕이 나를 마비시키고
　　　9. 사심이 나를 미혹케 하고
　　　10. 교만이 나를 미련케 한다

■ 예　화 ■　오늘은 좋은 날

　　미국 제2대 대통령 존 애덤스는 위인에 들어가는 인물로서 지금도 많은 미국인들의 존경을 받고 있다. 그는 백악관을 건축하고 처음으로 입주한 대통령인데, 아직 시골에 있는 부인에게 이런 기도문을 편지 속에 적어 보낸 적이 있었다. "앞으로 이 집에 사는 사람들이 한 명의 예외도 없이 정직하고 슬기롭도록 하나님께서 축복해 주시기를 기도합니다."

　　그 후 백 년이 지나 프랭클린 루스벨트가 백악관의 주인이 되었는데 그가 애덤스 대통령의 기도를 식사하는 방에 새겨 놓아 지금까지도 역대 대통령들은 식사를 하며 이 기도문을 읽게 되었다.

　　애덤스는 은퇴한 뒤에 과거를 회고하며 이런 고백을 하였다. "나는 정말 오랜 세월을 공직에 있었다. 그렇지만 어떤 자리에 있을 때나 판단과 결정을 할 때 하나님 앞에 부끄럽지 않도록 최선의 정직을 반영시켰다고 생각한다."

　　이 고백처럼 그는 미국군 총사령관, 국회의원, 국방장관, 부통령, 대통령의 요직을 지내면서 깨끗하게 산 사람이다.

　　그러므로 임종도 아름다웠다. 그는 1826년 7월 4일 오후 6시, 숨을 거두기 전에 마침 곁에 있는 며느리에게 "오늘은 위대한 날이다. 오늘은 좋은 날이다(It is a great day. It is a good day)." 하는 마지막 말을 남겼다. 자기 생애를 만족스럽게 산 사람만이 할 수 있는 최후의 말이었다.

예식 · 입관

주 안의 성도가 받을 복

■ 찬 송 ■ ♪ 165, 162, 291, 541

■ 본 문 ■ 형제들아 자는 자들에 관하여는 너희가 알지 못함을 … 【살전 4:13~18】

■ 서 론 ■ 독일의 음악가로 악성이란 칭호를 받은 베토벤은 "오랫동안의 고통과 수난의 일생을 끝내게 해 주신 하나님께 감사를 드립니다."라고 말했다. 우리를 성도로 불러주신 주님의 품안에서 성도의 신생의 삶은?

■ 말 씀 ■

I 주 안에서 성도는 영원히 깨어있는 복을 받음

죽음은 인간의 종말이다. 그렇기 때문에 누구나 죽음을 싫어하고 두려워 한다. 그러나 성경은 죽음은 인생의 끝이 아니고 다만 잠시 잠자는 것이라고 한다. "우리가 예수의 죽었다가 다시 사심을 믿을진대 이와 같이 주 안에서 자는 자들도 하나님이 저와 함께 데리고 오시리라"(14절). 죽은 성도를 잠자는 자라 한 말씀을 기억하자. 성도는 이 세상을 떠나면 주님이 계신 곳에 가서(눅 23:43) 주님과 함께 있다가 부활의 영광에 동참하게 된다.

II 주 안에서 성도는 부활에 참예하는 복을 받음

죽음으로 인간의 삶은 끝나고 저 세상은 있지도 않다는 것은 마귀의 소리일 뿐이다. 성경은 죽은 다음에 부활이 있다고 증거한다. 예수님은 생명의 부활과 심판의 부활 두 종류가 있다고 말씀하셨다(요 5:29). 인간은 이 두 가지 부활 중 어느 부활에 참여할지는 주님을 믿었느냐 믿지 않았느냐로 결정된다. 결코 선행이나 공적에 의해서가 아니다. 주님을 믿은 이 성도는 비록 세상을 떠났으나 구원받았고 생명의 부활을 약속받았으므로 복된 것이다.

III 주 안에서 성도는 참된 위로의 복을 받음

앞으로 이루어질 최대의 사건은 주님의 재림과 동시에 이루어질 전 인류의 부활이라고 할 수 있다. "주께서 호령과 천사장의 소리와 하나님의 나팔로 친히 하늘로 좇아 강림하시리니 그리스도 안에서 죽은 자들이 먼저" 일어난다고 한다(16절). 성도에게도 죽음은 슬픔이지만 복된 부활의 약속이 있으므로 소망을 가질 수 있다. 그리고 이런 말씀으로 서로 위로해야 한다. "그러므로 이 여러 말로 서로 위로하라"(18절).

■ 기 도 ■ 인간을 사랑하사 영생할 수 있는 길을 주신 하나님 아버지, 우리에게 주신 이 귀한 믿음을 끝까지 지키게 하시고 부활의 그날까지 승리하게 하옵소서. 예수님 이름으로 기도드립니다. 아멘.

■ 십계명 ■   복 받는 성도의 10가지 권면

1. 복 받는 성도는 믿음으로 순종한다
2. 복 받는 성도는 믿음으로 복종한다
3. 복 받는 성도는 항상 기도에 힘쓴다
4. 복 받는 성도는 찬송으로 영광을 돌린다
5. 복 받는 성도는 예배에 참석한다
6. 복 받는 성도는 기쁨으로 봉사한다
7. 복 받는 성도는 담대하게 전도한다
8. 복 받는 성도는 배우기에 힘쓴다
9. 복 받는 성도는 이웃에게 본이 된다
10. 복 받는 성도는 하나님을 기쁘시게 한다

■ 예 화 ■   올라가는 사람

올라가는 사람은 죽음을 목전에 두지 않았더라도 날마다 밴더빌트 씨의 체험을 가져야 한다.

나의 생애의 가치는 과거에 속한 추억이나 작은 공로나 재물에 있는 것이 아니다. 언제나 저 높은 곳을 바라다보기 때문에 하나님 앞에 스스로를 가난하게 여기는 겸손한 믿음을 가지게 되는 것이다.

런던 공동묘지들은 묘비에 고인의 이름과 함께 사망일을 기록할 때 O월 O일에 '죽었다'는 말 대신 '올라갔다(ascended)'는 말을 사용하는 것이 일반적이라고 한다.

1902년에 런던의 한 목회자였던 조셉 파커 목사가 그 부인을 잃었을 때 "내 아내가 죽었다는 표현은 쓰기도 싫고 그렇게 믿어지지도 않기 때문에 '올라갔다'라고 쓰겠다."라고 하며 이 말을 묘비에 기록한 것이 여러 사람의 호응을 얻어 전통이 된 것이다.

좋은 말이다.

죽었다는 낱말은 어쩐지 골짜기로 떨어져 내려가는 느낌인데, 성경이 말하는 것처럼 올라간다는 표현은 죽음을 성경적으로 바로 해석하는 낱말이라고 생각된다.

예식 · 발인

하늘 가는 길

■ 찬 송 ■ ♪221, 289, 370, 290

■ 본 문 ■ 형제들아 내가 이것을 말하노니 혈과 육은 하나님 나라를 … 【고전 15:50~58】

■ 서 론 ■ 목사로 퀘이커교의 창시자인 죠지 폭스는 "염려하지 말라. 주님의 능력이 모든 약함과 죽음을 정복하셨다."라고 했다. 이제 요단강을 건너 하늘 가는 밝은 길을 떠나가는 이 성도의 발인은?

■ 말 씀 ■

I 발인식은 천국에 들어가는 환송식임

성도가 죽으면 어떻게 되나? 주님이 계신 '낙원'으로 가게 된다(눅 23:43). 이 얼마나 기쁘고 복된 일인가. 이보다 더 기쁜 일은 없을터이다. 성도는 죽는 순간 주님의 품에 안기게 되므로 발인식은 곧 천국에 들어가는 환송식이라 할 수 있다. 이렇게 주님과 함께 있다가 주님이 재림하시는 날 "순식간에 홀연히 다 변화"(51절)해서 "썩지 아니할 것으로 다시" 살게 된다(52절). 천국의 소망이 있고 부활의 약속이 있으니 얼마나 복된 일인가.

II 발인식은 거룩하고 경건해야 함

한 성도의 삶은 어떻게 평가될까? 물론 성도라 해서 아무 죄도 없고 실수도 없는 온전한 삶을 살았다고 할 수는 없다. 다만 예수님을 믿음으로 죄사함을 받고 성령의 능력으로 거듭났을 뿐이지 완전해진 것은 아니다. 그렇다해도 성도는 거룩하신 하나님의 자녀이므로 그를 보내는 의식은 거룩하고 경건하게 이루어져야 한다. 이런 의식을 통해서 주님의 영광을 나타내야 한다. 하나님이 "우리 주 예수 그리스도로 말미암아 이김을" 주시기 때문이다. 주님을 떠나서는 아무것도 할 수 없다(요 15:5).

III 발인식은 사람들에게 소망을 주어야 함

성도의 죽음은 슬픈 중에도 하늘 나라의 소망을 인하여 위로를 받게 된다. 사랑하는 이의 죽음은 성도에게도 견디기 어려운 일이지만 불신자처럼 너무 슬퍼하거나 절망적인 모습을 보여서는 안 된다(살전 4:13-14). 성도의 발인식을 통해서 죽음의 실체가 무엇이고 구원의 길은 무엇이며 그리스도께서 하신 일이 무엇인지 밝히 드러내야 한다. 그래서 성도의 죽음은 절망이 아니고 소망이며 복된 일이라는 것을 신자는 물론이고 불신자들에게도 보여줘야 한다.

■ 기 도 ■ 인간에게 구원과 영생의 부활을 주시는 주님, 저희로 하여금 소망 가운데서 늘 주님을 바라보며 승리하게 하옵소서. 아멘.

■ 십계명 ■　은혜를 알고, 은혜를 받는 10가지

1. 은혜는 사랑의 하나님이 우리와 함께 하는 것이다
2. 은혜는 하나님이 우리를 지금까지 살게 해 주신 것이다
3. 은혜는 죄와 허물로 죽었던 우리를 살게 해주신 것이다
4. 은혜는 살아 계신 하나님을 믿고 순종하는 것이다
5. 은혜는 하나님이 함께 하심으로 지옥이 없는 것이다
6. 은혜는 하나님의 함께 하심으로 사랑을 깨닫는 것이다
7. 은혜는 하나님의 은총으로 구원을 받았음을 깨닫는 것이다
8. 은혜는 이 세상에서 천국을 체험하며 사는 것이다
9. 은혜는 하나님과 함께 영생함을 믿는 것이다
10. 은혜는 복의 근원되신 하나님을 아버지로 섬기는 것이다

■ 예 화 ■　본회퍼 목사의 최후

"1945년 4월 8일 주일 아침이었다. 본회퍼(Dietrich Bonhoeffer)목사가 아침 기도를 마치기도 전에 험악하게 생긴 두 사나이가 감방을 향하여 소리쳤다. '죄수 본회퍼, 우리를 따라와!' 그들이 감방에 나타나 우리를 따라오라고 하는 그 말은 언제나 죽음에 이르는 최후의 명령이었다. 나는 '목사님 마지막이군요. 안녕히 가십시오.' 하고 말씀드렸다. 그러나 본회퍼 목사는 미소를 머금은 평화스러운 낯으로 '마지막이 아닙니다. 지금이 시작입니다.' 하고 말하며 그들을 따라 사라졌다."

이것은 나치 독일에게 순교당한 본회퍼 목사의 모습을 그린 같은 감방에 있는 한 영국 장교의 유고이다.
본회퍼 독사는 값싼 은혜와 값비싼 은혜를 구별한다.
깊은 은혜의 체험은 비싼 대가를 치르고 받은 은혜인 것이다.
희생 없이 하나님의 큰 은혜에 접할 수 없다.

예식·발인

요단 강 건너 저편에

■ 찬 송 ■ ♪ 232, 534, 370, 289

■ 본 문 ■ 너희가 너희 하나님 여호와의 주시는 안식과 기업에 아직은 … 【신 12:9~10】

■ 서 론 ■ 프랑스의 풍자가 프랑수아 라브라이는 "막을 내려라. 이제 어릿광대극은 끝났다. 또 아마도 더 위대한 것을 찾으려고 떠나는거야."라고 했다. 이 땅의 고통과 눈물과 슬픔이 끝나고 성도를 위해 예비하신 저편의 처소는?

■ 말 씀 ■

I 이 곳에는 진정한 만족이 없음

이스라엘 백성들이 가진 최대의 소망은 요단강을 건너 가나안 복된 땅에 들어가 행복하게 사는 것이었다. 그들이 광야에 사는 동안은 참 만족과 기쁨이 있을 수 없었다. 모세는 광야에서 그의 동족들에게 "너희가 너희 하나님 여호와의 주시는 안식과 기업에 아직은 이르지" 못했다고 말한다(9절). 우리도 이 광야같은 세상에서 행복을 찾으려하면 반드시 실망할 것이다. 우리는 죽음이라는 요단강 건너편에 있는 천국을 사모하고 바라봐야 한다.

II 이 땅은 점차 멸망되어 가고 있음

가나안땅은 비록 죄악이 가득차 불원 장래에 하나님의 진노를 받아 멸망할 운명이지만 그때까지는 일상생활을 영위할 수 있었다. 하지만 그것은 잠시동안 뿐이었다. 그들은 겉으로 보기에는 아무 일도 없는 것 같았으나 실상 내부적으로는 이미 무너져 가고 있었다. 그 결정적인 결말이 바로 여리고 성의 붕괴와 멸망으로 나타났다. 지금 우리가 살고 있는 이 세상 역시 겉으로는 멀쩡하나 내부적으로는 이미 무너져가고 있는 것이다.

III 주님은 성도에게 천국에 살도록 요구하심

하나님은 모세를 통하여 이스라엘 백성들에게 소망을 주셨다. "너희가 요단을 건너 너희 하나님 여호와께서 너희에게 기업으로 주시는 땅에 거하게" 하겠다고 하신다(10절). 하나님이 이스라엘 백성들에게 가나안 땅을 약속하신 것은 성도들이 하나님의 영원한 천국에 들어갈 일의 모형이요 그림자라 할 수 있다. 이스라엘 백성들이 끝내 여호수아의 지도로 가나안땅에 들어간 것처럼 우리는 예수님의 인도로 영원한 천국에 들어가게 된다(여호수아와 예수는 동의어다).

■ 기 도 ■ 이스라엘 백성들에게 가나안 땅을 거저 주어 복을 누리게 하신 하나님, 저희들에게 천국을 주시어 소유하게 하심을 진심으로 감사드립니다. 예수님 이름으로 기도드립니다. 아멘.

■ 십계명 ■　하나님 앞에서 인간의 10가지 인생관

　　1. 하나님 앞에서 모든 인간은 지음받은 피조물이다
　　2. 하나님 앞에서 모든 인간은 죄를 지은 인간이다
　　3. 하나님 앞에서 모든 인간은 타락한 존재이다
　　4. 하나님 앞에서 모든 인간은 사단의 종노릇을 하였다
　　5. 하나님 앞에서 모든 인간은 불완전한 존재이다
　　6. 하나님 앞에서 모든 인간은 시간과 공간 속에서 유한한 존재이다
　　7. 하나님 앞에서 모든 인간은 나약한 존재이다
　　8. 하나님 앞에서 모든 인간은 죄로 인해 죽을 수밖에 없는 존재이다
　　9. 하나님 앞에서 모든 인간은 앞길을 모르는 존재이다
　10. 하나님 앞에서 모든 인간은 반드시 구원을 받아야 하는 존재이다

■ 예　화 ■　죽음과의 데이트

　　미국의 천재라고 불리우는 코미디언이며 영화 감독인 우디 알렌(Woody Allen)에게 기자가 물었다.
　　"당신의 작품 중 불멸의 명작이라고 생각하는 영화가 있는가?"
　　알렌은 이렇게 대답했다.
　　"세상에 불멸이란 것이 어디 있는가? 나는 날마다 죽음의 그림자와 함께 살고 있다."
　　그는 죽음과 데이트를 하고 있는 것이다.
　　우리들도 죽음과 데이트를 할 때가 많다. 아예 그런 인생 태도를 굳힌 사람도 있다.
　　"어차피 죽을 몸인데 살아 있는 동안에 잘 먹고 잘 살고 재미를 보아야지. 죽은 뒤에야 쓸데있나."
　　"얼마나 살겠다고 거창한 생각을 해? 몸이나 건강하게 보호하고 그럭저럭 살다 죽는거지."
　　이런 사람들은 죽음을 회피하는 현실주의자이고 대개의 경우 모든 가치를 물질로 귀착시키는 유물론자들이지만 결국 그들도 죽음에 붙잡혀 죽음과 데이트를 하는 사람들이라고 볼 수 있다.

예식 · 하관

축복된 성도의 죽음

■ 찬 송 ■ ♪233, 290, 292, 545

■ 본 문 ■ 또 내가 들으니 하늘에서 음성이 나서 가로되 기록하라 자금 이후로 주 안에서 죽는 자들은 복이 있도다 하시매 … 【계 14:13】

■ 서 론 ■ 스코틀랜드의 종교개혁자 존 녹스는 "이제 때가 왔군요. 그리스도 안에서 사는 겁니다. 그리스도 안에서 살아요. 그러면 육체는 사망을 두려워할 필요가 없게 되니까요…"라고 했다. 택함입은 성도의 죽음은?

■ 말씀 ■

I 성도는 이 땅의 모든 수고를 그쳤음

죽음이란 무엇인가? 이 세상에서 하던 모든 일을 멈추고 쉬는 것을 의미한다. 세상살이는 정도의 차이는 있지만 대부분 고통을 당하며 살아야 한다. 성도는 죽음으로써 모든 수고를 그치게 된다. "그러하다. 저희 수고를 그치고"라고 한다. 이 세상 삶이 아무리 힘들고 어렵더라도 잠시만 견디면 우리는 모든 수고와 고통에서 벗어나게 된다. 그런 면에서 생각하면 죽음이란 나쁜 것만은 아니다. 우리는 죽음이 찾아올 때까지 부지런히 일하고 열심히 주님을 섬겨야겠다.

II 성도는 이제 영원한 안식을 함

성도는 이미 죄사함받고 하나님의 자녀가 되었으니 죽음 또한 복된 일 중에 하나가 된다. 왜냐하면 "쉬리니"하신 말씀대로 영원한 안식을 누리게 되기 때문이다. 이 세상에서는 잠시도 쉬지 못한채 고달픈 삶을 산 성도라도 죽으면 영원한 안식에 들어가게 되니 죽음이야말로 복된 일이 아닐 수 없다. 우리 앞에는 이런 복된 안식이 기다리고 있으므로 이 세상에서 너무 쉬려고 하지 말고 주님을 위하여 부지런히 봉사하는 삶을 살아야겠다.

III 성도는 주 안에서 축복된 삶을 살게 됨

사도 요한은 "하늘에서" 나는 "음성"을 들었는데 "자금 이후로 주 안에서 죽는 자들은 복이 있도다"라는 것이었다. 예수님을 믿고 예수님을 위하여 살다 예수님 안에서 죽는 성도는 진실로 복이 있다. 왜? 영원한 안식을 누릴뿐 아니라 "저희의 행한 일이" 따르기 때문이라고 한다. 주님을 위하여 애쓰고 수고한 것을 왜 주님이 기억하지 않으시겠나? 분명히 기억하시고 그에 따르는 상급을 주실 것이다(계 22:12).

■ 기 도 ■ 주님을 믿고 주님을 위하여 수고하고 애쓴 성도들에게 안식과 상급을 주시는 주여, 우리로 하여금 주님을 위하여 더욱 충성하게 하옵소서. 아멘.

■ 십계명 ■　하나님을 믿는 성도의 신앙 10가지

1. 이것은 하나님이 계심을 믿는 것이다
2. 이것은 하나님의 주권을 믿는 것이다
3. 이것은 하나님의 창조하심을 믿는 것이다
4. 이것은 하나님의 섭리하심을 믿는 것이다
5. 이것은 하나님의 거룩하심을 믿는 것이다
6. 이것은 하나님의 의로우심을 믿는 것이다
7. 이것은 하나님의 선하심을 믿는 것이다
8. 이것은 하나님의 사랑을 믿는 것이다
9. 이것은 하나님의 전지전능하심을 믿는 것이다
10. 이것은 하나님의 아버지 되심을 믿는 것이다

■ 예 화 ■　가까운 천국

　영국의 문호 루이스(C.S. Lewis)에게는 살이라도 베어 줄 수 있는 가까운 친구가 있었다.
　그의 이름은 찰스 윌리엄스였다. 그런데 이 친구가 먼저 사망하였다. 루이스 씨는 조사에서 이렇게 말했다.
　"이제 천국은 무척 가까워졌습니다. 멀리 생각되던 천국이 이젠 이웃집이 되었습니다. 그 곳에 내 친구 찰스가 있으니, 얼마나 가까운 곳입니까?"
　그런데 찰스가 죽은 지 1년도 못 되어 이번에는 그의 아내 조이(Joy)가 세상을 떠났다.
　루이스 부부는 금실이 좋기로 유명했다. 그토록 사랑하던 아내와 사별한 것이다.
　루이스 씨는 일기에 다음과 같이 적었다.
　'이제 천국은 내 집처럼 가까워졌다. 조이가 있고 찰스가 있으니 그곳이 바로 내 집이 아닌가!'

■ 명 상 ■　죽음은 때로는 벌이요, 때로는 선물이며, 수많은 사람에게 은혜였다.

－ 세네카 (로마 스토아 철학자) －

예식 · 하관

너희 생명이 무엇이뇨

■ **찬 송** ■ ♪294, 290, 545, 470

■ **본 문** ■ … 너희 생명이 무엇이뇨 너희는 잠간 보이다가 없어지는 안개니 … 【약 4:13~17】

■ **서 론** ■ 프랑스의 종교개혁자 죤 칼빈은 "주님, 당신에게 저를 물어주시는군요. 이것이 당신의 섭리로 된 일이기에 저는 더할 나위없이 만족합니다."라고 했다. 우리네 인생을 야고보 기자는 안개같은 인생이라고 표현했다. 이는?

■ **말 씀** ■

I 인생은 안개 / 유한한 존재

안개는 영원히 있는게 아니다. 잠시 있다가 곧 사라진다. 인생도 그와 같다. 영원히 이 땅에 살 것처럼 생각하지만 절대 그렇지 않다. 누구나 이 세상을 떠나야 한다. "한번 죽는 것은 사람에게 정하신 것"이기 때문이다(히 9:27). 이 세상에서 영생해 보려고 온갖 노력하지만 헛수고일 뿐이다. 앞으로 과학이 발달하겠지만 이 세상에서 영생하는 방법은 찾지 못할 것이다. 하나님은 아담에게 "너는 흙이니 흙으로 돌아갈 것이니라" 하셨다(창 3:19).

II 인생의 목적 / 하나님께 영광

안개같은 인생의 목적은 무엇인가? 궁극적으로 하나님께 영광을 돌리는 것이다. "무릇 내 이름으로 일컫는 자 곧 내가 내 영광을 위하여 창조한 자를 오게 하라"고 하나님은 말씀하셨다(사 43:7). 인생이 짧다고 한탄할 필요가 없다. 우리 인생이 길던 짧던 거기에 너무 신경쓰지 말고 하나님이 주신 삶의 기간 동안 하나님께 영광을 돌리면 그만이다. 바울은 "그런즉 너희가 먹든지 마시든지 무엇을 하든지 다 하나님의 영광을 위하여 하라"고 했다(고전 10:30).

III 인생의 의무 / 주에게 인도

그러면 안개같은 인생이 무엇을 해야 할 것인가? 아직도 주님께 돌아오지 않고 이 땅에서 영생하려고 발버둥치는 영혼들을 주님께 인도하는 일을 해야 한다. 이 세상에는 영생의 길이 없다. 인간은 누구나 죽어야 하는데 뉘라서 영생의 길을 제시할 수 있단 말인가? 영생의 길은 죽으셨다 부활하신 예수 그리스도 한 분만이 제시하실 수 있을 뿐이다. 주님은 "내가 곧 길이요 진리요 생명이니 나로 말미암지 않고는 아버지께 올 자가 없느니라" 하셨다(요 14:6).

■ **기 도** ■ 우리가 안개같은 보잘것없는 자들이지만 주님은 귀하게 여기사 목숨까지 던져 구원하셨습니다. 우리가 주님의 은혜를 늘 기억하면서 하나님 아버지께 영광을 돌리게 하옵소서. 예수님 이름으로 기도드립니다. 아멘.

■ 십계명 ■　하나님 앞에서 아름다운 10가지 자세

1. 성도가 삶을 믿음으로 사는 것이다
2. 성도가 삶을 아름답게 사는 것이다
3. 성도가 삶을 선하게 사는 것이다
4. 성도가 삶을 귀하게 사는 것이다
5. 성도가 삶을 의롭게 사는 것이다
6. 성도가 삶을 진실과 정직으로 사는 것이다
7. 성도가 삶을 감사하며 사는 것이다
8. 성도가 삶을 겸손하게 사는 것이다
9. 성도가 삶을 강하고 담대하게 사는 것이다
10. 성도가 삶을 긍정적으로, 적극적으로 사는 것이다

■ 예 화 ■　역전의 순간

　　찬송가 작가인 헨리 라이트 목사가 지은 마지막 찬송이며 명작이라고 불리워지는 "때 저물어 날 이미 어드니"(531장)는 이런 내용으로 되어 있다.

　　　　때 저물어 날 이미 어두니 구주여 나와 함께 하소서
　　　　내 친구 나를 위로 못 할 때 날 돕는 주여 함께 하소서
　　　　내 사는 날이 속히 지나고 이 세상 영광 빨리 지나네
　　　　이 천지 만물 모두 변하나 변찮는 주여 함께 하소서

　　1847년 9월 4일, 라이트 목사는 마지막 설교를 하고 그날 밤 이 찬송을 작사하여 딸에게 넘겨주고 세상을 떠나게 된 것이다. 운명 전 그는 이렇게 속삭이고 눈을 감았다. "아, 행복한 역전(逆轉)이 지상에서 시작되고 있다. 지옥이 낙원으로 바뀌는 역전이다. 신앙은 위대하다. 믿음은 오늘의 어두움을 깨고 광명을 준다. 나는 주님 품 속에 있다."
　　가는 소리로 더듬더듬 남겼다는 이 최후의 유언은 죽음을 이긴 자의 믿음을 보여 주고 있다. 라이트 목사는 죽음을 역전의 순간으로 해석한 것이다. 운동 경기에서도 패하고 있다가 역전승하는 경우가 많다. 그것이야말로 처음부터 일방적으로 한 팀이 계속 이기고 있는 상황에 비하여 훨씬 흥분을 돋구는 승리인 것이다.

예식 · 임종(불신자)

죽음이 가까이에

■ 찬 송 ■ ♪289, 224, 223, 544

■ 본 문 ■ … 요나단이 그에게 이르되 결단코 아니라 네가 죽지 아니하리라 … 【삼상 20:1~3】

■ 서 론 ■ 로마의 시인 호라티우스는 "창백한 죽음은 공평무사한 걸음을 걸어 가난한 자의 오두막집 문도 두드리고 왕들의 궁전 문도 두드린다."라고 했다. 이 지상에서의 생을 마감하는 죽음은?

■ 말 씀 ■

I 죽음의 때 / 예측 못함

죽음의 때는 아무도 예측할 수 없다. 그러기에 다윗은 요나단에게 말하기를 "그러나 진실로 여호와의 사심과 네 생명으로 맹세하노니 나와 사망의 사이는 한 걸음뿐이니라"고 했다(3절 하). 이것은 다윗뿐 아니라 인간은 누구나 다 마찬가지다. 인간은 죽음의 문제를 해결해 보려고 온갖 노력을 다했지만 그 비결을 찾지 못했고 앞으로도 절대 찾을 수 없을 것이다. 왜냐하면 "한번 죽는 것은 정하신 것"이기 때문이다(히 9:27).

II 죽음의 정의 / 분리와 변이

죽음이란 영혼과 육체의 분리를 의미한다. 대부분의 사람들은 사람이 죽으면 그것으로 다 끝난다고 생각하지만 그렇지 않다. 하나님은 다른 동물에게는 주시지 않은 영혼을 인간에게는 주셨다(창 2:7, 마 10:28). 육체는 흙으로 돌아가지만(창 3:19) "인생의 혼은 위로 올라"간다(전 3:20). 죽음이란 인생의 종말을 의미하면서 새로운 삶의 시작을 의미하기도 한다. 우리가 이 땅에 살아있는 동안 예수님을 믿음으로 구원받고 그분을 위해 사는 것이 가장 복된 일이다.

III 죽음의 의미 / 불청객을 예비

죽음은 언제 우리를 찾아올 지 아무도 모른다. 이는 마치 불청객이 언제 우리를 찾아올 지 모르는 것과 같다. 그러므로 인간은 누구나 반드시 자신을 찾아올 죽음을 맞이할 수 있는 준비를 하고 있어야 한다. 아무런 준비도 없이 사는 데만 몰두하고 있다 갑자기 죽음을 맞는 것이야말로 비극 중 최대의 비극이다. 그러면 어떻게 해야 하나? 비록 임종하는 이 자리에서라도 예수님을 구주로 믿는다고 신앙고백을 하면 구원받게 된다(행 16:31, 롬 10:9-10).

■ 기 도 ■ 인생에게 영생의 길을 주신 하나님 아버지 감사합니다. 우리의 구원이시고 영생이신 주 예수님을 모든 인간이 영접하고 믿어 구원에 이르게 하옵소서. 예수님 이름으로 기도드립니다. 아멘.

■ 십계명 ■　사람이 구원받아야 할 죄인인 10가지 이유

　　1. 사람은 피조물이지 창조자가 아니다
　　2. 사람은 하나님의 형상으로 창조되었지만 범죄한 죄인이다
　　3. 사람은 죄값으로 누구든지 죽음을 피할 수 없다
　　4. 사람은 죄연인고로 죄의 문제를 해결해 주신 주님 예수를 믿어야 한다
　　5. 사람은 죄인인고로 그 속에 항상 죄성을 가지고 있다
　　6. 사람은 예수를 믿음으로써 구원받고 영생할 수 있다
　　7. 사람은 성령충만하여 새 사람으로 거듭날 수 있다
　　8. 사람은 시간과 공간의 제한 속에서 살아간다
　　9. 사람은 완전치 못하므로 누구나 범죄할 수 있다
　10. 사람은 온전치 못하므로 누구나 실수할 수 있다

■ 예 화 ■　구인 광고

　　　한 여성이 보스턴 신문에 결혼 상대자를 구하는 광고를 실었다. "나는 은퇴한 학교 교원입니다. 종이 울릴 때까지 운동장에서 나와 함께 있어 줄 60대 후반의 신사를 구합니다."
　　　수업 시간을 알리는 종이 울리면 운동장에서 놀던 아이들은 싫으나 좋으나 교실로 들어가야 한다.
　　　아마 60세쯤 되었을 이 고독한 부인은 자기 인생의 종말을 알리는 하늘나라의 운명의 종소리를 예감하며, 그 종소리가 울릴 때까지 운동장에 함께 있어 줄 친구를 구하고 있는 것이다.
　　　누구에게나 종소리가 울릴 날이 온다. 그렇다고 해서 구인 광고를 신문에 낼 필요는 없다.
　　　"세상 끝날까지 내가 너희와 함께 있으리라."라고 약속하신 주님, 임마누엘의 주님이 우리와 함께 계시기 때문이다.

■ 명 상 ■　돌아보니 서산에 해지려는데 북소리 둥둥 내 목숨 재촉하네. 황천 가는 길엔 술집도 없다는데 오늘 밤은 뉘 집에서 쉬어서 가리.

　　　　　　　　　　　　　　　　　　　　　　－ 성삼문 (조선시대 사육신) －

예식 · 임종(불신자)

죽음을 향해 걷는 인생

■ 찬 송 ■ ♪225, 223, 289, 290

■ 본 문 ■ 내가 아나이다 주께서 나를 죽게 하사 모든 생물을 위하여 … 【욥 30:23~24】

■ 서 론 ■ 로마의 정치가요 철학자인 키케로는 "나는 나의 집을 떠나듯이 일생을 하직하는 것이 아니라, 여인숙을 떠나듯이 일생을 하직한다."라고 했다. 인간의 원죄로 인해 찾아온 죽음의 길을 걷는 인생은?

■ 말 씀 ■

I 죽음은 인생에게 필연적인 것임

죽음이란 무엇인가? 인생이 죽음을 피할 수는 없을까? 성경에 보면 인간은 반드시 죽어야 한다고 되어 있다. 왜 죽어야 하나? 인간은 죄를 졌기 때문이다. "죄의 삯은 사망"이라고 했다(롬 6:23). 인간은 무슨 죄를 범했나? 아담과 하와가 하나님이 금하신 일을 저질렀다. 선악과를 따먹으면 정녕 죽는다고 하셨는데도 따먹었으니(창 2:16-17, 3:1-6), 그때부터 인간은 죽음을 피할 수 없게 됐다. 지금 과학자들이 죽지 않는 방법을 연구하지만 모두 실패하고 말 것이다.

II 죽음은 인생에게 심각한 것을 깨닫게 함

욥은 자신이 언젠가는 죽어야 한다는 것을 알고 있었다. "내가 아나이다. 주께서 나를 죽게 하사"라고 했다(23절). 죽음은 인생의 끝이기 때문에 내세의 확신이 없는 사람은 두려움과 공포에 휩싸일 수밖에 없다. 이 세상에 죽기를 원하는 사람은 하나도 없다. 왜냐하면 죽은 다음의 세상이 있는지를 확인하지 못하기 때문이다. 내세의 밝은 소망이 있는 사람은 그렇게 죽음을 두려워하지는 않을 것이다. 죽음은 현생의 종말이므로 심각하게 생각하는 것은 당연하다.

III 죽음은 인생에게 영생을 붙잡도록 고무시킴

아무리 인간의 두뇌가 발달하여 죽지 않는 방법을 찾아도 실패할 것임은 너무도 분명하다. 죽음은 하나님이 정해 놓으신 인생의 한계요, 운명이기 때문이다. 그렇다면 죽음의 문제를 해결할 무슨 방법은 없을까? 성경은 하나님이 인간을 사랑하사 구원의 방도를 알려 주시려고 기록하셨다. 성경 속에 영생의 길이 있다. 그것은 바로 인간이 주 예수님을 하나님의 아들 그리스도로 믿는 것이다(요 20:31). 그 외에 영생의 길은 없다(행 4:12).

■ 기 도 ■ 사랑과 자비가 풍성하신 하나님 아버지, 죄값으로 마땅히 죽을 저희에게 주님을 믿는 믿음을 주사 구원해 주신 것을 진심으로 감사드립니다. 예수님 이름으로 기도드립니다. 아멘.

■ 십계명 ■　착각하지 않고 사는 10가지 경계

1. 하나님이 계심에도 불구하고 없는 줄로 아는 착각
2. 하나님이 모든 것을 창조하셨음에도 저절로 된 줄 알고
3. 하나님이 모든 우주를 섭리하시고 운행하심에도 저절로 되는 줄 알고
4. 하나님이 우리의 중심을 보심에도 불구하고 안 보시는 줄 알고
5. 하나님이 우리의 모든 생사화복을 주관하심에도 그렇지 않은 줄 알고
6. 하나님이 우리를 사랑하심에도 불구하고 상관없는 줄 알고
7. 하나님이 우리를 구원하시려 함에도 불구하고 구원이 없는 줄 알고
8. 하나님이 우리에게 복을 주시려 함에도 불구하고 복이 이 땅에 있는 줄 알고
9. 하나님이 우리를 심판하심에도 불구하고 심판이 상관없는 줄 알고
10. 하나님이 예수를 이 땅에 보내셨음에도 불구하고 믿지 않으려는 착각이다

■ 예 화 ■　생의 마지막 일 년

〈볼티모어 선(Baltimore Sun, 일간지)〉이 독자들에게 설문조사를 했다.

"당신이 1년만 살고 죽는다면 그 1년을 어떻게 살겠습니까?"

수백 통의 응답이 있었는데 집을 사겠다든지, 은행 저축 잔고를 얼마로 올리겠다는 등 일반적으로 사람들이 가지는 물질적 희망에 대한 것은 전혀 없었다고 한다.

가장 많은 내용이 "더 많은 도움을 주겠다. 더 많은 미소를 주겠다. 더 많은 사랑을 주겠다. 조금이라도 이 세상을 더 밝게 해보겠다." 는 내용들이었다고 한다.

지금 살고 있는 한 해가 마지막 1년이라고 생각하면 더 가지겠다고 욕심부리지 않고 주는 것을 생각하게 될 것이다.

이는 인간의 진정한 소망이 물질에 있지 않고 더 높고 더 고귀한 것에 있음을 증명하는 결과였다.

예식 · 발인(불신자)

인생에 대한 세 가지 평가

■ **찬 송** ■ ♬289, 224, 223, 231

■ **본 문** ■ … 우리의 년수가 칠십이요 강건하면 팔십이라도 그 년수의 자랑은 수고와 슬픔 뿐이요 신속히 가니 … 【시 90:9~12】

■ **서 론** ■ 중국 춘추전국시대의 노나라 사상가인 증자는 "새는 죽음을 당하면 그 소리가 슬프고, 사람은 죽음을 당하면 어진 말을 남긴다."라고 했다. 죽음이라는 불청객을 맞이한 인생의 평가는?

■ **말 씀** ■

I 인간의 년수에 의한 인생 평가

사람은 누구나 오래 살기를 바란다. 병도 많고 사건 사고도 많은 이 세상에서 건강하게 오래 사는 일이 그리 쉽지만은 않다. 하지만 오래 사는 것 자체가 자랑일 수는 없다. 시편 기자는 "우리의 년수가 칠십이요 강건하면 팔십이라도 그 년수의 자랑은 수고와 슬픔뿐"이라고 했다(10절). 사람이 오래 사는 것도 나쁠거야 없지만 장수하는 것으로 인생을 평가할 수는 없다. 주님은 33년밖에 살지 않으셨으나 어느 누구도 흉내낼 수 없는 위대한 업적을 남기셨다.

II 인간의 행위에 의한 인생 평가

그러면 인간을 평가할 수 있는 다른 기준은 없는 것인가? 그것은 행위에 의한 평가다. 그 사람이 평생 무슨 일을 어떻게 했는지를 따져보는 것이다. 나는 양심을 지켰노라고, 의롭게 살았노라고, 선한 일을 많이 했노라고 자랑할 수 있을까? 그러나 우리가 기억할 것은 인간의 그 어떤 선한 행위나 위대한 업적도 자기 자신 하나 구원하기에는 턱없이 불충분하고 부족하다는 사실이다. 성경은 말하기를 "의인은 없나니 하나도 없으며"라고 한다(롬 3:10).

III 인간의 내세 준비에 의한 인생 평가

이 세상에 사는 동안 가장 중요한 일은 닥쳐올 내세를 잘 준비하는 것이다. 사람은 누구나 한번은 죽어야 한다(히 9:27). 이것은 인간이라면 누구나 피할 수 없는 운명이다. 중요한 것은 내세가 있느냐 없느냐를 놓고 소모적인 논쟁을 벌일 것이 아니라 분명히 존재하는 내세를 어떻게 준비하느냐 하는 것이다. 그러면 가장 좋은 준비는 무엇인가? 사람에 따라 다르겠지만 예수 그리스도를 구세주로 믿는 길밖에 없다는 것이 성경의 증언이다(요 3:16, 14:6, 20:31, 행 4:12).

■ **기 도** ■ 하늘에 계신 하나님 아버지, 이 허망한 세상에서 영생의 길을 알게 하시고 그 길을 걷게 하신 것을 감사드립니다. 아멘.

■ 십계명 ■　마지막까지 깨끗해야 할 것 10가지

1. 하나님의 자녀이므로 몸을 깨끗이 하자
2. 하나님의 자녀이므로 마음을 깨끗이 하자
3. 하나님의 자녀이므로 영을 깨끗이 하자
4. 하나님의 자녀이므로 가정을 깨끗이 하자
5. 하나님의 자녀이므로 깨끗한 말을 쓰자
6. 하나님의 자녀이므로 믿음이 깨끗한 신앙이 되자
7. 하나님의 자녀이므로 물질 관계에 깨끗이 하자
8. 하나님의 자녀이므로 이성 관계에 깨끗이 하자
9. 하나님의 자녀이므로 명예 관계에 깨끗이 하자
10. 하나님의 자녀이므로 주변 환경을 깨끗이 하자

■ 예 화 ■　끝을 생각하라

시편 기자는 "우리에게 우리 날 계수함을 가르치사 지혜의 마음을 얻게 하소서"(시 90:12)라고 기도하였다.

자기의 남은 시간들을 소중히 맞이하는 것이 가장 큰 지혜라는 뜻이다.

모든 시간은 끝이 있다. 하루도 끝이 있고 1년에도 섣달 그믐이 있으며 한 생애도 끝나는 시간이 있다.

프란체스코 사비에르는 스페인 사람으로서 포르투갈 왕 요한 3세의 위촉으로 인도, 중국 그리고 일본까지 다니며 선교했던 동양 전도의 선구자였다.

그는 1552년 12월 3일 선교지에서 숨을 거두었는데 유언으로 포르투갈 국왕에게 이런 말을 남겼다.

"폐하께서 어느 날인가에 하나님 앞에 서야 할 시간이 있음을 잊지 마십시오.

그 끝 날의 계산을 위하여 더욱 양심적인 국왕이 되며 사람과 하나님 앞에 겸손하셔서 부끄러움이 없는 총결산의 시간을 맞이하도록 준비하십시오."

예식 · 하관(불신자)

사망을 이기는 성도의 승리

■ 찬 송 ■ ♪384, 93, 290, 291

■ 본 문 ■ 사망아 너의 이기는 것이 어디 있느냐 사망아 너의 쏘는 것이 … 【고전 15:55~58】

■ 서 론 ■ 이탈리아의 천재 예술가 레오나르도 다 빈치는 "잘 보낸 하루가 행복한 잠을 가져오듯이 잘 산 인생은 행복한 죽음을 가져 온다."라고 했다. 사망의 권세를 극복한 성도의 마지막 승리는?

■ 말 씀 ■
I 성도의 승리는 죽음으로부터의 승리이다
인류 최대의 적은 무엇인가? 이것 저것 많겠지만 한 가지만 대라면 '죽음'이라 하겠다. 죽음에는 한 사람의 예외도 없이 모두 그 세력의 지배를 받아야 한다. 그러나 예수님을 믿는 사람은 죽음을 두려워하지 않는다. 왜냐하면 예수께서 죽음을 이기고 부활하셨고 믿는 사람은 누구나 부활할 것을 약속하셨기 때문이다(고전 15:4, 요 11:25-26). 바울은 이렇게 외친다. "사망아, 너의 이기는 것이 어디 있느냐, 사망아 너의 쏘는 것이 어디 있느냐"(55절).

II 성도의 승리는 그리스도 예수로 말미암은 승리이다
바울은 성도가 죽음을 두려워할 필요가 없음을 역설한다. 그것은 우리 힘이나 공로 때문이 아니라 예수님의 공로 때문이라고 한다. "우리 주 예수 그리스도로 말미암아 우리에게 이김을 주시는 하나님께 감사하노니"(57절) 죽음에 대한 승리는 예수님이 거두신 것이지 우리가 거둔 것이 아니다. 우리는 주님이 거두신 승리의 열매를 주님과 함께 나눌 뿐이지 승리의 주역은 아니다. 주 예수님을 믿으면 그래서 좋은 것이다. 일은 주님이 다 하시고 우리는 다만 그 수확의 기쁨에 동참할 뿐이다.

III 성도의 승리는 부활을 바라는 자세의 승리이다
우리가 사망을 두려워하지 않는 것은 예수께서 이미 사망의 권세를 무력화하셨기 때문이다. 우리는 이 땅에서 예수님을 믿음으로 구원을 받고 영생을 얻었으므로 죽음을 두려워하지 않는다. 우리는 주님처럼 영광스러운 부활을 믿는다. 그러므로 우리는 "흔들리지 말며 항상 주의 일에 더욱 힘쓰는 자들이" 되어야 한다(58절 상). 그 까닭은 우리의 "수고가 주 안에서 헛되지 않은 줄"을 알기 때문이다(58절 하). 부활의 때까지 열심히 봉사하자.

■ 기 도 ■ 죽음의 권세를 이기고 부활하신 주님, 저희들로 하여금 주님이 오실 때까지 더욱 충성하는 자가 되게 하옵소서. 아멘.

■ 십계명 ■　우리가 능력 받으면 되는 10가지

　　1. 모든 시험을 이기는 역사가 있고
　　2. 병을 고치는 은사의 능력이 있고
　　3. 죄악을 이기는 능력이 있고
　　4. 자기 자신을 이기는 능력이 있고
　　5. 전도의 역사가 일어나고
　　6. 봉사의 역사가 일어나고
　　7. 사랑의 역사가 일어나고
　　8. 남을 용서하는 긍휼의 마음이 생기고
　　9. 마귀를 이기는 능력이 있고
　　10. 죽음을 이겨 초월하는 능력이 일어난다

■ 예　화 ■　고통스러운 최후

　　스탈린의 딸이〈뉴스위크〉지에 기고한 스탈린 운명의 장면이다.
　　"아버지는 최후의 순간이 가까이 왔을 때 갑자기 눈을 뜨고 방 안에 있는 사람들을 둘러보았다. 노한 눈이었다. 그 눈을 보는 것은 무서웠다. 그리고 나서 왼손을 들고 무엇을 가리키는 듯하였다. 죽음을 두려워하고 있는 빛이었다. 그 팔이 떨어진 후 그는 영면하였다."
　　영원한 생명도 하나님의 나라도 믿지 않을 때 누구나 이런 고통스러운 최후를 맞을 수 밖에 없을 것이다.

　　평화스러운 죽음

　　요한 웨슬리의 동생이며 찬송가 작사가인 찰스 웨슬리는 운명 직전에 이런 기도를 드렸다.
　　"하나님이 기뻐하시니 기쁩니다. 아, 만족하다. 만족하다."
　　얼마나 평화스럽고 행복한 죽음인가?
　　그는 천국에서 자기를 맞이해 주시는 하나님의 기쁜 낯을 보고 있었던 것이다. 그의 마음속에는 죽음의 시간이, 모든 것이 끝나는 시간으로 생각되지 않고 새로운 시작으로 믿어진 것이다.
　　하나님을 믿는 자에게 죽음은 '마침표'가 아니라 '쉼표(comma)' 이다.

예식·위로

성도를 향한 주님의 위로

■ 찬 송 ■ ♪145, 474, 470, 513

■ 본 문 ■ 내가 너희를 고아와 같이 버려두지 아니하고 너희에게로 오리라 … 【요 14:18~20】

■ 서 론 ■ 프랑스의 수학자요 철학자인 파스칼은 "예수 그리스도는 우리가 아무런 긍지 없이 접근할 수 있는 하나님이요, 우리는 그 앞에서 절망없이 우리들 자신을 낮출 수 있다."라고 했다. 주님의 위로는?

■ 말 씀 ■

I 우리를 위해 먼저 고난을 받으신 주님

주님은 부활하시기 전에 십자가에 못 박혀 죽으셨다. 주님의 죽으심은 한 개인의 억울한 죽음이 아니라 인류의 죄악을 대속하는 거룩한 죽음이었다. 예수님의 죽으심은 세상의 죄악을 대속하는 거룩한 죽음이었다. 예수님은 세례 요한의 증거대로 "세상 죄를 지고 가는 하나님의 어린 양"이었다(요 1:29). 다시 말하면 주님은 인류를 위한 속죄제물이었다. 죄와 죽음에 대한 승리는 쉽게 이루어진 것이 아니고 하나님의 독생자의 죽으심이라는 값비싼 대가를 치른 결과로 얻어진 것이다. 이 점을 우리는 잊지 말아야 한다.

II 위로자 곧 보혜사 성령을 보내주시는 주님

주님은 죽으실 것과 부활하실 것을 기회있을 때마다 강조하셨다. 그리고 주님은 원래 계시던 하늘나라로 돌아가실 것도 말씀하셨다. 그러면 제자들만 남아서 무엇을 할 수 있단 말인가 하고 걱정할 수도 있다. 이에 대하여 주님은 "또 다른 보혜사"를 보내주겠다고 약속(16절)하셨는데 이는 "진리의 영"(17절)으로 바로 성령을 가리키시는 말씀이다. 우리는 "고아"가 아니다. 왜냐하면 주님이 성령을 통하여 항상 우리와 함께 하시기 때문이다(18절).

III 다시 만남에 대한 소망으로 충만케 하시는 주님

주님은 제자들과 잠시동안 헤어지지만 곧 다시 만날 것이라고 하신다. "조금 있으면 세상은 다시 나를 보지 못할터이로되 너희는 나를 보리니 이는 내가 살았고 너희도 살겠음이라"(19절). 죽은 다음에는 아무것도 없다고 생각하는 사람처럼 어리석은 사람은 없다. 기독교는 사후의 세계가 있음과 그곳의 주인이 예수님이심과 인간이 죽으면 그분 앞에 서서 심판받을 것임을 증거한다(고후 5:8-10, 계 20:11-15). 믿는 성도의 최대 소망은 주님과 만나는 것이다.

■ 기 도 ■ 십자가의 죽으심과 부활을 통하여 인류의 구원을 이루신 주님, 우리가 이 땅에 있는 동안 힘써 주님의 일을 하게 하옵소서. 예수님 이름으로 기도드립니다. 아멘.

■ 십계명 ■　우리가 하나님께 드리면 받는 10가지

1. 하나님께 몸을 드리면 건강의 복을 주시고
2. 하나님께 마음을 드리면 평강의 복을 주시고
3. 하나님께 생명을 드리면 영생의 복을 주시고
4. 하나님께 시간을 드리면 장수의 복을 주시고
5. 하나님께 재물을 드리면 산업의 복을 주시고
6. 하나님께 작은 것을 드리면 큰 것을 주시고
7. 하나님께 좋은 것을 드리면 귀한 것을 주시고
8. 하나님께 재능을 드리면 지혜와 총명을 주시고
9. 하나님께 땀과 눈물과 피를 드리면 생명의 면류관을 주시고
10. 하나님께 인생 전체를 드리면 천국을 기업으로 받는다

■ 예 화 ■　너의 심장 속에

시에나의 성녀 캐더린(Catherine of Siena)에 대한 신비한 전설들이 많다.

캐더린 수녀는 몹시 고통스러운 어느 날 "언제나 나와 함께 하신다고 말씀하시던 주님께서 내 심장이 찢어질 만큼 괴로운 이 때에 도대체 어디에 계십니까?" 하고 부르짖었다그 한다.

그때 다음과 같은 대답이 들렸다고 한다.

"나는 지금 너의 심장 속에 있다."

이 전설이 말하려는 교훈은 고통과 어려움의 한복판에서 나와 함께 노력하시는 분이 하나님이라는 뜻이다.

하나님이 직접 해결하시는 것이 아니라 나를 통하여, 즉 나에게 인내와 기다림, 믿음과 소망, 능력과 용기를 주셔서 해결하신다는 뜻이다.

■ 명 상 ■　다른 사람을 위로할 때에는 어느 누구의 머리도 아프지 않다.

- 인도 격언 -

예식 · 위로

내가 세상을 이겼노라

■ 찬 송 ■ ♪363, 478, 455, 466

■ 본 문 ■ 이것을 너희에게 이름은 너희로 내 안에서 평안을 누리게 하려 함이라 … 【요 16:33】

■ 서 론 ■ 미국의 목사 데오도 R. 카일러는 "그리스도를 향한 모든 발걸음이 의심을 사라지게 하고, 그에 대한 모든 생각, 말, 행위가 그대를 낙망에서 옮겨지게 한다."라고 했다. 환난날에 나를 부르라고 하신 주님의 말씀, 이는?

■ 말 씀 ■

I 환난이 많은 세상

주님은 제자들에게 "세상에서는 너희가 환난을 당하나 담대하라"고 하셨다(33절 중). 세상이란 어떤 곳인가? 환난이 많은 곳이다. 지금은 평안하지만 언제 환난이 닥칠지 아무도 모른다. 인간은 내일 일을 모른다(약 4:14). 잠시 후에 될 일도 모르는 채 하루 하루 살아간다. 인간이 자신의 힘만을 믿고 살아가기에는 너무도 힘든 게 이 세상이다. 인간보다 더 위대하시고 능하신 주님을 믿는 자들은 복된 사람들이다. 주님을 믿고 의지하라.

II 환난을 이기는 비결

주님은 "담대하라"고 비결을 일러주셨다. 약한 마음을 갖는 것은 환난극복에 아무 도움도 되지 않는다. 주님이 담대하라고 하셨지만 그것은 곧 주님을 믿고 의지하는데서 나오는 확신을 가리키는 것이지 인간이 가진 용기를 내라는 말씀이 아니다. 담대한 사람은 환난을 두려워하지 않는다. 왜? 예수님이 함께 하심을 믿기 때문이다. 주님은 말씀하시기를 "볼지어다. 내가 세상 끝날까지 너희와 항상 함께 있으리라" 하셨다(마 28:20).

III 환난을 정복하신 주님

주님은 이렇게 선언하신다. "내가 세상을 이기었노라"(33절 하). 주님은 사단을 이기셨다. 죄와 사망의 권세를 이기셨다. 이로써 주님은 인류를 사단과 죄와 사망의 권세에서 완전히 해방하셨다. 그것들은 더 이상 성도들을 괴롭힐 수 없다. 다니엘의 세 친구는 풀무불에 던져지는 것도 두려워하지 않았는데 그 까닭은 그렇게 될 경우 하나님이 건져주실 것이며 그런 일이 없어도 절대로 우상 앞에 절하지 않겠다고 했다(단 3:16-18). 할렐루야.

■ 기 도 ■ 이 세상에 오셔서 사단과 죄와 사망 권세를 이기시고 승리하신 주님, 저희도 이 세상을 이기고 승리하게 하옵소서. 예수님 이름으로 기도드립니다. 아멘.

■ 십계명 ■   하나님의 사랑을 받는 10가지 몸짓

1. 하나님을 사랑하는 자가 사랑을 받는다
2. 하나님을 존중히 여기는 자가 사랑을 받는다
3. 하나님을 아버지로 믿고 모시는 자가 사랑을 받는다
4. 하나님이 보내신 예수 그리스도를 믿는 자가 사랑을 받는다
5. 하나님의 일에 충성하고 열심을 내는 자가 사랑을 받는다
6. 하나님 이외에 다른 신을 섬기지 않는 자가 사랑을 받는다
7. 하나님의 말씀을 순종하고 잘 지키는 자가 사랑을 받는다
8. 하나님 앞에서 정직하고 진실하게 사는 자가 사랑을 받는다
9. 하나님을 사람들 앞에서 증거하는 자가 사랑을 받는다
10. 하나님 앞에서 솔직하게 회개하는 자가 사랑을 받는다

■ 예 화 ■   최후의 말

나폴레옹은 죽는 순간에 "프랑스… 군대‥ 조세핀…' 하고 중얼거렸다. 조세핀은 이혼한 아내였다. 그는 자기가 평소에 가장 중요하다고 생각하던 세 개의 낱말을 열거한 것이다.

시인 괴테는 죽을 때 "창문을 열어다오. 빛을, 빛을…" 하고 말했다. 시인다운 최후의 말이다.

베토벤은 죽을 때 "친구여, 박수를…… 희극은 끝났다." 라고 말했다.

예수는 죽을 때 "다 이루었다." 라고 말했다. 십자가 위에 자기의 몸을 제물로 바칠 때까지 짧은 생애를 유감없이 하나님께 드렸다는 신앙고백이었던 것이다.

인생은 끝나봐야 안다. 자기에 대한 평가는 후세로 미루는 것이 좋다. 끝까지 잘 살면서 사랑의 제물로 나 자신과 나의 가장 중요한 '이삭'을 하나님께 바치면 그것으로 족하다.

나폴레옹의 최후의 말에는 그대로 눈감기 아쉬운 처량함이 있다. 괴테의 최후의 말에도 아직도 어두움을 헤매는 방황이 있다. 베토벤의 최후의 말에는 쓸쓸한 허무가 있다. 그러나 예수의 최후의 말에는 인생을 남김없이 불태운 승리의 기쁨이 있다.

우리의 최후의 말은 무엇이 될 것인가? 권투 선수 모하메드 알리는 자기의 최후의 말을 미리 예언하고 있다. 자기는 죽을 때 "농담만 한 것이 아니다. 농담만 한 것이 아니다." 하고 말하겠다는 것이다.

이 말은 농담처럼 들리지만 흑인의 인권을 위하여 링 위에서 싸웠다는 자기의 신념과 사랑이 반짝반짝 빛나는 흐뭇한 말이 아닐 수 없다.

예식·추도

성도의 본향

■ 찬 송 ■ ♪224, 289, 223, 291

■ 본 문 ■ 이 사람들은 다 믿음을 따라 죽었으며 약속을 받지 못하였으되 … 【히 11:13~16】

■ 서 론 ■ 영국의 목사요, 찬송가 작가인 존 뉴턴은 "세상으로부터 그 영혼이 분리된 사람은 천국 백성이다. 우리의 마음이 천국에 가 있을 때 우리는 천국에 갈 준비가 되어 있는 것이다."라고 했다. 나그네같은 인생길에 예비된 성도의 본향은?

■ 말 씀 ■

I 나그네 길 인생

히브리서 11장에는 기라성 같은 믿음의 선조들이 기록되어 있다. 그들의 공통점은 자신들을 "외국인과 나그네"로 여겼다는 것이다(13절 하). 이 세상을 최종 목적지로 생각하지 않고 자신들은 한 나그네에 지나지 않는다고 생각했다. 신약시대에 사는 우리도 마찬가지다. "사랑하는 자들아, 나그네와 행인같은 너희를 권하노니"(벧전 2:11). 인생은 어차피 나그네다. 하나님이 영혼을 부르시면 누구나 이 세상을 떠나야 한다(눅 12:20). 그러니 우리는 나그네다.

II 본향을 사모하는 인생

구약시대 믿음의 선조들은 "본향"을 사모했다(14절). 본향이라고 했지만 이 세상에 있는 것은 아니다. 왜냐하면 그들은 다시 고향으로 돌아가지 않았기 때문이다. 아브라함은 그의 고향 갈대아 우르로 다시 돌아가지 않았다. 성경에서 말하는 '본향'은 이 세상이 아니고 하늘나라를 가리킴이 분명해진다. 그들은 이 땅에 살면서 하나님의 나라를 바라보며 사모했다. 우리도 비록 이 땅에 살고 있지만 늘 하나님의 나라를 의식하고 사모하며 살아야 한다.

III 예비하신 천국을 향한 인생

믿음의 선조들은 "더 나은 본향을 사모하니 곧 하늘에 있는 것"이라고 밝힌다(16절 상). 아브라함이나 이삭이나 야곱은 모두 하늘나라를 사모하며 살았다고 한다. 이 세상의 고향은 우리가 영원히 살 곳이 되지 못한다. 단지 일시적으로 거류할 수 있을 뿐이다. 그러므로 믿음의 선조들은 영원히 거주할 수 있는 하늘나라를 사모했던 것이다. 우리 성도들도 땅에 발을 딛고 살지만 어느땐가 하늘나라로 떠난다는 사실을 기억하고 철저히 준비해야 한다(요 14:1-3).

■ 기 도 ■ 이 세상을 창조하시고 하늘나라를 예비하신 하나님, 저희들로 하여금 그 나라에 들어갈 준비를 하며 살게 하옵소서. 예수님 이름으로 기도드립니다. 아멘.

■ 십계명 ■   본향을 그리는 성도의 10가지 지혜

1. 창조주 하나님께 내 인생을 전적으로 맡기고 사는 것이다
2. 오직 믿음으로 하나님을 기쁘시게 해드리는 것이다
3. 삶과 뜻에 분명한 방향을 가진 것이다
4. 허무와 실망에 얽매이지 않는 것이다
5. 앞날의 계획을 믿음과 용기로 성취하는 것이다
6. 누군가를 무척 사랑하며 사는 것이다
7. 신뢰하는 친구가 많은 것이다
8. 낙천적이고 비밀이 없는 것이다
9. 자기 비평에 신경을 쓰지 않는 것이다
10. 어떤 일에나 큰 두려움이 없는 것이다

■ 예 화 ■   천황께서 주무신 집

일본의 마고야라는 시골 호텔의 이야기다.

히로히토 천황이 살아 있을 때 시골에 내려갔다가 이 호텔에서 하룻밤에 7천 엔을 내고 자고 간 일이 있었는데, 호텔은 즉시 이를 선전에 이용했다.

"천황께서 주무신 집"이라는 큰 간판을 내걸어 손님을 끌었다고 한다.

부활의 믿음을 가진 그리스도인은, 무덤을 최후로 내려가는 천한 것으로 보지 않는다. 만왕의 왕 예수께서 이틀 밤을 묵으셨던 소망의 장소이다.

그래서 바울은 이런 표현을 한다. "허물로 죽은 우리를 그리스도와 함께 살리셨고 또 함께 일으키사 그리스도 예수 안에서 함께 하늘에 앉히시니"(엡 2:5~6).

무덤이 변하여 그리스도와 함께 앉은 하늘 보좌가 된다는 말씀이다.

십자가 뒤에 영생이 있고, 죽음 뒤에 영광이 있다는 이 진리는 그리스도인이 날마다의 생활에서 되새겨야 할 신앙의 길잡이이다.

하늘나라 영광의 면류관은 십자가를 통해 받는 것이다.

예식 · 추도

밤이 없는 영원한 천국

■ 찬 송 ■ ♪ 228, 290, 232, 541

■ 본 문 ■ 다시 밤이 없겠고 등불과 햇빛이 쓸데 없으니 이는 주 하나님이 저희에게 … 【계 22:5】

■ 서 론 ■ 영국의 시인 로버트 몬트고머리는 "만약 하나님께서 죄와 죽음으로 가득한 이 세상을 그토록 아름답게 만들었다면, 비교할 수 없이 아름다운 낙원은 얼마나 더 아름답게 만드셨으랴?"라고 했다. 어두운 밤은 무지와 죄악의 상징이다. 우리의 천국은?

■ 말 씀 ■

I 밤은 무지의 상징임

요한계시록은 천국의 특징을 밤이 없는 곳으로 묘사한다. 밤이란 무엇인가? 아무 것도 볼 수 없으니 결국 무지를 상징한다고 본다. 이 세상에는 이런 사람들이 많다. 눈은 가지고 있으되 영의 눈이 어두워 하늘나라를 보지 못하는 사람들이다. 그들은 하나님을 부인할 뿐 아니라 천국도 부인한다. 하나님이 존재하지 않으신다고 하니 하나님의 나라를 인정할 리가 없다. 그러나 이것은 어리석은 일이다(시 14:1). 천국은 빛의 세계요 빛의 나라다.

II 밤은 죄악의 상징임

천국에 밤이 없다는 것은 무슨 뜻인가? 죄악이 없다는 의미다. 천국에는 죄인이 없으니 죄악도 없다. 죄인은 그곳에 들어갈 수가 없다. 더러운 죄인이 어떻게 거룩한 천국에 들어갈 수 있으랴. 그런데 생각해 봐라. 이 세상에 죄없는 인간이 있을 수 있나? "의인은 없나니 하나도" 없다(롬 3:10) 했고, "모든 사람이 죄를 범" 했다고 했다(롬 3:23). 그러면 천국에 있는 의인들은 누구인가? 그들은 "어린 양의 피에 그 옷을 씻어 희게" 한 사람들이다(계 7:14).

III 밤이 없는 그곳은 천국임

천국이란 밤이 없는 곳이니 "등불과 햇빛이 쓸데" 없다. 빛이신 하나님과 예수 그리스도께서 계신 곳이니 어두움이 있을 수 없고 햇빛도 필요없다. 우리는 주님의 빛을 받아 이 땅에 비춘다는 의미에서 빛이라고 주님은 말씀하셨다(마 5:14). 우리가 빛이라면 세상의 모든 어두운 일들, 죄악된 일을 멀리할뿐 아니라 그들에게 그리스도의 빛을 비춤으로써 그들도 그리스도께 돌아와 구원받게 해야 한다(엡 5:8).

■ 기 도 ■ 천국은 빛이 충만하고 어두움이 없는 곳이라 하신 주님, 우리가 거기 들어가기에 합당한 자가 되도록 인도하여 주옵소서. 아멘.

■ 십계명 ■   빛과 같은 성도의 10가지 역할

　　　1. 빛은 빛이기 때문에 빛이다
　　　2. 빛은 빛이기 때문에 어둠을 몰아낸다.
　　　3. 빛은 빛이기 때문에 빛에 드러난다
　　　4. 빛은 빛이기 때문에 곧바로 비춘다
　　　5. 빛은 빛이기 때문에 길을 인도한다
　　　6. 빛은 빛이기 때문에 모든 사람에게 보인다
　　　7. 빛은 빛이기 때문에 뜨거운 열이 있다
　　　8. 빛은 빛이기 때문에 진리인 것이다
　　　9. 빛은 빛이기 때문에 바른 것이다
　　　10. 빛은 빛이기 때문에 녹아야 하는 것이다

■ 예 화 ■   꽃 피는 작은 집

　　나치의 죽음의 수용소에서 생환한 작가 코리 텐 붐(Corrie Ten Boom)의 글에 나오는 이야기다.
　　여덟 살 난 소녀가 다른 사람들과 마찬가지로 영양실조로 죽어가고 있었다. 코리는 그 곁에 지켜 앉아서 하나님의 나라에 대한 이야기를 하며 소녀를 위로하고 있었다.
　　그 때 소녀가 눈을 반짝 뜨며 희망에 찬 음성으로 물었다.
　　"천국에는 그 작은 집이 있어요? 내가 살고 싶었던 우리 고향 계곡에 있는, 꽃에 둘러싸인 그 작은 집 말이에요."
　　사람들이 꿈꾸는 행복에는 많은 차이가 있다. 이 소녀의 행복은 '꽃 피는 작은 집'이었다.
　　천국을 크고 화려하고 모든 것이 풍부한 곳으로 공상하는 것은 욕심의 산물이다. 행복이란 물량적인 것이 아니기 때문이다.
　　행복은 각자의 마음의 상태가 결정한다.

■ 명 상 ■   태양에게 등을 돌린 이 땅이 인간에게 밤을 가져다 준다.
　　　　　　　　　　　　　　　　　　　　　　　- 에드워드 영 (영국 시인) -

예식 · 임직(장로)

고난의 증인인 장로

■ **찬 송** ■ ♪ 136, 376, 519, 506

■ **본 문** ■ 너희 중 장로들에게 권하노니 나는 함께 장로 된 자요 그리스도의 고난의 증인이요 나타날 영광에 참예할 자로라 … 【벧전 5:1~4】

■ **서 론** ■ "그리스도의 증인은 그리스도처럼 십자가를 질 수 있어야 하고, 그리스도를 위하여 순교를 각오한 자라야 한다."라고 어느 목사는 말했다. 바람직한 장로는?

■ **말 씀** ■

I 주의 뜻을 좇아서 행하는 장로

장로는 교회의 중직자이다. 주님의 뜻을 따라 교회의 여러가지 일을 처리해야 한다. "너희 중에 있는 하나님의 양무리를 치되 부득이함으로 하지 말고 오직 하나님의 뜻을 좇아 자원함으로 하며"(2절). 하나님의 뜻을 따른다는게 말은 쉽지만 실제로 행하려면 쉽지 않은 일이다. 아담과 하와가 하나님의 뜻을 따르기보다 자신들의 뜻에 따라 선악과를 따먹은 것을 기억하자. 그리고 아브라함이 하나님의 뜻에 따라 절대 순종한 것을 기억하자.

II 탐하는 마음을 버리는 장로

장로는 직권을 이용하여 사리사욕을 취하는 일을 해서는 안 된다. "더러운 이를 위하여 하지 말고 오직 즐거운 뜻으로 하며"(2절 하). 장로직은 양 무리를 섬기고 돌보라고 주님이 세우신 것이지 그 직권을 이용하여 어떤 이득을 취하라고 세우신 것은 아니다. 가룟 유다는 제자들을 대표하여 '돈궤'를 맡아 관리했었는데 "거기 넣는 것을 훔쳐" 갔다고 한다(요 12:6). 바울은 탐심은 곧 우상숭배라고 했다(엡 5:5).

III 매사에 모본을 보이는 장로

교회 중직자는 성도들에게 모범을 보여야 한다. "맡기운 자들에게 주장하는 자세를 하지 말고 오직 양 무리의 본이 되라"(3절). 말만 잘한다고 중직자가 되는 것은 아니다. 말과 함께 실천이 따르고 행동이 따라야 한다. 중직자가 성경말씀대로 살지 않으면 신앙이 깊지 못한 신자들은 용기를 얻어 말씀대로 살려 하지 않게 될 것이다. 교회의 중직을 잘 감당하기는 어렵지만 잘 감당한 사람에게 주님은 "시들지 아니하는 영광의 면류관"을 약속하셨다(4절).

■ **기 도** ■ 부족한 저희들을 택하사 귀한 직분과 사명을 맡겨주신 주님, 저희로 하여금 그 거룩한 직분을 충성되이 감당하게 하옵소서. 예수님 이름으로 기도드립니다. 아멘.

■ 십계명 ■   좋은 장로를 위한 10가지 계명

1. 믿음이 좋아야 한다-오직 예수
2. 성품이 좋아야 한다-마음씨
3. 순종함이 모범이 되어야 한다-하나님께
4. 가정이 좋아야 한다-온 가족 화목
5. 자녀가 좋아야 한다-잘 교육한 부모
6. 사모가 좋아야 한다-사라와 같이
7. 주장하는 자세를 하지 말아야 한다-자기를 주장
8. 도든 삶에 모범이 되어야 한다-일상생활
9. 잘 다스리고 가르쳐야 한다-좋은 지도자
10. 담임 목사의 목회를 도와야 한다-목회 내조

교회 재정 위원의 10가지 자세

1. 교회 재정부는 먼저 믿음이 좋아야 한다
2. 교회 재정부는 먼저 십일조 생활에 모범이 되어야 한다
3. 교회 재정부는 먼저 헌금 생활에 본을 보여야 한다
4. 교회 재정부는 먼저 하나님께 드린 헌물을 두려운 마음으로 다루어야 한다
5. 교회 재정부는 먼저 성도들이 드린 헌물을 정중히 다루어야 한다
6. 교회 재정부는 먼저 재정을 관리하기 전에 기도하고 시작해야 한다
7. 교회 재정부는 먼저 맡은 일에 성실하고 진실하게 다루어야 한다
8. 교회 재정부는 먼저 하나님의 것을 맡은 분들인고로 주장하는 자세를 갖지 않아야 한다
9. 교회 재정부는 먼저 몸된 교회를 사랑하고 섬기는 자세로 해야 한다
10. 교회 재정부는 먼저 하나님의 재물을 잘 관리함으로써 큰 복을 받을 줄 믿어야 한다

예식 · 임직(장로)

주님의 제자는

■ **찬 송** ■ ♪ 135, 519, 515, 376

■ **본 문** ■ 이에 예수께서 제자들에게 이르시되 아무든지 나를 따라 오려거든 자기를 부인하고 자기 십자가를 지고 나를 좇을 것이니라 … 【마 16:24~28】

■ **서 론** ■ 영국의 목사요 중국 선교의 아버지인 허드슨 테일러는 "하나님의 일꾼이 되도록 하라. 하나님께서 주시는 장소에 있어서 하나님의 뜻에 따라 하나님의 일을 하는 일꾼이 되도록 하라."고 했다. 주님의 제자는?

■ **말 씀** ■

I 제자는 철저한 자기 부인이 선행돼야 함

주님을 따라 가려면 어떻게 해야 하나? 이에 대하여 주님은 자기를 부인해야 한다고 말씀하신다. "아무든지 나를 따라오려거든 자기를 부인하고"(24절 상). 사람은 누구나 자기를 나타내고 싶어한다. 자기를 감추고 숨기기는 쉽지 않은 일이다. 자기가 부각되면 될수록 주님은 사라질 수밖에 없다. 아브라함은 자기를 부인했다. 그에게는 오직 하나님의 말씀과 뜻이 전부였다. 독자 이삭까지 번제물로 드리려 할만큼 그의 자기부인은 철저했다.

II 제자는 주의 뜻을 온전히 이해해야 함

제자란 무엇인가? 스승에게서 배우고 익히며 배운 것을 실천하려는 자다. 그러려면 스승의 뜻을 이해하지 않으면 안 된다. 제자들은 가끔 주님의 뜻과 어긋나는 행위를 함으로써 주님께 책망을 듣기도 했다. 예를 들면 어떤 부모들이 주님의 축복을 받게 하려고 아이들을 데리고 왔는데 제자들이 부모들을 꾸짖을 때 주님은 오히려 그런 제자들을 꾸짖으시면서 어린아이들에게 축복하셨다(막 10:13-16). 어린아이들을 환영하고 영접하는 것이 주님의 뜻이었다.

III 제자는 하늘의 유업을 귀하게 여겨야 함

제자의 길은 결코 쉽지 않다. 그 길은 자기를 부인할뿐 아니라 십자가를 져야 하고(24절 하), 때에 따라서는 주님을 위하여 목숨까지도 버리지 않으면 안되는 길이기도 하다(25절). 그렇지만 그것은 절대 헛된 일이 아니다. 주님으로부터 그에 상응하는 보상을 기대할 수 있기 때문이다. 주님은 "인자가 아버지의 영광으로 그 천사들과 함께 오리니 그 때에 각 사람의 행한대로 갚으리라"고 하셨기 때문이다(27절).

■ **기 도** ■ 부족하고 죄많은 저희들을 불러 제자로 삼으신 주님, 저희가 주님 앞에 설 때에 칭찬받고 상급받는 자들이 되게 하옵소서. 아멘.

■ 십계명 ■　좋은 장로의 10가지 자세

1. 장로는 믿음이 좋아야 하고 확신이 있어야 한다
2. 장로는 마음가짐, 곧 성품이 좋아야 한다
3. 장로는 가정이 좋아야 한다
4. 장로는 자녀를 믿음으로 잘 양육해야 한다
5. 장로는 하나님이 주신 배필인 사모가 좋아야 한다
6. 장로는 성경의 지식과 지혜가 있어야 한다
7. 장로는 신앙의 모범이 되어야 한다
8. 장로는 일상에서 언행심사에 모범이 되어야 한다
9. 장로는 교회 십일조 생활에 본이 되어야 한다
10. 장로는 성도들을 잘 돌보고 목회자를 도와야 한다

■ 예 화 ■　할머니 교우의 설교

랠프 턴불 목사는 「하나뿐인 교회」라는 그의 저서에서 다음과 같은 경험담을 말한다.

양로원에서 심한 신경통으로 오래 누워 있는 할머니 교우를 심방했다.

"얼마나 고생하십니까?" 하고 문안하자 노인은 손을 보이며 말했다.

"이 손에 못이 박힌 것은 아닙니다. 내 마음은 평안합니다."

또 노인은 머리를 가리키며 말했다.

"이 머리에 가시가 박히지도 않았습니다. 예수님을 생각하면 감사할 따름입니다."

노인은 다시 옆구리를 가리키며 말했다.

"내 옆구리는 창에 찔리지도 않았습니다. 예수님이 나와 함께 계시니 목사님 염려하지 마십시오."

그리하여 심방 갔던 턴불 목사가 오히려 큰 은혜를 받고 돌아왔다고 한다.

이 노인에게 예수의 수난은 실질적인 위로가 되고 힘이 되고 있었던 것이다.

예수는 이 노인 안에 계셨고, 노인은 예수 안에 있었다.

예식 · 임직(집사)

집사의 선택

■ 찬 송 ■ ♪ 434, 456, 515, 514

■ 본 문 ■ … 형제들아 너희 가운데서 성령과 지혜가 충만하여 칭찬 듣는 사람 일곱을 택하라 …
【행 6:1~6】

■ 서 론 ■ 러시아의 대문호 레오 M. 톨스토이는 "높은 덕성이란 일시로 얻을 수 있는 것이 아니라 끊임없는 노력에 의해 얻어지는 것이다."라고 했다. 사도들의 권유에 의해 피택된 집사의 역할과 자세는?

■ 말 씀 ■

I 집사는 봉사의 직무를 맡은 사람임

교회도 여러 사람이 모이는 곳이므로 조직과 질서가 필요하다. 여러 직분이 생기는 것은 극히 자연스런 일이다. 그 중에 하나가 집사직이다. 초대 예루살렘 교회는 교인수가 급증함에 따라 교회의 제반 사무를 보좌할 사람들이 필요하게 되어 7명을 세우게 됐다. 교회의 직분은 세상의 직임과 달리 권세를 행사하는 것이 아니고 순수하게 봉사하는 것을 목적으로 한다. 초대교회는 특히 헌금과 구제 사역을 맡아 봉사하도록 집사들을 세웠다.

II 집사는 믿음과 성령이 충만한 사람임

어떤 직분을 맡기려면 일정한 자격을 갖춰야 한다. 그렇다면 초대교회 집사의 자격은 무엇이었나? "성령과 지혜가 충만" 해야 하고(3절) 여기에 "믿음"이 충만해야 했다(5절 상). 이것을 하나로 합치면 믿음과 지혜와 성령이 충만한 사람이 되겠다. 초대교회는 그랬거니와 요즘 교회는 어떤 사람을 집사로 세울까? 저자가 신학교 다닐때 한 교수님이 "초대교회는 성령 충만한 사람을 집사로 세웠는데 요즘은 성령 근처에도 못 간 사람을 세운다"고 한 말이 생각난다.

III 집사는 이웃에게 덕을 세우는 사람임

집사가 되려면 또 다른 자격이 요구되었으니 사람들에게 "칭찬 듣는 사람"이어야 한다는 것이다(3절 하). 아무리 믿음이 충만하고 성령이 충만하다고 하더라도 사람들에게 덕을 세우지 못하고 칭찬을 받지 못할 인물이라면 집사로 세우지 말라는 말씀이다. 왜 그럴까? "보는 바 그 형제를 사랑치 아니하는 자가 보지 못하는 바 하나님을 사랑할 수"가 없기 때문이다(요일 4:20). 원만한 인간관계를 무시하고 하나님만 잘 섬기면 된다는 사고방식은 곤란하다.

■ 기 도 ■ 자비로우신 주님, 부족하고 어리석은 저희들을 택하사 귀한 직분 맡겨주심을 감사드립니다. 아무쪼록 잘 감당하게 하옵소서. 아멘.

■ 십계명 ■   좋은 집사가 되는 10가지 생활

1. 믿음이 좋아야 한다-긍정적 믿음
2. 마음이 좋아야 한다-성품
3. 매사에 순종함이 있어야 한다-순종
4. 예배에 모범이 되어야 한다-예배
5. 항상 기도하는 자가 되어야 한다-기도
6. 가정생활을 잘하여야 한다-살림
7. 근면하고 부지런해야 한다-근면 성실
8. 늘 말에 조심해야 한다-언행
9. 행위에 단정하고 교양이 있어야 한다-교양
10. 매사에 교회 중심적이어야 한다-교회

교회 안내 위원의 10가지 자세

1. 많은 사람 중에 안내위원이 된 것을 감사한 마음으로 안내한다
2. 남을 안내하기 전에 자기가 주님으로부터 안내받은 것을 귀하게 여긴다
3. 주의 제단에 예배 드리기 위해 나온 성도들을 믿음으로 영접한다
4. 주의 제단에 예배 드리기 위해 나온 성도들을 친절하게 영접한다
5. 주의 제단에 예배 드리기 위해 나온 성도들을 겸손한 마음으로 영접한다
6. 주의 제단에 예배 드리기 위해 나온 성도들을 사랑으로 영접한다
7. 주의 제단에 예배 드리기 위해 나온 성도들을 온유한 심정으로 영접한다
8. 주의 제단에 예배 드리기 위해 나온 성도들을 축복으로 영접한다
9. 주의 제단에 예배 드리기 위해 나온 성도들을 웃음으로 영접한다
10. 주의 제단에 예배 드리기 위해 나온 성도들을 섬김으로 영접한다

예식 · 임직(집사)

모범적인 집사 뵈뵈

■ 찬 송 ■ ♪375, 376, 302, 102

■ 본 문 ■ 내가 겐그레아 교회의 일꾼으로 있는 우리 자매 뵈뵈를 너희에게 … 【롬 16:1~2】

■ 서 론 ■ 영국의 신학자 찰스 모렐은 "다른 사람에게 줄 수 있는 첫째 가는 위대한 선물은 훌륭한 모범이다."라고 했다. 모범처럼 전염성이 강한 것은 아무것도 없다. 따라서 성도는 모범적인 삶을 살아서 주님께 영광돌리는 자들이 되자. 뵈뵈는?

■ 말 씀 ■

I 뵈뵈는 주의 종이 추천하는 집사였음

뵈뵈는 고린도 부근에 있는 겐그리아 교회의 여자 집사였다. 바울은 그녀를 로마 교회에 추천한다. 바울은 로마서를 뵈뵈 편에 보낸 것으로 추정한다. 어떤 비중있는 사람의 추천을 받는 것은 매우 영광스러운 일이다. 더구나 사도 바울의 신임을 받아 추천을 받는다면 더욱 그렇다. 우리도 비중있는 주님의 종들의 추천을 받을만한 성도가 되어야겠다. 그러려면 평소 신앙생활을 열심히 할뿐 아니라 말과 행실에서 신뢰받을만한 인물이 되도록 노력해야 할 것이다.

II 뵈뵈는 주의 종을 공경하는 집사였음

바울은 뵈뵈에 대하여 말하기를 "이는 그가 여러 사람과 나의 보호자가 되었음이니라"고 했다(2절 하). 물질적으로 후원했다는 말로 들린다. 마음이 있는 곳에 물질도 있다고 한다. 하나님을 공경하고 열심히 섬기는 뵈뵈는 또한 주님의 종들과 성도들을 위하여 열심히 봉사하는 일꾼이기도 했다. 주님을 사랑하는 마음이 있다면 그분을 위하여 물질로 봉사하지 않을 수 없을 터이다. 마음으로만이 아니고 몸과 물질로 봉사할 때 그 신앙이 온전한 것이라 하겠다.

III 뵈뵈는 선한 품성을 가진 집사였음

뵈뵈는 자신 하나 잘 먹고 잘 사는 것으로 생의 목적을 삼는 그런 여성이 아니었다. 그녀는 주님을 생각했고 교회를 염려하며 성도들과 주의 종들의 일상생활까지 챙기는 봉사의 일꾼이었다. 그는 선한 품성을 가진 사람이었다. 옥토와 같은 마음에 하나님의 말씀의 씨앗이 떨어지면 30배, 60배, 100배의 열매를 맺는다고 주님이 말씀하셨는데(마 13:23) 뵈뵈가 바로 옥토와 같은 심성을 가진 사람이었다. 오늘도 이런 일꾼들이 있기에 교회가 유지되고 발전하는 것이다.

■ 기 도 ■ 지금도 착하고 충성된 일꾼을 찾으시는 주님, 부족한 저희들로 하여금 주님이 기뻐쓰시는 종들이 되게 하옵소서. 아멘.

■ 십계명 ■ 좋은 집사의 10가지 명심

1. 좋은 집사는 무엇보다도 믿음이 좋아야 한다
2. 좋은 집사는 마음씨 곧 성품이 좋아야 한다
3. 좋은 집사는 외모의 품행이 좋아야 한다
4. 좋은 집사는 주님 일에 열심이고 부지런해야 한다
5. 좋은 집사는 온 가정에 화목이 넘치게 하야 한다
6. 좋은 집사는 온 식구를 교회로 인도하고 가정에 질서와 화평이 있게 해야 한다
7. 좋은 집사는 주의 일에 언제나 앞장서서 모범을 보여야 한다
8. 좋은 집사는 무슨 일에나 감사와 순종으로 교회생활을 해야 한다
9. 좋은 집사는 항상 말을 조심하고 유익한 말을 해야 한다
10. 좋은 집사는 주님의 몸된 교회의 부흥을 위해 힘써야 한다

구역회 (=속회) 지도자의 10가지 모범

1. 구역장은 좋은 신앙의 본이 되어야 한다
2. 구역장은 좋은 생활의 본이 되어야 한다
3. 구역장은 좋은 말의 본이 되어야 한다
4. 구역장은 좋은 봉사의 본이 되어야 한다
5. 구역장은 좋은 일의 본이 되어야 한다
6. 구역장은 좋은 몸가짐의 본이 되어야 한다
7. 구역장은 좋은 참여의 본이 되어야 한다
8. 구역장은 좋은 충성의 본이 되어야 한다
9. 구역장은 좋은 가정의 본이 되어야 한다
10. 구역장은 좋은 성품의 본이 되어야 한다

예식 · 임직(집사)

자주 장사 루디아

■ 찬 송 ■   ♪378, 518, 519, 302

■ 본 문 ■   … 두아디라 성의 자주 장사로서 하나님을 공경하는 루디아라 하는 한 여자가 들었는데 주께서 그 마음을 열어 … 【행 16:11~15】

■ 서 론 ■   독일의 종교개혁자 마틴 루터는 "여성의 마음이 경건의 거처가 될 때, 이 세상에서 여성의 마음보다 부드러운 것은 없을 것이다."라고 했다. 마음문을 열고 복음을 받아들인 자주 장사 루디아는?

■ 말 씀 ■

I 루디아는 주의 말씀을 공경하는 여인이었음

루디아는 "두아디라 성의 자주 장사"였다(14절 상). 그는 우상을 섬기지 않고 "하나님을 공경" 했다(14절 중). 하나님을 경외하는 것이 지식의 근본이라 했다(잠 1:7). 그러나 어리석은 자는 하나님의 존재 자체를 부인한다(시 14:1). 고넬료 역시 이방인이었지만 하나님을 경외했다(행 10:2). 하나님을 부인하고 두려워하지 않는 것이 인간의 고질적인 병폐다. 이제 절망에 빠진 인류가 참 소망을 가지려면 우상을 버리고 살아 계신 하나님께 돌아와 무릎을 꿇어야 한다.

II 루디아는 주의 말씀을 경청한 여인이었음

마게도냐 평야의 강기테스 강변은 많은 사람들이 기도하기 좋은 장소였다. 바울도 그곳에 기도하러 갔다가 일단의 여성들을 만나 그리스도의 말씀을 증거했다(13절). 많은 여자들이 들었지만 그 중에서도 특히 루디아는 "마음을 열어 바울의 말을 청종" 했다(14절 하). 하나님의 말씀을 듣기는 하지만 그 반응은 여러 가지다. 주님의 말씀을 듣고 회개하고 믿는 사람이 있는가 하면 거역하고 불순종하는 이도 있다. 루디아는 설교를 어떻게 들어야 하는지를 보여준다.

III 루디아는 주의 종을 잘 공궤한 여인이었음

루디아는 그때까지 예수님이 누구신지 무엇을 한 분인지 모르고 있었다. 그러다 바울을 통하여 그리스도의 복음을 듣자 루디아는 예수님을 믿기로 작정하고 "그 집이 다 세례를" 받기까지 했다(15절 상). 그러면서 "만일 나를 주 믿는 자로 알거든 내 집에 유하라 하고 강권하여 있게" 했다(15절 하). 구원받음과 동시에 열렬히 봉사하는 일꾼이 되었으니 놀라운 일이다. 오늘의 교회에도 이런 일꾼이 요구된다. 그런 일꾼들이 있기에 교회는 부흥된다.

■ 기 도 ■   뵈뵈를 택하여 그 마음을 여시고 주의 복음을 받아들이게 하신 주님, 저희도 뵈뵈처럼 열렬히 봉사하는 일꾼이 되게 하옵소서. 예수님 이름으로 기도드립니다. 아멘.

■ 십계명 ■　주로부터 임직을 받을 때의 10가지 자세

1. 주께서 주시는 임직을 믿음으로 받아야 한다
2. 주께서 주시는 임직을 감사함으로 받아야 한다
3. 주께서 주시는 임직을 두려운 마음으로 받아야 한다
4. 주께서 주시는 임직을 기쁜 마음으로 받아야 한다
5. 주께서 주시는 임직을 겸손한 마음으로 받아야 한다
6. 주께서 주시는 임직을 거룩한 마음으로 받아야 한다
7. 주께서 주시는 임직을 말씀에 의지하여 받아야 한다
8. 주께서 주시는 임직을 기도하는 마음으로 받아야 한다
9. 주께서 주시는 임직을 주의 도우심을 힘입고 받아야 한다
10. 주께서 주시는 임직을 아멘으로 화답하고 받아야 한다

속장 (구역장)이 속회 (구역회)에서 할 일 10가지

1. 속회 부흥을 위하여 기도한다
2. 속회 부흥을 위하여 열심히 심방한다
3. 속회 부흥을 위하여 속도원들의 가정 사항을 파악한다
4. 속회 부흥을 위하여 속도원들의 식구들의 이름을 기억한다
5. 속회 부흥을 위하여 속도원들의 화목과 단결에 힘쓴다
6. 속회 부흥을 위하여 속도원들의 영혼을 사랑한다
7. 속회 부흥을 위하여 속도원들의 어려운 일을 도와준다
8. 속회 부흥을 위하여 속회에 해로운 일을 절대로 삼간다
9. 속회 부흥을 위하여 전도하여 참여케 한다
10. 속회 부흥을 위하여 속회내의 모든 일을 담임 목사에게 보고한다

예식 · 임직(권사)

여제자 다비다

■ 찬 송 ■ ♪ 256, 273, 519, 102

■ 본 문 ■ 욥바에 다비다라 하는 여제자가 있으니 그 이름을 번역하면 도르가라 선행과 구제하는 일이 심히 많더니 … 【행 9:36~42】

■ 서 론 ■ "선한 일을 했을 때의 기쁨을 악인은 결코 모른다. 그 기쁨은 하늘의 기쁨이기 때문이다."라고 지혜서 탈무드는 말하고 있다. 신앙의 여성 다비다는?

■ 말 씀 ■

I 주의 말씀을 좇는 다비다

다비다(헬라어로는 도르가)는 욥바에 사는 '여제자'라고 했다(36절 상). 제자란 주님께 배우는 사람이란 뜻이다. 무엇을 배우나? 하나님의 말씀을 배운다. 다비다는 말씀을 배우는 것에 끝나지 않고 배운 말씀을 실천하는 제자였다. 주님은 자신을 따르는 무리들에게 "너희는 나를 불러 주여 주여 하면서도 어찌하여 나의 말하는 것을 행치 아니하느냐"고 했다(눅 6:46). 야고보는 "영혼 없는 몸이 죽은 것같이 행함이 없는 믿음은 죽은 것"이라 했다(약 2:26).

II 자기 희생을 감수하는 다비다

다비다는 받는 것보다 주기를 좋아하는 사람이었다. 주님께서 "주는 것이 받는 것보다 복이 있다"고 하셨는데(행 16:35) 여제자 다비다는 이 말씀을 충실히 지키려고 노력했다. 복은 여러 가지가 있는데 남을 생각하고 베푸는 마음이야말로 복된 것이다. 이 세상에는 남을 해롭게 하는 사람도 많으나 주님의 제자는 그래서는 안 된다. 주님은 죄많은 인류를 구원하기 위하여 친히 십자가에 못 박혀 죽기까지 하셨으니 우리도 주님의 이런 희생정신을 배워야 한다.

III 구제하기를 힘쓰는 다비다

다비다는 "선행과 구제하는 일이 심히" 많은 여성도였다(36절 하). 그녀가 죽은 다음 "모든 과부가 베드로의 곁에 서서 울며 도르가가 저희와 함께 있을 때에 지은 속옷과 겉옷을 다 내어" 보였다고 한다(39절). 이 구절로 볼 때 다비다는 과부였으며 죽기 직전까지도 어려운 사람을 구제하기 위해 바느질을 했음을 알 수 있다. 다비다는 자기보다 더 어려운 사람들을 생각하며 그들을 돕기 위해 부지런히 일하고 구제했다. 우리도 무언가 배우는 바가 있어야 하리라.

■ 기 도 ■ 다비다가 주님을 위하여 애써 일하며 선행과 구제를 힘쓴 것을 기억하시는 주님, 다비다처럼 저희도 행하게 하옵소서. 예수님 이름으로 기도드립니다. 아멘.

■ 십계명 ■   좋은 권사의 10가지 명심할 일

1. 권사는 교회 직임 중 가장 좋은 직임임을 알자
2. 권사는 신지가 아니라 섬기는 일을 맡은 자이다
3. 권사는 병든 자와 낙심자와 어려운 자를 주의 이름으로 돕는 자이다
4. 권사는 믿음이 좋아야 하고 구원의 확신이 있어야 한다
5. 권사는 술과 담배와 노름과 세속적 오락을 버려야 한다
6. 권사는 우상숭배와 미신과 이단과 사고를 물리치고 깨끗한 믿음이 있어야 한다
7. 권사는 좋은 성품과 겸손과 온유와 사랑을 가져야 한다
8. 권사는 신앙생활에 좋은 모범을 보여야 한다
9. 권사는 속회(=구역회)를 인도하고 교회 모든 일에서 봉사해야 한다
10. 권사는 온 가정이 주를 믿고 화목한 가정이 되도록 해야 한다

속회(=구역회)를 인도하는 사람의 10가지 지침

1. 속회(=구역회) 인도자는 말씀을 전하는 설교자이다
2. 설교자는 하나님의 말씀만을 전해야 한다
3. 하나님의 말씀을 잘 전하기 위해서는 말씀을 읽고 연구해야 한다
4. 말씀을 붙들고 기도하고 전해야 한다
5. 말씀을 잘 전하기 위해 말씀에 익숙하도록 매일 성경을 보아야 한다
6. 기도에는 달씀과 감사가 있어야 한다
7. 말씀을 전하는 인도자는 은혜로운 생활을 해야 한다
8. 은혜로운 생활을 위해서 믿음과 은혜가 있어야 한다
9. 말씀을 전하는 자신이 복이 있음을 깨달아야 한다
10. 말씀을 전하는 자로서 생활이 깨끗해야 한다

예식 · 임직 (권사)

주를 위한 바울의 고난

■ 찬 송 ■ ♬ 136, 376, 518, 515

■ 본 문 ■ 내가 이제 너희를 위하여 받는 괴로움을 기뻐하고 그리스도의 남은 고난을 그의 몸된 교회를 위하여 내 육체에 채우노라 … 【골 1:24~29】

■ 서 론 ■ '실락원'의 작가 존 밀턴은 "가장 많이 고난을 당한 사람이 가장 많은 영화를 받을 것이며, 가장 위험한 곳을 지나온 사람이 큰 승리와 성공을 볼 것이다."라고 했다. 사도 바울의 고난은?

■ 말 씀 ■

I 이는 주님에 대한 사랑의 고난임

바울의 일생은 고난의 연속이라 할만하다. 그는 그 고난의 일단을 피력한 바 있다(고후 11:23-27). 거기 기록되지 않은 고난은 얼마나 많았을까 생각해보면 '고난의 연속'이란 말이 과장이 아님을 알 수 있을 터이다. 바울이 왜 이런 고난을 받아야 했나? 그가 무슨 큰 죄를 범하고 잘못을 저질러서가 아니다. 그는 평생 쉽고 편하게 살 수 있는 사람이었지만 스스로 고생을 감수했다. 왜? 주님을 너무도 사랑했기 때문이다. "그리스도의 남은 고난"에 동참한다고 했으니 그가 얼마나 주님을 사랑했는지 알 수 있다.

II 이는 주님에 대한 소망의 고난임

바울은 그렇다고 아무런 희망도 없이 고난을 당한 것은 아니다. 그는 자신의 과오 때문이 아니라 주님때문에 고난을 받았으므로 주님께서 그 모든 고난을 기억하시고 갚아주실 것을 확신했다. "이제 후로는 나를 위하여 의의 면류관이 예비되었으므로 주 곧 의로우신 재판장이 그 날에 내게 주실 것"이라고 했다(딤후 4:8). 고생했다고 무조건 보상해 주시는 주님이 아니다. 우리가 주님을 위하여 고난을 받을 때 비로소 상급을 기대할 수 있는 것이다.

III 이는 주님에 대한 충성의 고난임

바울이 주님을 위하여 고난받은 것은 결국 그의 주님을 향한 충성심이 남달랐기 때문이었다. 그는 주님이 자기를 얼마나 사랑하셨는지 너무도 잘 알고 있었다. 그는 자신이 "훼방자요 핍박자요 포행자이었으나 도리어 긍휼을" 입음으로써 "우리 주의 은혜가 그리스도 예수 안에 있는 믿음과 사랑과 함께 넘치도록 풍성"했다고 말한다(딤전 1:13-14). 주님이 얼마나 우리를 사랑하셨는지를 안다면 주님을 위하여 충성하지 않을 수 없을 터이다.

■ 기 도 ■ 주님을 위하여 온갖 고난을 당할 때 묵묵히 견딘 바울처럼 저희도 주님의 고난에 조금이라도 동참하는 자가 되게 하옵소서. 아멘.

■ 십계명 ■   좋은 권사의 직임 완수의 10가지 비결

1. 책임과 의무의 중대함을 알고 충성하십시오
2. 가정을 잘 돌보고 부지런하십시오
3. 성경을 배우기 힘쓰고 기도에 게으르지 마십시오
4. 목자의 심정으로 교인들을 돌아보십시오
5. 교역자와 마음을 같이 하십시오
6. 교회 부흥을 위해 힘을 기울이십시오
7. 믿음과 덕행으로 교제를 나누십시오
8. 다툼과 허영을 막고 겸손과 자비를 베푸십시오
9. 약한 사람을 잘 돌보십시오
10. 그리스도의 마음으로 십자가를 지는 생활을 하십시오

교회 헌금 후원의 좋은 10가지 자세

1. 먼저 나와서 하나님께 자신을 드려라
2. 먼저 자기가 하나님께 헌금의 모범을 보여라
3. 하나님께 드리는 헌금을 귀하고 거룩한 것으로 여기라
4. 먼저 자기의 몸과 마음과 물질을 드리라
5. 먼저 경건하고 신령한 산 제사를 드리라
6. 주어진 책임을 맡은 대로 기쁜 마음으로 봉사하라
7. 먼저 기도하고 두렵고 떨리는 마음으로 봉사하라
8. 성도들이 드린 것을 잘 수납하여 자신과 함께 드리라
9. 반드시 가운을 입고 하나님 앞에서 회개하는 마음을 가지라
10. 성도들이 드린 것을 잘 다루고 정리하여 드리라

예식 · 성전건축

하나님의 거처인 성전

■ 찬 송 ■ ♪242, 245, 250, 248

■ 본 문 ■ 여호와께서 집을 세우지 아니하시면 세우는 자의 수고가 헛되며 … 【시 127:1】

■ 서 론 ■ 영국의 장군 더글라스 헤이그는 "그리스도의 교회는 세상에서 유일한 사회의 소망이요, 평화의 약속이다."라고 했다. 교회는 살아계신 하나님의 교회로 진리의 기둥과 터이다. 하나님의 거처인 성전은?

■ 말 씀 ■

I 성전은 주님이 세우시는 집임

성전은 솔로몬이 지었지만 원래는 그의 부친 다윗이 하나님의 은혜에 감사하여 건축하려 했었다(대상 28:1-7). 여기서 우리가 알 수 있는 것은 인간이 아무리 성전을 건축하려해도 하나님이 허락하지 않으시면 할 수 없다는 사실이다. 그러므로 성전은 인간이 세우는 것이 아니라 하나님이 세우신다는 사실을 알 수 있다. 현재의 예배당이 옛날의 성전과 다른 점이 많지만 세상의 많은 건물과 구별된다는 점에서는 공통점이 있다.

II 성전은 주님이 축복하시는 집임

솔로몬이 성전을 건축하고 봉헌식을 마친 다음 어느 날 밤에 하나님이 그에게 나타나셔서 "이 곳에서 하는 기도에 내가 눈을 들고 귀를 기울이리니 이는 내가 이미 이 전을 택하고 거룩하게 하여 내 이름으로 여기 영영히 있게 하였음이라" 하셨다(대하 7:15-16). 하나님이 구별하여 세우신 성전에 늘 하나님이 함께 하셔서 기도하는 백성들의 소리를 들으시겠다고 하시니 이 얼마나 복된 일인가. 성전은 기도하는 곳이요 응답받는 곳이며 복을 받는 곳이다.

III 성전은 주님이 보호하시는 집임

성전은 하나님이 함께 하시고 보호하시는 것이 분명하지만 그것은 이스라엘 백성들이 하나님의 말씀을 준행하는 동안뿐이다. "그러나 너희가 만일 돌이켜 내가 너희 앞에 둔 내 율례와 명령을 버리고 가서 다른 신을 섬겨 숭배하면 내가 저희에게 준 땅에서 그 뿌리를 뽑아내고 내 이름을 위하여 거룩하게 한 이 전을 내 앞에서" 버리겠다고 하신다(대하 7:19-20). 이스라엘 백성들이 끝까지 불순종하고 거역하자 하나님은 성전을 잿더미가 되게 하셨다(대하 36:17-19).

■ 기 도 ■ 우리로 하여금 하나님의 거룩한 전을 건축하게 하신 하나님 아버지, 이곳에서 드리는 기도와 찬양과 헌물을 받으시고 복을 내려 주옵소서. 예수님 이름으로 기도드립니다. 아멘.

■ 십계명 ■   예배가 열납되는 10가지 비결

1. 우리 하나님은 예배 받으시기를 좋아하신다
2. 예배는 신령과 진정으로 드려야 한다
3. 예배는 거룩한 심정으로 드려야 한다
4. 예배는 간절한 마음과 감사하는 마음으로 드려야 한다
5. 예배는 말씀을 사모하고 순종함으로 드려야 한다
6. 예배는 소원과 서원 있는 기도로 드려야 한다
7. 예배는 감사의 예물과 제물로 드려야 한다
8. 예배는 몸과 혼과 영을 다해 드려야 한다
9. 예배는 찬송과 찬양으로 기쁘게 드려야 한다
10. 우리 하나님은 예배를 드리는 자를 찾으신다

■ 예 화 ■   성전 건축을 위해 소를 판 사람들

　　　1970년 미국인 크리스챤 실업인인 로린(Dr. Laurin)씨가 한국여행을 하였다.
　　　친구인 선교사가 충청도에 주재하고 있어 그의 집을 방문하게 되었다. 선교사는 로린 씨에게 한국 교인의 믿음을 눈으로 보게 해주겠다면서 그를 차에 태우고 5마일쯤 떨어진 농촌으로 안내했다.
　　　어느 지점에 왔을 때 선교사는 차를 세우고 먼 밭치에서 밭을 갈고 있는 농부 부부를 가리키며
　　　"이 마을 교회는 내가 관계하고 있는데 바로 저 농부 부부가 성전 건축을 위하여 소를 판 사람들이고 그렇게 힘들여 헌금해서 지은 교회가 바로 저 언덕 위에 있는 건물이오." 하며 저녁노을에 유리창들이 황금빛으로 빛나는 작은 교회당을 보여 주었다고 한다.
　　　로린 씨는 도저히 그냥 떠날 수 없어 소값이 될 만한 돈을 그 집에 전달했다고 한다.(Stephen Olford 저 「Grace of Giving」에 소개됨)

예식 · 성전건축

거룩한 여호와의 전

■ 찬 송 ■ ♪245, 243, 344, 250

■ 본 문 ■ 솔로몬이 여호와의 전과 왕궁 건축하기를 마치며 자기의 무릇 … 【왕상 9:1~9】

■ 서 론 ■ "달이 태양의 빛을 받아서 반사하듯 교회는 그리스도의 빛을 받아 반사한다." 고 어느 목회자는 말했다. 성도들이 모여 기도하고 찬송하며 능력을 받는 거룩한 하나님의 성전! 이 곳은?

■ 말 씀 ■

I 주께서 기도에 응답하신 곳

솔로몬은 성전 봉헌식에서 하나님께 긴 기도를 드렸다(왕상 8:22-54). 봉헌식이 끝난 어느날, 하나님이 솔로몬에게 나타나셔서 "네가 내 앞에서 기도하며 간구함을 내가 들었은즉 내가 너의 건축한 이 전을 거룩하게 구별하여 나의 이름을 영영히 그곳에" 두겠다고 하셨다(3절). 하나님은 솔로몬의 겸손하고 간절한 기도를 들으시고 응답하셨다. 솔로몬이 봉헌식에서 드린 기도의 주된 내용은 백성들이 무슨 문제가 있어 이 전에 와서 기도하면 들으시고 응답해주십사 하는 것이었다.

II 주께서 거룩히 구별하신 곳

하나님은 솔로몬에게 말씀하시기를 "내가 너의 건축한 이 전을 거룩하게 구별"하겠다고 하셨다(3절). 당시 이방세계에는 솔로몬이 건축한 성전보다 더 웅장한 신전도 많았을지도 모른다. 하지만 하나님은 그런 우상의 전당을 자신의 집으로 여기지 않으신다. 오직 성전만이 하나님과 관련되어 있기에 하나님이 성별하신 것이다. 오늘의 예배당도 그렇다. 비록 교회당이 세상 건물보다 웅장하지 않더라도 그리스도와 관련되었기에 거룩한 곳이 되는 것이다.

III 주께서 항상 함께 하신 곳

하나님은 계속해서 솔로몬에게 말씀하시기를 "나의 이름을 영영히 그곳에 두며 나의 눈과 마음이 항상 거기" 있을 것이라 하셨다(3절). 다윗이 그랬듯이 솔로몬 역시 하나님의 한량없으신 은혜를 감사하여 순수한 마음으로 성전을 지었으므로 하나님은 그 정성과 중심을 받으사 항상 함께 하겠다고 약속하셨다. 솔로몬이 이런 마음을 끝까지 견지했으면 좋았으련만 불행히도 그가 변절하여 우상을 섬김으로 이스라엘의 분열의 계기를 만든 것은 어처구니 없는 일이다.

■ 기 도 ■ 성전을 구별하여 거룩하게 하신 하나님, 저희로 하여금 이 교회당에서 늘 하나님께 감사와 찬양과 영광을 돌리게 하옵소서. 아멘.

■ 십계명 ■　예배자를 위한 10가지 계명

1. 공중예배에 지각하지 말고 깨끗하고 단정한 옷차림으로 참석하라
2. 찬송 전주가 있는 동안 조용히 명상하고 아멘으로 화답하라
3. 다같이 찬송을 부를 때 목소리를 높여 힘차게 찬송하라
4. 성가대의 찬양에 가사의 뜻과 음율을 깊이 감상하라
5. 저녁 예배, 삼일 예배, 속회 (=구역) 예배에 적극 참여하라
6. 교회의 좌석에 앉을 때에 의자의 중앙에 그리고 앞자리부터 앉으라
7. 헌금하기를 부담스럽거나 두려워하지 말고 기쁨과 감사를 담아 정성으로 드려라
8. 담임 목사의 설교에 잘 경청하고 아멘으로 순종하여 화답하라
9. 옆자리의 사람과 친절하게 인사하고 교제하며 존중히 여기라
10. 성령의 모든 은사를 사모하고 삼위일체 하나님의 임재를 확증하라

■ 예 화 ■　죽은 소녀가 일으킨 기적

　　필라델피아 뱁티스트 템플 교회 주일학교에 한 가난한 집안의 소녀가 찾아왔다. 당시 교회는 어린이를 위한 교육관이 거의 없는 형편이어서 좁은 땅에 많은 아이들이 복닥거리고 있었다.
　　교실이 너무 좁아 새 학생을 받지 못하고 있었으므로 이 소녀는 교회에 갈 수 없었다.
　　얼마 후 이 소녀는 불치의 병에 걸려 세상을 떠났다. 그 소녀의 베개에서는 짧은 편지와 동전 57센트가 나왔다.
　　그 편지는 그 교회 목사님께 쓴 것이었다.
　　"목사님, 더 넓은 교회를 짓도록 제가 모은 헌금입니다. 넓은 교실을 지어 주세요."
　　목사는 소녀의 편지를 장례식에서 소개하였으며 이 이야기는 기적을 불러 일으켰다.
　　이 교회 교인들은 육신의 떡보다 생명의 떡이신 예수를 위하여 열심히 바치는 믿음을 가지게 되었으며, 그 결과 큰 성전뿐만 아니라 병원(Good Samaritan Hospital)과 명문 대학인 템플 대학(Temple University)까지 창립하게 되었던 것이다.

심방 · 출생

부모의 의무

■ 찬 송 ■ ♪304, 234, 333, 305

■ 본 문 ■ … 또 너희가 요단을 건너가서 얻을 땅에 거할 동안에 이 말씀을 알지 못하는 그들의 자녀로 듣고 네 하나님 여호와 경외하기를 … 【신 31:12~13】

■ 서 론 ■ 영국의 시인이요, 극작가인 셰익스피어는 "자식에게 있어서 부모는 하늘의 대리인이므로 부모의 소리는 하나님의 소리이다."라고 했다. 기독교인으로서의 부모의 의무는?

■ 말 씀 ■

I 자녀에게 하나님을 경외하는 법을 가르칠 것

모세는 이스라엘 백성들에게 자기 자녀들을 신앙으로 양육할 것을 주문한다. "곧 백성의 남녀와 유치와 네 성안에 우거하는 타국인을 모으고 그들로 듣고 배우고 네 하나님 여호와를 경외"하게 하라는 것이다(12절). 왜 하나님을 경외하도록 가르쳐야 하나? 그것이 곧 '지식의 근본' 이기 때문이다(잠 1:7). 사람이 아무리 지식이 많고 부귀영화를 누린다해도 하나님을 경외할 줄 모르면 그 인생은 실패한 인생이다. 우리 자녀도 하나님을 경외하도록 잘 가르쳐야 한다.

II 자녀에게 주의 말씀을 지키도록 가르칠 것

모세는 계속해서 "이 율법의 모든 말씀을 지켜 행하게"하라고 한다(12절 하). 하나님을 경외하도록 자녀들을 가르치는데 성공했다면 이 일도 성공할 것이다. 인생이 하나님 앞에서 바로 서느냐 못 서느냐 하는 것은 율법 즉 하나님의 말씀을 어떻게 배우고 지키느냐에 달려있다. 디모데가 주님의 큰 인물로 쓰임받은 것도 그가 어려서부터 성경을 배우고 지켰기 때문이다(딤후 3:15-17). 우리는 자녀들에게 어렸을 때부터 부지런히 성경을 가르쳐야 한다.

III 자녀에게 주를 기쁘시게 하도록 가르칠 것

자기 자녀들로 하여금 하나님을 경외하게 하고 율법 즉 말씀을 가르쳐 지키게 하는 것은 다 하나님을 기쁘시게 하려는 목적에서다. 인생의 최대 의무는 하나님을 기쁘시게 하고 그분께 영광돌리는 것이다. 모세가 그토록 모진 고통을 당하면서도 묵묵히 그 사명을 다한 것은 오로지 하나님을 기쁘시게 하려는 목적에서였다. 바울 역시 그랬다. 그는 우리에게 "그런즉 너희가 먹든지 마시든지 무엇을 하든지 다 하나님의 영광을 위하여 하라" 했다(고전 10:31).

■ 기 도 ■ 저희들에게 사랑스런 자녀들을 선물로 주신 아버지 하나님, 그 자녀들에게 하나님의 말씀을 잘 가르쳐 하나님을 기쁘시게 하는 자들로 키우게 하옵소서. 예수님 이름으로 기도드립니다. 아멘.

■ 십계명 ■   어려서부터 가르쳐야 할 10가지

  1. 어려서부터 아이에게 예수를 가르치라
  2. 어려서부터 아이에게 하나님의 말씀을 가르치라
  3. 어려서부터 아이에게 기도하는 법을 가르치라
  4. 어려서부터 아이에게 찬송하는 법을 가르치라
  5. 어려서부터 아이에게 예배드리는 법을 가르치라
  6. 어려서부터 아이에게 예수님의 사랑을 가르치라
  7. 어려서부터 아이에게 전도하는 법을 가르치라
  8. 어려서부터 아이에게 날마다 좋은 일을 가르치라
  9. 어려서부터 아이에게 좋은 말을 가르치라
 10. 어려서부터 아이에게 순종하는 법을 가르치라

■ 예 화 ■   모든 것이 돈으로 해결되는 줄 아시나봐요

코네티컷에 모인 교포 고등학생들의 세미나에 참석했던 일이 있었다. 그 당시 토의 시간에 한 남학생이 다른 말을 한 것이 내 귀에서 떠나지 않는다.

'저의 부모님은 모든 것이 돈으로 해결되는 줄 아시나봐요. 요구도 안 하는 용돈을 자꾸 주려할 때 기분이 좋지 않습니다. 차라리 저와 이야기를 나누는 시간을 더 주셨으면 좋겠어요."

정이나 사랑은 돈으로 대치될 수 없다. 자식이나 아내에게 주는 선물도 진정한 사랑의 행동이 평소에 수반되지 않으면 뇌물 이상의 가치가 없다.

"학교에 보내고 있으니 교육을 잘 받겠지, 텔레비전을 보고 있으니 많이 배우겠지, 넉넉히 돈을 주고 있으니까 불만은 없겠지." 하는 안일한 생각에 젖어 있다면 큰 오산을 하고 있는 것이다.

■ 명 상 ■   의심이 많은 부모는 교활한 자식을 만든다.
                                            - 토마스 헐리버튼 (노바 스코시아 해학가) -

심방 · 출생

한나의 간구

■ 찬 송 ■ ♪483, 349, 304, 484

■ 본 문 ■ … 한나가 마음이 괴로와서 여호와께 기도하고 통곡하며 … 【삼상 1:9~18】

■ 서 론 ■ 미국의 성직자 캐더린 밀러는 "하나님도 자기의 자존심을 버리고 도움을 청하는 사람들을 사랑하신다."라고 했다. 한나는 눈물을 흘리며 여호와의 전에서 간곡히 기도했다. 한나의 눈물의 간구는?

■ 말 씀 ■

I 이 눈물의 간구는 자식의 소중함을 증거한다

한나는 남편의 사랑을 받았으나 자식을 낳지 못해 심적 고통이 이만저만이 아니었다. 이 문제는 인간의 힘으로는 어쩔 수 없으나 하나님은 다 하실 수 있다는 믿음으로 하나님 앞에 나아가 "통곡하며" 기도했다(10절). 하나님이 아들을 주시면 하나님께 바치겠다는 것(11절)으로 보아 그는 자식의 소중함을 깊이 느끼고 있었다. 자신을 위해서가 아니라 하나님을 기쁘시게 하기 위하여 자식을 구했음을 알 수 있다. 이기적인 기도를 드려서는 안 된다.

II 이 눈물의 간구는 기도의 위력에 대해 증거한다

한나는 여러 가지로 노력했지만 자식을 낳지 못했다. 절망 가운데서도 하나님은 다 하실 수 있다는 믿음을 가지고 있었다. 그래서 그녀는 하나님 전에 나아가 통곡하며 기도를 드렸던 것이다. 우리도 세상을 살다보면 절망적인 상황에 직면할 때도 많다. 모든 노력과 수고가 다 헛될 때 얼마나 낙심이 되던가. 그러나 낙심은 금물이다. 왜냐하면 우리에게는 전능하신 하나님께 기도할 수 있기 때문이다. 기도는 인간의 불가능을 가능케 한다.

III 이 눈물의 간구는 하나님의 은혜에 대해 증거한다

한나는 하나님의 자비하심을 믿었다. 하나님께서 자신을 사랑하심을 믿어 의심치 않았다. 하나님은 은혜와 긍휼이 풍성하시다. 한나는 믿음의 조상 사라가 90세에 이삭을 낳은 것과 리브가가 결혼 20년만에 야곱과 에서를 낳은 사실을 알고 용기를 잃지 않았을 터이다(창 21:5, 25:19-26). 우리가 낙심되고 절망이 엄습할 때는 성경말씀을 붙잡으면 큰 용기와 소망을 갖게 된다. 하나님은 우리를 사랑하시기 때문에 우리가 통곡하며 기도할 때 들으시고 이루어주신다.

■ 기 도 ■ 한나가 통곡하며 기도할 때, 들으시고 응답하신 아버지 하나님, 저희들도 어려운 문제에 부딪칠때 기도하게 하옵소서. 예수님 이름으로 기도드립니다. 아멘.

■ 십계명 ■   자녀를 위한 10가지 기도

1. 자녀의 머리가 지혜로워지도록 기도하라
2. 자녀의 두뇌가 명철하도록 기도하라
3. 자녀의 마음에 믿음이 생기도록 기도하라
4. 자녀의 영혼이 잘 되도록 기도하라
5. 자녀의 몸과 마음과 영혼이 성숙하도록 기도하라
6. 자녀의 몸이 건강하도록 기도하라
7. 자녀의 손과 발과 몸이 재능이 있도록 기도하라
8. 자녀의 마음이 열려 있도록 기도하라
9. 자녀의 성품이 온유 겸손하도록 기도하라
10. 자녀에게 좋은 친구가 생기도록 기도하라

■ 예 화 ■   맥아더의 기도

　나에게 이러한 자녀를 주소서. 약할 때에 자기를 잘 분별할 수 있는 강한 힘과 두려울 때에 자신을 잃지 않을 대담성을 가지고 정직한 패배에 부끄러워하지 않고 태연하며 승리에 겸손하고 온유한 사람이 되게 하여 주시옵소서.
　생각해야 할 때 고집하지 말게 하시고 주를 알고 자신을 아는 것이 지식의 기초임을 알게 하여 주시옵소서. 바라옵기는 그를 요행과 안이한 길로 인도하지 마시고 고난과 도전에 대하여 분투 항거할 줄 알게 하여 주시고 폭풍우 속에서도 용감히 일어설 줄 알게 하시며 패한 자를 긍휼히 여길 줄 알도록 가르쳐 주소서.
　그 마음이 깨끗하고 목표는 높게 하시며 남을 다스리려고 하기 전에 먼저 자기 자신을 다스리게 하시며 장래를 바라보는 동시에 과거를 잊지 않게 하여 주소서.
　이것을 다 주신 다음에 이에 더하여 유머를 알게 하시며 인생을 엄숙히 살아가면서도 삶을 즐길 줄 아는 마음과 자신을 너무 드러내지 않고 겸손한 마음을 갖게 하여 주소서.
　그리고 참으로 위대하다는 것은 소박하다는 것과 참된 지혜는 개방된 것이요, 참된 힘은 너그러움에 있다는 것을 항상 명심하도록 하여 주시옵소서. 그리하여 어느 날 이 어버이는 인생을 헛되이 살지 않았노라고 나직이 속삭이게 하여 주시옵소서.

심방 · 출생

바람직한 부모상

■ 찬 송 ■　♪304, 233, 333, 238

■ 본 문 ■　… 그러므로 나도 그를 여호와께 드리되 그의 평생을 여호와께 … 【삼상 1:21~28】

■ 서 론 ■　"동물은 태어나면서부터 완성되어 있다. 그러나 사람은 태어났을 때에는 원료에 지나지 않는다. 이 원료를 가지고 어떠한 사람으로 만드느냐는 부모의 책임이다."라고 어느 목회자는 말했다. 바람직한 신앙의 부모는?

■ 말 씀 ■

I 이는 하나님과의 약속에 신실한 부모이다

한나는 "주의 여종을 잊지 아니하사 아들을 주시면 내가 그의 평생에 그를 여호와께 드리고 삭도를 그 머리에 대지 아니하겠나이다"라고 서원기도를 드렸었는데(11절) 한나는 남편의 동의를 얻어(21-22절) 마침내 그 서원을 실행에 옮겼다(28절). 무엇 무엇을 어떻게 해 주시면 무엇 무엇을 하겠다고 하나님 앞에서 서원하지만 실제로 소원이 이루어진 다음엔 나몰라라 하는 이들도 있다. 이런 사람은 차라리 서원기도를 하지 않는게 더 낫다(전 5:4-6).

II 이는 자녀들의 미래를 주께 의탁하는 부모이다

한나는 사무엘이 젖을 떼자 아이를 데리고 실로에 있는 엘리 제사장을 찾아가 어떻게 사무엘을 낳게 됐는지 경위를 설명하고(24-27절) "그러므로 나도 그를 여호와께 드리되 그의 평생을 여호와께 드리나이다."라고 했다(28절). 한나는 사무엘을 완전히 하나님께 맡겼다. 요즘 부모도 이렇게 자기 자식들을 하나님께 맡기는 신앙적 자세가 필요하다. 아이의 장래 생사화복이 온전히 하나님의 손에 달려있음을 믿을진대 굳은 신앙으로 키우는 것은 당연한 일이다.

III 이는 경건한 생활의 모본이 되는 부모이다

하나님께 서원한 것을 실행하기는 쉬운 일이아니다. 한나도 사무엘을 자기 앞에 두고 성장하는 모습을 즐기며 키우고 싶었을 터이다. 그러나 한나는 인간적인 사정(私情)을 억누르고 하나님께 서원한대로 실천했으니 얼마나 아름다운 일인가. 자신보다 하나님을 먼저 생각하는 신앙이 없으면 불가능한 일이었다. 한나가 얼마나 신앙이 깊으며 경건한 여성이었는지 알 수 있게 한다. 우리도 최선을 다해서 자식을 키우되 신앙과 경건함으로 키워야 한다(딤후 1:5).

■ 기 도 ■　우리가 하나님 앞에 서원하고 행치 않는 일이 얼마나 많습니까? 주여, 우리를 긍휼히 여기사 서원을 실행하는 자가 되게 하옵소서. 예수님 이름으로 기도드립니다. 아멘.

■ 십계명 ■   자녀를 바르게 키우는 10가지 비결

1. 자기 스스로를 다스리도록 한다-자율정신
2. 살아가면서 여러 가지를 경험하게 한다-경험정신
3. 스스로 창조하는 기쁨을 누리도록 한다-창조정신
4. 사람 관계, 물질 관계를 바로 갖도록 한다-관계정신
5. 자신을 사랑하고 자신의 존재 가치를 깨닫도록 한다-자존정신
6. 모든 일에서 자신의 의미를 발견하게 한다-의미정신
7. 가정에서는 열린 교육을 하여야 한다-개방정신
8. 매사에 최선을 다하게 한다-최선정신
9. 심리적으로 자유로움을 느끼게 한다-여유정신
10. 삶의 자세에서 매사에 협력하여 살게 한다-협력정신

■ 예 화 ■   석공의 위대한 안목

오래된 이야기지만 1666년에 영국 런던에 대화재가 발생하여 도시가 전소되었다. 그리하여 찰스 2세는 크리스토퍼 워렌 경에게 성 바울 대성전을 위시한 55개 교회당의 재건을 위촉하였다.

어느 날, 워렌 경은 공사장에서 일하는 한 석공에게 말을 건네 보았다.

"자네는 뭘 하고 있는가?"

"저는 이 돌을 깎아서 저 벽에 맞추어 넣고 있습니다."

워렌 경은 다음 석공에게 물었다.

"자네는 뭘 하고 있는가?"

"저는 마누라와 자식들을 먹여 살리려고 일하고 있습니다요."

워렌 경은 세 번째 석공에게 물었다.

"자네는 뭘 하고 있는가?"

"저는 대성전을 건축하고 있습니다."

이와 같은 질문을 어머니와 아버지들이 받았을 때도 역시 세 종류의 대답이 나올 수 있다.

"당신은 뭘 하고 있소?"라는 질문에 "밥을 짓고 빨래를 하고 있어요." 하는 대답이 있을 수 있고, "아이들을 돌보고 있어요. 그게 내 일인 걸요." 하는 대답도 나올 수 있다. 그러나 보다 바람직한 대답은 "나는 훌륭한 한 인간을 만들고 있어요." 하는 대답일 것이다.

자칫하면 태어난 아이를 키울 때 근시안적으로 생각하며 키우기 쉽다. 그저 바빠서는 안 된다. 어머니와 아버지가 되기 위해서는 대성전을 건축하는 석공의 위대한 안목이 필요하다.

심방 · 출생

요셉의 가정

■ 찬 송 ■ ♪82, 305, 278, 233

■ 본 문 ■ 모세의 법대로 결례의 날이 차매 아기를 데리고 예루살렘에 올라가니 … 【눅 2:22~24】

■ 서 론 ■ 영국의 법률가요 철학자인 프란시스 베이컨은 "부모들은 그들의 자녀들이 어떤 길로 가기를 바라고 교육시키려면 부모들 자신이 먼저 그 길로 가야 한다." 라고 했다. 주님께 모든 것을 의탁하는 부모된 요셉과 마리아! 이들은?

■ 말씀 ■

I 주의 계명을 지키는 요셉과 마리아

요셉과 마리아는 "모세의 법대로 결례의 날이 차매 아기를 데리고 예루살렘에 올라"갔다(22절). '모세의 법'이란 레위기 12장 3절을 가리키는 것으로 남아를 낳으면 8일만에 할례를 행하라는 내용이다. 요셉과 마리아는 율법을 성실히 이행했다. 율법은 사람에게 유익하라고 하나님이 주신 것이지 해를 끼치려고 주신 것은 아니다. 율법을 성실히 지키면 인간에게 큰 유익이 되고 복이 된다. 오늘의 성도는 성경말씀을 잘 배워 그대로 실천해야 한다.

II 주의 소유임을 인정하는 요셉과 마리아

할례를 행하는 의미는 "이는 주의 율법에 쓴 바 첫 태에 처음 난 남자마다 주의 거룩한 자라 하리라 한 대로 아기를 주께" 드린다는 것이다(23절). '주의 율법'은 출애굽기 13장 2절과 12절을 인용한 것이다. 요셉과 마리아는 아기 예수님을 자신들의 소유물로 여기지 않고 하나님의 것으로 하나님께 전적으로 바친다는 믿음을 보여주고 있다. 우리 자녀들 역시 마찬가지다. 하나님께 받은 선물이자 위탁물임을 알고 주님의 뜻에 합당하게 키워야 한다.

III 주께 전체를 맡기는 요셉과 마리아

요셉과 마리아는 "비둘기 한 쌍이나 혹 어린 반구 둘로 제사"를 드렸으니(24절) 이는 레위기 12장 8절을 실행한 것이다. 한 마리는 번제물로, 다른 한 마리는 속죄제물로 드려야 했으니 번제란 보통 헌신과 감사를 의미한다. 요셉과 마리아는 아기 예수님을 온전히 하나님께 맡겼다. 우리도 자녀들을 최선을 다해 키우는 줄 알지만 그것만으로는 부족하다는 것을 알아야 한다. 하나님의 도우심과 인도하심이 없으면 인간의 모든 노력과 수고는 헛될 수밖에 없다.

■ 기 도 ■ 요셉과 마리아가 하나님의 말씀대로 아기 예수님을 키운 것처럼 저희도 자녀들을 그렇게 키우게 하여 주시옵소서. 예수님 이름으로 기도드립니다. 아멘.

■ 십계명 ■   자녀 양육을 위한 10계명

1. 자부심을 갖게 하라
   (그리스도 안에서 우리의 존재와 목적과 능력이 달라졌음을 인식하라. 자신감을 키워주기 위해서 자녀의 말을 들어주고 칭찬하라)
2. 순종의 원리를 가르치라
   (하나님의 권세어 순종하도록 가르치라. 부모에게 순복하도록 훈련하라)
3. 자신의 행동에 책임지게 하라
   (자녀들 스스로가 자신의 인생을 책임질 수 있는 능력을 갖게 하라. 과잉보호와 무조건적으로 수용해 주는 부모의 자세를 버리라)
4. 창조적 인간관계를 가지게 하라
   (사랑과 섬김, 겸손과 협력의 공동체 인식을 갖게 하라. '나도 살고 너도 사는' 상생의 창조적 인간관계를 심어주라)
5. 주는 인생이 되게 하라
   (많이 가지기보다는 많이 누리는 법을 배우게 하라. 남에게 베풀고 줄 수 있는 사람으로 양육하라)
6. 고난을 극복하는 자세를 확립시키라
   (끝까지 견디고 극복할 때 성공할 수 있음을 인식시키라. 신앙은 언제나 도피가 아니라 창조와 극복임을 가르치라)
7. 용서를 주고 받을 수 있도록 하라
   (대화와 상담과 관심으로 자녀의 마음에 쓴뿌리를 제거하라. 부모의 불화로 인해 자녀들이 상처입지 않도록 주의하라)
8. 말씀을 가까이 하게 하고 기도하게 하라
   (성경은 성공의 교과서요, 기도는 행복의 열쇠임을 알게 하라. 가정 예배를 드리라)
9. 꿈과 비전을 갖게 하라
   (꿈과 비전과 환상을 심어주라. 단순한 지식보다도 많은 경험을 쌓게 하라)
10. 어느 한 가지에 전문가가 되게 하라
    (자녀가 가지고 있는 장점을 인정하고 확대할 뿐 아니라 새로운 장점을 추가시켜라. 관심분야를 개발시키라)

■ 예 화 ■   우리 아버지는 하나님을 잘 안다

유명한 오페라 가수인 할버턴(Hilding Halverton)은 다음과 같은 고백을 했다.
"어느 날, 내 아들과 이웃집 아이의 대화를 엿들었다. 이웃 아이가 '우리 아버지는 사장님을 잘 안다'라고 하자 내 아들이 '우리 아버지는 하나님을 잘 안다'라고 대꾸했다. 갑자기 나의 눈에서는 눈물이 쏟아지기 시작했고 나는 서재로 들어가 실컷 울었다."

심방·생일

믿음의 디모데

■ 찬 송 ■ ♪340, 234, 456, 539

■ 본 문 ■ … 이는 네 속에 거짓이 없는 믿음을 생각함이라 이 믿음은 먼저 네 외조모 로이스와 네 어머니 유니게 속에 있더니 … 【딤후 1:3~5】

■ 서 론 ■ 프랑스의 철학자 몽테스키외는 "네가 성스러워지고자 한다면 네자식을 가르치라. 그들이 하는 모든 선한 행동은 너의 업적으로 돌려질 것이다."라고 했다. 믿음의 디모데로 키운 그의 부모처럼 우리는?

■ 말 씀 ■

I 부모는 경건한 믿음을 유산으로 물려주어야 함

디모데의 어머니와 외조모는 그에게 믿음을 물려주는 귀한 일을 했다. "이 믿음은 먼저 네 외조모 로이스와 네 어머니 유니게 속에 있더니 네 속에도 있는 줄을 확신하노라"(5절). 보모로부터 재산, 권력, 건강 등을 물려받는 것도 좋지만 믿음을 물려받는 것만큼 귀하지는 않다. 위대한 미국의 대통령으로 역사에 족적을 남긴 아브라함 링컨 대통령이 그의 어머니로부터 낡은 성경과 꿋꿋한 신앙을 물려받은 것은 너무도 유명한 이야기이다.

II 부모는 주께서 기억하시는 자녀로 키워야 함

부모는 자식을 낳는 것으로 그 책임이 다 끝나는 것은 아니다. 어떻게 키우느냐 하는 것이 문제다. 디모데의 어머니와 외할머니는 그를 주님이 기억하시는 사람으로 키웠다. 주님을 믿지 않는 부모들은 자식들을 키우되 이 세상에서 유명해지기를 원하지만 신자들은 그래서는 안 된다. 세상에서 인간들에게 기억되기 보다는 오히려 하나님께 기억되는 사람이 되기를 바라야 한다. 그런 자식으로 키우려면 부모 자신이 하나님께 기억되는 사람이 되어야 한다.

III 부모는 진실한 삶의 도를 가르치도록 힘써야 함

사람이 이 세상을 어떻게 살아야 하느냐는 것은 실로 중대한 문제가 아닐 수 없다. 이 문제를 풀기 위해서 수 십년 동안 연구하고 탐구하는 사람들도 많다. 그러면 예수님을 믿는 우리는 어떻게 해야 하나? 성공하고 출세하는 자식보다 어려서부터 하나님을 경외하는 자식으로 키워야 할 것이다. 또한 성경을 가르쳐야 할 것이다. 성경은 구원의 도리뿐만 아니라 인생이 마땅히 걸어야 할 도를 가르치고 있기 때문이다. 성경은 최고의 인생 수양서임을 잊지 말자.

■ 기 도 ■ 디모데를 큰 인물로 키우사 귀하게 쓰신 주님, 저희들도 자녀들을 주님이 쓰시기에 합당한 인물로 키우게 하옵소서. 아멘.

■ 십계명 ■　자녀를 망가뜨리는 10가지 비결

1. 항상 명령투의 큰 소리로 말한다
    (자녀들의 성격은 성급하고 포악해질 것이다)
2. 남과 비교해서 말한다
    (다른 사람과 성적, 성격을 비교해 가며 혼내준다. 평생 마음의 상처를 입을 것이다)
3. 달라는 것은 덮어놓고 모두 주어라
    (가난한 인생을 보낼 것이다)
4. 남들 앞에서 망신을 주며 잘못을 지적하라
    (마음에 증오를 품을 것이다)
5. 약속을 자주 어긴 후 이렇게 말하라. "약속이란 어차피 깨지는 법이란다" (자녀는 신의 없는 사람으로 성장할 것이다)
6. 말꼬리를 물고 늘어져 백기를 들게 만들라
    (자녀들은 그날부터 부모와 대화를 중단할 것이다)
7. 언제나 변명으로 일관하라
    (부모의 자존심은 살지만 자녀의 자존심은 완전히 망가질 것이다)
8. 자녀 앞에서 돈 걱정을 많이 하라. 그리고 세상을 원망하라
    (이때부터 자녀는 비관적인 인생관을 갖게 될 것이다)
9. 자녀의 말을 철저히 무시하라
    (퉁명스런 사람이 될 것이다)
10. 자녀에게 너무 많은 신경을 쓰거나 아니면 아예 관심을 갖지 않는다

■ 예 화 ■　나에게 남은 아버지의 이미지

위대한 작가라고 불리어지는 토마스 울프(Thomas Wolfe)의 수필 속에 이런 글이 있다.

"인간의 생명을 깊이 탐구해 들어가면 결국 인간들은 자기의 아버지를 탐색하고 있다는 사실을 배울 수 있었다. 육신을 준 아버지 혹은 어렸을 때의 아버지에 대한 추억 정도가 아니라 '나에게 남겨진 아버지의 이미지'를 우리는 암암리에 탐색하고 있다. 아버지의 힘과 지혜와 사랑과 사상과 신앙 등이 사실은 나에게 있어서 가장 중요한 뿌리인 것이다."

심방 · 생일

주의 뜻대로 하는 양육

■ 찬 송 ■ ♬ 81, 86, 424, 340

■ 본 문 ■ 여호와께서 집을 세우지 아니하시면 세우는 자의 수고가 헛되며 … 【시 127:1~5】

■ 서 론 ■ 미국의 16대 대통령 아브라함 링컨은 "내가 나 된 것은 전부, 그리고 장차 되기를 바라는 것의 전부는 오직 천사와 같은 나의 어머니 덕이다."라고 했다. 성경으로 어릴적부터 링컨을 키운 그의 어머니! 주의 뜻대로 하는 양육은?

■ 말 씀 ■

I 이는 주의 뜻을 알도록 하는 것임

하나님이 "집을 세우지 아니하시면 세우는 자의 수고가" 헛되다고 했다(1절). 하나님이 자식을 키우지 않으시면 인간이 아무리 노력하고 수고해도 소용없다. 그러면 어떻게 키워야 할까? 무엇보다도 자식들로 하여금 주님의 뜻을 알게 해 주어야 한다. "너희는 이 세대를 본받지 말고 오직 마음을 새롭게 함으로 변화를 받아 하나님의 선하시고 기뻐하시고 온전하신 뜻이 무엇인지 분별하도록 하라"(롬 12:2). 주님의 뜻을 분별하려면 성경을 읽고 깨닫게 해야 한다.

II 이는 주를 온전히 의뢰하도록 하는 것임

자식을 올바르게 양육하려면 그들로 하여금 주님을 의지하도록 키워야 한다. 사람이 자신감을 가지는 것도 필요하지만 그것만으로는 안 된다는 것을 깨닫게 해야 한다. 나폴레옹은 '내 사전에 불가능은 없다' 고 큰소리쳤지만 그는 세인트 헤레나 외딴 섬에서 그것이 얼마나 허망한 말인지 실감했을 터이다. 주님은 자신을 포도나무로, 신자를 가지에 비유하시면서 "나를 떠나서는 너희가 아무것도 할 수 없음이라" 하셨다(요 15:5). 겸손한 신앙을 갖게 해야 한다.

III 이는 주의 상급을 귀히 여기도록 하는 것임

인생의 목적은 이 세상에서 성공 출세하는 것이 아니다. 이 세상의 삶은 저 세상의 삶을 준비하는 과정에 지나지 않는다. 성경은 사람이 죽으면 누구나 그리스도의 심판대 앞에 서서 심판을 받아야 한다고 가르친다(고후 5:10, 계 20:11-15). 우리는 이 엄중한 사실을 잊어서는 안되며 자식들에게도 이를 부지런히 가르쳐야 한다. 바울은 이 세상에서 말로 다 할 수 없는 고난과 역경을 당했지만 주님이 주실 '의의 면류관' 을 바라보며 끝까지 참았다(딤후 4:8).

■ 기 도 ■ 저희들에게 귀한 자녀를 맡겨주신 주님, 그들을 돌보며 키우되 주님이 보시기에 합당한 인물로 키우게 하옵소서. 예수님 이름으로 기도드립니다. 아멘.

■ 십계명 ■　못된 자녀로 키우는 10가지 묘수

1. 아이가 사방에 흩어놓은 물건들을 꼬박꼬박 치워주라
   (커서도 모든 책임을 남에게 전가할 것이다)
2. 아이가 밥투정, 옷투정 등 불평을 할 때 모두 들어주라
   (이기적인 사람으로 변할 것이다)
3. 아이가 보는 앞에서 매일 부부 싸움을 심하게 하라
   (포악한 사람이 될 것이다)
4. 아이가 선생님을 욕할 때 맞장구를 치라
   (부정적인 사고를 지닐 것이다)
5. 아이가 잘못을 저질러도 대충 넘어가라
   (나중에 더 큰 죄로 보답할 것이다)
6. 아이가 요구하는 것을 무엇이든 다 들어주라
   (점점 목소리가 커질 것이다)
7. 아이에게 신앙생활을 절대 시키지 말라
   (제멋대로 살아가며 타락할 것이다)
8. 아이가 늦게 귀가해도 무관심하라
   (쾌락과 방탕의 길로 빠질 것이다)
9. 아이 앞에서 불평을 늘어 놓아라
   (매사를 부정적으로 바라볼 것이다)
10. 아이가 보는데서 항상 우울한 표정을 지으라
    (아이는 비관론자가 될 것이다)

■ 예 화 ■　마음에 새겨진 그림

종교개혁자 루터는 아버지가 너무 엄해서 어려서 주기도문을 외울 때 '하늘에 계신 우리 아버지'를 빼놓고 외웠다고 한다. 그러나 아버지가 루터에게 물려준 신앙, 아버지가 루터의 가슴속에 그려준 예수의 초상화는 그의 일생을 좌우하는 그림이 되었다. 부모는 그 자녀들의 가슴속에, 그리고 어른들은 자라나는 세대의 가슴속에 불멸의 그림을 그리고 있다.

심리학자들은 기억의 영구 보존을 말한다. 한 번 듣고 본 것은 의식되지 않더라도 무의식의 세계에 깊이 잠재했다가 두고두고 그 인간에게 영향을 끼친다는 것이다.

독일의 철학자 하이네는 "좋은 부모를 갖는 것만큼 행복한 일은 없다."라고 하였다. 좋은 부모는 좋은 그림을 그 자녀의 가슴속에 새겨주는 부모이다. 어려서 받는 신앙교육은 참으로 위대한 그림이다. 교육의 효과가 당장 눈에 보이지 않는다고 낙심할 필요가 없다. 예배의 장면, 성경 이야기, 주일학교에서의 경험 등은 모두 불멸의 그림으로 남아있을 것이다.

심방 · 생일

바람직한 자녀 양육

■ 찬 송 ■ ♪273, 300, 304, 234

■ 본 문 ■ 아기가 자라며 강하여지고 지혜가 충족하며 하나님의 은혜가 그 위에 있더라, 예수는 그 지혜와 그 키가 자라가며 … 【눅 2:40,52】

■ 서 론 ■ 조선의 선비 송강 정철은 "아버님 날 낳으시고 어머님 날 기르시니 두 분 곧 아니시면 이 몸이 살았을까 하늘 같은 은덕을 어이 다해 갚사오리."라는 시조를 남겼다. 자녀의 양육은?

■ 말 씀 ■

I 자녀의 육신이 건강하도록 키우자

주님의 유아기 시절과 청소년 시절에 대하여 성경은 거의 침묵하는 가운데 본문에만 일부가 언급되어 있음을 본다. 우선 어렸을 때의 주님은 "강하여"졌다고 하는 바 이는 주님이 건강하게 자라셨음을 보여준다. 내 자식을 건강하게 키우는 것은 부모의 중요한 의무 중에 하나다. 병들지 않도록 잘 돌보되 병들면 고치도록 노력해야 한다. 특히 성도들은 자기 자녀들이 육체뿐 아니라 정신과 영혼도 건강하고 건전하도록 세심히 보살피고 인도할 책임이 있다.

II 자녀의 지혜가 충족하도록 키우자

또 어렸을 때의 주님은 "지혜가 충족" 했다고 한다. 주님께서 지혜에 충족하신 것처럼 우리 자녀들도 지혜가 풍성하도록 가르치고 키워야 한다. 최고의 지혜는 무엇인가? "또 사람에게 이르시기를 주를 경외함이 곧 지혜요 악을 떠남이 명철이라 하셨느니라" (욥 28:28). 바울은 그리스도를 "하나님의 능력이요 하나님의 지혜"라 했다(고전 1:24). 그러므로 우리 자녀들로 하여금 하나님을 두려워하게 하고 예수님을 잘 믿고 섬기게 해야 한다.

III 자녀에게 주의 은혜가 충만하도록 키우자

예수님은 "하나님의 은혜가 그 위에" 있었다고 한다. 그러므로 주님을 믿는 부모들은 자기 자녀들을 그렇게 키워야 할 것이다. 하나님의 은혜가 없이 인간의 힘만으로 살려고 하는 것은 너무도 어리석은 일이다. 하나님의 은혜가 없으면 우리는 예수님을 믿을 수 없음은 물론이고 구원도 받을 수 없다. "너희가 그 은혜를 인하여 믿음으로 말미암아 구원을 얻었나니"라고 했다(엡 2:8). 노아가 믿음의 조상이 된 것은 그가 "여호와께 은혜를" 입었기 때문이다(창 6:8).

■ 기 도 ■ 우리에게 자녀들을 선물로 주신 하나님 아버지, 저들을 건강하고 지혜롭게 그리고 하나님의 은혜가 충족하게 키우게 하옵소서. 예수님 이름으로 기도드립니다. 아멘.

■ 십계명 ■ 부모가 자녀에게 보일 10가지 모본

1. 부모는 자녀 앞에서 정직하게 사는 것을 보이라
2. 부모는 자녀 앞에서 믿음으로 사는 것을 보이라
3. 부모는 자녀 앞에서 하나님께 기도하는 모습을 보이라
4. 부모는 자녀 앞에서 예배드리는 모습을 보이라
5. 부모는 자녀 앞에서 헌금 드리는 모습을 보이라
6. 부모는 자녀 앞에서 헌신, 봉사하는 모습을 보이라
7. 부모는 자녀 앞에서 아름다운 말하는 모습을 보이라
8. 부모는 자녀 앞에서 어른을 존경하는 모습을 보이라
9. 부모는 자녀 앞에서 전도하는 모습을 보이라
10. 부모는 자녀 앞에서 깨끗하게 사는 모습을 보이라

■ 예 화 ■ 수산나의 교육 원칙

요한 웨슬리와 찰스 웨슬리의 어머니 수산나 웨슬리는 19명의 자녀를 낳아 모두 훌륭하게 양육하였다. 그녀는 훌륭한 신앙인이라면 훌륭한 가정을 만들어야 하고, 훌륭한 가정은 아이들에 대한 가정교육에 달렸다는 신념으로 다음과 같은 교육 원칙을 실천하였다.

1. 간식엄금
2. 전원 여덟 시 취침
3. 개인의 의사 존중
4. 아이 전원을 하나님께 인도
5. 말하기 시작하면 기도부터 가르침
6. 가정예배 때는 절대 정숙
7. 떼쓸 때는 아무것도 주지 않는다.
8. 잘못을 고백하면 무조건 용서하고, 고백하지 않은 잘못은 반드시 벌한다.
9. 부모나 아이들이나 약속한 것은 반드시 지킨다.
10. 부모의 채찍을 두려워하며 부모의 훈계를 고맙게 여기게 한다.

어나 지금이나 교육상 바람직하지 못한 환경과 유혹과 죄의 세력은 여러 곳에 존재한다. 수산나 웨슬리는 가정의 방파제가 되어 성경의 진리로써 사나운 세상의 물결을 막아선 것이다. 그것은 위의 교육 원칙에 잘 드러나 있다.

심방·생일

시간 관리와 참된 인생

■ **찬 송** ■ ♪75, 34, 55, 93

■ **본 문** ■ … 일의 결국을 다 들었으니 하나님을 경외하고 그 명령을 지킬지어다 이것이 사람의 본분이니라 【전 12:1~13】

■ **서 론** ■ 미국의 수필가 랄프 W. 에머슨은 "인생 그 자체는 허구와 의혹이며 또 꿈속에서 꿈을 꾸는 것과 같다."라고 했다. 인생이라는 위험한 항해 속에서 우리의 인도자와 보호자는 주님밖에 없다. 참된 인생은?

■ **말 씀** ■

I 인생에게 주어진 기회를 충분히 활용할 것

사람은 이 세상에 영원히 살 것같은 생각을 하지만 그렇지 않다. 누구나 한번은 죽어야 한다. 이것은 하나님이 정하신 일이니 이는 누구도 피할 수 없다(히 9:27). 사람은 또한 자기의 죽을 날을 알지 못한다. 그러므로 살아 있는 동안 시간을 아끼고 그것을 잘 활용할 줄 알아야 한다. "세월을 아끼라 때가 악하니라"(엡 5:16). 우리에게 주어진 시간을 선용하지 못하면 나중에 두고두고 후회하게 된다. 유명한 프랭클린은 말하기를 "시간은 곧 금"이라고 했다.

II 인생에는 곧 곤고한 때가 이름을 알 것

사람은 젊었을 때 자기는 영원히 늙지 않을 것처럼 생각하지만 예상외로 "곤고한 날"이 속히 온다(1절). 젊음은 잠깐이고 어쩌다보면 늙어 병고에 시달리는 자신을 발견하고 깜짝 놀라게 마련이다. 그때쯤이면 "메뚜기도 짐"이 된다(5절). 그렇게 되기 전에 힘써 배우고 일하고 죽음에 대한 준비를 하지 않으면 안 된다. 늙은 다음에는 매사가 귀찮아지고 이제 다 늙은 내가 무엇을 하겠느냐 하며 인생을 소극적이고 부정적으로 보게 된다.

III 인생에서 주를 경외하는 자가 복됨을 깨달을 것

전도서 기자는 인생의 허무함을 진술한 다음 이런 결론을 내린다. "일의 결국을 다 들었으니 하나님을 경외하고 그 명령을 지킬지어다. 이것이 사람의 본분이니라"(13절). 인생이 허무하다는 것은 하나님을 모르거나 거역하는 경우에나 해당되지 예수님을 믿고 하나님을 섬기는 사람들에게는 해당되지 않는다. 하나님을 알고 섬기는 것처럼 복된 일은 없다. 또 하나님의 말씀을 지키는 자처럼 복된 자는 없다. 우리 자녀들을 이렇게 키워야겠다.

■ **기 도** ■ 허무한 인생이지만 우리로 하여금 하나님을 알고 섬기게 하신 것을 감사 드리오며 우리의 남은 삶도 복되게 하실 줄을 믿습니다. 예수님 이름으로 기도드립니다. 아멘.

■ 십계명 ■   시간 절약을 위한 10가지 충고

1. 무가치한 일에는 거절할 용기를 가져라 (거절하는 이유를 말하라)
2. 시간에 우선순위를 정하여 사용하라
3. 가장 중요한 사항에 총집중하라
4. 자신의 어떤 행동과 습관이 시간을 낭비하는지를 살펴보라
5. 능률이 오르는 시간을 최대한 활용하고 휴식하라
6. 자신의 물건을 활용하기 좋게 구별해 정리하라
7. 구체적인 목표를 세워두고 그 성취도를 확인해 가라
8. 자투리 시간을 이용하여 간단한 책을 읽으라 (문고판이나 가벼운 책)
9. 사소한 일은 모아서 처리하든지 미루라
10. 하루 24시간을 어떻게 쓰고 있는지 일주일만 자세히 기록해보라
    (30분 단위로)

■ 예 화 ■   세 살 때 버릇

미국 독서계에서 베스트셀러 1, 2위를 오르내리고 있었던 책은 로버트 풀검(Robert Fulghum)목사가 쓴「내가 알아야 할 모든 것은 이미 유치원에서 배웠다」이다. 베스트셀러가 되려면 아이디어가 좋아야 한다는 말을 입증이라도 하듯 간단하면서도 기발한 착안에서 나온 책이다.

제목 그대로 성인이 된 후에도 인생을 살아가는 데 알아야 할 지혜오 교훈은, 사실 따지고 보면 유치원 때 다 배운 것들이라는 내용이다. 저자는 어려서 흔히 듣던 교사나 부모의 교훈, 지시, 책망 등을 골라 이를 어른들 사회로 재치있게 연결시키고 있다.

저자가 사용하고 있는 유치원 때의 교훈 몇 가지를 소개하면 다음과 같은 것들이다. '나누어 가져라', '다른 아이를 때리지 말아라', '장난감을 제자리에 갖다 놓아라', '네가 더럽힌 것은 네가 닦아라', '네 것이 아닌 것을 집어가면 안 된다', '잘못했으면 잘못했습니다 하고 말해라', '먹기 전에 손을 씻어라', '거리에 나가면 차를 조심해라' 등이다.

사실 어른이 되어도 '나누어 갖는 것'을 잘 못하고 있기 때문에, 즉 부의 공평한 분배가 이루어지지 않아 공산주의도 등장하게 된 것이다. '때리지 말라'는 것이 지켜지지 않아서 이것이 악화되어 전쟁이 잇따르게 되었다. '물건을 제자리에 돌려 놓으라'는 유치원 교훈이 잘 실천된다면 각종 비리도 정리 정돈이 잘 되겠는데, 오히려 어른들은 흩어놓은 것을 제자리로 돌려 놓지 못한다. 거리에 나가면, '차를 조심하라'는 충고를 귀히 들으며 성장한 어른들이 거리를 휩쓰는 돈, 여자, 알콜, 마약, 뇌물 등의 홍수에 별로 조심을 하지 않는다. '남의 물건에 손대지 말라'는 것이나, '거짓말하지 말라'는 교훈은 박사, 의사, 변호사들도 유치원 아이에게 말할 자격이 없다.

심방 · 입학

바울과 같이 달음질하자

■ **찬 송** ■ ♪ 400, 401, 394, 390

■ **본 문** ■ 운동장에서 달음질하는 자들이 다 달아날지라도 오직 상 얻는 자는 … 【고전 9:24~27】

■ **서 론** ■ 스코틀랜드의 선교사로 검은 대륙 아프리카에서 헌신한 리빙스턴은 "나는 최후까지 나의 임무를 수행하여 목적을 달성하기까지는 결코 중단하지 않으려 결심했다."라고 했다. 성도가 목표를 향해 달음질하는 것은?

■ **말 씀** ■

I 이는 상을 얻기까지 달음질하는 것임

육상선수나 기타 운동 선수들이 열심히 뛰는 것은 상을 얻기 위해서이다. 바울은 "너희도 얻도록 이와 같이 달음질하라"고 한다(24절 하). 상을 받는 것은 쉬운 일이 아니다. 왜? 달리는 경주자는 많지만 상 얻는 자는 하나뿐이기 때문이다(24절 상). 세상의 썩어질 상을 받기 위해서도 그렇게 사력을 다해 뛴다면 하늘의 영원한 상을 바라보고 뛰는 우리는 더 말할 것도 없다(25절). 바울은 "의의 면류관"이 예비되어 있음을 확신했다(딤후 4:8).

II 이는 목표를 행해서 달음질하는 것임

바울은 무조건 뛰지 않았다. "그러므로 내가 달음질하기를 향방없는 것같이 아니하고 싸우기를 허공을 치는 것같이 아니" 했다고 한다(26절). 목표가 분명하지 못한 노력과 수고는 헛될 수밖에 없다. 성공적인 인생을 살려면 삶의 목표를 분명하게 세우지 않으면 안 된다. 야곱을 보라. 그의 관심은 온통 형의 장자권을 물려받는데 있었다. 그는 팥죽을 쑤면서도 이 목표를 잊지 않았다. 기회가 왔을 대 그는 놓치지 않고 형에게서 장자권을 샀다.

III 이는 규칙에 따라서 달음질하는 것임

그렇다고 운동 선수가 무조건 빨리 뛴다고만 상 받는 것은 아니다. 규칙에 맞게 뛰어야 한다. "경기하는 자가 법대로 경기하지 아니하면 면류관을 얻지 못할 것이며"(딤후 2:5). 운동 경기룰에는 '반칙패' 라는 것이 있다. 이겼지만 규칙을 어겼기 때문에 패자가 되는 것이다. 세상에서 주님의 일을 많이했다고 대단한 자부심을 가진 사람들에게 주님은 "내가 너희를 도무지 알지 못하니 불법을 행하는 자들아, 내게서 떠나가라" 하실 것이라고 했다(마 7:23).

■ **기 도** ■ 저희를 불러 구원해주시고 목표를 향하여 달리게 하신 주님, 저희로 하여금 상을 받기에 합당한 경주를 하게 하옵소서. 아멘.

■ 십계명 ■ 의욕에 찬 삶을 위한 10가지 권면

　1. 행복한 마음으로 일어나라
　2. 아침부터 잘 때까지 자신에게 긍정적인 말을 하라
　　(오늘도 좋은 날이군, 잘 해낼거야)
　3. 자신의 멋진 계획을 만들고 그것을 세분화하라
　4. 모든 힘과 노력을 현재 가장 중요한 계획에만 집중시키라
　5. 모든 개인적인 관계 속에서 좋은 것만을 찾으라
　6. 느긋하고 다정한 태도를 취하라
　7. 어느 정도 모험을 기꺼이 감행하라
　8. 행동하라, 미루지 말라, 지금 곧 하라
　9. 성공한 사람이나 낙관적인 사람과 사귀라. 그런 책만 읽으라
　10. 누군가가 나의 배후에서 계속 지원하고 계심을 믿으라

■ 예 화 ■ 하이눈

　　드오리아(D' Auria)의 소설 중에 영화로 유명해진 "하이눈(High Noon, 게리 쿠퍼 주연, '백주의 결투')"이 있다.
　　주인공인 보안관은 마을의 법 질서를 사수하려 한다. 악당들과의 대결을 앞두고 보안관은 마을 사람들에게 도움을 간청하며 이렇게 말한다.
　　"총 잘 쏘는 사람을 구하지 않습니다. 내가 필요한 사람은 '이 일이 나의 일이다.' 라고 생각하는 사람입니다."
　　그러나 한 명도 나서지 않아 결국 보안관 혼자서 결투를 벌이게 된다. '이 일이 나의 일이다.' 고 믿는 사람이 온 동네에 한 명도 없었던 것이다.
　　하나님께서 특별히 '나의 이름'을 불러 주셨다는 의미는 '내가 이 일을 위하여 태어났다.' 는 것을 뜻한다. 그때 비로소 가치 있는 존재가 되고 능력이 발휘되는 것이다.

심방 · 졸업

바울처럼 열심히

■ **찬 송** ■ ♪ 363, 483, 404, 515

■ **본 문** ■ 내가 이미 얻었다 함도 아니요 온전히 이루었다 함도 아니라 … 【빌 3:12~16】

■ **서 론** ■ 스코틀랜드의 소설가 죠지 맥도날드는 "나는 하나님의 뜻을 수행하려면 그의 계획에 대해 논쟁할 시간이 없다는 것을 알게 되었다."라고 했다. 사명에 충실하면 주께서 미래를 예비하실 것이다. 사명자 바울은?

■ **말 씀**

I 자만을 경계한 바울

바울은 주님의 일을 굉장하게 한 사람이다. 어느 누구도 바울처럼 주님의 일을 할 수는 없을 터이다. 그럼에도 바울은 "내가 이미 얻었다 함도 아니요 온전히 이루었다 함도 아니라"고 했다(12절). 바울에게는 항상 진행형만 있었을 뿐 완료형은 없었다. 승리자, 우승자의 모습은 늘 그렇다. 그러나 패배자, 낙오자는 늘 완료형이다. 어리석은 부자는 "영혼아, 여러 해 쓸 물건을 많이 쌓아두었으니 먹고 마시고 즐기자" 했으나 그날 밤 죽어야 했다(눅 12:19-20).

II 목표를 잃지 않은 바울

바울은 말하기를 "푯대를 향하여 그리스도 예수 안에서 하나님이 부르신 부름의 상을 위하여 좇아가노라" 했다(14절). 바울의 목표는 무엇이었나? 최후의 심판자이신 주님으로부터 "잘했다, 착하고 충성된 종아" 하시는 칭찬과 함께(마 25:21) "의의 면류관"을 받는 것이었다(딤후 4:8). 그는 이 목표를 이루기 위해서라면 어떤 시련과 고통도 견딜 수 있었다. 이는 마치 운동선수가 금메달을 목에 걸기 위해 온갖 어려움을 무릅쓰고 연습하며 훈련하는 것과 같다.

III 소명의식을 가진 바울

바울은 주님의 일을 위하여 자신을 택하시고 부르셨다는 소명의식을 가지고 있었다. 그는 세상의 어떤 일을 위해서가 아니라 주님이 원하시고 기뻐하시는 일을 위해 부르셨다는 확신을 가지고 있었다. 우리도 나름대로 주님의 시키시는 일을 위하여 부르심을 받은 사람들이다. 나에게 주어진 거룩한 직분과 사명을 감당하기 위해 최선을 다해야 할 것이다. 우리가 주님을 위하여 하는 일이 보잘것 없어도 주님은 큰 상을 베푸신다(마 25:21).

■ **기 도** ■ 우리를 부르사 주님의 일꾼으로 삼으심을 감사드립니다. 아무쪼록 이를 잘 감당할 수 있도록 능력과 지혜를 더해 주시옵소서. 예수님 이름으로 기도드립니다. 아멘.

■ 십계명 ■ 희망찬 미러를 위한 10가지 권면

1. 가치가 있다고 생각되는 일을 찾으라
2. 자신의 기술과 재주를 십분 활용하라
3. 자기가 좋아하는 것을 하라
4. 직접 경험하라
5. 더 많이 배우고 알라
    (자기 분야에서 전문가가 되어야 하지만 넓게 아는 것이 필요하다)
6. 1순위는 일의 성격, 돈은 그 다음이다
7. 10%의 목표를 세우고 애쓰라
8. 기대 수입이 아닌 실제 수입 위에서 소비계획을 세우라
9. 자기 개발에 시간을 반드시 투자하라
10. 변화와 상황 선택에 민감하라

■ 예 화 ■ 돌담을 넘기 위해

케네디 대통령이 대화에서 즐겨 쓰던 그의 할아버지의 이야기가 있다.

그의 할아버지 피츠제럴드(Fitzgerald)는 네덜란드에서 살았다. 그곳 농촌은 길가에 바람을 막기 위해 높은 돌담을 쌓아 놓았었다. 그래서 소년들은 돌담에 기어 올라가는 것을 놀이로 삼곤 하였다.

피츠제럴드 군은 겁이 많아 올라갈 생각을 하지 못했는데, 친구가 그의 모자를 빼앗아 담 위에 올려놓고 가버렸다.

그는 모자를 찾기 위해 돌담에 도전했고 한 번 성공한 뒤에는 더 높은 담에도 올라갈 수 있었다고 한다.

투자 (혹은 헌신)가 있어야 몸이 움직인다는 이야기다. 담을 쳐다보고만 있는지, 내 모자를 이미 올려놓았는지가 문제이다.

헌신이 먼저 이루어져야, 제단에 나를 먼저 올려놓아야 행동이 따르는 것이다.

심방·개업

성도의 바람직한 기업관

■ 찬 송 ■ ♪421, 459, 342, 93

■ 본 문 ■ … 너희가 먹든지 마시든지 무엇을 하든지 다 하나님의 영광을 …【고전 10:31~33】

■ 서 론 ■ 영국의 수필가 존 러스킨은 "하나님은 이 세상의 어떠한 사람도 일하지 않고 지내는 것을 원치 않는다. 그러나 하나님께서 모든 사람이 자신의 일속에서 행복해지기를 원하시는 것도 분명한 사실인 것이다."라고 했다. 성도의 올바른 기업관은?

■ 말 씀 ■

I 성도는 하나님을 영화롭게 하는 기업을 세우자

성도가 사업을 하는 이유는 무엇인가? 돈을 벌기 위해서다. 돈은 왜 벌려 하나? 하나님의 영광을 위하여 쓰기 위해서다. 이런 목적을 가진 기독신자는 복 있는 사람이다. 바울은 "너희가 먹든지 마시든지 무엇을 하든지 다 하나님의 영광을 위하여 하라"는 유명한 말을 남겼다(31절). 이는 우리 삶의 목표와 목적이 되어야 한다. 하나님께 영광이 되지 않는 일은 아예 하지를 말아야 한다. 그러므로 우리가 무슨 일을 하기전에 이 일이 과연 하나님께 영광이 될지를 심사숙고 해야 한다.

II 성도는 모든 사람에게 유익을 끼치는 기업을 세우자

하나님께 영광을 돌리려는 목적을 가지고 사업을 하는 기독교 신자라면 틀림없이 모든 사람에게 유익을 주는 일을 할 것이라고 확신한다. 인간을 이롭게 하고 유익하게 하는 사업도 많은데 해를 끼치는 사업을 할 리가 없으리라. 그러나 간혹 믿음이 연약한 성도들이 돈을 많이 벌 수 있다는 생각에서 신자가 해서는 안 될 일을 하는 경우도 있다. 그래서는 안 된다. 하나님은 창기의 번 돈과 개같은 자의 소득을 가증히 여기신다고 했다(신23:18).

III 성도는 불의와 손잡지 않는 기업을 세우자

하나님이 기뻐하실 것이라 생각하고 사업을 시작했으나 나중에 그렇지 않음이 밝혀져 난처해지는 경우도 있다. 그러기에 성도는 사업을 시작하기 전에 세밀하게 관찰하고 결정해야 한다. 불의한 자금으로 사업을 벌여서도 안되고 불의한 자들과 합작을 해서도 안 된다. 그러면 결국 성도는 손해를 보고 하나님의 영광을 가리게 된다. "너희는 믿지 않는 자와 멍에를 같이하지 말라. 의와 불법이 어찌 함께 하며 빛과 어두움이 어찌 사귀며"(고후 6:14).

■ 기 도 ■ 이 땅의 모든 성도들로 하여금 하나님께 영광돌리는 일만 하게 하시고 영광을 가리는 일은 일체 하지 않게 하옵소서. 아멘.

■ 십계명 ■　크리스찬 직장인을 위한 10가지 권면

1. 웃는 얼굴을 가져야 한다
2. 바른 성품의 계발에 힘써야 한다
3. 남들보다 일찍 출근해 경건의 시간을 갖는다
4. 계획을 세우고 그것을 평가한다
5. 아이디어 개발에 힘쓰라고 강조한다
6. 계속 부가가치를 높이는 공부를 한다
7. 적극적인 사람이 되어야 한다
8. 근면과 절약을 생활화 한다
9. '예' 할 때는 '예' 하고, '아니오' 할 때 '아니오'를 분명히 해야 한다
10. 기도와 신앙생활을 통해 얻어진 사랑을 모든 사람에게 베풀어야 한다

■ 예 화 ■　경제

영어의 '이코노미(ecomomy)'를 '경제'라고 번역하여 사용한 동양인의 슬기는 서양인을 앞지르고 있다.

경제란, 한자의 경세제민(經世濟民)에서 왔는데, 그 뜻은 '세상을 다스리고 사람을 구원한다.'는 것이다.

즉 경제 행위는 자기의 이익만을 추구하는 것이 아니라, 사는 사람이나 파는 사람 모두 서로 유익을 얻는 사회적 행위라고 할 수 있다.

자유 경제학의 시조라고 불리우는 아담 스미스도 "자유경쟁에는 반드시 인간의 공감(共感)이 곁들여져야 한다."라고 설명하였다.

이것은 상업이나 회사의 경영 관리에만 해당되는 것이 아니라, 인간의 도덕적인 생활에도 해당되는 것이다. 이기적인 개인주의가 판을 치는 물질주의 사회에 살지만, 그래도 우리는 예수님처럼 세상의 평화와 인류간의 사랑을 내세워야 할 것이다.

상업에 있어서 인간을 향한 가치관이나 윤리가 중요하고, 여기에 어긋난 개인주의적 이윤 추구는 결국 자살 행위가 되는 것처럼 인간 사회에 있어서도 자기만을 보호하거나 자기만 잘 살면 된다는 사고방식은 결국 자기 자신을 파괴하는 행위가 된다.

심방·개업

성도의 지혜로운 경영

■ 찬 송 ■ ♪433, 492, 404, 353

■ 본 문 ■ 너는 마음을 다하여 여호와를 의뢰하고 네 명철을 의지하지 말라 … 【잠 3:5~6】

■ 서 론 ■ "우리 그리스도인들은 하늘과 교역하는 상인과 같다. 세상의 물질과 돈을 하늘나라에 보내고, 하늘의 은혜와 축복의 상품을 받아 온다."고 어느 목회자는 말했다. 성도의 지혜로운 사업 경영은?

■ 말 씀 ■

Ⅰ 이는 하나님을 의뢰하는 경영임

성도도 이 세상을 살아가기 위해서는 돈을 벌어야 한다. 취직하여 직장에 다니든지 아니면 무슨 사업을 하든지 해야 한다. 어느 사업을 새로 시작할 때는 자신의 지혜나 지식을 너무 의지하지 말고 하나님을 의뢰해야 한다는것을 잊지 말자. 잠언 기자는 "너는 마음을다하여 여호와를 의뢰하고 네 명철을 의지하지 말라"고 했다(5절). 사업의 성패는 하나님께 달려있음을 명심해야 한다(삼상 2:6-7). 그러므로 성도는 무슨 사업이든지 하나님께 의지하고 맡겨야 한다.

Ⅱ 이는 범사에 주를 인정하는 경영임

잠언 기자는 "너는 범사에 그를 인정하라 그리하면 네 길을 지도하시리라" 한다(6절). 하나님을 인정한다는 것은 무슨 뜻인가? 하나님은 지금 살아 계시며 전지전능하심을 믿는다는 뜻이다. 하나님은 지금 인간의 일거수 일투족을 다 보시고 아시며 선악간에 판단하시고 결과에 상응하는 보상도 주시고 처벌도 하신다. 이런 신앙을 가지면 무슨 일이고 함부로 하기는 어려울 터이다. 우리가 무슨 일을 하든지 하나님이 지켜보신다는 사실을 명심하자.

Ⅲ 이는 매사에 최선을 다하는 경영임

하나님의 자녀가 일단 사업을 시작했으면 있는 힘을 다해야 한다. 최선을 다한다는 것처럼 아름다운 일도 없을 터이다. 사도 바울은 최선을 다한 사람이었다. "내가 선한 싸움을 싸우고 나의 달려갈 길을 마치고 믿음을 지켰으니 이제 후로는 나를 위하여 의의 면류관이 예비되었으므로 주 곧 의로우신 재판장이 그 날에 내게 주실 것"이라고 했다(딤후 4:7-8). 우리도 바울 같지는 못하겠지만 나름대로 최선을 다하고 결과를 기다리는 삶을 살자.

■ 기 도 ■ 저희들을 부르사 구원하실뿐 아니라 새로운 사업을 시작할 수 있게 하신 하나님, 아무쪼록 이 사업이 잘 되게 하사 아버지께 영광돌리게 하옵소서. 예수님 이름으로 기도드립니다. 아멘.

■ 십계명 ■ 이렇게 창업하면 반드시 망하는 10가지 비결

1. 준비 부족형
    (준비 없이 어떻게 장사를 시작하냐고 묻는 사람)
2. 부화 뇌동형
    (남이 돈벌었다 하면 무조건 따라하는 사람)
3. 업종 맹신형
    (업종만 잘 선택하면 성공한다고 믿는 사람)
4. 적성 핑계형
    (장사 안되면 적성에 맞지 않는다고 하는 사람)
5. 체면치레형
    (남보기 괜찮고 힘 안드는 장사만 골라서 하는 사람)
6. 자금 만능형
    (자금만 많으면 무얼해도 돈번다고 생각하는 사람)
7. 수익 추종형
    (무조건 많이 남기기만 하면 된다는 사람)
8. 매출 광란형
    (제품과 가격을 속여서라도 팔려고 애쓰다 고객에게 외면당하는 사람)
9. 경기 타령형
    (장사 안되면 무조건 불황탓으로 돌리는 사람)
10. 유유 자적형
    (장사를 부업거리로나 생각하고 가게 오픈이 곧 성공이라고 생각하는 사람)

■ 예 화 ■ 좋은 종, 위험한 주인

휴스(Howard Hughes)씨는 생전에 10억 달러를 벌었고, 게티(Paul Getty)씨는 30억 달러를 가지고 있었다.

그러나 미국 부호의 전기 집필가로 유명한 골드버그 씨는 그들의 생애를 연구하고 "이 두 사람이 모두 돈이 많아질수록 불행해졌다. 그들은 극도로 불행한 상태에서 죽었다."고 증언했다.

돈이란 좋은 종이기도 하지만 위험한 주인이기도 하다.

심방 · 확장

형통할 때 주의하자

■ 찬 송 ■ ♪ 434, 438, 456, 447

■ 본 문 ■ 내가 오늘날 네게 명하는 여호와의 명령과 법도와 규례를 지키지 … 【신 8:11~18】

■ 서 론 ■ 영국의 작가요 사전 편집인인 사무엘 존슨은 "자기 신뢰는 위대한 사업의 제일의 필요조건이다."라고 했다. 성도는 사업이 형통할 때 조심하자. 자기 자만을 막는 성경적인 방법은?

■ 말 씀 ■

I 주의 법도를 항상 기억하는 성도

모세는 "두렵건대 네 마음이 교만하여 네 하나님 여호와를 잊어버릴까 하노라" 했다(14절 상). 환난의 때에는 하나님을 기억하고 도움을 간구하지만 하나님의 도우심으로 환난을 극복하고 형통한 다음에는 하나님을 잊고 배은망덕하기 쉬운 법이다. 이렇게 되지 아니하려면 "내가 오늘날 네게 명하는 여호와의 명령과 법도와 규례를" 철저히 지켜야 한다(11절 상). 하나님의 말씀을 잘 지키려면 그 말씀을 항상 마음 속에 간직해야 한다(시 119:9-11).

II 교만에 빠지지 않도록 경계하는 성도

교만에 빠지고 싶어서 빠지는 사람은 하나도 없다. 누구나 교만해질 가능성이 있으므로 각별히 조심하지 않으면 안 된다. "또 두렵건대 네가 마음에 이르기를 내 능과 내 손의 힘으로 내가 이 재물을 얻었다 할까 하노라"(17절). 처음에는 하나님이 도와주셔서 내가 부자가 되었다고 하지만 시간이 흐름에 따라 마음 속에 잠재해 있던 교만이 머리를 들고 일어나면서 하나님의 도우심이 아니라 내가 열심히 한 결과라고 생각하기 쉽다.

III 하나님의 주권을 인정하는 성도

이스라엘 자손들이 가나안 땅에 들어가서 부요를 누리게 된 것은 전적으로 하나님의 은혜라고 한다. "네 하나님 여호와를 기억하라. 그가 네게 재물 얻을 능을 주셨음이라"(18절 상). 우리는 늘 이 말씀을 기억하고 겸손해야 한다. 우리의 수입이 많든지 적든지 상관없이 그것은 나의 노력의 대가가 아니라 하나님의 선물이라는 사실을 기억해야 한다. 그러나 마귀는 하나님의 도우심 때문이 아니라 네 노력의 결과라고 꼬드길 것이다. 이 때 우리는 주님처럼 "사탄아 물러가라"고 큰소리쳐야 한다(마 4:10).

■ 기 도 ■ 우리는 하나님을 원망하거나 무시하는 죄를 범하기 쉽사오니 주께서 저희에게 은혜를 베푸사 늘 하나님의 은혜를 인정하고 감지하게 하옵소서. 아멘.

■ 십계명 ■   열 중독자를 진단하는 10가지 방법

1. 아무리 늦게 잠들어도 아침에 일찍 일어나는 편인가?
2. 혼자 점심을 먹을 때 앞에 서류뭉치를 펴놓고 보면서 시간을 절약하려 하는가?
3. 매일 매일 할 일을 리스트로 만들어 놓는가?
4. 아무것도 하지 않고 쉬고 있는 것이 견딜 수 없는가?
5. 남들한테 일에 정력적이고 경쟁적이라는 평을 듣는가?
6. 주말이나 휴일에도 일을 하는가?
7. 언제든지, 어디서든지 필요하다면 일할 자세가 되어 있는가?
8. 일이 너무 많아서 휴가를 내기가 힘든 편인가?
9. 퇴근 뒤에도 내일 일에 대해 걱정을 많이 하는가?
10. 정말로 일하는 것을 즐기는가?

* 위의 질문에서 8개 항목 이상에 '예'라고 대답한다면 큰 위험이 닥친다. 이런 사람은 업무를 완전히 잊어버릴 수 있는 휴식 시간을 찾아야 한다.

세계 최고 갑부 '빌 게이츠'의 성공 경영 10계명

1. 업종을 신중히 선택하라
   (당신이 즐기고 광적인 정열이 없이 생산적이 되는 것은 어렵다)
2. 조심스럽게 고용하고 기꺼이 해고시킬 준비를 하라
   (그저 웬만큼 일하는 사람을 그냥 두는 것은 실수이다)
3. 생산적인 환경을 조성하라
   (처한 환경에 따라 다른 접근법을 요구하므로 쉬운 일은 아니다)
4. 성공을 정의하라
   (직원들에게 성공이란 무엇이고 어떻게 업적을 측정하는지 분명히 밝혀라)
5. 사람을 좋아하고 대화에 능숙해야 한다
   (이것은 가장 하기 어려운 것이다)
6. 직원을 당신보다 더 일을 잘 할 수 있도록 발전시키라
7. 윤리를 확립하라
8. 프로젝트를 직접 수행하라
   (나쁜 상사는 일을 분배만 하고 자신은 일하지 않는 사람이다)
9. 똑같은 결정을 두 번 내리지 말라
10. 직원들에게 누구를 기쁘게 할지를 알게 하라

심방 · 확장

정상을 향하는 자세

■ 찬 송 ■ ♪394, 384, 401, 402

■ 본 문 ■ 묵시가 없으면 백성이 방자히 행하거니와 율법을 지키는 자는 … 【잠 29:18】

■ 서 론 ■ 영국의 시인이요 극작가인 셰익스피어는 "우리가 사랑하는 사업에 대하여 우리는 제 때 일어나고 기쁨으로 그 일터로 가는 것이다."라고 했다. 성도는 자신과 이웃을 위해 목표를 향해서 나아가야 한다. 성도의 정상을 향하는 자세는?

■ 말씀 ■

I 성도는 고귀하고 높은 이상을 가져야 함

묵시란 영어 성경에서는 비전(Vision)으로 번역된 말이다. 하나님이 원하시는 것은 그 자녀들이 비전을 가지라는 말씀이다. 비전이 없는 민족은 발전은 고사하고 퇴보하다 자멸하는 것을 우리는 목격하고 있다. 비전이란 이렇게 중요한 것이다. 우리나라는 6·25의 참화를 겪음으로해서 잿더미만 남았었으나 비전을 가지고 일로 매진했기에 오늘의 부요를 이룰 수 있었다. 그 비전은 기독교 신자들의 신앙에서 나온 것임을 우리는 알고 있다.

II 성도는 땀과 눈물에 인색하지 말아야 함

그렇다고 해서 비전만 가지면 모든 게 저절로 다 되는 것은 아니다. 비전이 건전하고 확실하다면 그에 상응하는 땀과 눈물과 노력이 요구되는 것이다. 노력이 뒷받침 되지 않는 꿈은 하나의 이상(理想)에 지나지 않는다. 꿈을 크게 가지면 노력과 수고 또한 그에 못지 않아야 한다. 비전을 크게 가지면 노력 또한 아끼지 말아야 하는 것이다. 노력은 하나도 하지 않으면서 꿈만 크게 가지는 사람은 곧 세상의 비웃음거리가 되고 만다.

III 성도는 모든 영광을 하나님께 돌려야 함

성도는 왜 사업을 하며 계속 확장하는가? 다 하나님의 영광을 위해서다. "그런즉 너희가 먹든지 마시든지 무엇을 하든지 다 하나님의 영광을 위하여 하라"(고전 10:31). 이 말씀을 우리는 항상 기억해야 한다. 물 한 모금을 마시더라도 하나님의 영광을 위해서 마셔야 한다면 이보다 더 큰일인 사업이야 더 말할 것도 없다. 내가 다니는 직장과 내가 경영하는 사업을 통해서 하나님의 영광을 나타낼 수 있도록 항상 기도하며 간구해야 한다.

■ 기 도 ■ 우리에게 늘 큰 꿈을 주시고 이를 이루기 위하여 노력하게 하시는 주님, 저희에게 더 큰 능력을 주사 주님께 더욱 영광을 돌리게 하옵소서. 예수님 이름으로 기도드립니다. 아멘.

■ 십계명 ■   종업원 불친절 10가지로 망하는 기업

1. 뻔한 거짓말
    (제품을 강매하거나 낮은 가격을 교묘히 제시하는 등 거짓말만 떠벌린다)
2. 고객 무시
    (고객을 지식이 모자라는 멍청이로 간주하고 거칠고 무례하게 대우한다)
3. 약속 파기
    (손님과의 약속을 지키지 않고 당연한듯 실수를 밥먹듯이 한다)
4. 두책임 주역
    (해결해야 될 문제를 두고 자신은 힘없는 종업원이라며 나를 괴롭히지 말라고 한다)
5. 자동인형식 응대
    (손님과 눈도 마주치지 않고 따뜻한 감정 표시도 않고 기계처럼 움직인다)
6. 손님은 기다려
    (손님이 계산대 앞에 길게 늘어서 있는데도 계산에 아무 관심도 보이지 않는다)
7. 침묵 제일주의
    (고객은 문제 해결을 안타깝게 바라는데 귀찮은 손님은 상종하기 싫다는 태도로 침묵만 지킨다)
8. 손님은 불청객
    (고객이 원하지 않으면 도움을 줄 필요가 없다고 생각하며 도움을 요청할 때도 귀찮아 한다)
9. 학습 결핍
    (고객이 자주 물어보는 질문에 대답도 못하면서 배우려는 의사도 없다)
10. 개인 용무 우선
    (손님은 죽치고 기다리는데 자기들끼리 잡담하거나 사적인 용무만 한다)

심방 · 이사

벧엘에서 만난 하나님

■ **찬 송** ■ ♪9, 27, 437, 453

■ **본 문** ■ 야곱이 브엘세바에서 떠나 하란으로 향하여 가더니 한 곳에 … 【창 28:10~22】

■ **서 론** ■ 여의도 순복음교회 당회장인 조용기는 "이상은 하나님께서 사랑하시는 성도에게 주시는 것으로, 그 이상을 마음에 간직하고 그의 성취를 바라보며 열심히 기도하라 반드시 이뤄주시리라."고 했다. 벧엘에서 이상 속에서 하나님을 만난 야곱, 이것은?

■ **말 씀** ■

I 이는 성도의 삶도 그 길이 험난함을 예시함

야곱은 이삭으로부터 특별한 축복을 받았다. 형 에서를 제치고 장자로서 할아버지 아브라함의 축복을 물려받은 것이다. 대단한 일이 아닐 수 없다. 축복을 받기는 했지만 형과 아버지를 속인 죄때문에 멀고 험한 도피의 길을 떠나야 했다. 외가인 라반의 집에 가서 20여 년동안 온갖 고생을 해야 했다. 성도의 삶도 고통스러울 수 있다. 비록 신령한 축복을 받았지만 말이다. "우리가 하나님 나라에 들어가려면 많은 환난을 겪어야 할 것이라"(행 14:22).

II 이는 하나님께서 성도와 함께 하심을 예시함

브엘세바에서 떠난 야곱이 벧엘에 이르러 돌베개를 베고 잠이 들었다. 그때 꿈을 꿨는데 하늘에 닿은 사닥다리가 땅위에 서 있는데 천사들이 오르락 내리락하는 꿈이었다(10-12절). 더욱 놀라운 것은 "여호와께서 그 위에 서서" 말씀하시기를 "내가 너와 함께 있어 네가 어디로 가든지 너를 지키며… 너를 떠나지 아니하리라" 하셨다(15절). 우리가 비록 고달픈 삶을 살며 장래를 예측할 수 없지만 전지전능하신 하나님이 우리와 함께 하심을 확신하자(마 28:20).

III 이는 성도가 하나님의 약속을 신뢰함을 교훈함

야곱은 잠에서 깨어 말하기를 "여호와께서 과연 여기 계시거늘 내가 알지 못하였도다"라며(16절) 돌베개를 기둥으로 세우고 기름을 부으며(18절) 하나님만 섬기고 십의 일조를 드릴 것을 서원한다(20-22절). 야곱은 하나님이 항상 자기와 함께 하시고 지켜주시며 복주신다는 사실을 믿어 의심치 않았다. 우리가 비록 하나님 앞에서 부족한 점이 많아도 하나님은 우리와 함께 하시며 복을 주신다. 우리가 아브라함의 자손이 되었기 때문이다(갈 3:29).

■ **기 도** ■ 멀고 험한 여행길을 떠난 야곱과 함께 하시고 그에게 복을 주신 하나님, 인생길을 걸어가는 저희들과도 함께 하실 줄 믿습니다. 아멘.

■ 십계명 ■ 당신의 변화를 위한 10가지 권면

1. 남과 경쟁하지 말고 자기 자신과 경쟁하라
2. 자기 자신을 깔보지 말고 격려하라
3. 당신에게는 장점과 단점이 있음을 알라
    (단점은 인정하고 고쳐나가라)
4. 과거의 잘못은 관대히 용서하라
5. 자신의 외모, 가정, 성격 등을 포용하도록 노력하라
    (그것을 탓하거나 구실로 삼지 말라)
6. 자신을 끊임없이 개선시키라
7. 당신은 지금 매우 중대한 어떤 계획에 참여하고 있다고 생각하라
    (그 책임의식은 당신을 변화시킨다)
8. 당신은 꼭 성공한다고 믿으라
9. 끊임없이 정직하라
10. 주위에 내 도움이 필요한 이들을 돕도록 하라
    (자신의 중요성을 다시 느끼게 할 것이다)

■ 예 화 ■ 구하지도 않았는데

위대한 설교자 스펄전(Charles Spurgeon)이 역시 목사였던 할아버지의 이야기를 한 적이 있다.

그의 할아버지는 몹시 가난한 농촌 교회의 목사였다. 그에게는 젖소 한 마리가 있었다. 젖소는 온 식구에게 우유를 공급하는 큰 재산이었는데 그 소가 갑자기 병들어 죽었다. 부인과 아이들은 죽은 소를 붙잡고 울었다.

이 무렵, 런던의 크리스챤 실업인들이 가난한 목사들을 위하여 돈을 거두어 보조해 주고 있었다. 많은 목사들이 편지도 내고 방문도 하여 돈을 받았다. 그러나 스펄전 목사는 "나보다 더 가난한 목사들도 많을텐데." 하며 협조를 구하지 않았다. 실업인들이 모금한 돈을 다 나누어 주고 마무리하는 회의를 가졌다. 그들에게는 아직 5파운드가 남아 있었다. 그 때 한 회원이 불쑥 제안했다.

"이것을 스펄전 목사에게 보냅시다. 아주 성실한 분이죠."

이 제안을 듣자 여러 회원들은 스펄전 목사의 깊은 신앙과 봉사 정신과 희생적 생활을 서로 말하며 그 삶에 감동하였고, 다시 헌금해서 결국 20파운드를 모아 보내주었다. 그것은 소 열 마리를 살 수 있는 큰 돈이었다.

"하나님은 다 아시고 사랑의 섭리를 펴신다."라고 손자인 스펄전 목사는 간증하고 있다.

심방 · 이사

말씀에 순종한 아브라함

■ 찬 송 ■ ♪ 235, 497, 492, 360

■ 본 문 ■ 여호와께서 아브람에게 이르시되 너는 너의 본토 친척 아비 집을 떠나 내가 네게 지시할 땅으로 가라 … 【창 12:1~4】

■ 서 론 ■ 그리스의 철학자 아리스토텔레스는 "악인들은 두려워서 순종하고 선인들은 사랑하기 때문에 순종한다."라고 했다. 순종은 제사보다 낫다고 성경은 말하고 있다. 믿음의 조상 아브라함은?

■ 말 씀 ■

I 인간적인 의존심을 온전히 버린 아브라함

하나님은 아브람에게 "너는 너의 본토 친척 아비 집을 떠나 내가 네게 지시할 땅으로 가라" 하셨다(1절). 본국과 일가친척, 여기에 부모까지 떠나라 하심은 결국 혼자 서라는 말씀이다. 아브람은 어느 누구도 의지할 수가 없게 된다. 더구나 낯선 땅으로 이주를 해야하는데 이것 역시 큰 일이 아닐 수 없다. 결국 하나님은 아브람에게 당신 자신만을 믿고 의지하라는 말씀이다. 바울도 이런 체험을 했다고 썼다(고후 1:8-9).

II 주의 약속을 온전히 신뢰한 아브라함

이 말씀을 들은 아브람은 어떻게 했나? "이에 아브람이 여호와의 말씀을 좇아"갔다고 한다(4절 상). 아브람은 전적으로 하나님을 믿었고 그 말씀을 신뢰했다. 하나님이 떠나라고 하시니 떠났을 뿐이다. 우리는 여기서 하나님이 기뻐하시는 믿음이 어떤 것인지 배우게 된다. 아브람은 하나님의 말씀을 단순하게 믿은 것뿐이지 이유를 묻거나 회피할 방도를 찾지 않았다. 아브람은 그 명령이 하나님의 말씀이기 때문에 믿고 순종했다.

III 주가 명하시는 곳으로 이주한 아브라함

아브람은 결국 하나님이 지시하신 가나안 땅으로 이주했다(5절). 그의 순종은 완전했다. 그의 믿음 또한 완벽했다. 완벽한 신앙이란 완전한 순종을 의미하는 것이기도 하다. 노아 역시 거대한 방주를 지으라는 하나님의 말씀을 무조건 믿고 순종했다. 그도 회피할 이유를 찾으려면 얼마든지 있었지만 그러지 않았다. 우리는 하나님이 살아 계시며 창조자이심을 믿어야 한다. 예수께서 하나님의 아들이시고 구주이심을 믿어야 한다.

■ 기 도 ■ 아브라함이 전적으로 하나님을 믿고 그 말씀에 순종한 것처럼 저희들도 아브라함을 본받아 믿고 순종하는 자가 되게 하옵소서. 예수님 이름으로 기도드립니다. 아멘.

■ 십계명 ■   망설임을 해결하는 10가지 권면

1. 지체하지 말고 과감히 시작하라
2. 성취되었을 때 얻어질 이익과 망설임으로 인하여 겪게 될 손실을 생각하라
3. 긴장과 긴박감을 가지고 밀고 나가라 (세월은 자꾸 흘러간다)
4. 계획표를 작성하라
5. 기초를 튼튼히 하라
6. 시도를 위한 자극의 정도를 높이라
7. 시작을 도와달라고 청하라 (친구나 아는 사람)
8. 하고 싶을 때까지 기다리지 말고 적극적인 태도를 가지라
9. 적극적인 자극이 주어질 때는 주저하지 말고 거기에 따르라
10. 당신을 방해하는 장벽을 부수어라 (한번에 한 개씩 잘게 쪼개라)

■ 예 화 ■   하나님의 품

한 어머니가 디즈니랜드에서 아이를 잃었던 경험을 간증으로 썼다.

잠깐 음료를 사러 간 사이에 복잡한 군중 속에서 네 살배기 아들이 없어졌다. 어머니와 아버지는 애타는 마음으로 아들 지미의 이름을 부르며 사방을 헤매었다. 그러다가 이들은 음악소리를 들었다. 미키마우스를 선두로 인기 디즈니만화의 주인공들이 악대와 함께 춤추며 행진하고 있었다.

아이의 엄마는 무심코 그 행렬을 보다 깜짝 놀랐다. 지미가 다른 아이들과 함께 미키마우스의 뒤를 따라 행진하고 있었던 것이다. 엄마의 걱정과는 딴 판이었다.

지미는 몸을 덩실거리며 어디서 얻었는지 깃발을 휘두르며 활짝 웃음을 띠고 자기가 미아라는 것을 완전히 잊고 있었던 것이다. 지미는 그 순간 엄마의 보호에서 독립되어 있었으며, 음악의 메아리에 인도되어 무척 행복했던 것이다. 지미는 무엇엔가, 어떤 힘에 붙들려 있음이 분명했다.

이 경험을 통하여 지미 어머니는 하나님의 인자하심을 생각하게 되었다. "내가 때로는 잃어버린 아이 같으나 여전히 하나님의 사랑 속에 있다. 그리스도의 교회는 저 미키마우스의 악대와 같지 않겠는가? 행렬을 지어 모두가 한 가족처럼 즐겁게 행진하는 것은 인자하신 하나님의 품속에 있기 때문이 아니겠는가!"

심방 · 입사

요셉의 형통함과 같이

■ 찬 송 ■ ♪ 434, 456, 432, 453

■ 본 문 ■ 요셉이 이끌려 애굽에 내려가매 바로의 신하 시위대장 애굽 사람 … 【창 39:1~6】

■ 서 론 ■ 스코틀랜드의 목사 커닝햄 가이키는 "하나님만 섬기며 그를 의지하는 한결같은 마음은 이 땅의 궁핍으로 인한 모든 근심과 걱정을 전혀 모른다."라고 했다. 요셉의 형통함과 같이 성도는?

■ 말 씀 ■

I 성도는 범사에 주님을 인정할 것임

요셉은 가나안 땅에서 너무도 멀리 떨어진 애굽에 팔려갔다. 그는 홀로 팔려갔다. 그의 곁에는 도와 줄 사람이 아무도 없었다. 도와줄 사람은커녕 아는 사람이 하나도 없는 정도였다. 하지만 요셉에게는 든든한 믿음이 있었다. 그런 지경에 누구를 믿는단 말인가? 도와줄 인간은 그의 곁에 없었지만 하나님은 그와 함께 하심을 믿었다(2절). 자기 아버지 야곱이 섬기던 하나님은 자신의 하나님이심을 믿어 의심치 않았다. 우리가 어떤 형편에 있든지 하나님은 우리와 함께 계심을 믿어야 한다.

II 성도는 주님의 도우심을 의뢰할 것임

요셉은 자기가 철저하게 외톨이가 되었음을 깨달았다. 또 자기를 도와줄 인간은 이 땅에 없음도 인정해야 했다. 하지만 그는 하나님이 자기와 함께 하시며 도우실 것이라는 확신을 가지고 있었다. 이 믿음대로 하나님은 그를 도우사 시위대장 보디발에게 팔리게 하셨다(1절). 요셉이 보디발의 집에서 '가정총무'가 되게 하신 것 역시 하나님의 은혜였다(4절). "여호와께서 그의 범사에 형통케" 하신 결과였다(3절).

III 성도는 자기 자리를 충실히 지킬 것임

요셉은 보디발의 집에서 '가정총무'로 그 본분을 잘 감당함으로써 더욱 주인의 신뢰와 신임을 받기에 이르렀다. "주인이 그 소유를 다 요셉의 손에 위임하고 자기 식료 외에는 간섭하지 아니하였더라"는 구절이 잘 말해준다(6절). 예수님을 믿는 사람은 어느 일터에서 일을 하든지 신뢰받고 신임받는 사람이 되어야 한다. 만일 그렇지 못하여 신뢰할 수 없는 인물이라는 평가를 받는다면 그의 신앙에 중대한 문제가 있다는 얘기가 된다.

■ 기 도 ■ 요셉의 믿음을 보시고 그와 함께 하셔서 그로 하여금 승리케 하신 하나님, 저희들에게도 그런 믿음을 부어주사 늘 승리하게 하옵소서. 아멘.

■ 십계명 ■   자신감을 갖는 10가지 권면

1. 남이 아니라 어제의 자기 자신과 경쟁하라
2. 마음에 떠오르는 훌륭한 생각들을 '불가능하다'고 묵살하지 말라
   (그 꿈을 믿어주는 자가 되라)
3. 완전한 사람으로 가장하지 말고 불완전한 사람임을 받아 들이라
4. 어제의 잘못에 대해 자신을 용서하라
5. 바꿀 수 없는 부분을 받아들이라 (얼굴 생김새, 목소리, 작은 키 등등)
6. 가치 있는 대외적인 일에 책임을 맡으라
7. '성공할 수 있다'고 말하라
8. 자신을 과감히 사랑하라
9. 모든 일에 앞장서도록 노력하라
10. 주위에 있는 사람들에 대하여 사랑하는 마음을 가지라

행복한 직장생활을 위한 10가지 충고

1. 직업에 대한 소명의식을 가지라
   (하나님은 모든 성도의 역할에 따라 부르셨다)
2. 일을 취미화 하라
   (행복한 사람은 일과 달란트와 취미가 같은 사람이다)
3. 비전과 목표를 가지라
   (비전과 목표 설정은 하나님의 목적을 이루는 거룩한 수단이다)
4. 인간관계에 성공하라
   (직업에서의 성공은 실력과 함께 좋은 인간관계의 결과이다)
5. 정직, 성실, 근면하라 (정직과 성실의 성품이 인생과 사업을 일으킨다)
6. 신앙의 갈등을 극복하라 (직장은 하나님이 각자에게 주신 선교지이다)
7. 자기 개발에 힘쓰라
   (자신의 성공뿐 아니라 하나님의 영광을 위해 실력을 기르자)
8. 스트레스를 정복하라
9. 직장과 동료를 위해서 기도하라
   (중보기도는 직장에서 성공하는 하나님의 비결이다)
10. 직장과 가정과의 조화를 이루라
    (외적(직장), 내적(가정) 성공이 함께 해야 참된 성공이다)

심방 · 승진

칭찬과 상급을 받는 자

■ 찬 송 ■ ♪468, 470, 233, 178

■ 본 문 ■ 그 주인이 이르되 잘 하였도다 착하고 충성된 종아 … 【마 25:21~30】

■ 서 론 ■ 프랑스의 극작가 쟝 밥티스트 몰리에르는 "우리가 한 것들에 대하여 받을 수 있는 가장 기분 좋은 보상은 그것이 알려진 것을 보는 것이요, 우리를 명예롭게 하는 칭찬으로 박수 갈채를 받는 것이다."라고 했다. 칭찬과 상급을 받는 자는?

■ 말 씀 ■

I 이는 주인의 뜻을 좇을 때 받게 된다

본문에는 종들에게 달란트를 맡긴 주인이 장사를 하라고 명령하지는 않았지만 종들은 주인의 뜻을 잘 알고 있었다. 돈을 그저 구경만 하라고 준 것은 아니고 그것을 활용하여 큰 돈으로 만들어보라는 의도임을 알았다. 두 종은 즉시 나가서 장사하여 갑절의 돈을 만들었으나 한 종은 받은 달란트를 땅속에 묻어둔 채 세월만 보냈다. 주인의 뜻을 알고 순종한 두 종은 칭찬과 상급을 받았지만(21,23절), 주인의 뜻을 거역한 종은 무서운 책망과 함께 "바깥 어두운데로" 내쫓겼으니 당연한 결과다(30절).

II 이는 자기 직무에 충실할 때 받게 된다

종이 해야 할 일은 무엇인가? 주인이 시키는 일을 해야 한다. 주인이 시키지 않는 일을 제멋대로 해서는 안 된다. 만일 그렇게 한다면 주인의 책망과 함께 엄벌을 받게된다. 두 종은 자기들의 직무가 무엇임을 바르게 알고 수행했으나 한 달란트 받은 종은 주인의 의도를 알았지만 순종치 않고 제뜻대로 했다. 그 결과 그는 주인이 내리는 처벌을 받아야 했다. 우리는 그리스도의 종이다. 무슨 일이든지 내 뜻대로가 아니라 주님의 뜻을 따라 순종해야 할 것이다.

III 이로써 더욱 큰 일을 위임받게 된다

주인은 한 달란트 받은 종에게서 그것을 빼앗아 열 달란트 가진 종에게 주라면서(28절) 이렇게 말했다. "무릇 있는 자는 받아 풍족하게 되고 없는 자는 그 있는 것까지 빼앗기리라"(29절). 충성하면 충성할수록 더 크게 충성할 수 있게 하시고 감사하면 할수록 더 크게 감사할 수 있게 하신다. 주님은 게으른 사람, 일하기 싫어하는 사람에게서 빼앗아 열심히 충성하고 일하는 자에게 주신다는 사실을 잊지 말자. 그러므로 우리는 주님이 맡기신 직분과 사명을 잘 감당하기 위해 더욱 충성할 것이다.

■ 기 도 ■ 은혜롭고 자비로우신 주님, 저희들로 하여금 악하고 게으른 종이 되지 말게 하시고 착하고 충성된 종이 되게 하옵소서. 아멘.

■ 십계명 ■   신뢰받는 사람이 되기 위한 10가지 권면

1. 절제하라

　　(말을 생각해서 하고 행동을 절제하라)

2. 침묵하라

　　(쓸데없는 말을 많이 하지 말라)

3. 결단력을 가지라

　　(해야 할 일은 반드시 하라)

4. 근면하라

　　(열성적이고 부지런하라)

5. 성실하라

　　(모든 일에 정직하라)

6. 약속을 지키라

　　(자신이 한 약속에는 정확한 사람임을 알게 하라)

7. 청결하라

　　(신체와 의복, 생활 주변을 항상 청결하게 하라)

8. 침착하라

　　(덜렁댄다는 이미지를 주지 말라)

9. 겸손하라

　　(나를 내세우려 하지 말라)

10. 친절하라

　　(사람들 보기에 아름답고 감동을 준다)

■ 예 화 ■   말 한 마디

　　부주의한 말 한 마디가 싸움의 불씨가 되고 잔인한 말 한 마디가 삶을 파괴합니다.
　　쓰디 쓴 말 한 마디가 증오의 씨를 뿌리고 무례한 말 한 마디가 사랑의 불을 끕니다.
　　은혜스런 말 한 마디가 길을 평탄케 하고 즐거운 말 한 마디가 하루를 빛나게 합니다.
　　때에 맞는 말 한 마디가 긴장을 풀어주고 사랑스런 말 한 마디가 축복을 줍니다.

심방 · 시험든 자

시험을 인내할 때

■ 찬 송 ■ ♪ 363, 467, 415, 483

■ 본 문 ■ 시험을 참는 자는 복이 있도다 이것에 옳다 인정하심을 받은 후에 … 【약 1:12~15】

■ 서 론 ■ 영국의 작가 블랜차드는 "시험이란 꼭 방해거리라고만은 할 수 없다. 그것을 우리의 발 아래 놓으면 우리가 더 높이 들리워지기 때문이다."라고 했다. 각양각색의 시험을 인내할 때 성도에게는?

■ 말 씀 ■

I 시험을 참을 때 사랑을 받음

시험이란 환영받지 못하는 것 중에 하나다. 시험을 기뻐할 사람은 아무도 없다. 하지만 우리가 세상을 살아가노라면 이런 저런 시험을 겪게 된다. 우리가 원치 않는다해서 피해 가지 않는다. 야고보서 기자는 "시험을 참는 자는 복이 있도다"라고 한다(12절 상). 시험을 당할 때 우리는 낙심하거나 원망하지 말고 묵묵히 참을 줄 아는 습성을 키워야 한다. 욥은 모든 재산을 다 잃고 자식들이 몰사하고 몸에는 병이 드는 큰 시험에도 결코 꺾이지 않고 꿋꿋하게 견뎠다.

II 시험을 참을 때 약속을 받음

"이것에 옳다 인정하심을 받은 후에"라고 야고보서 기자는 말한다(12절 중). 시험을 잘 치름으로써 주님의 인정하심을 받는다는 말씀이다. 요셉은 억울하게 애굽에 팔려가고 감옥에 갇히는 시험을 당했으나 잘 참았다. 다윗 역시 억울하게 사울의 박해를 받고 살해 위협을 당했으나 끝까지 잘 참았다. 성경에서 존경받는 인물이 된 사람치고 시험을 당하지 않은 사람은 없다. 우리가 지금 어떠한 어려운 시험을 당하는지 모르나 잘 참고 견뎌 주님의 인정하심을 받는 사람이 되자.

III 시험을 참을 때 면류관을 받음

시험을 끝까지 참고 견디면 생명의 면류관을 받는다. "주께서 자기를 사랑하는 자들에게 약속하신 생명의 면류관을 얻을 것임이니라"(12절 하). 바울은 '의의 면류관'을 언급했고(딤후 4:8) 베드로는 '영광의 면류관'을 말했으나(벧전 5:4) 다 같은 뜻인 줄 안다. 면류관이란 환난을 무릅쓰고 승리한 사람에게 주는 것으로 최고로 영광스러운 것이다. 우리도 여러 가지 어려움을 참고 견디며 주님을 위하여 충성하면 주님께서 가장 영광스러운 상급으로 주실 줄 믿는다.

■ 기 도 ■ 시험을 허락하시지만 이길 수 있는 힘을 주시는 주님, 저희들로 하여금 시험을 참고 견딤으로써 생명의 면류관을 받게 하여 주시옵소서. 아멘.

■ 십계명 ■　역경을 극복하는 10가지 비법

1. 분명히 해결할 열쇠가 있다는 것을 믿으라
2. 남을 불신하지 말고 신뢰하라
3. 생각하는 시간을 갖고 '조금씩' 움직이라
4. 자신의 마음을 누군가에게 다 털어 놓으라
5. 자신의 문제를 객관적으로 바라보라
6. 머릿속으로 생각만 하지 말고 기록해 보라
7. 뜻대로 안 된다고 포기하지 말고 마음을 재다짐하라
8. 자신의 통찰력을 믿으라
9. 더욱 긍정적으로 생각하라
10. 이 모든 것이 자신의 생활이 되도록 하라. 그러면 훨씬 빨리 역경에서 벗어날 것이다.

■ 예 화 ■　링컨 이야기

　　링컨은 어려서 어머니를 여의고 청년 시절 주의회에 입후보하였으나 패배했다.
　　그는 그후 실업계에 들어갔는데 동업자를 잘못 만나 파산하고 말았다.
　　또한 한 처녀를 몹시 사랑했는데 그녀도 갑자기 죽고 말았다.
　　하원의원에 당선되었으나 재선 때는 패배당했다.
　　토지국(U.S. Land Office)에 임명받도록 애썼는데 그것 역시 실패하였다.
　　라이시엄 강사(Lyceum Lecturer)가 되려 했으나 그것도 실패했다.
　　상원의원에 입후보했으나 패배당하고 부통령 선거에도 입후보했으나 실패했었다.
　　링컨은 성경이 가르치는 '가능의 신앙'을 생활신조로 삼은 사람이다. 그는 많은 실패와 패배 속에 살았으나, 후세에는 아무도 그를 인생의 실패자로 여기지 않는다.

심방 · 시험든 자

발람에게 임한 시험

■ 찬 송 ■ ♪514, 363, 364, 368

■ 본 문 ■ 발락이 다시 그들보다 더 높은 귀족들을 더 많이 보내매 … 【민 22:15~20】

■ 서 론 ■ 미국의 전도자 윌리엄 A. 선데이는 "시험이란 기독교인의 체질에 타고난 것이다. 마귀가 당신을 시험치 않으면 당신은 죄의 저항력을 상실하고 만다."라고 했다. 시험에 넘어진 발람, 그는?

■ 말 씀 ■

I 말씀보다 명예를 좇은 발람

발람은 모압의 점술가였다. 이스라엘을 저주해 달라는 간청을 뿌리침으로써 그는 꽤나 의로운 사람으로 보인다. 하지만 그는 발락에게 이스라엘을 괴멸시킬 수 있는 계책을 알려주었다. 그것은 이스라엘 남자들로 하여금 모압 여자들과 간음함과 함께 우상에게 절하게 하는 것이었다(25:1-2). 발람은 세상의 명예와 영광을 거절하기 힘들었다. 우리도 연약하기는 마찬가지다. 그러기에 마귀가 만들어놓은 명예와 영광이라는 함정에 빠지기 쉬운 것이다.

II 말씀보다 물질을 좇은 발람

발람이 왜 그런 못된 짓을 했는가? 하나님의 말씀보다 물질적 부요를 좇았기 때문이다. 발락 왕은 만일 이스라엘을 저주하면 발락에게 막대한 상급을 약속했을 터이다. 발람은 막대한 돈이 탐났지만 하나님의 억제 조치로 이스라엘을 저주할 수 없었다. 그러나 그는 끝내 돈의 욕심을 버리지 못해 발락에게 이스라엘을 파괴할 수 있는 비책을 일러주었던 것이다. 우리도 돈 앞에서는 양심과 신앙이 약해질 수 있음을 인식하고 더욱 조심해야 할 것이다.

III 말씀보다 쾌락을 좇은 발람

발람은 이스라엘을 저주해서는 안 된다는 말씀을 들었으나 결국은 이스라엘 백성들이 모압의 우상을 섬기게 하고 모압 여인들과 음행하게 하는데 성공한다. 그 결과 이스라엘 백성은 하나님의 진노로 염병이 돌아 그만 4천명이 죽는 비극을 맛보게 되었다(25:3-9). 발락은 하나님의 말씀보다 육체적 향락을 좇은 사람이다. 그는 우상숭배와 간음의 파괴력을 잘 알았고 그것을 이스라엘 백성들을 유혹하는 미끼로 썼던 것이다. 마귀는 이렇게 집요하게 성도를 타락시키려 한다. 우리는 시험에 들지 않도록 기도해야 한다(마 26:41).

■ 기 도 ■ 발람은 하나님의 가장 거룩한 선지자인것처럼 행세했으나 가장 추악한 거짓 선지자였나이다. 저희들도 발람같은 위선자가 되지 않도록 붙들어 주시옵소서. 예수님 이름으로 기도드립니다. 아멘.

■ 십계명 ■　거절을 위한 10가지 충고

1. 싫은 것은 거절하라
2. 짧고 분명하게 하라
3. 정직하게 '노(No)' 하지 못하고 애매하게 말하는 것은 습관임을 알자
4. 상대가 듣기 좋은 말로 위기를 넘기지 말라
5. 본인에게 거절할 권리가 있음을 알라
6. 연습해 보라 (녹음기를 사용해서)
7. 거절할 문구들을 생각해두라
8. 남의 기분과 똑같이 내 기분도 생각하며 '노(No)' 하라
9. 순간의 거절을 하지 못하면 평생 후회할 수 있음을 알라
10. 정직한 거절은 '예스(Yes)' 보다 훌륭할 때도 있다

■ 예 화 ■　보석 도둑

보스턴에 유명한 보석 도둑이 있었다. 그의 이름은 아서 베리(Arthur Berry)였다. 경찰은 오랫동안 그를 체포하지 못했다. 그 이유는 그가 상류 사교계의 부호 신사였고 전문적 도둑이어서 감을 잡을 수 없었기 때문이다.

어느 날, 그는 잘 아는 귀부인 아파트에 침범했다가 수위에게 발각되었다. 세 방의 권총을 맞고 2층 창문에서 떨어졌으나 구사일생으로 생명을 잃지 않았다. 그가 20년을 옥살이하고 나왔을 때는 머리가 하얀 60대 중반이었다.

그의 특집 기사를 맡은 보스턴 신문의 기자가 이런 질문을 던졌다. "주로 어떤 사람의 보석을 훔쳤습니까?" 베리 씨는 한참동안 생각에 잠기더니 "주로 아서 베리를 도둑질했습니다. 나는 하나님께 받은 선물이 많았습니다. 기계 종류는 조금만 들여다보면 다 고칠 수 있었습니다.

손재주가 있어 피아노도 능숙하고, 언변이 있어 친구도 많았고, 발이 빨라 운동 선수였으며, 잘 생겨서 여자들에게 접근하기도 쉬웠습니다. 그런데 그 모든 장점을 도둑질에 활용했으니 남의 것을 훔친 것이 아니라 나 자신을 훔친 것입니다."

그는 하나님께서 주신 좋은 선물을 낭비하였기 때문에 허무한 백발을 맞이했던 것이다.

심방 · 시험든 자

예수께서 받으신 시험

■ 찬 송 ■ ♪ 384, 390, 93, 393

■ 본 문 ■ … 이에 마귀는 예수를 떠나고 천사들이 나아와서 수종드니라 【마 4:1~11】

■ 서 론 ■ 독일의 학자로서 교회사가인 토마스 아 캠피스는 "불은 철을 시험하고, 유혹은 올바른 사람을 시험한다."라고 했다. 시험을 당하고 있을 때가 오히려 그리스도인이 빛을 발할 때이다. 주님께서 인류구원을 위해서 받으신 시험은?

■ 말 씀 ■

I 첫번째 시험 / 물질

주님은 40일간이나 금식하심으로써 극도로 시장하셨다. 이 때 마귀가 나타나 예수님께 권하기를 돌로 떡을 만들라고 했다(3절). 이는 명백히 물질로 예수님을 시험했음을 알 수 있다. 사람이 살아가려면 적당한 물질이 필요하다. 그렇다고 하나님의 말씀에 위배되는 방법으로 물질을 얻어서는 안 된다. 불의하고 부정한 방법으로 물질을 모으는 것은 명백한 죄악이다. 주님은 "하나님의 입으로 나오는 모든 말씀으로 살 것이라"고 가르치셨다(4절).

II 두번째 시험 / 명예

마귀는 다시 예수님께 성전 꼭대기에서 뛰어내리면 천사들이 나타나 주님의 발을 붙들어 다치지 않게 할 것이고(5-7절) 그렇게 되면 모든 사람들이 놀라 당신을 따를 것이라고 유혹한다. 이것은 분명히 명예를 미끼로 주님을 유혹했음을 알 수 있다. 사람은 세상에서 명예와 영광을 얻기 위해 수단방법을 가리지 않는다. 이것을 얻으려고 갖가지 불의하고 부정한 방법이 동원된다. 이런 것은 다 하나님이 기뻐하시지 않는 일이다.

III 세번째 시험 / 권세

두 번째도 실패한 마귀는 예수님께 말하기를 자기에게 절 한번만 하면 '천하만국과 그 영광'을 다 주겠다고 유혹한다(8-9절). 그러나 주님은 이것도 거절하시면서 "사단아 물러가라"고 소리치셨다(10절). 예수님은 쉽게 얻을 수 있는 권력을 거부하셨지만 지금 세상 사람들 중에 얼마나 많은 이들이 권력을 얻으려고 혈안이 되어 있는지 우리는 너무도 잘 알고 있다. 권력도 정상적인 방법으로 얻어야지 마귀가 원하는 방식으로 얻으려 해서는 안 된다.

■ 기 도 ■ 물질과 명예와 권세는 인간이라면 누구나 얻기를 원하지만 하나님의 뜻이 아닌 방법으로 얻으려 하지 않게 하옵소서. 예수님 이름으로 기도드립니다. 아멘.

■ 십계명 ■   빛나는 생을 위한 10가지 권면

1. 나만이 가지고 있는 재능을 찾아내라
   (없다고 하는 이도 찾아보면 있다)
2. 크게 생각하고, 크게 행동하고, 크게 꿈꾸라
   (사람은 생각하고 행동하고 꿈꾸는 대로 된다)
3. 정직을 생명으로 여기라
   (어리석을 만큼 정직하라)
4. 하지 않으면 안 되는 뜨거움과 안타까움으로 살라
5. 물질이 당신의 주인이 되지 않게 하라
6. 어려운 문제 앞에 기다림을 배우라
7. 지난날에 얽매이지 말라
8. 나 외에 모든 사람을 존중하라
9. 책임 있는 일을 맡으라 (어느 곳에서든지)
10. 하나님의 일을 위해 끊임없이 기도하라

■ 예 화 ■   식욕의 포로

웃지 못할 무스운 이야기가 역사에 남아 있다. 14세기, 현재 벨기에에 해당되는 곳에 레이몬드 3세라는 군주가 살고 있었다. 그의 친동생이 반란을 일으켜 정권을 잡았는데 동생은 차마 형을 사형시킬 수가 없어 감방에 가두었다.

이 감방의 문은 특별하게 설계되었다. 레이몬드 3세는 본래 식성이 좋아 뚱뚱한 사람인데, 그 몸집으로는 도저히 빠져나올 수 없을 만큼 문을 작게 낸 것이다. 만일 체중을 줄여서 그리로 빠져 나올 수 있으면 자유의 몸이 되게 해준다는 것이었다.

그런데 이 감방에는 날마다 맛있는 음식들이 공급되었다. 그것들을 먹지 말고 다이어트(식사조절)를 했으면 틀림없이 배가 들어가 자유의 문을 통과할 수 있었겠으나 레이몬드 3세는 오히려 점점 더 뚱뚱해졌던 것이다.

그는 철창의 포로가 아니라 식욕의 포로였다. 그는 자기를 이길 수 없어 스스로 자유를 포기한 사람이었다.

오늘의 세계에도 레이몬드 3세가 많이 있다. 스스로의 욕심에 끌려 다니는 사람들이다. 내일의 자유보다는 오늘 먹고 보자는 사람들, 고상한 윤리보다는 재미있게 흥청거리며 사는 것이 낫다고 여기는 사람들, 유혹에 지고, 죄 짓는 것에 무감각한 사람들이 너무나 많다.

심방 · 시험든 자

아브라함에게 임한 시험

■ 찬 송 ■ ♪338, 383, 172, 363

■ 본 문 ■ 그 일 후에 하나님이 아브라함을 시험하시려고 그를 부르시되 … 【창 22:1~19】

■ 서 론 ■ 영국의 청교도 목사인 토마스 부룩스는 "우리가 사랑하기 때문에 신뢰하고, 우리가 사랑하는 것을 신뢰한다. 우리가 그리스도를 많이 사랑한다면 분명히 우리는 그를 많이 신뢰해야 하리라"고 했다. 시험당한 아브라함, 그는?

■ 말 씀 ■

I 성도의 시험에는 희생이 따름

하나님은 아브라함을 시험하셨다(1절). 독자 이삭을 번제로 드리라는 것이었다(2절). 아브라함으로서는 정말로 감당하기 어려운 시험이었다. 이삭이 누군가? 100세에 기적적으로 얻은 아들이 아니던가. 하나님이 그를 주실 때는 언제고 번제로 바치라실 때는 언제인가. 하지만 아브라함은 이의를 제기하지 않았고 회피할 구실을 찾지도 않고 묵묵히 순종할 뿐이었다. '믿음의 조상'은 이렇게 탄생했다. 순종과 희생없이는 축복 또한 기대하기 어렵다.

II 성도의 시험에는 인내가 따름

아브라함으로서는 납득하기 어려운 시험이었지만 묵묵히 실천했다. 소나 양이나 염소 따위를 몇 백마리든 바치라고 하시면 그건 쉽게 실행할 수 있는 아브라함이었지만 사랑하는 독자 이삭을 바치라는 말씀은 쉽게 실천할 수 있는 일이 아니었다. 그러나 아브라함은 아주 태연하게 신속히 하나님의 말씀을 실행에 옮겼으니 "아브라함이 아침에 일찌기 일어나" 행장을 꾸린것을 봐서도 알 수 있다(3절). 성도가 시험받을 때 의심하고 불순종하지 말고 믿고 참아야 한다.

III 성도의 시험에는 상급이 따름

아브라함은 이삭을 모리아 산으로 데리고 가서(2절) "그 아들 이삭을 결박하여 단 나무 위에 놓고 칼을 잡고 그 아들을 잡으려" 했다(9-10절). 하나님이 제지하셨으니 망정이지 그렇지 않으면 아브라함은 실제로 이삭을 죽였을 것이다(11-12절). 참으로 어려운 시험에 아브라함이 합격하는 순간이었다. 큰 시험에 합격한 아브라함은 큰 상급을 받았다. 우선 이삭을 죽이지 않아도 되었고, 그의 자손이 "하늘의 별"과 같이 번성하고(17절) 그의 "씨로 말미암아 천하 만민이 복을" 얻는 상급을 받았다(18절).

■ 기 도 ■ 아브라함을 시험하사 합격한 그에게 큰 상급과 축복을 주신 하나님, 저희도 시험받을 때 합격할 수 있는 은혜를 주시옵소서. 아멘.

■ 십계명 ■   새로운 자신을 위한 10가지 권면

1. 자신의 모든 것과 싸우라
2. 시간 사용과 싸우라
3. 게으름과 싸우라
4. 열등의식과 싸우라
5. 자신이 생각하는 불행과 싸우라
6. 자신을 괴롭히는 병과 싸우라
7. 물질을 낭비하는 습관과 싸우라
8. 편하고자 하는 욕망과 싸우라
9. 남에게 의지하려는 마음과 싸우라
10. 소극적인 성격과 싸우라. 그리고 겸손히 하나님 안에서 새롭게 변한 당신을 만나라

■ 예 화 ■   실패를 통하여

뉴저지 주의 지사 선거사에 정말 아슬아슬하게 최후의 순간에 역전패한 사람이 있다.

1977년 선거 때 레이몬드 배트맨은 번 지사에게 패배했다. 레이몬드는 승리를 확신하고 축하 준비를 서두르고 있었는데 개표 최종 순간에 결과가 뒤집혔던 것이다. 그는 큰 쇼크를 받아 몸과 정신이 병들고 경제적으로도 큰 타격을 받았다.

그 후에 그는 자신의 경험을 이렇게 회고하였다.

"나는 정치가 전부가 아니라는 것을 깨달았습니다. 저 바깥에 넓은 세상이 있고 해야 할 많은 일이 있음을 깨달았습니다. 패배는 남의 탓이 아니라 결국 따지고 보면 나의 부족, 나의 실수 때문임을 깨달았습니다."

실패를 통해 자신의 참 모습을 알게 되는 것이다. 지는 일이 없이는 진정한 자아 발견이 어렵다.

하늘이 무너지는 것 같다는 요란한 표현이 있지만 실패는 결코 하늘이 무너지는 것이 아니다.

오히려 성공할 때가 위기이다. 그런 때에 더욱 겸손해져야 한다.

링컨이 자주 쓰던 말처럼 "이 일도 곧 지나갈 것이다."라는 느긋한 마음으로 세상을 살아야 한다.

심방·수감자

수감자 요셉

■ **찬 송** ■ ♪ 183, 182, 189, 204

■ **본 문** ■ … 이에 요셉의 주인이 그를 잡아 옥에 넣으니 그 옥은 왕의 죄수를 … 【창 39:19~23】

■ **서 론** ■ 러시아의 작가 레오 N. 톨스토이는 "고통은 생리적으로나 정신적으로나 인간의 성장에 없어서는 안 될 중대한 조건이다."라고 했다. 고통은 하나님이 모든 일에 부과하는 자격이다. 누명을 감내했던 히브리 청년 요셉은?

■ **말 씀** ■

I 요셉은 죄인이 아닌 죄수였음

요셉은 죄도 없이 옥에 갇힌 억울한 죄수였다. 주인 마나님을 겁탈하려 했다는 혐의로 투옥됐지만 그것은 사실이 아니었고 목적을 이루지 못한 음란한 여인의 모함에 의한 것이었기 때문이다(7-18절). 하나님의 자녀도 감옥에 갇힐 수 있다. 왜냐하면 그도 연약한 인간이기에 범죄할 수도 있기 때문이다. 하지만 성도는 요셉처럼 억울하게 투옥되는 것은 몰라도 범법자로 투옥되는 일은 되도록 없어야 한다. 억울하게 투옥됐을 때는 기도하며 참아야 한다.

II 요셉은 소임을 성실히 한 죄수였음

요셉은 노예의 신분에 죄수라는 신분이 추가됐지만 그렇다고 그의 신앙과 성실성마저 변한 것은 아니었다. 요셉은 그대로 요셉이었지 딴 사람으로 변하지 않았다. 빛은 어디를 가도 빛이지 다른 것이 될 수 없는 것과 같다. 요셉의 성실성에 주목한 전옥이 "옥중 죄수를 다 요셉의 손에 맡기므로 그 제반 사무를 요셉이 처리"하게 했다(22절). 요셉은 원래 보디발 집의 "가정총무"였으나(39:4), 이제는 '옥중총무'가 되었으니 우리도 어느 곳에 있든지 늘 성실한 자로 인정받아야 한다.

III 요셉은 하나님께 쓰임받는 죄수였음

요셉은 비록 파렴치범이라는 누명을 쓰고 투옥됐으나 하나님은 그의 성실성을 잘 알고 계셨다. 비록 인간은 잘 모른다해도 하나님은 다 아신다. 그러기에 하나님은 "요셉과 함께하시고 그에게 인자를 더하사 전옥에게 은혜를 받게"하셨던 것이다(21절). 요셉은 스스로 누명을 벗으려고 발버둥치는 대신 하나님께 간절히 기도드렸다. 때가되매 요셉의 억울함이 밝혀지고 요셉은 애굽의 총리로 전격 발탁되는 계기가 되었으니 환난이 변하여 축복이 된 셈이다.

■ **기 도** ■ 요셉의 억울함과 그의 묵묵히 참는 것을 보시고 후히 갚아주신 하나님, 저희들도 환난과 역경을 당할 때 참으며 기도하게 하소서. 아멘.

■ 십계명 ■ 자기 개선을 위한 10가지 권면

    1. 고정관념에서 벗어나라
    2. 할 수 있는 방법을 찾아보라 (막히면 돌아가라)
    3. 어떤 경우라도 변명하지 말라
    4. 완벽한 것만 고집하지 말라
    5. 잘못된 것은 바로 시정하라
    6. 가장 쉬운 것부터 개선하라
    7. 늘 문제의 원인을 생각하라
    8. 자신의 생각만 고집하지 말고 다른 사람의 지혜도 구하라
    9. 개선의 가능성은 늘 무한함을 알라
   10. 개선의 의지만 있다면 변할 수 있다

■ 예 화 ■ 수용소 나무 침대를 피아노 건반 삼아

    1950년대 벨린대학 피아노 교수로 유명하였던 헬만 씨는 나치 독일 때 전쟁 반대자로서 강제 노동 수용소에 갇혔다가 살아남은 사람이다.
    그는 하루종일 심한 노동을 하고 지쳐버린 몸으로 매일 한 시간씩 잠들기 전에 나무 침대를 피아노 건반 삼아 연습하였다고 한다. 무엇이 그를 죽음의 수용소에게 살아남게 하였는가?
    '나는 반드시 다시 피아노를 연주할 것이다.' 라는 불굴의 소망, 생동하는 꿈이 그에게 살 능력을 준 것이다.
    "내가 기억하고 있던 레퍼토리들은 한없이 반복되며 수용소 연주장에서 밤마다 공연되었다. 소리는 나지 않았으나 나의 소망의 귀에는 그 아름다운 곡들이 쟁쟁히 울리고 있었다." 라고 그는 말했다.
    행복한 사람이란 확실한 꿈을 가진 사람을 뜻한다.

■ 명 상 ■ 넘어진 자는 더 이상 넘어질 것을 두려워 할 필요가 없다.

                                         - 존 번연 (천로역정의 저자) -

심방 · 실패 · 사고

아브라함 실패의 교훈

■ **찬 송** ■ ♪ 340, 539, 86, 456

■ **본 문** ■ 그 땅에 기근이 있으므로 아브람이 애굽에 우거하려 하여 … 【창 12:10~20】

■ **서 론** ■ 미국의 교육가 아모스 B. 알코트는 "우리는 하늘을 향해서 올라가고 있는데 대개의 경우 나의 좌절된 계획을 딛고 올라갔고, 우리의 실패가 성공이 있음을 발견하곤 했다."라고 했다. 아브라함이 주는 교훈은?

■ **말 씀** ■

I 아브라함 실패의 원인

가나안 땅에 기근이 들자 아브라함은 애굽으로 내려갔다(10절). 사라는 상당한 미인이었던 것 같다(11절). 아브라함은 애굽인들이 사라를 빼앗기 위해 자기를 죽일지도 모른다는 공포에 사로잡혔다(12절). 그래서 결국 남매간으로 속이기로 한다(13절). 이것은 명백히 거짓말이었고 아브라함도 완전한 인간이 아니었음을 잘 보여준다. 두려움은 믿음이 아니다. 거짓말은 하나님의 백성이 할 일이 아니다. 우리도 이 두 가지를 경계하지 않으면 실패하고 만다.

II 아브라함 실패의 결과

아브라함이 이런 실수를 범하고 실패한 결과는 무엇인가? 아내 사라가 왕궁으로 끌려가는 위기를 겪게 되었다(15절). 아브라함이 두려워하던 일이 현실화된 것이다. 우리도 담대한 믿음을 갖지 않고 두려운 마음을 가지면 실제로 이런 위기에 빠질 수도 있음을 알아야 한다. 사라를 자기 아내라고 당당하게 밝혔으면 이런 위기는 당하지 않았으련만 한 마디 거짓말에 이런 화를 자초하고 말았다. 하나님의 자녀인 우리는 언제 어디서나 진실해야 한다(엡 5:8-9).

III 아브라함 실패에도 은혜를 베푸심

아브라함의 이런 실수와 실패에도 불구하고 하나님은 아브라함에게 은혜와 긍휼을 베푸셨다. "여호와께서 아브람의 아내 사래의 연고로 바로와 그 집에 큰 재앙을 내리"셨다(17절). 그게 무슨 재앙인지 알 수 없으나 바로 왕이 이 일을 통하여 사라를 궁으로 데려온 죄 때문임을 분명히 깨달은 것이 확실해 보인다. 하나님이 사라를 보호하시기 위해 초자연적으로 역사하셨음을 알 수 있다. 우리가 비록 실수하고 실패했더라도 절망하지 말 것은 그래도 하나님은 변함없이 우리를 사랑하시고 은혜를 베푸시기 때문이다.

■ **기 도** ■ 아브라함이 비록 실수하고 실패했지만 변함없이 그를 사랑하사 은혜를 베푸신 하나님, 저희들도 붙들어 주시고 은혜를 더욱 베풀어 주옵소서. 아멘.

■ 십계명 ■   실패에서 벗어나는 10가지 충고

1. 실패에 대한 공포를 무시하라
2. 실패를 변명하지 말고 원인을 찾아 고쳐보라
3. 다시 시작하는 것을 미루지 말라
4. 인내력을 길러라
   (오늘 참으면 내일은 더 쉽게 참을 수 있다)
5. 자신의 일에만 집중하라
6. 그 일에 가치를 두고 끝까지 열정을 가지라
7. '나는 꼭 해낼 수 있다'는 말을 반복하라
8. 성공한 자신의 모습을 늘 상상하라
9. 지나치게 안전한 길만을 찾지 말라
   (모험이 없이는 진보도 없고, 도전이 없이는 무엇을 이룰 수가 없다)
10. 실패한 지금 다시 도전하라

■ 예 화 ■   두 번의 실수

백 년 전 네바다 주에 살던 헨리 콤스톡(Henry Comstock)씨는 버지니아 시티에 위치한 큰 산을 소유하고 있었는데, 겨우 11,000달러에 그 산을 팔아 버렸다.

그런데 얼마 후 이 산에서 미국 최대 규모의 금광과 은광이 발견되었고 그 매장량은 그 당시 평가로 5억 달러 이상이었다. 콤스톡 씨는 너무 억울하고 분통이 터져 한 달을 고민하다가 1885년 10월에 스스로 목숨을 끊었다.

그는 5억 달러의 가치를 만여 달러에 팔아 넘길 때 첫 번째 실수를 했고, 억울함을 못이겨 자살할 때 두 번째 패배를 했던 것이다.

그는 스승을 겨우 은 30에 팔고 자살한 유다처럼 두 번 죽은 불쌍한 인간이었다.

건강의 실패, 사랑의 깨어짐, 물질 상실, 학업 중퇴 등 사람은 많은 실패 속에서 살아간다. 그러나 진짜 실패는 두 번 지는 사람이다. 실패에 삼켜지는 것이야말로 정말 실패라고 말할 수 있다.

중요한 주사위는 첫 번 실패 뒤에 던져진다. 처음 실패는 나의 운명을 좌우하는 주사위가 아니다. 처음 실패는 오히려 하나님이 주시는 축복의 기회라고도 생각할 수 있다.

심방 · 실패 · 사고

욥이 가진 큰 믿음

- **찬 송** ♪359, 344, 456, 401

- **본 문** 욥이 일어나 겉옷을 찢고 머리털을 밀고 땅에 엎드려 경배하며 … 【욥 1:20~23】

- **서 론** 영국의 학자인 프레드릭 W. 파라는 "인생에 있어서 진정한 실패는 단 하나밖에 없다. 그것은 있을법한 일이지만 우리가 아는대로 가장 훌륭한 자에게는 사실이 아닌 것이다."라고 했다. 의인 욥의 믿음은?

- **말 씀**

I 욥은 하나님의 섭리를 믿었음

욥은 그런 엄청난 환난을 당하고도 오히려 하나님께 감사하고 찬양했다. 어떻게 그렇게 할 수 있었을까? 모든 일에는 하나님의 섭리가 계심을 믿었기 때문이었다. 하나님의 허락없이 이 세상에는 어떤 일도 발생할 수가 없다. 하다못해 참새 한 마리가 땅에 떨어지는 하찮은 일도 하나님이 허락하셔야 된다고 주님은 말씀하셨다(마 10:29). 그렇다면 욥과 같이 "하나님을 경외"하는 사람에게(1절) 어찌 하나님의 허락없이 그런 일이 일어날 수 있겠는가?

II 욥은 하나님의 주권을 인정했음

욥은 말하기를 "주신 자도 여호와시요 취하신 자도 여호와시오니"라고 했다(21절). 하나님의 주권과 소유권을 인정하는 욥의 발언이다. 욥의 그 많은 재산과 십 남매들이 다 하나님이 주셨으므로 하나님의 것이니 그분의 마음대로 하실 수 있다는 믿음이었다. 이것은 욥이 억지로 꾸며서 하는 말이 아니고 사실이 그렇다. "만일 하늘에서 주신 바 아니면 사람이 아무것도 받을 수 없느니라" 했다(요 3:27). 우리에게 있는 모든 것은 다 하나님의 선물이다.

III 욥은 오히려 하나님을 찬양했음

욥은 "여호와의 이름이 찬송을 받으실지니이다"라고 했다(21절). 그러면서 그는 "이 모든 일에 범죄하지 아니하고 하나님을 향하여 어리석게 원망하지 아니" 했다(22절). 참으로 대단한 믿음이다. 그 지경에 어떻게 하나님을 원망하지 아니하고 오히려 찬송할 수 있었을까? 우리가 복을 받고 잘 될 때는 감사하고 찬송하지만 불행이나 재난을 당하면 즉시 하나님을 원망하기 쉬운 것이 사실이다. 그러나 그때 우리는 욥을 기억하고 감사하며 찬양해야 한다. 그 일이 어렵다고? 그러니 우리가 기도하는 수밖에 없다.

- **기 도** 욥에게 큰 복을 주셨다가 어느 날 갑자기 거둬가신 하나님 아버지, 저희들에게도 그런 일이 일어날지 모르오나 그때 욥처럼 승리하게 하옵소서. 아멘.

■ 십계명 ■   슬럼프에서 벗어나는 10가지 권면

1. 현재 상황을 인정하고 기다림을 배우라
2. 지금의 자신에게 실망하지 말라
3. 운동이나 독서로 기분을 바꾸라
4. 환경을 바꿔보라 (책상 위치, 책상 정리, 머리 모양 등등)
5. 건강이 나쁘면 이 기회에 고치라
6. 평소보다 여유 있게 계획을 세우라
7. 원인을 찾고 쉬운 일부터 반복하라
8. 평소 하고 싶었는데 못했던 일을 시작해보라
9. 마음이 조급해서 몸이 더 빨리 지친다는 것을 알라
10. 길게 멀리 보면 이 기간은 짧다는 것을 이해하라

■ 예 화 ■   눈물의 골짜기를 다닐지라도

노벨 문학상을 받은 펄 벅 여사는 「어머니의 초상」이라는 작품 속에서 자신의 어머니 메어리에 대하여 이렇게 말하고 있다.

"어머니는 22세에 결혼하자마자 선교사인 아버지를 따라 미지의 대륙 중국으로 건너갔다. 그녀는 거의 날마다 직면하는 굶주림과 생명의 위협 속에서 일곱 명의 아이를 낳으셨는데 그 중 네 명은 병들어 어머니의 눈앞에서 죽어갔다.

그녀는 가난과 질병, 고독과 박해와 싸우면서 눈물의 골짜기를 헤쳐 나갔다. 그러나 그 당시 나와 내 형제들은 어머니의 고통을 알 수 없었다. 왜냐하면 어머니는 우리들을 조금이라도 즐겁게 해주려고 하셨고 고생을 모르게 하려고 쾌활하게 노래를 자주 불러 주셨고 잡지 같은 데에서 재미있는 그림을 찾으면 오려 두었다가 우리들의 방을 장식해 주셨으며 낡은 옷들이었지만 그 옷에 꽃무늬 하나라도 붙여 장식해 주셨으며 세탁하고 갈아입을 때는 마치 새 옷을 입는 것같은 즐거운 기분을 만들어 주셨던 것이다."

참으로 훌륭한 여성이다. 믿음을 가질 때 고통 속에서도 긍정적으로 씩씩하게 즐거움을 안고 생활할 수 있었던 것이다. 펄 벅 여사의 어머니가 자주 아이들에게 암송시킨 성경은 시편 84편 5~6절 말씀이었다고 한다.

"저희는 눈물 골짜기로 통행할 때에 그곳으로 많은 샘의 곳이 되게 하며 이른 비도 은택을 입히나이다"(시 84:6). 5절에 나오는 '시온의 대로'란 예루살렘 거리의 큰 길을 가리킨다.

예루살렘은 성전이 있으므로 하나님이 계신 곳으로 믿어지고 있었다. 즉 마음속에 시온의 대로가 있다는 뜻은 눈물의 골짜기를 다닐지라도 그 마음속에 하나님을 굳게 믿고 있는 사람은 축복을 받고 많은 샘이 그 마음속에서 솟아나게 된다는 뜻이다.

심방 · 병문안

질병으로 인해 고통받을 때

■ 찬 송 ■ ♪ 93, 495, 487, 88

■ 본 문 ■ 세상에 있는 인생에게 전쟁이 있지 아니하냐 그 날이 품군의 … 【욥 7:1~21】

■ 서 론 ■ 영국의 시인이요, 극작가인 셰익스피어는 "질병에 있어서 나는 '내 고통을 이기고 있다'라고 말하기보다 '나는 고통 때문에 더 좋아지고 있다'라고 말해야 한다."고 했다. 성도가 질병의 고통을 당함은?

■ 말 씀 ■

I 병든 사람은 낙심하기 쉬움

욥은 재산과 자식들을 다 잃은 것에 끝나지 않고 "발바닥에서 정수리까지 악창"이 났으니(2:7). 그의 고통은 말로 다 할 수 없는 지경이었다. 욥이 아무리 믿음이 좋다해도 어찌 낙심이 되지 않았겠는가? 건강할 때는 의욕과 생기가 넘치지만 몸에 병이 들면 낙심하기 쉬운 게 인간이다. 욥은 "내 살에는 구더기와 흙조각이 의복처럼 입혔고 내 가죽은 합창되었다가 터지는구나"라고 탄식했다(5절). 이런 육체적 고통가운데서도 하나님을 원망하지 않았으니 얼마나 위대한 신앙인가.

II 병든 사람은 자신의 운명을 저주하기 쉬움

가벼운 병에 걸려도 낙심하거나 자신의 운명을 저주하기 쉽거든 하물며 고통스러운 중병에 거렸을 때는 더 말할 것도 없다. 욥도 우리와 똑같은 인간이므로 예외가 아니었을 터이다. 그는 말하기를 "이러므로 내 마음에 숨이 막히기를 원하오니 뼈보다도 죽는 것이 나으니이다"라고 했다(15절). 이렇게 고통스럽게 사는 것보다 차라리 죽기를 원하고 있다. 욥은 천사가 아니다. 인간이므로 그는 죽기를 소원한 것이다. 중병에 걸린 사람일수록 주님을 바라봐야 한다.

III 그러나 이는 하나님의 은혜를 체험하는 기회임

욥은 상당기간 심적, 정신적, 육체적 고통을 겪었으나 마지막에는 육체의 병도 낫고 축복도 회복했는데 그는 전보다 갑절이나 거부가 되었다(42:10-17). 믿음의 승리요 인내의 승리였다. 환난은 성도들에게 고통만 되는게 아니고 축복의 기회가 됨을 알 수 있다(롬 5:3-4). "하나님을 사랑하는 자 곧 그 뜻대로 부르심을 입은 자들에게는 모든 것이 합력하여 선을 이루느니라"(롬 8:28). 환난과 시련을 축복의 기회로 삼으려면 우리의 믿음과 인내와 기도가 절대적으로 필요함을 명심하자.

■ 기 도 ■ 이 땅에는 중한 병으로 고통당하는 성도들이 많이 있습니다. 주께서 저들을 긍휼히 여기사 믿음과 인내로 승리하게 하옵소서. 아멘.

■ 십계명 ■   기도가 유익한 10가지 이유

　　1. 기도하면 하나님과의 관계가 회복된다
　　2. 기도하면 영혼의 평화가 넘치게 된다
　　3. 기도하면 하나님과 화목하게 된다
　　4. 기도하면 사람과 화목하게 된다
　　5. 기도하면 새 힘이 넘치게 된다
　　6. 기도하면 샘솟는 기쁨이 넘치게 된다
　　7. 기도하면 사람으로 할 수 없는 것을 풀게 된다
　　8. 기도하면 자기의 믿음이 확실해진다
　　9. 기도하면 살아 계신 하나님의 도움을 받게 된다
　　10. 기도하면 모든 만사 해결의 역사를 이룬다

■ 예 화 ■   절망은 곧 죽음

　　에반스 박사가 전쟁 중 군의관을 할 때의 경험담이다. 한 사병이 중상을 입고 야전 병원으로 운반되어 왔다. 군의관 한 사람이 바쁘게 지나가다가 이 환자를 잠깐 들여다보고 무심코 말했다.
　　"이 친구, 내일 새벽까지만 죽지 않으면 희망이 있어."
　　신음하던 사병의 귀에 이 한 마디가 깊게 새겨졌다. 그는 춥고 긴 밤을 잘 견뎠다. 해가 뜰 때까지만 살아 있으면 자신은 죽지 않는다는 희망이 있었기 때문이다. 희망은 인간을 소생시키고 깊은 주름살을 편다. 그러나 절망은 산 사람도 죽음으로 재촉한다.

　　비전이 없으면

　　교육학자이며 철학가인 듀이(John Dewey)가 90세를 맞는 날, 한 청년 의사가 물었다.
　　"어떻게 하면 당신 같은 위대한 생애를 살 수 있겠습니까?"
　　"산에 오르게."
　　"산에 올라 무엇을 합니까?"
　　"다시 올라갈 다른 산을 보기 위해서라네."
　　노철학자는 청년의 무릎을 툭툭치며 말을 이었다.
　　"그러다가 더 이상 산에 오를 흥미가 없어지면 자네에게 죽을 날이 가까이 온거야."
　　비전이 없으면 이미 송장이나 다름이 없음을 말한 듀이의 충고였다.

심방 · 병문안

치료하시는 주님

■ 찬 송 ■ ♪94, 528, 530, 217

■ 본 문 ■ … 내 이름을 경외하는 너희에게는 의로운 해가 떠올라서 치료하는 … 【말 4:1~3】

■ 서 론 ■ 영국의 작가 죠지 쿨만은 "모든 의사를 다 찾아가도 고치지 못한 병이 있으면 그리스도께 나아오라. 치료비는 무료이다. 단 그리스도의 능력을 인정하는 믿음만 가지고 나아오라. 그대의 병은 완전히 고침을 받으리라."고 했다. 치료하시는 주님은?

■ 말 씀 ■

I 고통의 때에 하나님 여호와를 경외할 것임

하나님은 "극렬한 풀무불 같은 날이 이르리니 교만한 자와 악을 행하는 자는 다 초개같을 것"이라고 말씀하신다(1절). 하지만 "내 이름을 경외하는 너희는 의로운 해가" 떠오를 것이라고 하신다(2절 상). 세상에 하나님의 심판이 임하겠지만 의로운 태양이신 예수님을 믿는 자들은 걱정할 것 없다는 말씀이다. 고통 중에 병의 고통 또한 견디기 어려운 것이 사실이다. 이런 때에도 하나님을 경외하고 그 말씀을 기억하면 큰 힘과 위로가 될 것이다.

II 하나님으로부터 치료하는 광선을 받을 것임

하나님을 경외하는 자에게는 "치료하는 광선을" 발할 것이라고 말씀하신다(2절 중). 주님은 치료하는 광선이시다. 주님은 어떤 심적, 정신적, 영적, 육체적인 병도 다 고치신다. 주님은 전능하시니 우리는 그렇게 믿는다. 다만 육체적인 병은 주님의 뜻에 따라 고치실 수도 있고 그대로 두실 수도 있음을 알아야 한다. 그러나 주님은 병들었을 때 치료를 위해 기도하라고 하셨음을 기억하자(약 5:14-16).

III 병석을 털고 일어나 송아지처럼 뛰놀 것임

계속해서 하나님은 말씀하시기를 "너희가 나가서 외양간에서 나온 송아지같이 뛰리라" 하신다(2절 하). 외양간에 매여 있던 송아지를 풀어놓으면 자유자재로 뛰어다니는 것처럼 예수님을 믿고 구원받은 사람은 그런 영적 자유를 마음껏 누린다는 뜻이다. "그러므로 이제 그리스도 예수 안에 있는 자에게는 결코 정죄함이 없나니 이는 그리스도 예수 안에 있는 생명의 성령의 법이 죄와 사망의 법에서 너를 해방하였음이라" (롬 8:1-2).

■ 기 도 ■ 육체는 연약함으로 병이 들 수도 있사오나 그 때 우리에게 믿음과 능력을 부으사 병마와 싸워 승리하게 하시고 치료하는 광선을 발하소서. 아멘.

■ 십계명 ■ 건강을 해치는 10가지 마음

1. 분을 품고 노를 발하면 뇌가 손상된다
2. 혈기를 부리고 신경질을 내면 위가 망가진다
3. 욕심을 부리고 화를 내면 혈압이 오른다
4. 시기하고 질투하면 마음에 상처를 입는다
5. 불평하고 원망하면 마음이 어두워진다
6. 교만하고 오만하면 영적으로 흐려진다
7. 남을 비판하고 비평하면 마음이 좁아진다
8. 남을 무시하고 업신여기면 자기 마음에 흠집이 생긴다
9. 남을 저주하고 악담하면 간이 망가진다
10. 남을 오해하고 중상모략하면 자기의 길이 막힌다

■ 예 화 ■ 신체장애자의 감사

1988년 뉴욕 마라톤 때 레이건 대통령의 전화를 받고 찬사의 말을 들은 여성이 있었다. 린다 다운(Linda Down) 씨였다.

그녀는 출생 시부터 신체장애자로 태어났기 때문에 걷지 못했다. 그런 린다가 크러치로 양쪽 겨드랑이를 의지하고 26.2마일 전 코스를 21시간에 주파한 것이었다.

크러치와 함께 온몸을 앞뒤로 크게 흔들며 달리는 린다를 바라보는 거리의 주민들은 눈물을 흘리며 박수를 보냈다.

대통령의 전화를 받고 린다는 이런 말을 했다.

'나에게 강한 의지와 노력할 수 있는 인내를 주신 하나님께 감사합니다.'

마음의 방향이 감사하는 쪽으로 바뀌기만 하면 린다와 같은 처지에서도 감사하며 살 수 있는 것이다.

그러나 마음의 향방이 거꾸로 돌기 시작하여 불평하는 쪽으로 기울면 넉넉한 가운데서도 불평거리를 찾고, 달밤에도 별빛 없음을 불평하게 된다.

불평을 중얼거리는 사람은 어떤 환경에서도 결코 행복해지지 않는다.

심방·병문안(불신자)

병에서 구원받고자 하는가

■ 찬 송 ■ ♪ 330, 528, 529, 530

■ 본 문 ■ 예수께서 들으시고 이르시되 건강한 자에게는 의원이 쓸 데 없고 … 【마 9:12】

■ 서 론 ■ 의학박사요 교수이며 장로인 문영일은 "하나님과의 영적 사귐이 육체적 생명력의 회복에 절대적으로 필요하다."라고 했다. 참된 신앙인은 고통 속에서 하나님을 찾고 그의 음성을 듣기 때문에 고통을 쉽게 이겨낸다. 병에서 놓임받기를 원하는가?

■ 말 씀 ■

I 병이 들게 된 원인을 생각할 것

병은 우연히 생기지 않는다. 무언가 반드시 원인이 있을 터이다. 원칙적으로 보면 병의 원인은 죄라고 할 수 있다. 아담과 하와가 선악과를 따먹지 않았으면 죽음이 없었을 터이요. 따라서 병도 없었을 터이다. 큰 틀에서 보면 그렇다는 것이지 이를 모든 개인에 적용하는 것은 무리한 일이다. 영양 부족, 과로, 스트레스, 불안, 공포, 염려 등이 병의 원인일 수도 있다. 나는 왜 병이 들었는지 곰곰이 생각해 보고 원인을 찾아내야 한다.

II 하나님을 발견할 것

병이란 것이 독립적으로 존재한다고 보기는 어렵다. 앞에 서도 말한바와 같이 병과 죽음은 아담의 범죄에 기인한 것인데 그 죄란 바로 하나님이 금하신 명령, 즉 선악과를 따먹는 날에는 정녕 죽으리라는 말씀을 어긴 것이다(창 2:17). 범죄한 아담은 병과 죽음을 이길만큼 강하지 못하게 됐고 그래서 결국 죽음에 이르게 됐고 이것이 전 인류에게 파급된 것이다. 그러므로 우리는 병을 통해서 하나님을 발견하는 기회로 삼아야 함을 알 수 있다.

III 하나님의 뜻에 맡길 것

인간의 생사화복은 인간의 노력만으로 결정되지 않는다는 것은 웬만한 사람이라면 다 알고 있는 사실이다. 아무리 의학과 과학이 발달해도 인간은 여전히 죽어야 한다. "한번 죽는 것은 사람에게 정하신 것이요 그 후에는 심판이 있으리니"(히 9:27). 누구나 한 번은 죽어야 한다면 사후에 영생할 수 있는 방법을 찾는게 현명할 터이다. 그것은 곧 우리가 예수님을 믿음으로 영생을 얻는 것이다. 주님은 인간의 모든 병과 죽음의 근원인 죄 문제를 해결하시는 의사다.

■ 기 도 ■ 인간의 병과 죽음의 원인인 죄 문제를 해결하기 위해 이 땅에 오신 주님, 우리 모두 주님을 믿음으로 참된 영생을 얻게 하옵소서. 아멘.

■ 십계명 ■ **주 안에서 으래사는 10가지 비결**

1. 생명의 주인이 되시는 하나님을 경외하라
2. 생명을 주관하시는 하나님께 생명을 맡긴다
3. 생명을 주신 하나님께 항상 감사하며 산다
4. 생명을 주신 하나님을 항상 기쁘게 해 드린다
5. 항상 소중한 인생을 즐겁게 산다
6. 항상 생명을 주신 하나님께 영광을 돌린다
7. 낳아 주시고 길러주신 부모님께 효성을 다한다
8. 몸, 혼, 영을 항상 깨끗이 성결하게 산다
9. 항상 규칙적으로 운동하고 좋은 영양을 취한다
10. 항상 영생에 대한 소망을 품고 산다

■ 예 화 ■ **감사의 약속**

필라델피아 〈인콰이어러(Inquirer)〉 1991년 12월 13일자에는 "하나님께 빚을 갚은 사람"이란 제목으로 존 카누소(John Canuso)씨의 이야기를 소개하였다.

카누소 씨는 9세의 딸 베이브가 백혈병 진단을 받자 밤을 세워 하나님께 기도하였다.

"만일 내 딸을 살려주신다면 나의 평생을 하나님께 바치겠습니다."

그런데 그의 딸은 루키미아(백혈병)에서 정말 회복되어 결혼하고 아들까지 낳아 행복하게 잘 살고 있다.

카누소씨는 하나님과의 약속을 지켰다. 그는 건축업자였는데 1974년에 아동병원 입원 병동인 Ronald McDonald House를 사재를 털어 지었고, 그 후 오늘까지 17년 동안 개인의 돈은 물론이요 잦은 모금행사를 통해 70만 달러를 백혈병 연구소에 바쳐왔다. 그는 57세인데 앞으로도 더 많은 기금을 모집하여 미국의 백혈병 연구에 공헌할 것이다.

그의 감사는 더 큰 축복으로 변하여 허다한 백혈병 환자에게 빛을 던져 주게 되었다.

예수께 돌아와 감사할 줄 알았던 사마리아인 문둥병자처럼 하나님은 감사하는 마음에 더 큰 은혜를 쏟아 주신다.

심방 · 병문안(불신자)

죽을 병이 든 에바브로디도

■ 찬 송 ■ ♪ 406, 418, 530, 531

■ 본 문 ■ 그러나 에바브로디도를 너희에게 보내는 것이 필요한 줄로 … 【빌 2:25~27】

■ 서 론 ■ 영국 교회 주교인 제레미 테일러는 "질병 속에서 영혼은 불멸을 위해 옷을 입기 시작한다. 그리고 처음으로 육체로 하여금 세상에 집착하여 불안하게 앉아 있게 한 허영의 줄을 푸는 것이다."라고 했다. 병에서 나음 입기를 원하는가?

■ 말 씀 ■

I 사랑의 하나님께로 돌아올 것

바울은 빌립보 교인들에게 에바브로디도에 대하여 말하기를 "저가 병들어 죽게 되었으나"라고 했다(27절 상). 사고를 당해서 갑자기 죽는다든지 하는 외에는 누구나 병으로 죽게 된다. 에바브로디도 역시 병들어 죽을 지경까지 이른 것을 알 수 있다. 병이나 죽음이나 다 인간이 싫어하지만 그렇다고 피해 갈 수는 없다. 이 문제를 해결하려면 사랑의 하나님을 알고 그 분께 돌아와야 한다. 그분은 인간의 죄와 죽음의 문제를 해결하기 위해 독생자까지 주신 분이기 때문이다(요 3:16).

II 긍휼의 하나님께 간구할 것

바울은 "하나님이 그를 긍휼히 여기"셨다고 말한다(27절 중). 죽을 병에서 벗어나는 유일한 길은 하나님의 긍휼히 여기심을 받는 것이다. 그러므로 우리가 고치기 어려운 병에 걸렸을 때는 하나님이 긍휼히 여기사 다시 한번 삶의 기회를 주십사고, 그러면 남은 생애는 하나님의 영광을 위하여 살겠노라고 간구할 필요가 있다. 하나님은 긍휼과 자비가 풍성한 분이시기에 우리가 간구하면 들으시고 이루신다(약 5:16).

III 치료의 하나님을 의뢰할 것

바울은 계속해서 말하기를 "저뿐 아니라 또 나를 긍휼히 여기사 내 근심위에 근심을 면하게 하셨느니라"고 했다(27절 하). 하나님이 에바브로디도의 병을 고쳐주셨음을 시사하는 말이다. 죽을 병이 들었지만 굳건한 믿음과 간절한 기도를 통하여 병 고침을 받은 사람들이 많다. 아무리 의학과 과학이 발달해도 한계가 있기 마련이다. 그 때에는 우리가 절망하고 자포자기할 것이 아니라 하나님 앞에 무릎 꿇고 긍휼을 구하는 마지막 방법이 있음을 잊지 말자.

■ 기 도 ■ 죽을병이 든 에바브로디도를 긍휼히 여기사 고쳐주신 하나님, 병에 걸려 고통당하는 성도를 긍휼히 여기사 고쳐주시옵소서. 아멘.

■ 십계명 ■   삶을 망가뜨리는 10가지 것들

1. 생명의 주인되신 하나님을 믿지 않는 불신앙이다
2. 인생의 삶의 목적을 모르고 사는 어리석음과 무지이다
3. 자기 이상으로 높은 분이 계신 이 앞에서 교만하게 행하는 자이다
4. 자기밖에 모르는 자아중심적인 이기심이다
5. 자기 분수를 넘어서는 욕심, 곧 탐심이다
6. 자신이 향락에 취해 인생을 방탕하는 쾌락주의이다
7. 죄악을 물마시듯 하며 죄악에 빠져서 사는 어리석은 자이다
8. 내세가 있음에도 불구하고 내세에 대한 아무런 준비가 없는 자이다
9. 불평과 원망과 좌절과 낙심으로 살아가는, 곧 희망을 포기한 자이다
10. 우상과 미신과 사단을 따라가는 그의 종들이다

■ 예 화 ■   애킨스 부인의 감사

〈Record〉지에 소개된 감동적인 이야기가 있다.

우리 교회가 있는 파라무스 마을에 신체장애로 평생 병원에 있어야 하는 환자들만 수용한 Bergen Pine병원이 있다. 이 곳에 20년동안 살고 있는 조이스 애킨스(Joyce Akins) 여인(43세)의 이야기이다.

애킨스 부인은 20년 전에 교통사고를 당했다. 운전하던 남편은 즉사하고, 뒷자리에 있던 세 아들(2세, 3세, 4세)은 기적으로 무사했으나 애킨스 부인 자신은 전신마비가 되어 목 밑으로는 꼼짝도 할 수 없게 되었다.

애킨스 부인은 병원에 있으면서 자기에게 그림의 재질이 있음을 발견하였다. 그녀는 붓을 입에 물고 수채화를 그린다. 세계 명화들을 그대로 옮기기도 하고, 꽃을 즐겨 그린다.

그녀는 자기를 찾아오는 친구들의 초상화도 그린다. 그리고 1년 동안 그린 그림을 11월에 팔아 병원에 있는 환자들에게 크리스마스 선물을 사 주는 것을 보람으로 여기고 있다.

애킨스 부인은 간증한다. "나는 두 가지에 감사합니다. 몸이 이렇게 됨으로써 하나님을 진짜로 믿게 된 것을 감사하며, 몰랐던 미술의 재질을 발견한 것을 감사합니다.

나는 소위 운에 없는 여자인지도 모릅니다. 그러나 나는 하나님의 축복을 넘치게 받았습니다. 하나님은 불운을 통하여 우리를 축복해 주십니다. 지금 나는 내 눈이 비로소 열렸음을 압니다.

내 눈이 열렸다는 증거는 인간과 이 세계를 운전하고 있는 보스가 하나님이시라는 것을 볼 수 있게 된 것입니다. 나는 하나님을 정말 사랑합니다. 그러기에 그 하나님이 사랑하시는 모든 인간을 정말 사랑합니다."

심방 · 수술

주의 크신 능력의 손길

■ **찬 송** ■ ♪455, 529, 470, 456

■ **본 문** ■ 여호와여 내가 주께 피하오니 나로 영원히 부끄럽게 마시고 주의 … 【시 31:1~5】

■ **서 론** ■ 프랑스의 작가 가스 파링은 "하나님은 멀리 계시지만 기도가 그를 이 땅으로 끌어내려 그의 능력과 우리의 노력을 연결시킨다."라고 했다. 주님의 크신 능력의 손길을 필요로 하는 성도는?

■ **말 씀** ■

I 성도는 이 수술을 하나님의 손길에 맡길 것

하나님의 자녀도 병에 걸릴 수 있다. 약이나 의학의 도움으로 낫는 병도 있지만 수술을 받아야 할 경우도 있다. 이런 때는 누구나 두려움과 공포에 사로잡히게 마련이다. 그런 경우를 당할 때 성도는 모든 것을 하나님께 맡겨야 한다. 다윗은 "여호와여, 내가 주께 피하오니 나로 영원히 부끄럽게 마시고 주의 의로 나를 건지소서"라고 했다(1절). 다윗은 생사의 갈림길에 설 때가 많았는데 그 때마다 하나님께 피하고 의지했다.

II 성도는 이 수술을 위해 하나님께 기도할 것

수술이 성공하면 살지만 실패할 경우는 죽어야 한다. 그러니 어찌 두렵지 않겠는가. 수술이 성공할 수 있도록 하나님께 기도드려야 한다. 죽고 사는 것이 집도의의 손길에 달린 것 같지만 사실은 하나님의 손길에 달렸음은 주님을 믿는 성도라면 누구나 잘 알 것이다. 다윗은 "내게 귀를 기울여 속히 건지시고 내게 견고한 바위와 구원하는 보장이 되소서"라고 기도했다(2절). 주님은 "내 이름으로 무엇이든지 내게 구하면 내가 시행하리라"고 약속하셨다(요 14:14).

III 성도는 이 수술을 통해 하나님의 뜻을 분별할 것

인간의 눈으로 볼 때는 세상만사가 다 우연에 의해서 되어가는 것 같지만 자세히 살펴보면 그렇지 않음을 알게 될 것이다. 만사가 다 하나님의 섭리라는 큰 틀 안에서 진행됨을 알아야 한다. 성도의 수술 역시 하나님의 섭리의 틀을 벗어날 리가 없음도 알아야 한다. 성도는 매사에 하나님의 뜻과 섭리가 계심을 믿고 그것을 이루시도록 기도할 필요가 있다. 성도의 최대 의무는 "먹든지 마시든지 무엇을 하든지 다 하나님의 영광을 위하여"이다(고전 10:31).

■ **기 도** ■ 큰 일이든 작은 일이든 세상만사를 주관하시는 아버지 하나님, 지금 수술을 받아야 하는 이 성도를 긍휼히 여기사 다시 한번 삶의 기회를 주사 영광을 돌리게 하옵소서. 예수님 이름으로 기도드립니다. 아멘.

■ 십계명 ■   하늘 문이 열리는 10가지 기도

1. 하나님의 살아 계심을 믿고 기도하라
2. 예수 그리스도의 이름으로 기도하라
3. 보혜사 성령의 능력을 믿고 기도하라
4. 죄를 고백하고 회개하며 기도하라
5. 하나님의 말씀을 붙들고 기도하라
6. 남의 허물과 죄를 용서하고 기도하라
7. 감사하면서 겸손한 마음으로 기도하라
8. 기도를 들어주실 것을 믿고 기도하라
9. 욕심을 버리고, 인간적인 생각을 버리고 기도하라
10. 하나님의 영광을 위하여 기도하라

■ 예 화 ■   바른 기도

바이런 자니스(Byron Janis)는 세계적 피아니스트다.

그는 어렸을 때 교통사고를 당해 손에 심한 신경통과 신경마비 증세가 있었다.

한 때는 옅 손가락 중에 왼손 중지 하나만 제대로 움직였고, 새끼손가락은 완전히 마비된 적도 있었다. 오른쪽 손목은 40퍼센트만 움직일 수 있었다.

이런 고통과 싸우며 어떻게 위대한 피아니스트가 될 수 있었을까? 그는 〈Parade〉지와의 인터뷰에서 이렇게 말하였다.

"여러 의사도 수고하였고, 침도 많이 맞았습니다. 그러나 기적은 기도로 가능했다고 생각합니다.

간절히 기도할 때 하나님은 나에게 싸울 용기를 주셨습니다. 나에게 문제는 있습니다. 그러나 문제가 나를 정복하지 못합니다. 그것이 믿음이라고 생각합니다.(I have problems but they don't have me.)"

"하나님, 나에게 쓴 잔이 오지 않게 해주소서." 하는 기도보다 "하나님, 내가 쓴 잔을 마실 수 있는 능력을 주시옵소서." 하는 것이 바른 기도이다.

심방 · 수술

사망의 골짜기에서도

■ **찬 송** ■ ♪359, 455, 456, 442

■ **본 문** ■ 내가 사망의 음침한 골짜기로 다닐지라도 해를 두려워하지 않을 것은 … 【시 23:4】

■ **서 론** ■ 영국의 철학자요, 저술가인 프란시스 베이컨은 "우리는 우리의 마음을 읽고 계시고, 우리의 생각을 감찰하시며 결코 잠들지 않는 눈이 있다는 것을 너무나 자주 잊곤 한다."라고 했다. 성도를 사망의 골짜기에서 구출하시는 이 하나님은?

■ **말 씀** ■

I 성도와 함께 하시는 하나님

다윗은 언제 죽을지 모르는 위기를 여러 번 겪었다. 사울이 그를 경쟁자로 여겨 죽이려 했기 때문이다. 그의 말대로 그는 "사망의 음침한 골짜기"를 다니는 아슬아슬한 순간을 너무도 많이 겪었다. 그래도 그는 하나님이 함께 하신다는 믿음을 가지고 참으며 견딜 수 있었다. "주께서 나와 함께 하심이라." 그렇다. 우리가 아무리 위험하고 힘든 처지를 만난다해도 두려워하지 않을 것은 주님께서 우리와 함께 하심을 믿기 때문이다(마 28:20).

II 성도를 안위하시는 하나님

다윗은 고통스럽고 위험할 때 오히려 위로하시는 하나님을 체험했다고 고백한다. "주의 지팡이와 막대기가 나를 안위하시나이다." 모든 일이 잘 되고 평안할 때는 하나님을 필요로 하지 않을 수도 있다. 하지만 극복하기 어려운 환난이나 위기에 직면할 때는 사정이 달라진다. 그럴 때는 오로지 하나님만 바라보고 의지하게 된다. 다윗이 사망의 음침한 골짜기를 다닐 때는 믿음으로 승승장구했으나 왕이 된 다음 왕궁에 편히 거하게 될 때 범죄했음을 명심하자.

III 성도를 구원하시는 하나님

다윗은 어떤 위기에 처하든 어떤 환난에 빠지든 두려워하지 않았다. 왜? 하나님이 자기와 함께 하실 뿐 아니라 궁극적으로는 자신을 구원해 주실 것을 믿었기 때문이다. "주께서 내 원수의 목전에서 내게 상을 베푸시고 기름으로 내 머리에 바르셨으니 내 잔이 넘치나이다"라고 노래한 것을 봐도 그의 믿음을 엿볼 수 있다(5절). 지금 사단이 승리하는 것처럼 보이지만 궁극적으로 그리스도께서 승리하시며 따라서 우리도 승리하게 된다(계 17:14).

■ **기 도** ■ 수술은 사망의 음침한 골짜기를 다니는 것 같지만 주님께서 함께 하사 승리하게 하실 줄 믿고 감사드립니다. 예수님 이름으로 기도드립니다. 아멘.

■ 십계명 ■　기도 응답의 10가지 비결

　　　1. 말씀을 붙들고 기도한다
　　　2. 오직 믿음으로 기도한다
　　　3. 감사와 감격하는 마음으로 기도한다
　　　4. 찬양과 찬송하는 마음으로 기도한다
　　　5. 의심하지 않고 기도한다
　　　6. 전능하신 하나님께 기도한다
　　　7. 성령의 능력을 힘입고 기도한다
　　　8. 죄를 회개하면서 기도한다
　　　9. 자기의 솔직한 심정을 그대로 기도한다
　　　10. 겸손한 마음으로 주 예수의 이름으로 기도한다

■ 예 화 ■　선교사의 병

　　아프리카 우간다의 외딴 농촌에서 전도하던 선교사 스미스 부인의 이야기가 있다.

　　한번은 심한 병에 시달리고 있었는데 선교 본부에서 송금이 오지 않았다. 그녀는 음식이나 약을 구할 길이 없었다. 송금은 한 달 늦게 도착했다. 원망스러운 일이었다.

　　그 이듬해 스미스 선교사는 안식년을 맞아 본국으로 돌아갔다. 건강 진단을 받을 때 1년 전 몹시 앓았던 몸의 증세를 자세히 설명하였더니 의사는 웃으며 말했다.

　　"선교사님의 병을 알겠습니다. 그 병은 오트밀 정도로 부드러운 식사를 조금씩 취해야 하고 거의 한 달쯤은 굶을 정도로 음식을 조절을 해야 하는데 송금이 꼭 한달 늦었다니 그것이 당신을 구한 셈입니다."

　　스미스 선교사는 하나님의 오묘한 은혜를 새삼 깨달았고 조급하게 원망했던 자기 본위의 얄팍한 신앙을 회개하였다그 한다.

■ 명 상 ■　병은 하나님이 고치시고 치료비는 의사가 받는다.

　　　　　　　　　　　　　　　　　　　　- 벤자민 프랭클린 (미국 정치가) -

심방 · 장기환자

베데스다의 병자

■ **찬 송** ■ ♬445, 440, 528, 530

■ **본 문** ■ … 그 사람이 곧 나아서 자리를 들고 걸어 가니라 【요 5:1~9】

■ **서 론** ■ "하나님은 병을 통하여 많은 역사를 행하셨고, 능력을 나타내셨으며 때로는 병을 징계의 매로 사용하셨다. 그러므로 죄와 질병과는 밀접한 관계를 가진다." 라고 어느 신학자는 말했다. 베데스다 못 가의 병자를 주님은?

■ **말 씀** ■

I 이 병자를 주님께서 찾아오셨음

베데스다 못 가에 있던 38년된 병자는 혼자 힘으로는 제대로 걸을 수도 없는 사람이었다(7절). 주님은 이런 사람을 스스로 찾아오셨다. 이 병자는 범죄와 타락으로 무력하게 죽음을 기다리는 인류의 상징이라고 보여진다. 스스로 병을 고치려했지만 실패한 것처럼 지금 인간들은 이런 저런 수단과 방법을 동원하여 스스로를 구원하려 하지만 어림도 없는 일이다. 그러기에 주님께서 인간의 옷을 입으시고 이 땅에 오셨으며 우리 죄를 짊어지고 죽기까지 하신 것이다.

II 이 병자를 말씀으로 고치셨음

주님은 이 절망적인 병자에게 "네가 낫고자 하느냐" 물으시고 그의 의사를 확인하신 다음(7절) "일어나 네 자리를 들고 걸어가라" 하셨고(8절) 그 사람은 즉각 순종함으로써 38년동안 괴롭힘을 받던 병에서 깨끗하게 해방되었다(9절). 주님은 말씀으로 그를 고치셨다. 인간이 죄와 사망에서 해방되려면 하나님의 말씀, 즉 그리스도의 복음을 듣고 믿어야 한다. 이것만이 인류가 구원받을 수 있는 유일한 길이다(요 20:31).

III 이 병자는 걸어 가게 되었음

이 병자가 주님의 말씀에 순종하니 그의 병이 순간적으로 나음과 동시에 제 스스로 걸어갈 수가 있었다. "그 사람이 곧 나아서 자리를 들고 걸어가니라"(9절). 참으로 놀라운 일이다. 주님은 이렇게 고질적인 병으로 죽어가던 한 사람을 순간적으로 고치셔서 온전한 사람으로 만드셨다. 이제 절망에 빠진 인류가 구원받을 수 있는 유일한 길은 예수 그리스도의 복음을 듣고 믿는 것밖에 없다. 복음을 듣고 믿는 순간 그의 영혼은 즉각 구원받으며 하나님의 자녀가 된다(요 1:12). 아, 이 얼마나 놀라운 일이냐.

■ **기 도** ■ 오랫동안 병석에 누워 고통당하는 성도들을 기억하사 저들에게 믿음과 소망과 능력을 더하셔서 승리하게 하옵소서. 예수님 이름으로 기도드립니다. 아멘.

■ 십계명 ■   슬픔을 극복하는 10가지 권면

1. 일어난 사건을 현실로 받아들이라
2. 슬픔을 밖으로 드러내라 (울도록 자신을 내버려두라)
3. 새로운 것만 생각하라 (지난 생각은 낡은 사람을 만든다)
4. 남아있는 것만 생각하라 (잃은 것을 생각지 말라)
5. 자기 자신을 용서하라
6. 자기 연민에서 벗어나라
7. 이제 '왜(Why)'라는 의문을 내던져 버리라
   (의문은 비극을 불러들인다)
8. 활동하라 (육체적인 일을 하되 가치있는 것에 열중하라)
9. 슬픔에 긍정적으로 반응해보라
   (부정적인 면으로만 생각하지 말라)
10. 하나님의 존재를 믿고 간구하라
    (이 처방은 대단히 효과가 있다)

■ 예 화 ■   기적

봄은 기적의 계절이다. 말랐던 나뭇가지에 물이 오르고 죽은 것 같았던 대지에서 새 잎이 돋아나는 기적의 계절이다. 회색으로 덮였던 산과 들이 싱싱한 초록색 옷으로 갈아입고 개나리, 진달래에게 색동옷까지 입혀주는 계절이다.

자연계에 기적이 있듯 인간 사회에도 기적이 있다. 기적은 변화를 가리키는 말이며, 신의 사랑과 인간의 사랑이 부딪칠 때 일어나는 불꽃이라고 생각할 수 있다.

나는 한국 의학계에서 유명한 C박사의 이야기를 알고 있다. 한번은 C박사가 수술을 하게 되었다. 환자의 병은 드물게 나타나는 특수한 병이었으므로 이 수술 현장에는 많은 의사들이 함께 참관하게 되었다. C박사는 평소처럼 수술 전에 기도를 드렸다. 환자를 사랑하는 간곡한 기도였다.

장시간에 걸친 수술은 성공했다. 그것은 기적이었다. 수술을 참관한 젊은 의학도는 수술을 성공시킨 것이 기도의 능력인지 C박사의 기술의 결과인지 분간하기 어렵다는 고백을 했다.

나는 그것이 50%씩의 힘이 합쳐진 결과라고 믿는다. 하나의 인간을 두고 그에게 내려오는 하나님의 사랑과 고도의 기술이 내포된 C박사의 사랑이 부딪칠 때 거기에서 일어난 스파크가 곧 기적인 것이다.

심방 · 장기환자

사도 바울의 권면

■ 찬 송 ■ ♪ 432, 434, 478, 530

■ 본 문 ■ 아무 것도 염려하지 말고 오직 모든 일에 기도와 간구로, 너희 구할 것을 … 【빌 4:6~7】

■ 서 론 ■ 미국의 신학자 갬비스는 "모든 일은 십자가 위에 있다. 매일 십자가에 죽지 않고는 생명과 평안을 얻을 다른 수단은 없다."라고 했다. 성도를 향한 사도 바울의 권면은?

■ 말 씀 ■

I 성도는 염려하지 말라고 한 바울

사람이 살다보면 극복하기 어려운 문제에 부닥칠 수도 있다. 이것은 성도라고 예외가 되는 것은 아니다. 그럴때는 낙심이 되고 염려하고 걱정하게 된다. 바울은 그런 성도들에게 말한다. "아무것도 염려하지" 말라고(6절 상). 사실 그렇다. 염려하고 앉아 있어봐야 문제가 해결되는 것이 아니고 오히려 점점 더 근심과 걱정에 얽매이게 되고 문제해결은 어려워질 뿐이다. 주님께서도 "너희 중에 누가 염려함으로 그 키를 한 자나 더할 수 있느냐" 하셨다(마 6:27).

II 성도는 기도하라고 한 바울

바울은 성도가 걱정하고 염려하는 대신 "오직 모든 일에 기도와 간구로 너희 구할 것을 감사함으로 하나님께 아뢰라"고 했다(6절 하). 염려해서 문제가 해결된 사람은 하나도 없다. 그러나 전지전능하신 하나님께 간구하여 문제를 해결한 사람들은 너무도 많다. 옛날 성도는 "귀를 지으신 자가 듣지 아니하시랴 눈을 만드신 자가 보지 아니하시랴" 했고(시 94:9). 주님은 "구하라, 주실 것이요"라고 하셨다(마 7:7). 기도는 문제를 해결하는 확실한 방도다.

III 성도는 평강을 누리리라고 한 바울

바울은 계속해서 말하기를 "그리하면 모든 지각에 뛰어난 하나님의 평강이 그리스도 예수 안에서 너희 마음과 생각을 지키시리라"고 했다(7절). 우리는 다 불안이나 공포를 원치 않고 평강을 원한다. 그것을 어떻게 얻을 수 있나? 어떤 형편에 있든지, 어떤 어려운 문제에 부닥쳤든지 감사하는 마음으로 하나님께 기도드릴 때 얻을 수 있다고 한다. 평안도 보통 평안이 아니고 '모든 지각에 뛰어난 하나님의 평강'을 얻는다고 한다. 우리도 이제 성경말씀대로 실천해 보자. 성경의 약속대로 될 것이다.

■ 기 도 ■ 오랜 세월 병고에 시달리는 성도들을 주께서 기억하사 저들에 염려하는 대신 감사하는 마음으로 하나님 아버지께 기도할 수 있는 힘을 주옵소서. 아멘.

■ 십계명 ■   위기를 극복하는 10가지 권면

1. 어떠한 위기에도 내 안에 대처하고 극복할 창조적인 힘이 있음을 믿으라
2. 결코 절망적이라고 시인하지 말라
   (시인하지 않는 한 끝은 아니다)
3. 비평 앞에 자신을 변명하지 말고 말없이 견디기로 결정하라
4. 위기를 통해 자신을 반성하고 자신을 바로잡는 기회로 만들라
5. 할 수 있으면 상냥한 태도를 취하라
   (마음이 부드러워야 신체 기능이 제대로 발휘된다)
6. 힘겨운 상황 앞에 섰을 때 어떤 형태로든 겁을 먹지 말라
7. 감정적으로 판단하지 말고 냉철하게 객관적으로 문제를 생각하라
8. 모든 문제는 해답이 있는 법 지금 그 해답을 찾고 있는 중임을 되풀이 하라
9. 나만이 위기를 만났다고 생각하지 말라
10. 누군가 나를 돕고 있고 나를 위해 기도하고 있음을 믿으라

■ 예 화 ■   패릭스 거미줄

로마의 기독교 박해 시절 노라 페릭스라는 교회 지도자가 수색대를 피해 산으로 도망치다가 어느 바위 틈에 있는 굴로 들어갔다.

그러나 수색대가 그런 정도의 굴을 찾지 못할 리가 없을 것이기 때문에 페릭스는 "나의 생명을 받아 주소서." 하는 마지막 기도를 드렸다.

그렇지만 로마 군대는 이 굴을 수색하지 않았다. 패릭스가 굴 속에 있는 동안 거미가 바위 입구에 거미줄을 쳤기 때문에 수색대는 굴 속을 들여다보지 않았던 것이다.

패릭스는 이런 말을 남겼다.

"하나님이 함께하지 않으시면 돌벽과 쇠문도 거미줄처럼 약하다. 그러나 하나님이 함께하시면 거미줄도 철문보다 강하다."

■ 명 상 ■   40세가 되어 의사가 되지 않은 사람은 바보이다.

- 옛 격언 -

심방 · 불치환자

나의 목자이신 하나님

■ **찬 송** ■ ♪ 430, 453, 492, 217

■ **본 문** ■ 여호와는 나의 목자시니 내가 부족함이 없으리로다 그가 나를 … 【시 23:1~6】

■ **서 론** ■ 미국 펜실베니아주 식민지 부설자이며 퀘이커교도인 윌리엄 펜은 "인생의 가장 진실된 끝은 결코 끝이 없는 삶을 아는 것이다."라고 했다. 우리 인생의 목자이신 하나님! 하나님과 동행한 다윗의 삶은?

■ **말 씀** ■

I 다윗의 부족함이 없는 삶

다윗은 말한다. "여호와는 나의 목자시니 내가 부족함이 없으리로다"(1절). 다윗이라고 왜 부족함이 없었으랴. 그도 부족한 것, 필요한 것을 대라면 꽤나 많았을 것이다. 다윗은 많은 물질을 가졌거나 왕이 되었기 때문에 만족한 삶을 살 수 있었던 것은 아니다. 하나님을 '나의 목자'로 믿는 신앙 때문에 그는 만족했던 것이다. 그는 목동 시절이나 사울의 살해 위협을 피해 도망다닐 때나 왕이 되었을 때나 변함없는 그의 믿음 때문에 만족했었다.

II 다윗의 푸른 초장에서의 삶

다윗은 자기를 "푸른 초장"에 누운 양으로 믿었다(2절). 다윗이라고 항상 태평세월을 산 것은 아니다. 사울의 집요한 살해 위협, 아들 압살롬의 반역과 죽음, 자식들간의 불화와 살상, 아들에게 쫓겨나 정처없이 방랑하던 일 등 그가 당한 환난과 시련은 열거하기도 어려운 지경이다. 하지만 그는 어떤 시련과 난관에 봉착해도 자신은 푸른 초장에 누운 양이고 목자는 하나님이시라고 굳게 믿었다. 이 믿음이 있었기에 그는 어려움을 견디고 평강과 만족을 누릴 수 있었다.

III 다윗의 영원히 찬송하는 삶

다윗은 그런 환난과 역경 가운데서도 하나님께 감사하며 찬송하기를 잊지 않았다. 시편 150편 중 다윗이 지은 것이 73편이니 거의 절반이 그의 시인 셈이다. 그의 시를 자세히 살펴보면 평안하고 형통할 때만 시를 쓰고 찬송한 것이 아니라 사경을 헤맬 때나 환난을 당할 때, 절박하고 절망적인 때도 하나님께 찬송의 제사를 드렸음을 알 수 있다. 성도는 아무리 어려움과 고통에 시달린다해도 범사에 감사하며 찬송하기를 잊지 말아야 한다.

■ **기 도** ■ 주여, 불치병에 걸려 고통당하는 성도들을 기억하사 저들로 하여금 다윗처럼 범사에 감사하며 하나님을 찬송하게 하옵소서. 예수님 이름으로 기도드립니다. 아멘.

■ 십계명 ■   좋은 감정을 갖기 위한 10가지 권면

1. 작은 것에서도 즐거움을 찾으라
   (꽃잎 하나에서도…)
2. 좋은 감정은 몸에 보약보다 더 효과가 있음을 늘 잊지 말라
3. 늘 좋은 기분임을 먼저 시인하고 그렇게 살라
4. 친절과 명랑함이 습관이 되게 하라
5. 어떤 일을 불평하기 전에 감사할 조건을 먼저 찾는 태도를 가지라
6. 미해결 상태로 어떤 일을 넘기지 말고 해결하라
   (해결되지 않은 일은 나를 우울하게 한다)
7. 지금 이 순간을 보람있게 살라
8. 사람들을 좋아하라
   (소외감, 우울증, 열등감이 사라진다)
9. 바쁘게 살라
   (바쁜 꿀벌은 근심할 여유가 없다)
10. 당신의 일생은 감정에 의해 좌우됨을 알고 좋은 감정을 갖고 계속하라 (신앙을 가지면 더욱 좋다)

■ 예 화 ■   최후의 순간까지

　　뉴질랜드 신학교 교장이었고 중국 오지 선교회 회장을 지낸 오즈월즈 선더스 목사는 다음과 같은 간증을 했다.
　　그의 부인이 70세에 암으로 세상을 떠났는데, 임종하기 열흘 전, 무엇인가 최대한 위로해 주려고 자기가 이것저것 간호하는 것을 보며 그 부인은 이렇게 말했다고 한다.
　　"여보, 나를 편하게 해주려고 애쓰지 않아도 좋아요. 나는 지금도 성장하고 있습니다."
　　우리는 하나님께 감사해야 한다. 인간이 최후의 순간까지 성장할 수 있도록 믿음과 능력을 주시는 분은 하나님이시다.
　　우리는 땅이 눈을 떨어뜨리고 약하고 비굴하게 인생을 마쳐서는 안 된다. 우리는 하나님께 감사드려야 한다. 하나님이 우리를 성장시켜 주시기 때문이다.

심방 · 불치환자

우리들의 천국은

■ **찬 송** ■ ♪ 228, 431, 350, 232

■ **본 문** ■ 모든 눈물을 그 눈에서 씻기시매 다시 사망이 없고 애통하는 것이나 …【계 21:4】

■ **서 론** ■ 영국의 계관시인 존 메이스필드는 "천국이 내게는 맑고 푸르게 펼쳐진 하늘이요, 이 땅은 그저 먼지나는 길이라고 생각되는 것뿐이다."라고 했다. 천국의 사랑이 사람을 거룩하게 만든다. 우리를 위해 예비하신 천국은?

■ **말 씀** ■

I 천국은 슬픔이 없는 곳이다

천국은 어떤 곳일까? 사람들은 누구나 죽은 다음에 그곳에 가기를 원하는데 왜 그럴까? 우선 그곳은 슬픔이 없다고 한다. "애통하는 것이나 곡하는 것"이 없다고 한다. 이 세상에서 슬픔이 없는 곳은 없다. 어느 나라에서 살든지 슬픈 일은 일어난다. 선진국이나 후진국이나, 동양이나 서양이나 차이가 없다. 슬픔은 왜 생겼나? 아담과 하와가 범죄하고 타락했기 때문이었다. 그러나 그리스도께서 우리를 위하여 속죄 제물이 되심으로써 슬픔은 영원히 소멸하게 되었다.

II 천국은 아픔이 없는 곳이다

천국은 또한 "아픈 것이 다시 있지 아니"한 곳이라고 한다. 이 세상은 병 없는 곳은 없다. 어느 나라에 가서 살아도 병들지 않을까 걱정하며 살아야 한다. 과학과 의학이 고도로 발달한 현대에도 병은 없어지지 않고 오히려 새로운 병이 계속 발생되고 있는 형편이다. 의학의 발달로 과거보다 수명은 크게 연장됐으나 병고로 시달리는 사람은 여전히 많다. 하지만 천국은 이런 병이 없는 곳이라 하셨으니 우리가 사모하는 것은 당연한 일이다.

III 천국은 사망이 없는 곳이다

끝으로 천국은 "모든 눈물을 그 눈에서 씻기시며 다시 사망이" 없다고 한다. 아, 얼마나 감사한 일이냐. 사람이 가장 두려워하는 것은 바로 죽음이라고 하겠다. 그래서 인간들은 죽지 않는 방법을 찾아 온갖 노력을 다 했지만 아직도 찾지 못하고 있다. 앞으로도 이런 노력과 시도는 계속되겠지만 결코 성공하지 못할 것이다. 죽음의 문제를 해결하는 유일한 길은 참 생명이시고 구원이신 예수 그리스도를 믿는 일 외에는 없다(요 11:25-26).

■ **기 도** ■ 우리에게 영원히 복된 천국을 주시기 위하여 십자가에 못 박혀 죽기까지 하신 주님, 저희로 하여금 그 천국을 사모하는 믿음을 주사 병고를 이기게 하옵소서. 예수님 이름으로 기도드립니다. 아멘.

■ 십계명 ■   슬픔을 벗어나는 10가지 충고

1. 슬픔을 감추지 말고 꺼내 놓으라
2. 슬픔을 억제하거나 제거하는 방법을 동원하라
3. 슬픈 일을 하나님의 손에 맡기라
4. 슬픔을 과장하지 말고 친구와 나누라
5. 동정을 구하지 말라
6. 거울을 보고 환하게 웃으라
7. 세상 앞에서도 웃으라
8. 활동할 힘을 달라고 하나님께 기도하라
9. 일어난 것보다 더 중요한 것은 받아들이는 자세임을 깊이 느끼라
10. 슬픔을 극복할 힘이 내게 있음을 느끼라

■ 예 화 ■   죽음의 수용소에서

파슨(Pierre van Passen) 씨는 나치 독일의 죽음의 수용소에서 살아남은 경험담 가운데 이런 이야기를 전했다.

수용소에 라아비라는 네덜란드인 목사가 있었는데 그는 너무 착하여 독일 군인에게 욕 한 번 하는 일이 없었다. 그리하여 그가 목사에게 한번은 화를 냈다. "목사님, 우리는 어쨌든 죽을 몸인데 저주받은 가롯 유다보다도 못한 나치놈들에게 돌아서서 즈먹질이라도 한 번 해야 하지 않습니까!"

이 때 목사는 깜짝 놀라며 파슨 씨를 붙잡았다고 한다. "저주받은 가롯 유다라느 그런 소리하지 마시오. 유다는 자살하기 전 뉘우쳤다는 기록이 있습니다. 그의 마지막 한숨을 하나님이 듯 들으셨다고 누가 감히 장담합니까? 하나님은 유다의 한숨도 들으셨습니다. 예수님은 가롯 유다를 위해서도 피를 흘리셨습니다."

하나님은 나의 과거 때문에, 혹은 나의 공로에 좌우되어 사랑을 주는 것이 아니다. 그것은 정말 다행한 일이며 복음이 아닐 수 없다. 그러므로 우리가 하나님의 자녀로서 걸어가는 길에 자격론이나 죄의식의 걸림돌을 만들어서는 안 되는 것이다.

"누구든지 예수 그리스도를 주님이라고 고백하는 자는 구원을 받을 것이다."

심방 · 퇴원

치료하시는 하나님

■ **찬 송** ■ ♪ 528, 530, 465, 464

■ **본 문** ■ … 너희에게 내리지 아니하리니 나는 너희를 치료하는 여호와임이니라【출 15:22~26】

■ **서 론** ■ 영국의 시인 알렉산더 포프는 "질병은 일종의 초로 현상이다. 그것은 우리의 지상에서의 존재에 대한 자신없는 심리를 가르쳐 준다."라고 했다. 결정적인 질병에는 치유법이 있다. 질병에서 놓임받은 성도는?

■ **말 씀** ■

I 성도는 생명의 주인이 하나님이심을 알 것

인간이 지닌 생명의 주인은 누구일까? 당연히 자기 자신이라고 생각할 것이다. 이 말은 맞으면서도 틀리는 말이다. 자신의 생명을 스스로 끊을 수도 있다는 면에서는 자기 자신이 생명의 주인이라고 생각할지 모르나 사실은 그렇지 않다. 생명의 주인은 인간에게 생명을 주신 하나님이심을 잊지말아야 한다. 이 점에서 자살은 중대한 범죄가 되는 것이다. 우리가 지금까지 살아온게 주님의 은혜이고 앞으로 얼마를 살든지 그것은 전적으로 하나님의 은혜이다.

II 성도는 한사코 죄악과 불의를 멀리할 것

하나님은 이스라엘 백성들에게 "너희가 너희 하나님 나 여호와의 말을 청종하고 나의 보기에 의를 행하며 내 계명에 귀를 기울이며 내 모든 규례를 지키면 내가 애굽 사람에게 내린 모든 질병의 하나도 너희에게 내리지" 않겠다고 말씀하신다. 하나님의 말씀을 따라 살고 그 뜻에 순종하면 건강의 복을 주시겠다는 말씀이다. 담배와 술이 건강에 얼마나 해로운지는 이미 현대의학이 세밀히 밝혀냈다. 또 무절제한 생활이 얼마나 건강을 해치는지도 밝혀졌다.

III 성도는 질병의 치료는 하나님의 은혜임을 느낄 것

하나님은 계속해서 말씀하시기를 "나는 너희를 치료하는 여호와이니라" 하셨다. 우리가 어떤 병에 걸렸다 나았다면 하나님의 은혜인줄 알고 감사드려야 한다. 의술과 약품의 도움으로 병이 나았는데 무엇이 감사하냐고 생각한다면 이는 불신자와 같다. 의술이나 약품이 별개로 존재하는 게 아니고 다 하나님의 주관 하에 있다는 것을 왜 모르는가. 모든 방법과 수단을 다 동원했지만 낫지 않고 죽는 일이 있는 것은 생명의 주인은 하나님이심을 확인하는 것이다.

■ **기 도** ■ 인간의 생명을 창조하시고 주관하시는 하나님, 오늘 이렇게 성도의 병을 고치사 퇴원하게 하시는 은혜를 감사드립니다. 예수님 이름으로 기도드립니다. 아멘.

■ 십계명 ■   건강을 위한 10가지 충고

1. 정신을 풍요롭게 하는 보람있는 일을 시작하라
2. 일찍 자고 일찍 일어나라
3. 짧은 시간이라도 규칙적으로 운동을 하라
   (걷기, 달리기, 줄넘기라도)
4. 사랑하라
   (사람을, 자연을, 사는 것을)
5. 죄책감을 느끼지 않게 생활하라
6. 즈금 더 먹그 싶을 때 수저를 놓아라
7. 생기는 스트레스를 취미생활로 그때 그떠 해소하라
8. 일과 중에 책을 읽고 사색하는 시간을 가짐으로써 마음을 풍족하게 만들라
9. 맵고 짠 자극적인 음식을 피하라
10. 하나님께서 늘 당신을 지켜주심을 믿고 매사에 평온을 유지하는 마음으로 생활하라

건강십칙(健康十則)

1. 少肉多菜(소육다채) : 고기는 적게 채소는 많이
2. 少鹽多醋(소염다초) : 소금은 적게 식초는 많이
3. 少糖多果(소당다과) : 설탕은 적게 과일은 많이
4. 少食多嚼(소식다작) : 식사는 적게 많이 씹을 것
5. 少煩多眠(소번다면) : 번민은 적게 잠은 많이
6. 少怒多笑(소노다소) : 노하지 말고 많이 웃으라
7. 少衣多浴(소의다욕) : 옷은 얇게 목욕은 자주
8. 少言多行(소언다행) : 말은 적게 선행은 많이
9. 少慾多施(소욕다시) : 욕심은 적게 도우는 일 많이
10. 少車多步(소차다보) : 차 타기는 적게 많이 걸어라

심방 · 가정불화

믿음의 브리스길라와 아굴라

■ 찬 송 ■ ♪287, 305, 278, 304

■ 본 문 ■ … 그가 회당에서 담대히 말하기를 시작하거늘 브리스길라와 아굴라가 듣고 데려다가 하나님의 도를 더 자세히 풀어 이르더라 … 【행 18:24~28】

■ 서 론 ■ 미국의 작가 워싱턴 어빙은 "선한 부모는 자녀들로 하여금 이 세상에서 가장 행복한 곳은 가정임을 느끼게 한다. 그리고 행복한 가정이야말로 부모가 자녀에게 줄 수 있는 가장 큰 기쁨이라고 생각한다."라고 했다. 좋은 부모는?

■ 말 씀 ■

Ⅰ 이 부부는 선한 일에 마음을 함께 했음

브리스길라와 아굴라는 꼭 함께 언급되는 신앙인 부부다. 또 먼저 브리스길라가 언급되는 것으로 볼 때 부인이 더 신앙에 열성이었던 것 같다. 그들의 이름이 같이 언급되는 것은 선한 일도 함께 했다는 뜻이기도 하다. 바울은 그들을 "그리스도 예수 안에서 나의 동역자들"이라고 했다(롬 16:3). 바울은 그리스도의 복음 전하는 것을 자기의 사명으로 안 사람이다(고전 1:17). 브리스길라 부부는 복음 전하는 일에 힘썼음을 알 수 있다.

Ⅱ 이 부부는 신앙생활에 힘을 쏟았음

아볼로는 알렉산드리아 출신으로 "학문이 많고 성경에 능한 자"였다고 한다(24절). 그가 "일찍 주의 도를 배워 열심히 예수에 관한 것을 자세히 가르치나 요한의 세례만 알 따름"이었는데(25절) 브리스길라 부부가 그를 데려다 "하나님의 도를 더 자세히 풀어" 이른 것을 볼 때(26절) 이 부부가 얼마나 열심히 신앙생활에 힘썼는지 알 수 있다. 혼자서 열심히 신앙생활 하는 것보다 부부가 함께하여 신앙생활 하는 것이 얼마나 복되고 아름다운 일인가.

Ⅲ 이 부부는 믿음 약한 가정을 권면했음

브리스길라와 아굴라 부부는 집을 교회로 사용했음을 알 수 있다(고전 16:19). 초대 교회는 당시 웅장한 건물을 갖추지 못했고 갖출 여건도 되지 않았다. 몇 사람이 모이면 교회가 되는데 우선 가정집에서 모였음을 알 수 있다. 이 부부는 자기들 집을 흔쾌히 교회로 개방했다. 이 부부는 열심히 전도할 뿐 아니라 믿음이 연약한 초신자들에게 성경을 가르치고 권면함으로써 그들의 믿음을 더욱 강하게 하는 일에 힘썼다. 화목한 부부 성도가 되어야겠다.

■ 기 도 ■ 화목한 가정에 복을 주시는 하나님 아버지, 저희들의 가정을 돌아보사 마귀가 역사하지 못하게 하시고 늘 화목하고 평강이 넘치게 하옵소서. 예수님 이름으로 기도드립니다. 아멘.

■ 십계명 ■   가정의 위기를 극복하는 10가지 권면

1. 실직 등 위기가 닥쳤을 때 이를 회피하지 말고 가족이 함께 해결책을 찾는다
2. 가족 모두 아빠는 '가계부양자', 엄마는 '가사책임자', 자녀는 '보호대상자'라는 고정관념에서 벗어난다
3. 가족 구성원 누구나 '나도 가정 경제의 책임자'라는 생각을 갖고 가사활동에 적극 참여한다
4. 가족 대소사를 함께 의논한다
5. '사랑해요', '용기를 갖고 도전하세요' 등의 격려와 애정 표현을 자주 한다
6. 포옹, 가벼운 입맞춤 등 가족 간의 신체적 접촉을 자주하며 사랑의 감정을 일으킨다
7. 상대편 입장에서 생각한다 (자녀는 부모 입장을, 부모는 자녀 입장을)
8. 상대방에게 일방적으로 지시하지 않는다
9. 유머 감각을 잃지 않는다
10. 정기적으로 대화의 시간을 갖는다

■ 예 화 ■   바우어새 (Bowerbird)

조류(鳥類) 학자들이 뉴기니에 사는 바우어새(Bowerbird)에 대한 관찰 보고를 〈뉴욕타임스〉에 기고하였다

이 새는 장식품을 만드는 유일한 새로 알려졌다. 암컷의 관심을 끌기 위하여 숫놈들은 둥지가 아닌 순수한 장식품을 만든다. 여러 종류의 가지와 잎, 열매 등을 동원하여 작은 건축을 하고 여러 색깔의 즙들을 가지고 예쁘게 채색까지 한다.

여기까지는 놀랍고도 귀여운 새의 이야기일 뿐이다. 그러나 바우어 새 숫놈들에게 또 하나의 습성이 있음이 관찰되었다. 일단 암컷 하나를 매혹시켜 자기의 것으로 삼은 뒤에는 계속 쪼아대는 폭군이 되며, 새끼를 낳은 뒤에도 무관심하고 새끼 양육은 오로지 암컷의 책임만으로 강요한다는 것이다.

한국 남성들 가운데에도 바우어새와 큰 차이 없는 습성을 가진 사람들이 있지 않은지 반성해 볼 일이다.

심방 · 가난 · 근심

사람을 낚는 어부

■ 찬 송 ■ ♪ 497, 492, 474, 509

■ 본 문 ■ … 저희가 곧 배와 부친을 버려두고 예수를 좇으니라 【마 4:18~22】

■ 서 론 ■ 로마의 스토아 철학자요 정치가인 세네카는 "우리가 찬양하는 것은 가난이 아니라 그 가난 때문에 천해지거나 굴복하지 않고 이겨내는 인간이다."라고 했다. 갈릴리의 천한 어부에서 사람을 낚는 어부가 된 이들을 통해서?

■ 말 씀 ■

I 성도는 주님의 약속의 말씀을 믿자

베드로와 안드레, 요한과 야고보는 주님의 쟁쟁한 제자들로 그들이 남긴 업적은 놀랍기만 하다. 그들의 직업은 너무도 평범했다. 갈릴리 바다에서 고기를 잡는 어부들이었다. 생활 역시 별로 여유가 없었을 터이다. 그런데 주님은 그들에게 자신을 따르라고 하시면서 "내가 너희로 사람을 낚는 어부가 되게 하리라" 하셨다(19절). 고기를 잡는 어부에서 인간의 영혼을 구원하는 영적 어부가 되게 하시겠다는 말씀이다. 주님을 믿고 따르면 이런 놀라운 변화가 일어난다.

II 성도는 처해진 현실을 바라보지 말자

베드로 등을 비롯한 네 사람은 주님의 말씀을 듣자 우리는 도저히 그럴 자격도 없고 여유도 없다고 거부하지 않고 무조건 주님의 뒤를 따라갔다(22절). 우리 역시 마찬가지다. 우리의 현실만을 바라본다면 어느 누구도 주님의 제자 되기에 합당한 사람은 별로 없을 터이다. 부족하지만 주님이 채워주실 줄 믿고 따를 때 주님의 제자가 될 수 있다. 주님은 네 사람에게 사람을 낚는 어부가 '되라' 고 하지 않으시고 '되게 하리라' 하신 것을 기억하자.

III 성도는 가능성의 삶을 확신하고 이루어내자

당시 갈릴리 바다에서 물고기를 잡아 생활하던 어부들의 지적수준은 퍽이나 낮았다. 또한 영적으로도 갈릴리 지방은 그 수준이 저급한 상태였다. 유대 교권주의자들은 니고데모가 주님을 두둔하자 "너도 갈릴리에서 왔느냐. 상고하여 보라, 갈릴리에서는 선지자가 나지 못하느니라"고 빈정거렸다(요 7:52). 주님이 부르신 네 제자는 그런 갈릴리 지방 출신이었지만 당당하게 주님을 따랐다. 순종과 헌신이야말로 주님의 제자됨의 필수조건이다. 이런 충성된 사람을 주님은 천국의 일꾼으로 만드신다.

■ 기 도 ■ 여러모로 부족하기 짝이 없는 갈릴리 어부들을 택하사 천국의 일꾼을 삼으신 주님, 저희들도 그들처럼 순종하고 헌신하게 하옵소서. 예수님 이름으로 기도드립니다. 아멘.

■ 십계명 ■   근심에서 벗어나는 10가지 충고

1. 근심만 하지 말고 문제를 생각하라
2. 의도적으로 부정적인 시각을 긍정적인 면으로 바꾸라
3. 근심할 때 가장 필요한 것은 용기를 주는 일이다
4. '희망이 있다'고 생각하라
   (그러면 실제로 상황이 바뀐다)
5. 염려를 더 이상 과장시키지 말라
6. 누군가에게 근심을 털어놓아라
7. 근심 속에 빠지지 말고 긴 안목으로 미래를 보라
8. 마음속에 하나님에 대한 생각으로 가득 채우고 힘 있는 말씀을 외우고 의지하라
9. 일을 계획하고 더 규칙적이 되라
10. 내게 근심이 있다면 남에게도 근심이 있음을 알고 위로하라
    (작은 사람은 작은 근심, 큰 사람은 큰 근심이 있다)

■ 예 화 ■   근심도 걱정도 하나님께

　　　　　 영국 감리교회의 위대한 지도자였던 윌치 감독은 101세 되던 생일에 다음과 같은 기자의 질문을 받았다. "101세란 나이에 대하여 목사님은 두려움을 느끼지 않습니까?"

　　　　　 그는 이런 대답을 하였다.

　　　　　 "나는 30년 전 70세 때 은퇴를 했는데 그 때 늦게나마 이런 진리를 깨달았습니다. 내 긴 과거를 회고해보니 많은 걱정과 근심을 계속 가지고 살아 왔는데 사실 따지고 보니 내가 거의 날마다 가지고 있었던 근심이나 걱정의 대부분은 실제로는 생겨나지 않은 일에 대한 것들이었습니다.

　　　　　 우리는 실제로 생기지도 않을 일 때문에 헛된 근심을 너무 많이 하며 살아갑니다. 근심도 걱정도 하나님께 맡겨 버리는 믿음을 가져야 하겠습니다."

■ 명 상 ■   근심은 손님처럼 왔다가 재빨리 주인이 된다.
　　　　　　　　　　　　　　　　　　　　　 - 크리스찬 네스텔 보비 (미국 저술가) -

심방 · 가난 · 근심

내일 일은 난 몰라요

■ 찬 송 ■ ♬ 83, 93, 427, 384

■ 본 문 ■ 너희 중에 누가 염려함으로 그 키를 한 자나 더할 수 있느냐 … 【마 6:27~34】

■ 서 론 ■ 프랑스의 궁내관 에브르몽은 "가난함을 경멸하지 않게 되면, 우리에게는 부를 누리며 요란하게 살 때보다 가난하면서도 만족하게 살 때 부족한 것이 더 적게 된다."라고 했다. 염려와 근심을 물리치라는 주님의 권면은?

■ 말 씀 ■

I 성도의 하나님께 맡기는 자세

주님은 염려와 걱정 근심이 아무 쓸모없음을 이렇게 말씀하셨다. "너희 중에 염려함으로 그 키를 한 자나 더할 수 있느냐"(27절). 사실 그렇다. 키가 작다고 안타까워하고 걱정한다고 해서 키가 부쩍 커지는 것은 아니다. 키 작은 것을 한탄하고 걱정해봐야 아무 유익도 없고 오히려 손해만 볼 뿐이다. 그러므로 성경은 "너희 염려를 다 주께 맡겨 버리라. 이는 저가 너희를 권고하심이니라" 했다(벧전 5:7). 무거운 짐을 주님께 맡기자(마 11:28).

II 성도의 부단히 힘쓰고 애쓰는 자세

주님께 무거운 짐을 맡긴 다음 성도는 두 손 놓고 있어야 하는가? 오히려 주님께 모든 것을 맡긴 사람은 하늘에서 떡이 떨어지기만을 기다리지 않고 떡을 만들기에 전력을 다할 것이다. 요셉은 자신의 운명을 하나님께 맡겼지만 보디발의 집에서나 감옥에서나 그의 최선을 다했음을 알아야 한다. 주님께 맡긴다는 것이 인간적인 노력의 중단을 의미하는 것은 아니다. 결과가 어떻게 되든 하나님께 맡겨야지만 우리가 최선을 다해야 함을 잊지 말자.

III 성도의 그의 나라와 의를 구하는 자세

주님은 우리에게 육신이 입고 먹고 마실 것만 염려하지 말고(31절) "너희는 먼저 그의 나라와 의를 구하라. 그리하면 이 모든 것을 너희에게 더하시리라" 하셨다(33절). 땅의 것, 육적인 것을 구하면 육신의 것은 얻을지 모르나 영적인 것은 얻지 못한다. 그러나 먼저 영적인 것, 천국의 것을 구하면 천국을 얻음과 동시에 육적인 것도 얻는다고 주님은 말씀하신다. 영적인 축복과 함께 물질적인 축복을 받는 비결을 주님이 가르쳐주셨으니 우리는 그대로 따르면 된다.

■ 기 도 ■ 주여, 저희들로 하여금 땅의 것만 추구하다 멸망하지 말게 하시고 먼저 하나님의 나라와 그의 의를 구하게 하옵소서. 예수님 이름으로 기도드립니다. 아멘.

■ 십계명 ■ 막힌 문제를 해결하는 10가지 권면

1. 안 된다는 생각 대신 긍정적인 사고방식을 훈련하라
2. 동요하지 말고 마음에 평정을 유지하라
3. 남의 충고에 마음을 열어라
4. 문제를 극단적로 생각하지 말라
5. 후회만 하지 말고 현재 상황을 냉정히 생각하라
6. 계속 생각하고 계속 열정을 쏟으라
7. 문제에 대한 자세는 문제보다 더 중요하다는 것을 알고 자신을 변화하라
8. 해결하려는 시도를 결코 포기하지 말라
9. 만약만 생각하지 말고 어떻게를 생각하라
10. 자신을 얕보지 말라 (하나님과 함께 하면 능치 못함이 없다)

■ 예 화 ■ 쓸데없는 걱정

옛날 오래된 학교에서는 종을 치는 종치기가 있었습니다. 그는 종을 치다가 그만 노이로제에 걸리고 말았습니다. 사람들은 그를 보면서 왜 그렇게 행복하지 못한지를 물어보았습니다.

그러자 그 종치는 사람은 매우 고통스럽다는 듯이 이렇게 대답했습니다.

"저는 이 종을 36,000번 쳐야 합니다. 매일 이 학교에서 한 번에 10번씩 종을 치는데 계산해보면 일주일에 70번, 한 달이면 300번, 일년이면 3,600번이기 때문에 내가 이 일을 다 끝내려면 앞으로도 10년을 더 쳐야 합니다."

그 대답을 듣고 있던 한 사람이 보다 못해서 이런 지혜로운 충고를 했습니다.

"형제님, 하루에 10번씩 종을 치지 마시고 한 번에 한 번씩만 종을 치시면 되지 않습니까?"

■ 명 상 ■ 가난은 인간에게 있어서 결코 어떠한 치욕도 아니다. 그것은 지독하게 불편할 따름이다.

— 시드니 스미스 (영국 신학자) —

심방・제대

네가 개척하라

■ 찬 송 ■ ♪375, 303, 355, 515

■ 본 문 ■ 요셉 자손이 여호수아에게 말하여 가로되 여호와께서 지금까지 … 【수 17:14~18】

■ 서 론 ■ "개척자에게는 큰 모험이 뒤따르나 그 모험을 극복하는 자의 승리감은 개척자에게만 주어지는 유일한 쾌감이다."라고 어느 목회자는 말했다. 개척자는 항상 외롭고 고독하다. 그러나 여호수아의 권면은?

■ 말 씀 ■

I 할 일이 많음을 가르쳐 준 여호수아

요셉 자손들이 여호수아를 찾아와 이미 받은 기업에 대하여 불평하며 새로운 기업을 더 주기를 요구했다(14절). 이에 대하여 여호수아는 "브리스 사람과 르바임 사람의 땅 삼림에 올라가서 스스로 개척하라"고 했다(15절). 요셉 자손들은 더 이상 확장할 땅이 없다고 했으나 여호수아는 아직도 가나안 땅에 점령할 땅이 많다고 한 것이다. 우리도 하나님의 자녀로서 할 일이 없다고 생각할지 모르나 우리 주변을 자세히 살펴보면 아직도 할 일이 많음을 알 수 있다.

II 강인한 의지가 필요함을 교훈한 여호수아

이미 받은 기업이 좁으면 스스로 개척하라는 여호수아의 말을 듣자 요셉 자손들은 정복할 대상지에 거하는 가나안족들이 "철병거"를 가졌으므로 어렵다고 말한다(16절). 여호수아는 "너는 큰 민족이요 큰 권능이 있은즉"(17절) "개척하라"고 다시 명령한다(18절 상). 요셉 자손들은 가나안 백성들이 가진 철병거를 두려워하였으나 그들은 이미 적들을 정복할 능력이 있으니 할 수 있다고 격려한다. 자신을 너무 과대평가하는 것도 문제지만 지나치게 과소평가하는 것은 더 큰 문제다.

III 주를 의지하여 도전하도록 격려한 여호수아

여호수아는 요셉 자손들에게 "가나안 사람이 비록 철병거를 가졌고 강할지라도 네가 능히 그를 쫓아내리라"고 격려했다(18절 하). 인간적으로 생각해보면 가나안 백성들이 가진 철병거가 두려움의 대상이 될 수 있지만 이스라엘 자손들은 하나님이 함께 하시는 것을 믿어야 했다. 이스라엘 자손들이 애굽인들보다 더 강해서 애굽 땅에서 해방된게 아니고 하나님이 함께 하셨기 때문에 가능했음을 기억할 필요가 있다. 주님은 항상 우리와 함께 하신다(마 28:20).

■ 기 도 ■ 이스라엘 자손과 함께 하셔서 승리케 하신 하나님, 이제 군에서 제대한 하나님의 자녀들에게 믿음과 자신감과 용기를 주옵소서. 아멘.

■ 십계명 ■　자기 발전을 위한 10가지 권면

1. 오늘의 자기에 만족하지 말라
2. 자신이 원하는 일을 확실하게 알라
3. 그 일을 위한 계획을 구체적으로 세우라
4. 일을 못하는 핑계나 변명을 늘어놓지 말라
5. 게으른 자기 자신과 타협하지 말라
6. 한 두 번의 실패로 포기하지 말라
7. 그 일에 대한 전문지식을 습득하라
8. 자기의 실수나 잘못을 남에게 돌리지 말라
9. 노력 없이 지름길을 찾지 말라
10. 목표를 이루려는 야망을 가지라

■ 예 화 ■　집념 (執念)

　　미국의 TV 시청률 조사에 의하면 아직도 최고 인기 영화는 "바람과 함께 사라지다"라고 한다.
　　이것은 마가레트 미첼의 소설을 영화화한 것이다. 미첼은 다리 부상을 계기로 26세 때 소설을 쓰기 시작하여 7년 만에 이 작품을 완성하였다. 이런 베스트셀러도 처음 3년 동안은 출판해 주는 사람이 없어서 햇빛을 보지 못하였다.
　　맥밀런 출판사의 레이슨 씨는 애틀랜타에 출장갔을 때 이 원고를 읽어봐 달라는 부탁을 받았다. 그는 정거장에서 억지로 원고를 받아 들었으나 이 무명 작가의 원고를 읽을 생각이 없었다. 그런데 기차를 타고 뉴욕으로 돌아가는 도중 그는 잇단 전보 세 통을 받았다.
　　"원고를 꼭 읽어 주시오." 하는 내용이었다. 레이슨 씨는 그 성의에 감동되어 처음 한 장(章)만이라도 읽어 주려고 원고를 폈는데, 나중에는 기차가 뉴욕에 도착한 것도 잊을 정도로 열중하고 있었다.
　　소설 속에서도 주인공의 집념이 등장하지만 작가 미첼은 집념의 사람이었다고 말할 수 있다.
　　집념은 바위를 뚫는다. 많은 토끼를 쫓다가는 한 마리도 잡지 못한다. 자기의 생명을 쏟을 일을 발견하고 거기에 집념할 수 있다면 그것이 최대의 행복이다.

심방 · 초신자

영접하는 자는

■ **찬 송** ■ ♪205, 321, 318, 192

■ **본 문** ■ 영접하는 자 곧 그 이름을 믿는 자들에게는 하나님의 자녀가 되는 … 【요 1:12~13】

■ **서 론** ■ 미국의 주교요 찬송가 작가인 필립스 부룩스는 "우리가 하나님의 자녀임을 인식하는 유일한 길은 그리스도로 하여금 우리를 그의 아버지께로 인도하시게 하는 것이다."라고 했다. 주님을 영접하는 자는?

■ **말 씀** ■

I 영접하는 자는 하나님의 자녀가 됨

예수님을 구주로 영접하면 "하나님의 자녀"가 된다고 했다. 세상 유명한 왕이나 재벌의 아들 되기도 어려운 일인데 인간이 하나님의 아들 될 수 있다는 말씀은 참으로 놀라운 일이다. 그것도 무슨 돈이 많이 든다든지 교육을 많이 받는다든지 수양을 많이 해야 된다는 등의 조건없이 다만 예수님을 믿으면 거저 된다니 더욱 놀랍지 않을 수 없다. 그렇다. 인간이 하나님의 자녀가 되는 일은 너무도 엄청나기에 하나님은 믿음을 조건으로 거저 주시는 것이다.

II 영접하는 자는 자녀의 특권을 누리게 됨

주님을 믿는 사람에게 "하나님의 자녀가 되는 권세"를 주셨다고 하는데 이는 특권이요, 특혜이다. 인간의 비상한 노력과 수고 끝에 하나님의 자녀가 되는 게 아니고 믿기만 하면 된다니 이 어찌 특권이 아니랴. "선생들아, 내가 어떻게 하여야 구원을 얻으리이까" 하며 부르짖는 빌립보 감옥의 간수에게 바울이 제시한 방법은 이것이다. "주 예수를 믿으라. 그리하면 너와 네 집이 구원을 받으리라"(행 16:30-31). 너무도 쉽고 단순하다. 너무 쉽다보니 믿지 못한다.

III 영접하는 자는 새 생명을 얻게 됨

하나님의 자녀가 되는 것은 인간의 혈통이나 육정으로가 아니고 "하나님께로서" 나는 것이라고 한다(13절). 육신은 부모로부터 태어나지만 영혼은 하나님으로부터 새롭게 태어나야 한다. 예수 그리스도 안에서 새 생명을 얻지 않으면 안 된다. 왜냐하면 모든 인간은 "허물과 죄로" 죽었기 때문이다(엡 2:1). 주님은 자신이 부활이요 생명이라 하셨다(요 11:25). 인간은 어떻게 하면 영생할 수 있을까하고 별별 수단을 다 쓰지만 예수님을 제외하는 한 그들의 모든 노력은 헛될 수밖에 없다.

■ **기 도** ■ 예수님을 믿기만 하면 참 생명을 주시고 자녀가 되게 하시는 하나님, 아직 신앙의 뿌리가 연약한 초신자들에게 강한 믿음과 확신을 부어주소서. 예수님 이름으로 기도드립니다. 아멘.

■ 십계명 ■　새 신자 정착 10계명

1. 교회에 위로와 칭찬, 화목의 분위기가 가득하도록 만들라
2. 예배 후 10분동안 새 신자를 절대 혼자있게 만들지 말라
3. 가슴의 사람, 곧 따뜻한 마음을 가진 사람들이 새 신자를 만나게 하라
4. 새 가족이 된 신자보다 기존 신자를 변화시키는 것이 먼저이다
5. 새 신자와 교인을 연결하는 중보자가 있어야 한다
6. 공감대를 갖는 사람과 일대일로 짝을 지어라
7. 매주 3명의 교인을 소개하라 (새 신자에게 서로 교제하게 한다)
8. 새 신자 앞에서 담임목사와 교회를 자랑하라
9. 새 신자와 짝짓는 환영식을 꼭 가지라 (새 신자를 환영하는 분위기를 느끼게 잘 장식한 환영실에서 짝을 지음이 효과적이다)
10. 고회적으로 새 신자 정착 사역에 비중을 두라

■ 예 화 ■　구원의 기쁨

　　찰스 스펄전(Charles Spurgeon) 목사는 이렇게 간증하였다.
　　"내 마음은 잡초가 우거진 땅 같았다. 그러나 어느 날, 위대한 농부이신 하나님이 내 마음속에 오셔서 이 굳은 땅을 갈아 주셨다. 이 위대하신 농부는 내 마음밭을 갈 때 열 마리의 검은 말을 사용하셨다. 그리고 하나님이 사용한 보습은 몹시 날카로운 것이었다.
　　하나님은 이 보습으로 나의 마음밭을 깊숙이 갈아내셨다. 열 마리의 말은 십계명이며, 보습은 하나님의 의이다.
　　내 심령이 쪼개질 때 나는 저주 속에 있고, 지옥에 갈 수밖에 없고, 가망이 없고, 길 잃은 고아이며, 영원한 멸망밖에 없다는 슬픔과 자책과 절망을 느꼈다.
　　그러나 하나님은 밭갈이 뒤에 씨뿌리기를 시작하셨다.
　　그 때 비로소 나는 하나님이 내 마음밭을 쪼개고 깊숙이 가신 것은 내가 복음이 필요하다는 것을 철저하게 느끼게 하려는 준비였음을 알게 되었다.
　　나는 기쁨으로 구원의 복음을 받아들이게 되었다."

심방 · 초신자

주님이 찾으시는 자

■ **찬 송** ■ ♬ 92, 206, 412, 493

■ **본 문** ■ … 내게 오는 자는 결코 주리지 아니할 터이요 나를 믿는 자는 영원히… 【요 6:26~35】

■ **서 론** ■ 미국의 신문기자요 노예제도 폐지론자인 가마리엘 베일리는 "그리스도의 성호는 이 땅이나 하늘의 모든 말 중에 가장 위대한 말이다."라고 했다. 주님이 찾으시는 자! 이는?

■ **말 씀** ■

I 이는 주님께 오는 자임

주님은 말씀하시기를 "내가 곧 생명의 떡이니 내게 오는 자는 결코 주리지 아니할 터이요"라고 하셨다(35절 상). 이 떡을 먹어야 인간은 참 생명을 얻게 되는데 먹으려면 우선 주님께 나아와야 한다. 아무리 인류로부터 존경과 경배를 받는 위대한 인물이라 해도 그는 인간에게 참 생명을 부여하지는 못한다. 참 생명임을 증명해야 하는데 그것은 죽었다 부활해야 한다. 이런 일을 한 이는 예수님이 유일하시다(요 11:25-26).

II 이는 주님을 먹는 자임

주님은 말씀하시기를 "나는 하늘로서 내려온 산 떡이니 사람이 이 떡을 먹으면 영생하리라"고 하셨다(51절 상). 떡은 실제로 먹어야 생명이 되지 연구한다고 되는 것이 아니다. 떡에 대해서 온갖 지식을 다 가졌다해도 먹지 않으면 아무 유익도 없다. 예수님에 대하여 연구하는 것은 좋다. 그래서 그분에 대한 풍부한 지식을 갖는 것 또한 나쁘지 않지만 그분을 전적으로 믿고 의지하지 않으면 생명은 얻지 못한다. '먹으라' 고 하신 말씀의 뜻을 깊이 새기자.

III 이는 주님을 믿는 자임

주님은 자신이 생명의 떡이니 "이 떡을 먹으면 영생하리라" 하셨다(51절). 이 말씀은 초신자로서는 매우 이해하기 어려운 말씀임에 틀림없다. 그러나 사람의 육신이 살기 위하여 떡을 먹는 것처럼 인간의 영혼이 살기 위해서는 실제로 예수님을 믿어야 한다는 말씀으로 이해하면 된다. 주님은 "하나님의 보내신 자를 믿는 것이 하나님의 일" 이라 하셨고(29절), "내 아버지의 뜻은 아들을 보고 믿는 자마다 영생을 얻는 이것" 이라 하셨다(40절). 믿음이 곧 영생이다.

■ **기 도** ■ 생명의 떡이신 주님, 주님을 제외한 채 영생 문제를 해결하려는 인간들의 어리석음을 깨닫게 하시고 참 생명이신 주님께 회개하고 돌아오게 하소서. 예수님 이름으로 기도드립니다. 아멘.

■ 십계명 ■ 새 신자를 위한 10가지 준비

   1. 주차 안내를 점검하라
      (주차장에서 새 신자를 위한 주차를 가장 편리한 위치로 하고 새 신자만을 위한 능숙한 안내위원을 따로 배치하라)
   2. 주된 출입구와 예배실을 분명하게 하라
      (새 신자를 어느 문으로 들어가야 하는지 안내위원이 분명히 알려주라)
   3. 전략적으로 은사받은 환영위원을 배치하라
      (첫 이미지가 중요하다. 미소와 친절, 품격을 갖춘 환영위원을 두어 교회적 환영을 전하라)
   4. 예배 직후에 환영 시간을 두도록 하라
      (새 신자를 위한 시간으로 바로 인도될 수 있게 하라)
   5. 안내표시를 명확히 하라
      (장소와 상황에 대한 정확한 안내 표시를 하여 새 신자가 불편하지 않게 배려하라)
   6. 새 신자 담당 위원들을 훈련하라
      (정기적이고 지속적인 교육과 모임을 통해 훈련한다)
   7. 등록 카드를 반드시 작성하라
      (자연스런 분위기에서 작성케 하라)
   8. 전화 심방을 필수로 하라
      (다음 주가 되기 전에 전화를 하여 예배 참석을 권유함이 좋다)
   9. 주보를 재정비하라
      (첫 방문자들이 혼란이나 당혹감 없이 예배에 참석할 수 있도록 주보에 충분한 안내 내용이 담겨 있는지 확인하라)
   10. 교회 전체가 새 신자에 대한 관심과 환영의 자세를 가지라
      (성도와 교회 전체가 새 신자를 위한 배려와 희생이 있어야 한다. 사랑과 관심을 갖고 우선 순위에 두도록 하라)

■ 명 상 ■ 영접에는 사랑이 전제되어야 하고, 희생이 뒤따라야 한다.
          그의 열매는 기쁨이다.

― 작자 미상 ―

심방 · 초신자

예수와 함께 참예한 자는

■ **찬 송** ■ ♪519, 213, 493, 404

■ **본 문** ■ 우리가 시작할 때에 확실한 것을 끝까지 견고히 잡으면 … 【히 3:14】

■ **서 론** ■ 영국의 시인 바이런은 "그리스도인들은 모든 것을 얻지만 잃는 것은 아무것도 없으므로 불신자들에 비해 얼마나 큰 유익이 있는지 모른다."라고 했다. 예수와 함께 참예한 자는?

■ **말 씀** ■

I 이는 확실한 것을 잡는 자이다

인생은 단 한번 주어진 귀중한 기회이다. 그런데 불행하게도 인간은 누구나 죽어야 한다. 이 죽음의 문제를 해결하고 영생을 얻고자 인간들은 종교라는 것을 만들었다. 그런데 그 많은 종교들 가운데 어느 것을 믿어야 할까는 매우 중요한 문제다. 참된 생명의 종교가 아닌 종교를 믿으면 헛수가 되기 때문이다. 기독교는 살아계신 하나님이 영생에 관하여 말씀하신 성경을 가진 유일한 종교다. 성경의 진리는 너무도 "확실"하고 분명하므로 인간은 이를 믿어야 한다.

II 이는 견고히 잡는 자이다

확실한 진리를 붙잡았다 해도 그것을 "견고히" 잡지 않으면 놓치기 쉽다. 그러면 어떻게 해야 확실한 진리를 견고히 잡을 수 있을까? 우선 성경이 하나님의 말씀임을 믿어야 한다. 그리고 성경은 유일한 진리의 말씀이요 영생의 말씀임을 믿어야 한다. 하나님의 말씀이 아닌 것은 엄격한 의미에서 진리가 아니며 진리가 아니니 인간에게 영생을 주지 못한다. 매일 성경을 읽고 배우고 묵상함으로써 말씀을 견고히 잡을 수 있다.

III 이는 끝까지 잡는 자이다

확실한 진리를 견고히 잡았다해도 시간이 지남에 따라 의심이 생겨 슬그머니 놓을 수도 있다. 그러므로 진리를 "끝까지" 잡지 않으면 안 된다. 처음에는 진리라고 좋아하다가도 나중에 의심을 품고 떨어지는 사람들이 많다. 그래서는 안 된다. 기독교는 영원불변하시는 하나님의 말씀인 성경에 기반을 둔 확실한 구원의 종교요, 영생의 종교다. 당신이 예수님을 믿기로 했다면 참으로 잘 한 일이다. 마라톤 선수가 끝까지 뛰지 않으면 메달을 딸 수 없음 같이 주님을 끝까지 믿지 않으면 헛수고가 된다.

■ **기 도** ■ 예수님을 믿기로 했지만 아직 믿음이 연약한 성도들이 많이 있습니다. 주님께서 저들에게 믿음을 부어주사 낙오자가 되지 않고 승리하게 하옵소서. 예수님 이름으로 기도드립니다. 아멘.

■ 십계명 ■   좋은 예배를 위한 10가지 자세

1. 주일 예배를 가장 중요한 일로 삼으라
2. 하나님께 남은 것을 드리지 말라 (하나님은 언제나 첫 열매를 요구하셨다)
3. 마음의 준비를 갖추라 (성령의 일에 마음을 집중하는 훈련을 쌓으라)
4. 정한 시간에 참석하라
5. 성경을 지참하라 (성경 없이 예배에 참석하는 것은 자동차 열쇠없이 운전하러 가는 것과 같다)
6. 입을 열어 찬송하라
7. 강단 가까운 앞쪽에 앉으라 (뒷자리에 앉은 교인들은 앞자리보다 은혜를 못 받는다)
8. 예배 전이나 후에 서로 사귐을 갖으라 (가족적인 분위기일 때 더욱 향상된다)
9. 설교를 경청하라 (요점을 적으면서 듣는 것이 좋다)
10. 당신이 드리는 예배를 하나님이 중심된 예배로 만들라 (예배란 원래 '드리는' 입장에 서는 것이다. 예배는 '보는' 것이 아님을 유념하라)

■ 예 화 ■   보물 찾기

로스앤젤레스의 유태인 부호인 마이크 골드버그 씨가 며칠 전 보물을 잃어버려 대소동이 벌어졌다.

청소부가 16세기 때부터 전해 내려온 가토를 실수로 다른 쓰레기와 함께 쓰레기통에 내버린 것이 청소차에 실려 갔던 것이다.

골드버그 씨는 그가 할 수 있는 모든 방법을 다 썼다. 시청에 연락하여 청소차의 번호를 알아내어 쓰레기 처리장의 위치를 알게 되었고 그리로 차를 몰았다.

골드버그 씨는 마침 그 동네를 담당한 쓰레기 차가 쓰레기를 쏟아버리기 직전에 도착하여 사정을 자세히 말하고 보물찾기를 시작하였다. 8톤이나 되는 많은 쓰레기 가운데 작은 물건을 하나 찾는 일이었다.

그는 조금씩 조금씩 쓰레기를 정리하였으며 아침내 잃었던 보물을 찾아냈다. 마침 그 날은 하누카라는 유태교의 명절이었다.

그는 그 명절에 전통적으로 부르는 찬송인 "이스라엘아 들으라, 주 하나님은 한 분이시니, 이스라엘아 보아라, 주 하나님은 큰 빛이시니"라는 노래를 쓰레기 속에서 춤을 추며 큰소리로 불렀다고 한다.

그것이 정말 귀중한 보물인 경우, 체면이나 시간이나 경비 여하를 막론하고 그것을 찾기 위하여 모든 노력과 희생을 감수할 수밖에 없다.

심방 · 초신자

가이오의 삼중 축복

■ 찬 송 ■ ♪ 486, 502, 427, 456

■ 본 문 ■ 사랑하는 자여 네 영혼이 잘 됨같이 네가 범사에 잘 되고 강건하기를 … 【요삼 1:2~4】

■ 서 론 ■ 여의도 순복음교회 조용기 목사는 "많은 것이 축복이 아니라 적절한 것이 더 큰 축복이다. 그대에게 지나치다 생각되는 순간 필요한 자에게 주라. 준 것은 배로 불어 그대의 창고에 채워져 있을 것이다."라고 했다. 가이오의 삼중 축복은?

■ 말 씀 ■

I 이는 영혼이 잘 되는 것임

사람이 동물과 다른 점은 여러 가지 있지만 가장 두드러지는 것은 동물에게는 영혼이 없으나 인간에게는 있다는 사실이다. 만일 인간에게 영혼이 없다면 다른 동물보다 약간 우월하다는 것뿐이지 내세라든가 영생이라든가 하는 문제는 생각조차 할 수 없게 된다. 인간의 육체는 한번 죽어야 하고 죽으면 흙이 될 뿐이지만 영혼은 영생하는 존재이니 얼마나 귀한가. 이 영혼이 지옥이 아니라 천국에서 영생하려면 예수님을 믿어야 한다(눅 23:42-43, 계 21:1-8).

II 이는 범사가 잘 되는 것임

사람은 육체를 가지고 있으므로 먹고 입고 잠잘 곳이 필요하다. 원시시대와 달리 현대는 돈으로 필요한 물질을 구입할 수 있다. 그러니까 돈만 가지면 원하는 것을 살 수 있는 시대다. 원하는 것을 많이 사려면 돈을 많이 벌어야 한다. 돈을 많이 벌기 위해 사람들은 열심히 일한다. 인간이 행복한 삶을 누리려면 너무 많은 물질을 가질 필요는 없으나 적당히 가질 필요는 있다. 하나님의 나라와 그의 의를 구하면 이 모든 것을 더해 주신다고 주님은 약속하셨다(마 6:33).

III 이는 육신이 강건케 되는 것임

흔히 육체는 영혼의 집이라고 한다. 사람이 살지 않는 집은 폐허가 되듯이 영혼이 살지 않는 육체는 무가치하게 된다. 그러나 영혼이 머물러 있는 동안은 매우 중요한 역할을 하게 된다. 성경은 인간의 육체에는 인간의 영혼뿐 아니라 하나님의 영 즉 성령도 거하신다고 한다(고전 6:19-20). 육체를 건강하게 유지해야 영적인 활동도 활발하게 할 수 있다. 병들지 않도록 주의하고 병들면 고치도록 노력하고 건강의 복을 주시기를 하나님께 간구해야 할 것이다.

■ 기 도 ■ 부족하고 연약한 저희를 불러 주님의 백성 삼으심을 감사드리오며 영혼이 잘되고 범사가 잘 되며 육체도 건강하게 하옵소서. 예수님 이름으로 기도드립니다. 아멘.

■ 십계명 ■   인생에게 가장 소중한 예배 10계명

　1. 하나님은 예배드리는 자를 찾으십니다
　2. 예배는 우리의 삶의 가장 소중한 중심입니다
　3. 예배를 항상 준비하는 삶을 삽시다 (엿새동안 힘써서 준비)
　4. 마음 문을 열고 예배에 임합시다
　5. 예배 드리면서 아멘으로 화답합시다
　6. 복 받으려는 마음보다 자신을 하나님께 바치는 마음으로 드립시다
　7. 예배의 각 순서마다 자발적으로 참여합시다
　8. 찬송을 부를 때는 목소리를 높여 힘차게 부릅시다
　9. 예배에 방해되는 모든 것을 제거하십시오
　10. 예배를 통하여 새로운 결단과 각오를 가지십시오

■ 예 화 ■   하나님을 동업자로 삼고

　　18세가 되는 한 청년이 성인으로서의 인생을 출발함에 앞서 동네에서 가장 연세가 많은 노인을 찾아가 질문을 하였다.
　　"이제부터 성인으로서 나의 인생을 개척해 나아가야 할 텐데 무엇을 하면 좋겠습니까?"
　　노인은 청년에게 질문했다.
　　"네가 지금까지 무엇을 배웠느냐?"
　　청년은 "비누와 양초를 만드는 일을 배웠을 뿐입니다." 라고 대답하자 노인은 즉석에서 "그럼, 그 일을 해라. 다만 조건이 있다. 주님을 너의 동업자(partner)로 모셔라, 그래서 수입이 생기면 10분의 1은 동업자인 주님께 바쳐라, 꼭 기억할 것은 너의 인생은 너 자신이 주관하는 것이 아니라 하나님께서 너의 인생을 보살피시고 있다는 것이다." 라고 말해 주었다.
　　이 청년이 윌리엄 콜게이트(William Colgate)이다. 그는 노인의 충고대로 신앙생활을 열심히 하였으며, 사업에도 크게 성공했다. 그의 회사에서 생산되는 치약은 세계적인 상품이 되었다. 그는 미국 성서공회의 초대 총무가 되었고, 유명한 콜게이트 대학을 세웠다.
　　보잘것없는 조건을 가지고도 주님을 동업자로 모시고 산다면, 즉 하나님의 선물과 은혜와 축복의 부채를 의식하며 그 빚을 갚는다는 인생관을 갖고 살면 성공하게 된다.

심방일지

심방 날짜	심방 가정	심방 사유	심방 결과

심방일지

심방 날짜	심방 가정	심방 사유	심방 결과

심방일지

심방 날짜	심방 가정	심방 사유	심방 결과